中央编译局文库出版工作领导小组（编委会）

主　　任：贾高建
副 主 任：俞可平　魏海生　陈和平　柴方国　杨金海
委　　员：崔友平　沈红文　杨雪冬　季正聚　陈家刚
　　　　　　赖海榕　郗卫东　张文成　刘明清

中央编译局文库出版工作领导小组办公室

主　　任：薛晓源
成　　员：徐向梅　苗永姝

中央编译出版社文库编辑中心编辑小组

刘明清　薛晓源　谭　洁　董　巍　贾宇琰
冯　章　曲建文　苗永姝　邓　彤　杜永明
盛菊艳　李媛媛　薛迎春　董　妍

国家"十二五"重点图书

国际共产主义运动历史文献
第10卷

主　编　王学东
副主编　戴隆斌（常务）　童建挺

第一国际第三次（布鲁塞尔）、第四次（巴塞尔）代表大会文献

本卷主编　童建挺

《国际共产主义运动历史文献》顾问委员会

贾高建　俞可平　顾锦屏　高　放　张中云　胡文建
宋洪训　顾家庆　洪肇龙　沈志华　杨光远

《国际共产主义运动历史文献》编辑委员会

主　　编：王学东
副 主 编：戴隆斌（常务）　童建挺
编　　委：（以姓氏笔画为序）
　　　　　王　瑾　吕瑞林　邢艳琦　许宝友　张文成　张文红
　　　　　陈新明　林德山　胡振良　姚　颖　彭萍萍　薛晓源

参加本卷译校工作的有

郭庆岚

参加本卷编辑出版工作的有

盛菊艳　苗永姝　董　巍

丛书编辑统筹

苗永姝　李媛媛　董　妍

总　序

国际共产主义运动，是由以马克思主义为指导的无产阶级政党领导的国际性的无产阶级革命运动，其宗旨是推翻资产阶级统治和一切剥削制度，建立和发展社会主义制度，进而最终实现人的彻底解放，建立共产主义社会。

国际共产主义运动迄今已有一百六十多年的历史。19世纪40年代，马克思、恩格斯在创立科学社会主义理论的同时，努力把它与当时西欧无产阶级的革命实践相结合，于1847年6月创建了第一个国际性的无产阶级政党——共产主义者同盟，亲自拟定并于1848年2月公开发表了同盟纲领《共产党宣言》。这标志着国际共产主义运动的兴起。

自从共产主义者同盟建立以来，历经第一国际（国际工人协会）、第二国际、第三国际（共产国际），国际共产主义运动由小到大、由弱到强，从西方推进到东方、从欧洲扩展到全球，终于突破资本主义链条上一个又一个薄弱环节，取得了社会主义由一国到多国的胜利。二战后社会主义阵营的建立、民族解放运动的胜利进军、社会主义国家革命与建设的重大成就，为国际共产主义运动史书写了辉煌的篇章。20世纪末，由于东欧剧变、苏联解体，国际共产主义运动遭遇了严重挫折。但是，历史并没有因此而终结。由《共产党宣言》奠基的国际共产主义运动仍在曲折中前进。各资本主义国家中的共产党、工人党仍在不断探索无产阶级取得解放的道路；中国等社会主义国家仍继续高举社会主义伟大旗帜，为完善社会主义、最终实现共产主义而不懈奋斗。

国际共产主义运动一百六十多年跌宕起伏的发展历程，积累了卷帙浩繁的文献档案，留下了丰富的历史遗产。深入发掘和充分利用这些文献档案，对于我们准确地了解和把握国际共产主义运动的发展进程及各个时期的特点，科学地研究和总结国际共产主义运动丰富且宝贵的经验教训，具有极其重要的意义。特别是无产阶级国际组织，作为国际共产主义运动的重要载体，其文献档案对于国际共产主义运动史研究更是具有特殊的重要意义。

早在1984年春，中国国际共产主义运动史学会就发起编辑出版《国际共产主义运动史文献》。当时由中共中央编译局、中国社会科学院马列主义毛泽东思想研究所和近代史研究所、中共中央党校和中国人民大学等单位共同组建了编辑委员会。编委会商定：这套文献主要收编共产主义者同盟、第一国际、第二国际、第三国际、共产党和工人党情报局这五个国际组织已发表的全部文献档案，包括历次代表大会、代表会议和其他重要会议的记录、决议和有关文件；收编材料力求齐全；凡外国有选编完整的版本者，根据外国版本翻译；凡文件散见于外国不同出版物者，尽力搜集完整，组织力量统一编译；文件完全按照原件翻译，译文力求准确，不作修改删节，以便读者根据完整、准确的第一手材料了解这些国际组织的历史。在当时代管全国哲学社会科学基金的中国社会科学院科研局的资助下，经过编辑委员会、编译工作者和中国人民大学出版社的共同努力，这套文献于1986年开始陆续出版，截至1997年共出版了21卷。

到上世纪末，文献的编辑出版工作遇到了巨大困难。首先是编委会发生了重大变故，主编林基洲、副主编王颖和校纪英相继谢世；其次是出版经费难以为继。为继续出版这套文集，中国国际共产主义运动史学会多方努力，组成以会长顾锦屏为主编的新编委会，从全国哲学社会科学规划办公室争取到一笔资助，于1999—2001年又出版了两卷。此后，因缺乏经费，编辑出版工作完全陷于停顿。

2010年，在中共中央编译局和中国国际共产主义运动史学会的鼎力支持下，中央编译出版社以这套文献申报国家出版基金项目，获得立项资助。中共中央编译局对此项目高度重视，在国家出版基金资助的基础上，给予了相应的资金支持，组建了新编委会，成立了专门机构负责文献整理和编辑工作，并将这套文献纳入"中央编译局文库"出版规划。

经新编委会研究决定，这套文献定名为《国际共产主义运动历史文献》，在其前身《国际共产主义运动史文献》的基础上重新编辑出版。通过进一步广泛搜集资料和适当改变编辑方式，新《文献》的资料更详尽、收文更齐全。例如，在原《文献》的某些卷次中，对已出版的马克思主义经典著作中译本只列目录，不收正文，而新《文献》则全部依据最新的中译本收录，以方便读者查阅。此外，《国际共产主义运动历史文献》扩大了文献资料的搜集和选材范围，采用开放式结构，规模暂定60卷，约2500万字。

中共中央编译局和中国国际共产主义运动史学会对这套文献的编辑出版工作给予了强有力的支持，中央编译出版社为这套文献的立项和出版做了大量艰苦细致的工作，文献的前两任编委会和编译工作者在十分困难的条件下为这套文献奠定了良好的基础，中国人民大学出版社为这套文献的重新编辑出版提供了帮助，在此一并表示衷心感谢。

《国际共产主义运动历史文献》

编辑委员会

2011年12月20日

编辑说明

国际工人协会第三次代表大会于1868年9月6—13日在布鲁塞尔举行。这是国际历史上规模最大的一次代表大会。出席大会的有英国、法国、德国、意大利、比利时、瑞士、西班牙的工人代表以及总委员会的代表共99名。海·荣克当选大会主席，欧·杜邦和约·菲·贝克尔当选副主席。大会的中心议题是上次代表大会移交的所有制问题。德国代表团提出的无产阶级对战争的态度问题和法国代表团提出的罢工问题也被列入议程。大会以压倒多数票通过关于必须把矿山、煤矿、铁路、运河、道路、电报线路、森林转归公有的决议，标志着科学社会主义在国际中对蒲鲁东主义的重大胜利。大会通过决议，号召各国际支部反对战争，建议战争爆发时宣布总罢工；认为罢工是劳资斗争的必要手段，确认日内瓦代表大会关于经济斗争的决议。大会还通过一项专门的决议，号召各国工人学习马克思的《资本论》，并高度评价马克思的历史功绩，指出他是对资本作出科学分析的第一个经济学家。大会选举出新的总委员会，决定下次代表大会在巴塞尔举行。

国际工人协会第四次代表大会于1869年9月6—11日在巴塞尔举行，出席大会的有英国、法国、比利时、德国、奥地利、瑞士、意大利、西班牙以及总委员会的代表共78名。海·荣克当选大会主席，德·布里斯梅和卡·布吕安当选副主席。马克思没有参加大会，但为大会做了大量的准备工作。大会重点讨论了土地所有制问题和继承权问题。在土地所有制问题上，马克思的拥护者与昂·托伦等右派蒲鲁东主义者展开辩论,结果以54票对4票,重申和确认布鲁塞尔代表大会关于废除私有制和实行公有制的决议,蒲鲁东主义在国际上遭到彻底失败。在继承权问题上,马克思的拥护者与无政府主义的代表米·亚·巴枯宁等展开辩论。巴枯宁认为继承权是生产资料私有制的基础,认为废除继承权是社会革命的起点。总委员会的代表宣读了马克思起草的《总委员会关于继承权的报告》,指出不是继承权产生私有制,而是私有制产生继承权,把废除继承权作为社会革命的起点在理论上是错误的,在实践上是反动的,但两种观点都未能得到必要的多数,没有通过决议。大会通过关于工会问题的决议,建议工人在一切生产部门成立工会,由总委员会负责实现工会的国际联合;认为工会的主要任务是维护工人阶级的利益,力求用联合自由劳动制取代雇佣劳动制。大会还通过加强总委员会权力的决议,规定总委员会有权接受新支部和开除国际的任何支部,再次确定伦敦为总委员会驻在地。原有的总委员会委员重新当选。决定下次代表大会在巴黎举行。

本卷收录的内容包括三个部分:(1)第一国际第三次代表大会的文献,包括作为《比利时人民报》的特别附刊发表的《国际工人协会第三次代表大会。正式报告》,以及马克思、恩格斯关于第一国际布鲁塞尔代表大会的通信;(2)第一国际第四次代表大会的文献,包括关于召开代表大会的通知、1869年布鲁塞尔德西雷·布里斯梅印刷厂出版的《1869年9月在巴塞尔举行的第四次国际代表大会的报告》,以及马克思、恩格斯等关于第一国际巴塞尔代表大会的通信;(3)附录,收入与国际同和平和自由同盟决裂、国际与社会主义民主同盟有关的文献。马克思、恩格斯的有关论述摘自中共中央编译局编译的《马克思恩格斯文集》和《马克思恩格斯全集》中文第1版、第2版相关卷次;关于召开巴塞尔代表大会的两个通知以及注明原件存于马克思恩格斯列宁研究院档案馆的文献摘自中国人民大学出版社1983年出版的〔苏〕

弗·阿多拉茨基主编的《第一国际巴塞尔代表大会（文件资料）》；其他内容译自雅克·弗雷蒙主编、瑞士日内瓦高级国际关系学院1962年出版的法文版《第一国际》第1卷和第2卷（Jacques Freymond, La Première Internationale, Tome I/II, Genève, Institut universitaire de hautes études internationales, 1962）。

本卷主编依据中共中央编译局编译马克思主义经典著作的标准统一了人名、地名、组织机构名、报刊名等专用名，增加了对原书中一些名词和引语的注释。书中文献的脚注，凡未加说明的都是原文本编者所注；中文本译者或编者所加的注，均注明"——译者注"或"——编者注"。

目 录

第一国际第三次代表大会

（1868年9月6—13日于布鲁塞尔） ………… 1

国际工人协会第三次代表大会正式报告 …………………… 3
  第一次会议（于天鹅旅馆礼堂） ……………………… 3
  第二次会议（于国家马戏团剧场） …………………… 7
  对9月6日会议报告的更正和补充 …………………… 23
  第三次会议（1868年9月7日于天鹅旅馆） ………… 25
  第四次会议（于国家马戏团剧场） …………………… 29
  第五次会议（于天鹅旅馆） …………………………… 45
  第六次会议（于国家马戏团剧场） …………………… 45
  第八次会议（于国家马戏团剧场） …………………… 80
  更正和补充 …………………………………………… 145
  第十次会议（于国家马戏团剧场） …………………… 147
  第十二次会议（1868年9月11日于国家马戏团剧场） ……… 169
  第十四次会议（1868年9月12日于国家马戏团剧场） ……… 199

第十六次即最后一次会议（1868年9月13日于国家马戏团剧场）……………………………… 231

附件 ……………………………………………… 267

更正和补充 ……………………………………… 286

马克思、恩格斯关于第一国际布鲁塞尔代表大会的通信…… 288

卡·马克思致弗·恩格斯（1868年6月20日）………… 288

卡·马克思致弗·恩格斯（1868年8月29日）………… 290

卡·马克思致弗·恩格斯（1868年9月9日）………… 292

卡·马克思致格奥尔格·埃卡留斯和弗里德里希·列斯纳（1868年9月10日）………………………… 293

卡·马克思致弗·恩格斯（1868年9月12日）………… 294

弗·恩格斯致卡·马克思（1868年9月16日）………… 296

卡·马克思致弗·恩格斯（1868年9月16日）………… 297

卡·马克思致弗·恩格斯（1868年9月19日）………… 300

第一国际第四次代表大会

（1869年9月6—11日于巴塞尔）……………………… 301

关于召开代表大会的通知………………………………… 303

一 ……………………………………………………… 303

二 ……………………………………………………… 304

1869年9月在巴塞尔举行的第四次国际代表大会的报告 …… 305

引言 …………………………………………………… 305

代表名单 ……………………………………………… 310

9月6日——第一次公开会议 …………………………… 316

9月6日——第二次公开会议 …………………………………… 318

9月7日——第三次公开会议 …………………………………… 324

9月8日——第四次公开会议 …………………………………… 363

9月9日——上午的公开会议 …………………………………… 380

9月9日（星期四）——下午的公开会议 ……………………… 383

9月10日——上午的公开会议 ………………………………… 387

9月10号（星期五）——下午的第六次公开会议 …………… 397

9月10日的会议（续）………………………………………… 425

9月11日上午的公开会议 ……………………………………… 447

9月11日下午的公开会议 ……………………………………… 453

马克思、恩格斯等关于第一国际巴塞尔代表大会的通信………… 476

塞·德巴普致卡·马克思（1869年5月31日）………………… 476

塞·德巴普致卡·马克思（1869年6月9日）…………………… 477

海·荣克致卡·马克思（1869年8月12日）…………………… 478

马克思致海·荣克（1869年8月13日）………………………… 479

弗·列斯纳致卡·马克思（1869年9月6日）………………… 479

弗·列斯纳致卡·马克思（1869年9月7日）………………… 481

威·李卜克内西致卡·马克思（1869年9月7日）…………… 483

弗·列斯纳致卡·马克思（1869年9月8日）………………… 484

弗·列斯纳致卡·马克思（1869年9月9日[—10日]）…… 486

弗·列斯纳致卡·马克思（1869年9月11日）………………… 488

保·拉法格致卡·马克思（1869年9月中）…………………… 489

卡·马克思致劳·拉法格（1869年9月25日）………………… 492

卡·马克思致弗·恩格斯（1869年10月30日）……………… 493

弗·恩格斯致卡·马克思（1869年11月1日） …………… 495

附 录 …………………………………………………… 497
一、国际同和平和自由同盟决裂 ……………………… 499
   1. 巴枯宁致古斯塔夫·福格特 ………………………… 499
   2. 巴枯宁的动议 ………………………………………… 501
   3. 巴枯宁在和平和自由同盟代表大会上的讲话 …………… 501
   4. 被羁押在圣佩拉日的国际协会会员的祝词 ……………… 502
二、国际与社会主义民主同盟 …………………………… 504
   1. 巴枯宁致马克思 ……………………………………… 504
   2. 马克思致荣克 ………………………………………… 505
   3. 国际工人协会总委员会接纳同盟 ……………………… 506

第一国际第三次代表大会

(1868年9月6—13日于布鲁塞尔)

国际工人协会第三次代表大会正式报告[*]

第一次会议
（于天鹅旅馆礼堂）

会议于10点30分开始。
检查下列代表的委托书[①]：

安斯，**布里斯梅**，布鲁塞尔支部代表。
查理·**梅滕斯**，皮革印染工代表（布鲁塞尔）。
斯佩尔，机械工人代表，团结协会。
昂利·**托伦**，天平制造工代表（巴黎）。
莱奥波德·**弗尔赫根**，卢森堡铁路火车司机代表。
塞扎尔·**德巴普**，竞争俱乐部代表（布鲁塞尔）。
莱昂·**封丹**，"团结者"代表（布鲁塞尔）。
普罗斯珀·**福格莱**，自由思想者代表（布鲁塞尔）。
尼古拉·**库隆**，人民俱乐部代表（布鲁塞尔）。

---

[*] 布鲁塞尔代表大会的正式报告曾经作为1868年9月6—30日《比利时人民报》的特别附刊发表。包括附件共53页。布鲁塞尔勒穆瓦纳印刷厂、苏黎世中央图书馆有一份原件。

[①] 更正和补充部分见第23—24和145—146页；亦见第281—286页代表大会代表的完整名单。

洛朗·韦里肯，合作社"蚂蚁"代表。

查尔斯·克兰绍夫，合作社"蜂房"代表。

欧仁·斯滕斯，战斗政治①协会"人民"代表。

让·佩列林，唯理主义协会"解放"代表。

梅米约，佩龙，基内，格拉利亚，日内瓦各支部代表。

阿德里安·**托德尔**，布鲁塞尔印刷工人代表。

布雷登霍斯特，安特卫普木工代表。

沙尔·**德瓦尔维尔**，马西内尔支部代表。

皮埃尔·**弗朗索瓦·弗吕兹**，韦尔维耶工人代表。

爱德华·拉勒芒，昂西瓦勒支部代表。

H.－J.**勒克莱尔**，佩平斯特支部代表。

J.－B.**弗雷尔**，瑞梅代表。

埃内斯特·普兰松，安特卫普大理石工代表。

奥诺雷·**萨扬**，协商俱乐部代表。

鲁克拉夫特，制椅工代表、伦敦总委员会委员。

雅克·马埃斯，织带工人代表（"工人紧急集合号"）。

肖，伦敦总委员会代表。

海·**荣克**，伦敦总委员会代表。

考埃尔·**斯特普尼**，改革同盟代表（英国）。

萨罗·马加利安，"伊比利亚半岛军团"（卡泰罗尼亚工人协会）代表。

弗朗索瓦·**埃勒曼**，布鲁塞尔木工代表。

克莱因，索林根刀剪工联合会代表（普鲁士）。

菲·**克楠**，安特卫普人民联盟代表。

---

① 附录中为"战斗民主"。——译者注

马克西米利安·**特里科**,日利煤矿工人代表。

尼古拉·**杜布瓦**,当普雷米支部代表。

科恩,伦敦雪茄烟工人联合会代表。

埃伯哈德,布鲁塞尔裁缝协会代表。

塞拉纳,根特织布工人代表。

Fr.**范登贝格**,布鲁日支部代表。

波特尔斯伯格,根特裁缝协会代表。

范斯查弗廷根,根特织机综框维修工协会代表。

埃尔斯巴赫,工人互助教育同盟代表。

杜邦,总委员会和那不勒斯工人协会(意大利)代表。

菲力浦·**马滕斯**,伦敦法国人支部代表。

弗·**列斯纳**,英国德国人支部代表。

约瑟夫·**罗曼**,蒙蒂尼支部代表。

J.-B.**路易**,乌布瓦支部代表。

卡西安·**马雷夏尔**,列日支部代表。

阿尔弗勒德·**埃尔曼**,蒙特涅支部代表。

亚历山大·**勒莫尼耶**,马赛支部代表。

艾梅·**格里南**,里昂支部代表。

昂利,机械工人,巴黎阀门制造工(工人展览委员会)代表。

欧仁·**塔尔塔雷**,细木工(工人展览委员会)。

弗拉奥,巴黎大理石工代表。

马克西米利安·**马尔让**,沙勒罗瓦郊区工人代表。

埃米尔·**多斯堡**,巴黎布料印染工代表。

诺埃尔·**昂比兹**,马谢讷支部代表。

瓦尔特·**勒普尔克**,瑟兰矿工代表。

伊雷内·**多蒂耶**,巴黎鞍具、马具及皮件工代表。

缪拉，巴黎机械工人代表。

蒂克，布鲁塞尔油漆彩绘工代表。

阿尔丰斯·**德拉库尔**，巴黎精装书装订工代表。

加布里埃尔·**安塞尔**，巴黎陶瓷协会代表。

路易·**潘迪**，巴黎房屋粉刷工代表。

古斯塔夫·**杜朗**，巴黎首饰工代表。

爱德华·**鲁塞尔**，巴黎白铁工代表。

阿尔伯·**泰斯**，巴黎青铜器工人代表。

德巴普要求出席的代表把他们的代表委托书交给大会主席团；建议选出临时主席团，然后去马戏团剧场，因为今天下午的会只是介绍国内外各支部的情况，所以明天再任命最终确定的主席团。

德巴普说明这次会议的目的，请求大会决定，按国家任命临时主席团成员，每个国家两名。（通过）

测量员**昂格勒贝**要求接纳他作为刚刚临时组织起来的佩吕韦尔兹工人们的代表。根据**托伦**的建议，推迟到明天讨论这一要求。

当选大会临时主席团成员的是：

主席：**荣克**，伦敦总委员会委员。

法国：**勒莫尼耶，托伦**。

英国：**肖，鲁克拉夫特**。

比利时：来自瑞梅的 J.–B. **弗雷尔**，来自列日的**马雷夏尔**。

西班牙：来自巴塞罗那的萨罗·**马加利翁**。

德国：来自索林根的**克莱因**。

比利时：来自安特卫普的**克楠**，来自根特的**塞拉纳**。

瑞士：来自日内瓦的**梅米约、基内**。

第二次会议

（于国家马戏团剧场）

会议于3点开始。

代表们入席。

荣克就座主席团主席位置，然后点代表的名。**荣克**发表讲话。

我将履行一些艰难的职责，因为长途旅行使我感到疲劳，而且对主持这个人数众多的大会，我感到不习惯，幸亏这项任务是短暂的。每位代表都汇报其所属支部的发展情况。至于我，只就国际协会[①]诞生的过程说几句。4年前，一些法国工人到伦敦与英国工人一起举行会议，为国际工人协会奠定了基础。他们任命一个委员会。

这个委员会用一些时间起草了章程。

协会的第一个宗旨是使各国工人联合起来；实际上，各国工人由于旅费高昂相互了解很少。今天不再是这样的情况了，各国工人的利益是一致的，工人的利益与资本家的利益是对立的。

企业主靠从工人的劳动中扣除的盈利生活，从企业主的观点看，盈利当然要尽可能地大；而从工人这方面看，不让人剥削才是合理的。因此，在工人和企业主之间不可避免地发生冲突。协调所有人的利益，这就是国际协会的目的。

在当前的社会里，工人是企业主之间角逐的受害者，实际上，这究竟是怎么回事呢？例如，在某个工业部门的比利时工人比英国工人挣得少，另外他们很悲惨。英国的企业主对他们的工人们说，他们竞争不过

---

① 指国际工人协会，即第一国际。——编者注

比利时人。比利时的企业主对他们的工人说同样的话。在这个国家和那个国家，企业主都决定降低工资。

国际协会使人们了解在每个国家所发生的事情，目的就是要结束这种状况。

今天，工人应该成为自己的主人。为此，他需要与企业主进行斗争。他也需要与某些企图利用国际协会的政党作斗争。

无论如何，国际协会的目的绝不是通过罢工或其他方法来提高工人的工资；它的目的是消灭雇佣劳动。

雇佣工人和以前美国黑人或俄罗斯的农奴一样悲惨。雇佣工人甚至更加悲惨，因为农奴和黑人是买来的，主人在使他们干活耗尽精力之后还留着他们，而主人却把病残的雇佣工人抛弃。（掌声）

国际协会有了迅速的发展。在美国，工人们已经组织起来，加入国际协会。他们考虑不久就夺取现在属于资产阶级的立法权，归根结底，资产阶级是少数，少数人掌权是不合理的。

在英国，阶级斗争也开始了，正在有效地继续进行中。

国际协会所捍卫的思想也在意大利取得进展。只要阅读意大利工人寄给我们的宣言，就足以确信这种情况了。他们知道他们的祸害是什么，必须用什么方法消除这些祸害。

在瑞士，建立了许多合作社。在那里工人们也感到需要组织起来。当然，我并不认为人们可以通过合作解决社会问题；但是合作可以有助于改善工人的境遇。

在德国，国际协会也有进展。在这个国家，有许多工人协会，所有的工人协会都有许多会员。

这些协会中有120家此刻正在纽伦堡召开会议，列入议事日程的第一个问题就是加入国际协会。很可能几天之后我们这里就有纽伦堡的代表。

德国北部的工人们也在召开代表大会。不幸的是，普鲁士人民自从在萨多瓦获胜以来失去了很多自由。的确，他们获得了无上光荣，这是对他们的补偿。（哄堂大笑）普鲁士政府禁止臣民参加外国的协会。德国北部的工人协会无论如何都不可能参加本次代表大会；不过，虽然他们没有正式参加国际协会，但他们内心是要参加、准备和我们一起行动的。

意大利的工人和普鲁士工人的处境一样。事实上，要指出的是，各国政府在获胜之后给工人的自由设置障碍，而战败的政府，如奥地利政府，给了工人一些自由。

意大利的工人此刻正在热那亚召开会议。毫无疑问，在热那亚的代表大会上人们对布鲁塞尔的国际代表大会表示赞同。

至于西班牙，这个国家目前正处在非正常情况下，可以说它继续处于戒严的状态。另外，西班牙的代表们将亲自告诉你们他们那里发生的情况。

出席本次大会的各国人民的代表将向你们简要讲述他们国家现有的工人协会的发展情况。

总之，国际协会的形势好极了。但是不要忘记它刚诞生不久，还没有经验。在我们以前的代表大会上，我们主要研究了各个理论方面的问题。今天，我们应该研究实施我们已经作出的决议的手段，我们要行动起来。（长时间鼓掌）

布里斯梅：我不讲述国际协会在比利时的情况，我仅仅就我们最近在比利时的工作情况讲几句话。

自从最近的沙勒罗瓦的那场灾难[①]以来，我们联合会有了迅速的发

[①] 1868年3月26日，比利时沙勒罗瓦煤田发生了抗议降低工资和缩减生产的罢工工人和宪兵队之间的流血冲突。22名工人（其中有5名妇女）被捕，并受到法庭审讯，被指控图谋杀人和毁坏矿主的财产。4月5日，布鲁塞尔支部成立了一个专门委员会延聘律师为被捕者辩护。律师们发动舆论来支持被告。8月15日，陪审团宣告被告无罪。——编者注

展，建立了20个新支部，其中几个支部会员数达到800人。

为达到这个目的，我们不得不忽视了比利时的其他地方。

只是到最后我们才去帕蒂拉日，在那里，我们必须一如既往驳倒我们不在之时出现的恶毒指责。仅仅一天，就有近400名新会员进行登记。

请从这方面来判断我们有理由期待的发展。

托伦（巴黎）：我受巴黎天平制造工的委派来参加这次代表大会。但是我应该主要说说与整个法国国际协会有关的情况。巴黎联合会的两届理事会相继被判了轻罪，正在提出上诉，一个被处以罚金，另一个甚至因为未经批准而结社的罪名被判入狱①。在巴黎法院判决之后，完全不可能组织新的集会了。我们不得不把法国国际协会的事务交给三个收拾残局者处理。因为，唉，国际协会在法国因负债而消亡。因为找不到更好的接受委托者，他们派我来向你们汇报我们的状况，向你们说明使我们不能委派更多会员来开会的困难。

国际协会在巴黎一直很难发挥作用。我们曾经遇到各个方面的反对者，起码是处处都受到怀疑。在一个没有新闻自由，没有集会自由，没有结社自由的国家，我们必须非常谨慎才生存了四年，在青铜器制造工、鲁贝和日内瓦工人罢工期间发挥积极作用。

检方指控我们搞政治。对此我们回答说：如果说政治是更换部长、大臣、国王、共和国总统，不，我们没做这些事，我们不想做这些事；但是，如果政治是过问社会问题，同常备军制度作斗争，支持罢工，那

---

① 暗示在巴黎对国际协会的起诉。在1867年9月30日至1868年3月20日期间进行的第一次起诉结束后，托伦、舍马莱和巴黎理事会的其他成员被判处每人100法郎罚金。在第二次起诉中（1868年5月），被判刑的是瓦尔兰和第二届理事会的其他成员，但这次他们被判监禁在圣佩拉日监狱。

就对了，我们做了这些事，我们准备重新开始做这些事，因为我们不能不过问这些事。

在我说到巴黎的国际协会已经消亡时，我方才听到有人表示惋惜或小声议论。不过，国际协会虽然不正式存在了，虽然我们不能在那里作为集体存在了，我们所有人依然是伟大的国际协会的会员，因此我们分别在伦敦、在布鲁塞尔或在日内瓦加入国际协会。

最后，我只给你们讲一个问题，我在这里不仅是派我来的人们的喉舌，而且是法国所有工人的喉舌。我们反对战争，我希望本次代表大会作出庄严的决议，所有国家的工人都反对战争，这些战争只不过是为了暴君的利益、反对人民的自由而进行的。（掌声）

缪拉（巴黎）：起诉致使我们向本次大会派出的代表比派到洛桑大会的代表更多了，因为巴黎各行各业的工人都承认了国际协会的领导。

荣克把托伦和缪拉的讲话译成英语。

列斯纳译成德语。

范登贝格译成弗拉芒语。

（从这时开始，用这三种语言①之一发表的讲话被相继用其他三种语言翻译或概述。）

塔尔塔雷（巴黎）代表1867年巴黎万国博览会上聚会的工人。他们也研究了专门的问题，并且承认各个协会应放眼全世界。人们说，他们因为在宽容的保护下成长起来，所以从未忘记自由。就因为他们受到诽谤才希望有自己的代表，为的是证明在工人之间没有分成两个阵营，只有一个阵营，这就是团结与世界和平的阵营。

鲁克拉夫特（伦敦）：只要允许工人游手好闲，只要有几百万各种类型的游手好闲者，工人就要受穷。军队只能浪费我们生产的一切东

---

① 原文如此，似应为"用这四种语言"，其中还包括法语。——译者注

西，毁灭我们。

只要被工作压得疲惫不堪的工人们没有时间思考和学习，他们就被剥削。他对抵抗团体①不感兴趣，他认为工人们应该夺取政治权力，但不要通过暴力，他们应该像英国人开始做的那样，设法进入议会，以便改革法律。

荣克公民发言解释鲁克拉夫特在改革同盟采取的立场，他是这个同盟最热情的创办人之一。

格拉利亚（日内瓦）②：差不多半年前，我们曾经进行过一次非常大的罢工。我们首先应该感谢所有支持我们的人，尤其要感谢巴黎人，因为没有他们，罢工者就失败了。罢工有好处。尽管这是共和国，那里的资产阶级比其他地方的更凶恶，工人们顶住了。在罢工前，他们只有两个支部；现在他们在日内瓦有24个支部，有4000会员。（这些**支部**是：中央支部、卡鲁日支部、德语支部；**职业行会**：表壳装配工行会、首饰匠行会、细木工行会、金银器工匠行会、瓦工行会、车身制造技工—锻工行会、石膏工—漆工行会、法语木工行会、德语木工行会、雕刻工行会、制套匠行会、皮革整理工和鞣革工行会、弹簧制作工行会、盖房顶工行会、土方工行会、白铁工行会、八音盒制作工行会、印刷工行会、锁匠—修配工行会、毛料裁缝行会③）。我们向大会要求的主要是实干。

杜邦（总委员会）代表委托他的意大利几个协会讲话。意大利工人受到门塔纳之战④的影响。那些没有战死沙场的人被关进监狱。他们

---

① 即工会，下同。——编者注
② 参阅第24—25页。
③ 原文如此，括号中仅列了23个支部。——编者注
④ 意大利中部的一个地方，在罗马附近的拉齐奥省，1867年11月3日法国和教皇的联军战胜加里波第的军队，使攻克罗马推迟4年。——译者注

集会的权利被取消。不过，他们虽然不能派代表来，起码转交了报告。专制者们是徒劳的。他们阻止不了工人们相互协调一致，他们阻止不了将要实现的社会革命。

克莱因（索林根）：自从洛桑代表大会以来，他们成立了一个刀剪生产合作社。他们已经有27人，摆脱他们的老板已经一年了。

布雷登霍斯特（安特卫普木工）转达安特卫普细木工和粗木工对国际协会全体会员的感谢；然后陈述说，任何一类无所事事者都没有权利活着，只有他们死了才可以给工人带来福利。关于这一点，他描绘了当前社会的凄惨画面，这个社会被分成两个敌对群体，即雇主和工人。

这位发言人读了一篇弗拉芒文的讲话，我们只能概括主要内容。他以他所代表的粗木工协会的名义感谢国际协会的全体会员。

他强调人们应该同资本家进行殊死的斗争。他说，这是一些无用之人，什么都不生产，却大量消费，使无产者陷于绝对贫困之中；相反，无产者劳动却不消费。

萨罗·马加利安（巴塞罗那）：长期以来受专制制度束缚的西班牙各个工人协会，向他们欧洲其他各国的兄弟们致以诚挚的敬意。目前情况对各个协会不太有利。然而，在卡泰罗尼亚和安达卢西亚，工人协会正在低调地逐渐发展着。有人试图逮捕领导这些协会的工人，但是他们每天都选出12名新代表。因此，权力机构对抓人入狱厌倦了，不得不停止使用这种手段，于是工人自由了。西班牙工人为了最终使和平、正义和劳动建立在牢固的基础之上，准备和他们的兄弟一起与军队、王权和教权这三者可怕的联合作斗争。（掌声）

克楠（安特卫普）：韦尔维耶工人自由者、安特卫普人民联盟和国际协会追求着同样的目标，也就是说力求改善工人的处境。如果战争不可避免，我恳求工人们不要互相开枪。如果各个大国不久之后有一场激战，那么所有工人，总而言之，人民，就应该打垮统治我们的那些人所实行的恐怖的专制制度。归根结底，我们都是兄弟，任何动机都不能促使我们去杀害从未见过、也不了解的同类，唯一使可恶的专制者恐慌的办法是友善，用枪托示意和平，而不是对着手无寸铁的兄弟开枪。

塞拉纳（根特）：朋友们，在这个人们以为很自由的国家，工人们连自由都没有，看到这种情况令人痛心。法律不支持工人，甚至反对工人。只一个证明就够了，这就是最近批准了这样一项法律，宁可相信企业主的普普通通的话，也不相信工人的誓言。

主席公布德国北部工人协会联合会主席①施韦泽从汉堡发来的一封信，他在信中表示赞同布鲁塞尔代表大会，并且告知他很可能在纽伦堡代表大会②闭幕后到布鲁塞尔来。

德国霍夫的 **M. 梯图斯**律师给大会发来电报，祝愿大会获得成功。

主席公布帕蒂拉日支部的书记库德雷的来信。该市的委员会向大会表示支持和赞赏，最后说：社会使人看到的最令人痛心的情况是人为制造的不平等，把人们分成两个阶级，其中一个阶级注定要精神堕落，另一个阶级注定要遭受肉体上的痛苦。让我们鼓起勇气为消灭专制制度、奴役和不平等而努力。

范登贝格读一封信并作了摘要翻译。博尔丁在这封信中告知在阿姆斯特丹建立一个支部，这个支部将与印刷工人、油漆工和木工的工人协会联合起来，创办名为《人民报》的荷兰文社会主义报纸。

---

① 原文如此，应为"全德工人联合会"，1868 年 8 月 22—26 日，该联合会在汉堡举行了代表大会。——编者注

② 倍倍尔领导的德国工人协会联合会于 1868 年 9 月 5—7 日在纽伦堡举行的代表大会。——编者注

佩列林（布鲁塞尔解放协会）：他所代表的协会是在这个国家建立的第一个民主协会，建立这个协会的目的是与两类专制，即教士专制和政府专制进行斗争。我们不让教士出席我们会员的葬礼，不管怎么样，我们都与教士作斗争。

我在本次代表大会的议程里看到这个问题：如果所有专制者都联合起来反对人民，应该做什么？……

荣克主席指出，这个问题不在议事日程之内，请发言人今天只限于简要叙述他那个协会的发展情况。

佩列林最后重新提出反对战争，鼓励人民互相帮助，不要互相杀戮。

马雷夏尔（列日）发表下面的讲话：

列日的国际工人协会会员们在1867年年底前后已经设法组成了支部。

他们有27人，开过几次会，在会上讨论和通过了规章草案。

他们在公布了规章、选举了由5人组成的临时委员会之后，要表明他们的存在，并且召开了两次反对常备军的集会。

不幸的是，他们被各个政党迂回包抄，在反对黩武政策的运动中，教士和激进党人的联盟很快就取代了国际，然而这个联盟只把斗争限于反对过量征兵。一个为此目的而建立的联盟，窃取了国际进行宣传而取得的所有成果，而主动发起这项运动的国际一无所获。

因为现在力量不太大，在斗争中还不能占优势，可能由于第一次尝试失败而泄气，列日支部的会员们停止集会了。

临时委员会暂停开会，在1868年的前4个月中，临时委员会采取的唯一行动就是派两名代表参加韦尔维耶工人自由者组织的集会。

除此之外，可以说这个支部再也没有活动迹象了。

但是，在沙勒罗瓦煤矿区发生的事件，常备军组织的对工人的大屠杀，稍微震撼了各个地方的沉睡者，布鲁塞尔联合会的宣言最终使他们完全清醒了。

于是两名会员试图重组列日支部，急忙召开一次全体大会。

召集这第一次大会因为没有得到足够的公开宣传，可以说没有人理会，只有4个会员响应。

他们并没有泄气，但是他们不可能单独作出任何决定。因此他们决定召开一次新的全体大会，在此期间，努力争取到尽可能多的会员。

第二次尝试比第一次成功。

确定在5月7日召开的第二次全体大会，除了15名老会员，还召集来20名要加入协会的学生和工人。第一个支部在有人退出之后只剩下24名会员，在这一天有36名新会员进行登记，使会员人数达到60名。

他们立即开始为沙勒罗瓦的受害者募捐。布鲁塞尔支部已经寄发了其他认捐单。这些认捐单已经得到回复。

我们今天交出募集到的约40法郎，几天后我们将送来余下的捐款。

首批会员完全忽略了与在比利时建立的支部联合，与伦敦简直就没有任何关系。

这次因为更好地了解了国际协会的义务，他们作出决定，必须立即与比利时的各支部联合，向布鲁塞尔联合会派了一名负责就联合问题与联合会进行沟通的代表。

这一尝试取得了圆满的成功，这样就建立了最好的兄弟般的关系。

列日支部有了经验教训，不想再受到各个政党的侵害，于是又立即开始进行宣传试验，但从今以后将在经济领域从事这项工作。

6月7日组织了一次大规模的集会。

集会的议事日程是：

国际工人协会，其目的及其行动手段。

列日支部向布鲁塞尔和韦尔维耶的各个支部派去代表，以便确保得到这些支部的帮助。这些支部允诺了，并且完全说话算数。

这次集会除了提出和讨论这些人所关心的事情之外，还提出和讨论了社会问题，使国际协会增添了新会员，从此以后，列日支部的会员人数逐周增加，3个月中差不多翻了两番。

然而，对于一个有如此众多的工人的工业城市来说，这一成果可能看来是微不足道的。

各种环境使我们的宣传工作非常困难。讲几句这方面的情况就足以证明，取得的成果不大并非由于我们的原因。

我们需要同一些诽谤我们的报刊作斗争。这些报刊千方百计地歪曲我们国际协会的宗旨，什么事都干得出来。

有时把我们说成是那个竞选联盟，然而就是它第一个使我们的发展受到非常严酷的打击；有时揭发我们是一个革命者的帮派，在理论上认可暴力活动；有时，总而言之，把我们称为狂热的无神论者，要强行推翻教义，不管这些教义是什么。

企业主和工业家这方面则对我们进行恶毒的攻击，或者禁止他们的工人加入国际协会，或者把已经加入国际协会的人从他们的工厂里赶出去。我们可以举出其中3个因此被开除的铸工。

说到底，警方本身就试图破坏我们的国际协会，恐吓运动的领导者，例如，一位临时委员会委员就因为在我们的会上发言而被传唤去警察局长那里。他拒绝到那里去，而警方恐怕在这个问题上受挫，采用的某些手段使人想起最可憎的暴虐的密探横行的时代。

一些密探三番五次地去告诉我们城里的一个商人，他的一个雇员参加了国际协会。幸亏他们碰了钉子，没有得到他们预期的结果：开除这位雇员。

这些卑鄙恶毒的勾当足以说明为什么我们与其他支部相比人数如此

之少。

但是，所有这些用诽谤、压力、卑鄙的诡计拼凑起来的东西开始坍塌了。

我们一直保持的镇静而严肃的态度、我们开展的实际活动开始取得成果，我们可以说肯定有希望，不久将有好几个工人协会加入我们的支部。

我们正在与其中几个协会磋商，我们认为我们即将获得成功。

这就是我们的概况。现在让我们简单地介绍一下我们的工作。

因为我们不想让人再摘走我们努力的果实，因为我们知道有的协会由于会员不保持经常联系，很快就消亡了，所以我们决定，每个星期一都召开一次全体大会。

自从6月7日以来，历次全体大会都定期举行，每次都吸引来很多的会员。

我们首先要使我们的章程与国际协会的纲领一致，更加符合国际协会的指导精神。

有好几次会都用来讨论这个章程，最终把联合和互助的原则全都充分地写入章程。

我们把一份章程附在报告里，这章程的制定基础和比利时其他支部制定章程的基础是一样的。

一次会议用来选举正式委员会。

然后我们参加了在布鲁塞尔召开的筹备大会，我们专门委托两名会员作为我们参加这次大会的代表。

自从这次会议以后，我们历次会议都是全体讨论所有列入这次大会议事日程的问题。

五项报告探讨了信贷、教育、机器、罢工和工人所遇到的困难，由负责起草有关报告的委员会宣读了这些报告并且经全体大会通过了。

这些报告已经递交代表大会。

我们也尝试过在城市周围进行一些宣传。

为此目的,我们在蒙特涅这个地方组织了两次集会:第一次在布鲁塞尔人和韦尔维耶人的帮助之下组织,第二次由列日支部的会员们单独组织。在这两次集会之后,约 30 名会员在蒙特涅开会,正在组织一个新支部。

最后,我们在最近的一次全体大会上,决定在代表大会结束之后立即开始在市内的各个街区,在附近几个要求我们帮助的工业村组织一系列集会。

另外,每周在我们支部所在地由国际协会会员举行一次关于社会问题的报告会。

在结束这个报告之前,我们不能不衷心地感谢布鲁塞尔和韦尔维耶两个支部不断为我们提供的热情帮助。

我们也希望不久能够轮到我们帮助他们开展工作,这样来感谢他们为我们所做的一切。

我们也希望在下次代表大会上能够对你们说,我们的努力不是多余的,我们支部能够使自己和那些非常勇敢、非常坚定地高举正义与团结友爱旗帜的支部看齐。(长时间鼓掌)

J. - B. 弗雷尔(沙勒罗瓦):报纸已经报道了沙勒罗瓦事件。人们知道工人们过去为什么进行罢工,知道他们受到怎样的虐待。造成这些不幸的原因就是工人们没有组织起来,但这种情况不会再出现了。在同情我们的报纸使人们知道国际协会的存在及其目的之后,在布鲁塞尔的代表向工人说明这种情况以之后,成立了许多支部,这种活动进展十分顺利。

弗吕兹(韦尔维耶)宣读如下报告:

工人自由者协会创始于 1867 年 11 月。起初,这个协会在与国际工人协会联合之前是孤立的，在其内部好几个成员有这种以改变而不是消灭奴役方式为目的的资产阶级思想，因此我们不得不同他们进行斗争。但是借助国际工人协会的出版物，我们最终懂得了，要摆脱资本家强加给工人的桎梏，我们还是有手段的。

从现在起，我们在韦尔维耶有一个国际工人协会的支部，这个支部有400名会员，有我们每月出版一次的机关报《米拉波报》，第一期发行了1000份。2月第三期发行了4000份，因此我们继续出版。

因此，从现在起，我们能在我们为自己开辟的道路上毫不犹豫地前进，不必担心一些人的软弱，也不担心另一些人的贪婪。

我们布鲁塞尔的朋友们曾对我们进行我们所需要的开导，给予我们必要的推动，我们以他们为榜样，我们不再惧怕任何可能阻止我们前进的障碍。的确，对于一个有3万多人的城市来说，我们人数还不是很多，然而这也是真的，尽管大多数工人因为胆怯而持冷漠的态度，但是我们的勇气弥补了人数。

我们为了神圣的事业，为了全世界工人的自由和团结而奋斗，因此未来属于我们，一切都使我们预见到我们将获得胜利。我们的行动手段是集会、互助会、信贷会、消费和生产合作社，这都建立在互助精神，即互相帮助的基础之上，把对等互惠作为社会关系的基础。

这就是在过去的一年中使我们支部的做法引人注目的情况。

我们还未能在实践中实现我们从理论上论述的东西，但是我们准备去实现。在韦尔维耶、昂西瓦勒和佩平斯特，我们各个支部的很多会员加入这些地方的合作社，唯一的目的是把这些合作社引导到以平等和公正为基础的原则上来。因此，虽然我们现在只是来陈述我们的想法，但是不久之后，在下一次国际工人协会代表大会上，我们将来介绍我们的实际成果。

斯特普尼（伦敦）：在英国和其他地方一样，有两个阶级，剥削者阶级和被剥削者阶级，他们之间进行着激烈的斗争。我很早就是贫苦党人的一员。

主席补充说，发言人的出身是最上层的贵族，是一位大臣的近亲，这位大臣放弃了非常反动的大臣职务。他从做资产阶级慈善家开始，他虽然有巨额财富，但已经成为先进的社会党最热诚的信徒之一。

马克西米利安·特里科（沙特利诺）简单介绍了令人痛心的埃皮纳事件的情况，强调指出最近在日利、沙特利诺和沙勒罗瓦煤矿区的其他几个地方建立了支部。

佩龙（日内瓦）：我觉得前面讲的有关日内瓦各个支部的情况不够完全。这个议程中忽略了把教会与国家分开、各个等级的义务教育、单一的继承税。瑞士有两个阵营：天主教阵营、新教阵营；我们希望建立自己的、与这两个教派无关的党。

我们对这些仅仅用一种专制来代替另一种专制的运动感到厌倦了。

主席宣读来自圣佩拉日的来信。

"公民们：

由于你们所知道的审判，巴黎理事会不能派代表出席代表大会了。

我们是最后一届理事会的理事，此刻被关押在圣佩拉日的监狱，我们认为应该利用召开代表大会之机给国际协会的会员们寄去一份我们对法院压制我们、阻止我们去汇报我们行政管理情况的专断行径的抗议书。

我们不需要给你们提供关于我们被选定做巴黎理事会管理工作的细节，争讼辩论已经使你们对此有了充分的了解。

虽然我们对不能参加你们的工作感到遗憾，但我们将有兴趣关注有关议程中所列各方面问题的讨论情况，整个工人阶级极其关心这些问题的解决。

我们高兴地得知，大部分巴黎工人协会派代表出席代表大会。毫无疑问，国际协会受到的迫害促成了这一结果。

这些工人协会为我们的社会事业提供帮助和道义支持的热情就证明我们的宣传不无效果，国际协会的思想已深入到工人群众之中。

至于我们，我们将各自坚定地继续我们的事业，因为我们现在不可能集体行动了。

我们对你们深表赞同，并致以崇高的兄弟般的敬意。

（签名者）：阿·孔博；欧·瓦尔兰；埃·朗德兰；
于贝尔；贝·马隆；沙博诺；加·莫兰；
A. 布尔东；L. 格朗容

1868 年 9 月 4 日于圣佩拉日监狱"

（长时间鼓掌）

范登贝格（布鲁日）：几周以来，刚刚在布鲁日成立了一个支部。我们要兴旺起来，还需要其他国家的帮助。其实，我们还要继续忍受宗教狂热和资本家专制之苦的城市并不多。

昂利（帕蒂尼亚）：从事耕种的人比城里的工人更苦；但是在阿登，这些人开始明白，他们也应该组织起来，竭尽全力消灭当前社会的混乱状态。迄今他们能够做的只有一件事，就是建立大众图书馆。他们向城里的工人表示兄弟般的敬意。

罗伯尔（瑞士）[①] 宣读拉绍德封的库勒里的来信，向洛桑代表大会的朋友们问好。

---

① 参阅第 25 页。

德巴普通报俄国社会主义者巴枯宁的来信,他向国际工人协会致以兄弟般的敬意,对他因为繁忙而不能参加这次代表大会表示遗憾。

6点45分散会。

对9月6日会议报告的更正和补充①

代表姓名的错误

巴黎白铁工代表约瑟夫·**昂利**,应为:**昂利·托伦**。

莱昂·**韦里肯**应为:**洛朗·韦里肯**。

布罗登霍斯特应为:**布雷登霍斯特**。

补充:皮·弗·**弗吕兹**,韦尔维耶自由工人协会代表。

补充:J.-B.**弗雷尔**,瑞梅煤矿工人代表。

补充:萨洛·**马加利安**,卡泰罗尼亚工人协会代表。

里昂支部的L.艾·**格里莫**应为:**格里南**。

加·**奥塞尔**应为:**安塞尔**。

主席**扬**应为:**荣克**。

遗漏的代表

约瑟夫·**昂利**,那慕尔省阿登的种植者代表。

路易·**马雷纳**,瓦尔米封丹的种植者代表(卢森堡)。

格雷戈里·**保罗**,沙特利诺煤矿工人代表。

---

① 为便于阅读,代表姓名的错误已在正文中更正。——编者注

第二次会议期间到会的新代表

舍佩勒，美因茨支部代表。

贝克尔，德国人支部中央委员会代表。

弗里茨·**罗伯尔**，（瑞士）拉绍德丰、洛克勒、圣伊米耶山谷、比安、穆尔滕、穆捷-格兰德瓦尔等支部的代表。

阿道夫·**卡塔兰**，日内瓦支部，勒苏个人与思想解放协会代表。

阿尔伯·**里沙尔**，里昂和讷维尔立法创议权委员会代表。

埃米尔·**奥布里**，鲁昂支部代表。

安德烈·**拉隆代尔**，奥迪蒙-莱韦尔维耶自由工人协会代表。

德布鲁克，迪松自由工人协会代表。

阿道夫·**泰尔林克**，根特支部代表。

昂格勒贝，佩吕韦尔兹农业工人支部代表（布拉班特）。

我们重新**全文**提供来自日内瓦的**格拉利亚**的讲话①：

根据主席提出的不延长讨论的意见，我要讲得简短些。

我本来不想在这次会上发言，但是鉴于现在的情况，我应该说几句。

将近半年前，在日内瓦爆发了一次大规模的罢工，我要代表日内瓦各个支部向所有帮助我们的人表示感谢，特别要感谢巴黎人。因为我已经把这件事告诉我的同事们了，如果没有巴黎人，我们就失败了，我要在代表大会上宣布这件事。在日内瓦，在我们罢工期间，虽然我们身在共和国，但是资产阶级分子可能比在其他地方更坏；他们诽谤我们；不

---

① 参阅第12页。

过尽管如此，工人们坚持住了，然而，3000工人流落街头。我们遵守我们的法律，因为我们希望受到尊重，因为我们是主张共和的人，我们爱我们的国家。我们力求避免非常令人遗憾的冲突；而且罢工对我们是有利的；罢工使我们团结起来了：我们现在有24个支部，罢工之前我们只有两个。（随后是各个支部的名称）

朋友们，我用下面一句话来结束我的讲话：日内瓦工人们向代表大会提出的要求是，实际行动，仅仅是实际行动。

佩龙（日内瓦）：今天的会值得注意的是，各位发言人的讲话可以说使会议具有国际工人协会政治主张声明的性质。

如果在涉及政治问题时，人们似乎要同意可能被我们协会通过的纲领应当只局限于协商消灭战争，我就可能不发言了。

日内瓦的各个支部也不再想要老的政党了，但是很愿意为把无产阶级解放必不可少的社会和政治改革写进他们国家的法律而斗争。我说，日内瓦各个支部认为，这些改革应该包括教会与国家分开、在各个等级实行义务教育、对财产进行单一的征税，还有在大会讨论过程中将详细论述要点。

不是"罗伯尔（瑞士）宣读……"①，应是："主席通报……"

第三次会议
（1868年9月7日于天鹅旅馆）

来自布鲁塞尔的公民布里斯梅主持会议

会议于10点开始。

---

① 参阅第22页。

立即选举正式的主席团成员。

一致同意选举：

主席：**荣克**，来自伦敦。

副主席：**杜邦**，来自伦敦；**贝克尔**，来自德国①。

书记：**克楠**、**梅滕斯**，负责比利时。

　　　格里南、**泰斯**，负责法国；**克莱因**、**舍佩勒**负责德国；

　　　肖，负责英国。

荣克在主席团主席位置就座。

布里斯梅要求首先决定后续会议的地点；鉴于天鹅旅馆的礼堂狭小，他倾向于选择马戏场的演出大厅作为开会地点。最好在晚上公开举行大会，以便可以让更多的布鲁塞尔工人参加会议。

托伦指出，代表人数有限，因为代表人数有限，占用一个太大的大厅可能不合适；至于与会人员，因为是在休息日前一天开会，所以不会吸引很多听众出席，他担心听众不多。

安斯反驳说，在比利时，上班的日子最好召集人，因为工人把星期日主要用于娱乐和散步。他支持举行公开会议，使所有布鲁塞尔工人有可能参加我们最令他们感兴趣的讨论，这些会议必将大大有助于国际协会给自己规定的宣传工作，以便完成在社会问题方面所肩负的任务。②

塔尔塔雷支持安斯提出的要求。

主席提醒未受委派作为代表出席会议的国际协会的会员们，他们不能参加讨论和讨论之后进行的投票表决；至于他们想讨论的各点，只能提交给受他们委托的人。

罗伯尔建议每天上午9点到下午1点在天鹅旅馆举行内部会议，每

---

① 原文如此，贝克尔实际上定居瑞士。——编者注

② 参阅本卷第286—287页。——编者注

天晚上6点到11点在马戏团剧场举行公开会议。

塔尔塔雷修改建议,确定晚上的会7点开始。他强调有必要确定散会时间,使少数人没有办法作出可能危及整个代表大会的决定。

罗伯尔同意对建议所作的修改。修改建议被一致通过。代表们商妥上午的会议用于讨论行政问题,只允许支部或协会的代表参加会议。

随后又有代表提出几条公布这项决定的建议。

斯佩尔要求印出来,为了公布这项决定,要立即在布鲁塞尔的各个工厂车间和沙勒罗瓦煤矿区张贴一些告示。

封丹希望立即在布鲁塞尔张贴300份告示。

勒莫尼耶建议由3位会员负责所有的公布情况的事宜,以便为大会节省出应该用于更重要的问题的时间。

布里斯梅认为没有必要成立这个小组;他要求把带有这项新决定告示的条子插在第一批广告里,应该立即通过报刊和布鲁塞尔各个街道的流动广告的渠道,利用一切宣传手段。

公民勒莫尼耶的建议以29票对22票被否决;公民布里斯梅的建议差3票被一致通过。布鲁塞尔支部的德勒萨勒公民负责实施这一建议。

佩龙要求限制每个发言人的时间;希望任何建议的提出者可以例外地保留反驳的权利。

缪拉赞成发言人的完全自由,保留主席根据大会的要求打断他们发言的权利。

佩龙和卡塔兰、梅米约、罗伯尔一致提出:

对于所有关于召开会议的事,代表大会应该遵循洛桑代表大会就此事作出的决定。

此建议被一致通过。

进行点名。

缪拉要求用代表签名的签到单代替这种点名,同时保留主席在他认为紧急的情况下进行核对点名的权利,就像在洛桑实行的那样。

安斯汇报布鲁塞尔代表大会主席团作出的决议,有些公民由于他们的委托者不太熟悉代表大会的规则,没有交给他们必要的委托书,在这种情况下也同意他们作为代表。

商定由布鲁塞尔支部负责接纳这些代表,但下不为例。

开始讨论有待确定的以后会议的议事日程。

托伦要求首先宣读各个协会的报告,然后根据议程确定的顺序开始讨论。

佩龙看议程里没有列出舍马莱公民在洛桑代表大会上提出的政治、经济和社会平等的问题,他对此感到惊讶。他也很希望在晚上的会议上讨论各个问题的整个理论部分,把实践问题留下来在上午的会上讨论。

德巴普竭力表示,他谈到的全面平等确切地说并不是一个问题,而是所有的社会问题的整体。他希望首先开始讨论由伦敦总委员会提出的5个问题。

里沙尔对从比利时代表大会的议程里去掉原来有的这个重要的合作问题感到惊讶。

他得到英国代表们的支持。

克楠提出作为第一个要讨论的问题是,在欧洲大国之间发生冲突的情况下工人的态度(德国各个支部提出的问题)。

托伦支持这个建议,他认为关于这个问题的讨论不会长,因为各国工人在这个问题上观点是一致的,可以说只是有待提出一项决议。

鲁克拉夫特也同意我们在讨论工资问题之前,应该表明我们反对这样的人,他们侵吞我们的全部工资,武装我们一些人去打另一些人,利用这样的手段来掏我们的腰包,他们做得比我们往腰包里装钱还快得多。

建议被付诸表决,以 27 票对 17 票通过。

对于建议的第二段，**欧仁·塔尔塔雷**提出罢工或反抗问题，唯独罢工或反抗可以保持工资，因此就将有可能创建生产、消费或信用合作社。

德巴普对伦敦总委员会的议程取消这样重要的问题感到遗憾；他提请人们注意洛桑代表大会的决议和后来发给国际各个支部的通报，最后说，比利时代表大会的议程尽量保留了这几项决议的精神。

克楠说3月收到从伦敦寄发的一封信，此信证实了比利时代表大会委员会的声明。他建议在战争问题之后，研究比利时代表大会议程的5个段落，在讨论之后，如果时间允许，就讨论英国人提出的问题。——通过。

商定5点钟在天鹅旅馆召开会议，组成研究议程上所列问题的各个委员会。

议事日程：除了议程指定的问题之外有待研究的问题。
任命各委员会。

1点散会。

第四次会议
（于国家马戏团剧场）

来自伦敦的杜邦宣读：

总委员会报告①

1867—1868年对国际工人协会来说具有划时代的意义。在平稳发

---

① 即"国际工人协会总委员会第四年度报告"，此处按《马克思恩格斯全集》中文第2版第21卷第461—467页刊出，括号中所加内容为杜邦宣读报告时代表们的反应。——编者注

展时期之后，它的影响大大增强，以致激起了统治阶级的恶毒诽谤和各国政府的迫害①。协会进入了斗争阶段。

法国政府在反对工人阶级的活动中自然是一马当先。我们在去年就不得不揭露它的某些敌对手法——扣留信件、没收我们的章程、在法国边境截取日内瓦代表大会的文件②。我们在巴黎为要求归还这些文件交涉了很久，但毫无结果，最后只是由于英国外交大臣斯坦利勋爵从官方施加压力，这些文件才交还给我们。

可是今年，帝国完全抛弃了假面具。它公然企图借助它的警察③和法庭来消灭国际工人协会。十二月二日王朝④的诞生应当归功于阶级斗争，这种阶级斗争的最伟大的表现就是1848年的六月起义⑤，因此这个王朝就不得不轮流扮演资产阶级的救星和无产阶级的家长式的保护人。当国际工人协会日益增长的威力在亚眠、鲁贝、巴黎、日内瓦等

---

① 在马克思的英文稿中此处不是"迫害"，而是"敌对措施"。——编者注
② 参看《马克思恩格斯全集》中文第2版第21卷第555页。——编者注
③ 在马克思的英文稿中此处不是"它的警察"，而是"警察袭击"。——编者注
④ 十二月二日王朝（十二月二日政府）指1851年12月2日路易·波拿巴解散立法议会发动政变，于1852年12月2日在法国建立的第二帝国，即十二月二日帝国（1852—1870年）的波拿巴政体。——编者注
⑤ 六月起义指1848年6月巴黎无产阶级的起义。二月革命后，无产阶级要求把革命推向前进，资产阶级共和派政府推行反对无产阶级的政策，6月22日颁布了封闭"国家工场"的挑衅性法令，激起巴黎工人的强烈反抗。6月23—26日巴黎工人举行了大规模武装起义，经过四天英勇斗争，最后被资产阶级共和派政府残酷镇压。马克思论述这次起义时指出："这是分裂现代社会的两个阶级之间的第一次大规模的战斗。这是保存还是消灭资产阶级制度的斗争。"（见《马克思恩格斯文集》第2卷第101页）。——编者注

地的罢工①中刚刚清楚地显示出来,自封的工人保护人就只好要么把我们的协会抓在自己手里,要么就把它消灭。最初的要求并不高。巴黎代表向日内瓦代表大会(1866年)宣读的并于次年在布鲁塞尔出版的宣言②在法国边境被没收了。为了回答我们的巴黎委员会对采取这种暴力措施的原因提出的质问,鲁埃大臣邀请了委员会的一位委员进行私人谈话。在随后举行的会谈中,他先是要求缓和并修改宣言中的某些地方。遭到拒绝以后,他就提出:

"如果你们能加进哪怕是几个感恩皇上的字眼,那就还有可能达成协议。要知道,皇上曾经为工人阶级做了许多事情。"③

(全体哄堂大笑)

皇上的亲信鲁埃的这种微妙的暗示并没有得到预期的理解。(长时

---

① 1867年7月,亚眠发生了染色工人的罢工,这次罢工得到了其他行业工人的支援。

1867年3月,鲁贝织布工人和纺纱工人开始罢工。罢工的起因是,由于采用机器后大批工人被解雇。

1867年2月,巴黎铜器工人开始罢工,他们拒绝按企业主的要求退出互助会。由于总委员会的协助,巴黎工人得到英国工联的援款。罢工以工人的胜利宣告结束,他们保住了自己的组织。

1868年3—4月,日内瓦有3000名建筑工人举行罢工。工人要求把工作日缩短到10小时,要求提高工资并把计日工资改为计时工资;除建筑工人外,其他工业部门的工人也参加了罢工。由于瑞士、英国、法国和德国工人的支援,日内瓦工人的罢工取得了胜利。——编者注

② 指巴黎支部提交国际日内瓦代表大会的报告,报告详细揭示了蒲鲁东主义者在工人斗争的主要问题上的观点,得到里昂支部和鲁昂支部的赞同,在1866年9月4日的大会上作为法国代表的报告宣读。报告的全文于1866年9月在布鲁塞尔出版,题为《日内瓦代表大会。法国代表的报告》。——编者注

③ 见1868年5月1日《法兰西信使报》第112号。——编者注

间鼓掌）从此以后，十二月二日政府①就只有等待某种借口，以便用暴力来除掉协会。我们的法国会员们在普奥战争②以后进行的反沙文主义鼓动，使它更为恼怒。不久，芬尼社社员③在英国引起的慌乱达到了顶

---

① 十二月二日王朝（十二月二日政府）指1851年12月2日路易·波拿巴解散立法议会发动政变，于1852年12月2日在法国建立的第二帝国，即十二月二日帝国（1852—1870年）的波拿巴政体。——编者注

② 这次战争结束了奥地利和普鲁士之间多年的争雄局面，基本上完成了德意志在普鲁士霸权下的统一。在这次战争中，站在奥地利一方的有德意志的几个邦（汉诺威、萨克森、巴伐利亚、符腾堡和巴登），普鲁士则和意大利结成了同盟。军事行动于6月和7月在波希米亚境内和意大利境内同时展开。奥军于7月3日在萨多瓦惨败之后，奥地利便开始议和，最后于8月23日在布拉格签订和约。根据和约，奥地利把它对石勒苏益格-荷尔斯泰因的权利让给普鲁士，偿付了一笔不大的赔款，并把威尼斯地区交给意大利王国；早在1815年由维也纳会议建立的、联合着三十多个德意志邦的德意志联邦就不复存在了，代之而起的是在普鲁士领导下没有奥地利参加的北德意志联邦。由于这次战争，普鲁士吞并了汉诺威王国、黑森-卡塞尔选帝侯国、拿骚大公国和美因河畔法兰克福自由市。——编者注

③ 芬尼运动是19世纪50年代开始的爱尔兰反对英国殖民统治、争取独立的革命运动。它以詹·斯蒂芬斯领导的小资产阶级秘密革命组织爱尔兰革命兄弟会（即爱尔兰共和革命兄弟会）为核心。该组织于19世纪50年代末先在侨居美国的爱尔兰人中间，不久即在爱尔兰本土出现。芬尼的古爱尔兰语Fiann，是传说中爱尔兰古代英雄芬恩·麦库尔统帅的武装民团的名称。爱尔兰革命兄弟会自称芬尼社。芬尼运动的宗旨是推翻英国在爱尔兰的统治、废除大地主所有制、建立共和国。芬尼社曾广泛活动于英格兰、爱尔兰和美国等地。

1865年，芬尼社社员准备了武装起义，但是他们的密谋活动没有成功。在同年9月，英国政府逮捕了芬尼运动的首脑（卢比、奥利里、奥顿诺凡-罗萨），芬尼社的报纸被查封，人身保护法停止生效。在英国掀起的声援被判罪的芬尼社社员的运动，得到第一国际总委员会的支持。1866年和1870年芬尼社社员曾两度从美国进攻加拿大，企图挑起国际冲突，从而为爱尔兰解放创造有利条件。1867年3月芬尼社发动武装起义，遭英国政府镇压。由于芬尼社领导内部的分歧和英、美政府的镇压，这一运动在19世纪70年代后即迅速衰落。马克思和恩格斯不止一次地指出芬尼运动的弱点，批评芬尼社社员的密谋策略、宗派主义和资产阶级民族主义的错误，但是对这个运动的革命性做了很高的评价，竭力使它走上进行群众性发动并和英国工人运动共同行动的道路。——编者注

点，这时国际工人协会总委员会向英国政府递交请愿书，指出对三位曼彻斯特蒙难者即将执行的处决是利用法律进行的一种谋杀①。同时，我们在伦敦举行了维护爱尔兰权利的群众大会。一向谨小慎微地百般巴结英国的法国政府这时认为从拉芒什海峡两岸夹攻国际工人协会的时机已经成熟了。于是它的警察在深夜闯进了我们巴黎委员会委员的住宅，搜查他们的私人信件，并在英国报刊上大肆叫嚣，说什么芬尼社密谋的中心终于被破获了，其主要机关之一就是国际工人协会。②许多叫嚣都是无中生有！法院尽心尽力地进行了调查，但是根本找不到一点犯罪构成的影子③。在把国际工人协会诬陷为密谋家的秘密团体的企图遭到了这样可耻的失败之后，又找到另一个绝妙的借口。巴黎委员会被当作一个超过20人的未经批准的团体④而遭到迫害。受过帝国纪律训练的法国法官当然不加考虑就宣布解散协会，并对委员会委员处以罚金和监禁⑤。不过，法院在判决书的陈述理由部分有两个地方谈得坦率：一方面谈到

---

① 在马克思的英文稿中，这句话的后一部分是这样的："要求减轻对三位曼彻斯特蒙难者的判决，并指出对他们判处绞刑是一种政治报复行为。"（请愿书全文见《马克思恩格斯全集》中文第2版第21卷第319—320页）——编者注

② 1867年12月，国际巴黎支部理事会的驻地遭到搜查，随后开始了侦讯，接着在1868年3月6和20日对国际的法国组织进行了第一次审讯。在法国警察搜查时所没收的信件当中，有一封信是法国通讯书记欧·杜邦于1867年11月23日写给巴黎支部的成员安·缪拉的，其中谈到国际的法国会员营救被囚禁的芬尼社社员的活动情况。法国当局企图利用这封信给国际加上组织芬尼社社员进行密谋的罪名。法庭宣告巴黎支部解散，并对理事会成员处以罚款。——编者注

③ 在马克思的英文稿中这句话是这样的："他们费尽周折进行的一切调查都毫无结果，连检察官本人也非常反感地放弃了起诉。"——编者注

④ 在法国，按照刑法法典第291条和1834年4月10日法令，成立20人以上的社团，必须经有关当局批准。——编者注

⑤ 在马克思的英文稿中这句话是这样的："受过帝国纪律训练的法国法官当然赶紧宣布解散协会……""和作出逮捕巴黎委员会委员的判决"。——编者注

国际工人协会的力量日益增长，另一方面则宣称十二月二日帝国同真诚地把真理、正义和道德作为自己指导原则的工人团体的存在是不相容的。(掌声)这些事件的结果很快就在省里明显地表现出来了，自从巴黎判决之后省长们就开始经常为一些小事进行无端指摘。但是国际工人协会并没有在政府的刁难中灭亡，而是从中汲取了新的生命力①。协会终于迫使十二月二日政府公开同工人阶级决裂，唯独这一情况加强了协会在法国的影响。(掌声)

在比利时，我们的协会为所取得的巨大进展而自豪。沙勒罗瓦矿区的矿主经常迫害矿工，引起他们暴动，接着就用武力去对付手无寸铁的群众。在这样造成的慌乱情况下，国际工人协会的比利时支部把矿工的事情承担起来了，通过报刊和群众大会揭露他们经济上的贫困处境，帮助伤亡者家属，并为被捕者提供法律援助。陪审团终于宣告所有被捕者无罪。在沙勒罗瓦事件②后，我们在比利时的成就就得到了保证。当时，司法大臣茹尔·巴拉在比利时下院谴责国际工人协会，以它的存在

---

① 在马克思的英文稿中，本段"生命力"后的一句话是"迫使帝国放弃其工人阶级保护人的姿态"。——编者注

② 沙勒罗瓦事件指围绕比利时沙勒罗瓦矿工的罢工发生的事件。1868年春天，沙勒罗瓦煤矿矿主把每周生产减至4天，工资降低10%。矿工宣布罢工并和警察之间发生了武装冲突，22人被逮捕审判。比利时支部在国内外广泛展开了支援罢工者的运动。支部组织了许多次抗议集会。在《人民论坛报》、《自由报》等报刊上广泛报道了沙勒罗瓦事件。1868年4月12日发表了告比利时工人及各国工人书(1868年4月19日《人民论坛报》第4号)。支部同总委员会保持着经常的联系。总委员会在1868年4月21日、5月12日和6月2日的会议上讨论了沙勒罗瓦事件；组织了对罢工者的援助。比利时支部成立了一个特别委员会为被捕者聘请律师。律师设法取得有利于被告的公众舆论，被捕者于8月15日被陪审团宣告无罪。由于这些事件，国际在比利时的会员人数大大增加。——编者注

作为修订《外侨法》①的主要借口。他甚至威胁要禁止布鲁塞尔代表大会的召开。比利时政府终究应当认识到，小国在欧洲存在的基础只有一个，那就是成为自由的避难所。(掌声)

在意大利，协会自门塔纳大屠杀②以后被反动势力削弱了。直接后果之一就是警察当局限制了结社和集会的权利。但是我们广泛的通信表明，意大利的工人阶级正在日益摆脱一切旧政党的影响而取得完全的独立。

在普鲁士，由于法律③禁止普鲁士的工人协会同外国团体有任何接触，国际工人协会不能合法存在。而且，普鲁士政府还可怜地重复波拿巴的政策，例如对**全德工人联合会**④进行无端的指摘。各个穷兵黩武的

---

① 指比利时1835年9月22日通过的每三年延长一次的《外侨法》。尽管新闻界和公众普遍抗议，《外侨法》于1865年6月底还是获准延期。1868年5月，比利时政府由于害怕新的群众行动，未经下院讨论就将《外侨法》的有效期延长了三年。——编者注
② 门塔纳大屠杀指1867年11月3日法国军队同教皇的雇佣卫队一起在门塔纳附近击败再次进攻罗马的加里波第军队。加里波第进攻罗马的目的是要把罗马从法国占领下解放出来，归入意大利的版图。——编者注
③ 指普鲁士1850年3月11日颁布的反动的结社法。——编者注
④ 全德工人联合会是1863年5月23日在莱比锡各工人团体代表大会上成立的德国工人的政治性组织。从成立时起，全德工人联合会就处于力图使工人运动按改良主义道路发展的拉萨尔及其追随者的有力影响之下，故又称拉萨尔派。联合会把自己的宗旨限于争取普选权的斗争和和平的议会活动。全德工人联合会一方面否定工人阶级的日常经济斗争，同时却主张建立由国家帮助的生产合作社，认为生产合作社是解决社会矛盾的基本手段。联合会的拉萨尔主义领导在对外政策问题上采取民族主义的立场，赞同普鲁士政府的反动政策和通过王朝战争自上而下地实现德国的统一。

随着国际工人协会的成立，联合会的拉萨尔主义领导的机会主义策略就成了在德国建立真正工人政党的障碍。1864年底—1865年初，马克思和恩格斯为使联合会转变成革命的无产阶级政党并加入国际工人协会作了很大的努力，但未获成功。由于马克思和恩格斯始终不渝地同拉萨尔主义进行斗争，到70年代初，先进的德国工人抛弃了拉萨尔主义。1875年5月在哥达代表大会上，全德工人联合会同爱森纳赫派实行合并。合并后的党采用德国社会主义工人党的名称。——编者注

政府尽管总是准备着彼此厮杀一场,但在对自己的共同敌人——工人阶级进行十字军征讨时,却总是一致的。

不过,尽管有种种法律上的障碍,在我们的日内瓦委员会①的周围却早已团结了一批规模不大的、遍布德国各地的支部。

主要分布在德国北部的全德工人联合会,最近在汉堡举行的代表大会上决定同国际工人协会采取一致行动②,不过根据法律它还不能正式加入国际工人协会。即将召开的纽伦堡代表大会(这次代表大将有主要是德国中部和南部的约100个工人联合会的代表参加)把关于直接加入国际工人协会的问题列入了议程。根据它的领导委员会的愿望,我们已派出一名代表前往纽伦堡。③

在奥地利,工人运动日益具有明确的性质④。已经决定9月初在维也纳举行代表大会,目的是使帝国境内各民族的工人兄弟般地联合起来。同时还发表了给英国人和法国人的邀请书,在邀请书中宣

---

① 日内瓦委员会是约·菲·贝克尔所领导的在瑞士的各德国人支部中央委员会,它于1865年11月起成为各支部的组织中心,这些支部不仅把在瑞士的德国工人,而且把德国、奥地利、美国以及有德国工人流亡者居住的国家里的德国工人联合起来了。贝克尔所进行的活动,特别是他所办的《先驱》月刊,在德国国内还缺少建立组织的条件的时候,大大地促进了国际的思想在德国工人中间的传播。——编者注

② 指1868年8月22—26日在汉堡举行的全德工人联合会大会通过的关于各国工人共同行动的决议。该决议载于1868年9月2日《社会民主党人报》第102号。——编者注

③ 指倍倍尔领导的德国工人协会联合会于1868年9月5—7日在纽伦堡举行的代表大会。总委员会派格·埃卡留斯作为正式代表出席了这次代表大会。代表大会以多数票(69对46)通过了关于加入国际工人协会的决议,并选出一个由16名委员组成的委员会负责实施这一决议。1868年9月22日,总委员会批准该委员会为国际工人协会在德国的执行委员会。——编者注

④ 在马克思的英文稿中,"明确的性质"为"革命的性质"。——编者注

布了国际工人协会的原则。你们的总委员会已经指定了一位代表前往维也纳①；但是屈从于封建反动势力的奥地利本届**自由派**内阁如此有远见，居然禁止召开工人代表大会，从而使工人也成为它的敌人。

　　日内瓦建筑工人的斗争在一定程度上关系到国际工人协会在瑞士的生存。建筑业主把工人退出国际工人协会作为达成任何协议的先决条件。但是工人坚决拒绝这种狂妄要求。（掌声）他们由于在瑞士本土以及通过国际工人协会从法国、英国、德国和比利时得到了支援，终于争取到了缩短工作日②和提高工资③。在这以后，早已在瑞士深深地扎下根的国际工人协会，开始迅速而广泛地发展起来。比如，有50个德意志工人教育协会（可能是欧洲最早的协会）去年秋天在诺因堡举行的代表大会上就一致决定加入国际工人协会。④

　　在英国，政治运动⑤、旧政党的瓦解和即将到来的竞选的准备工作占用了我们许多优秀力量，因而延缓了我们的宣传工作。尽管如此，我们还是同各地的工联建立了经常不断的通讯联系。这些工联中有一部分已经宣布加入国际工人协会。在伦敦新加入国际工人协会的工联组织中，会员人数占第一位的是皮匠和西蒂区鞋匠工联。

---

　　①　彼·福克斯被指定为总委员会出席预定于1868年9月在维也纳举行的奥匈各族工人代表大会的代表。——编者注
　　②　在马克思的英文稿中，在"工作日"后面添上"1小时"。——编者注
　　③　在马克思的英文稿中，在"工资"后面添上"10%"。——编者注
　　④　在瑞士的50个德意志工人教育协会于1868年8月9—10日在纳沙泰尔（诺因堡）举行的代表大会上通过了加入国际的决定。决定发表在1868年8月《先驱》第8期上。——编者注
　　⑤　在马克思的英文稿中，"政治运动"为"动荡的政治形势"。——编者注

你们的总委员会同**美国全国劳工同盟**①保持着经常的联系。美国同盟在1867年8月举行的最近一次代表大会上决定派一名代表出席今年的布鲁塞尔代表大会，但由于时间关系，没有来得及采取必要措施来实现这一决定。

北美工人阶级的潜在威力从下述情况中可以看出：法律已规定在联邦政府的公营工场中实行八小时工作日，在联邦的八九个州内已颁布关于八小时工作日的通用法律②。但是目前美国工人阶级，例如在纽约，正在同顽抗的资本作殊死的斗争，因为资本正利用它所有的一切强有力的手段来极力阻挠八小时工作日法令的实行。这一事实表明，即使在最有利的政治形势下，工人阶级要取得任何重大的胜利，都有赖于培养和集中工人阶级力量的组织的成熟程度。

一国范围内的工人阶级的组织甚至也容易由于其他国家工人阶级缺乏组织而遭到失败，因为所有的国家都在世界市场上进行竞争，从而彼此互相影响。只有工人阶级的国际联盟才能保证工人阶级获得最终胜利。正是由于这种需要，才产生了国际工人协会。国际工人协会并不是某一

---

① 美国全国劳工同盟于1866年8月在巴尔的摩举行的代表大会上成立。美国工人运动出色的活动家威·西尔维斯积极地参加了同盟的筹建工作。1866年10月，同盟同国际工人协会建立了联系。1867年8月的全国劳工同盟芝加哥代表大会选出特里维利克为出席国际工人协会即将举行的代表大会（洛桑）的代表，但他没能出席。1869年，同盟的代表卡梅伦出席了国际巴塞尔代表大会的最后几次会议。1870年8月，在同盟的辛辛那提代表大会上，卡梅伦通报了他参加国际代表大会的情况，同盟通过了一项决议，宣布它拥护国际工人协会的原则并希望加入协会。但是这一决议并没有实现。全国劳工同盟的领导不久就埋头于空想的金融改革方案：消灭银行制度，并由国家提供低息贷款。1870—1871年，一些工联脱离了同盟，到1872年同盟实际上已不复存在。——编者注

② 1868年6月25日美国国会通过一项法律：在所有政府机构和联邦机构中实行八小时工作日。——编者注

个宗派或某一种理论的温室中的产物。它是无产阶级运动自然发展的结果，而无产阶级运动又是由现代社会自然的和不可抗拒的趋势所产生的。国际工人协会深知自己所负的使命的伟大意义，它既不容许别人恫吓自己，也不容许别人把自己引入歧途。今后，它的命运将同孕育着人类新生的那个阶级的历史发展不可分割地联系在一起。（长时间鼓掌）

主席介绍几份分别来自阿姆斯特丹、佩斯、日内瓦的祝愿大会圆满成功、对大会表示同情的电报。有一封从马赛寄给一位代表的信，主席宣读了其中如下一段：

"我受委托对你说，马赛的'工人民主'① 非常关心你们进行的讨论将要阐明的一切，我们请你告诉我们各国的兄弟们，我们和你们在一起……"

主席：开始讨论的问题是：在欧洲大国之间发生战争的情况下，工人应采用什么态度。请卡塔兰发言。

卡塔兰（日内瓦）：我在这个大会上第一个发言，感到很尴尬。尽管国际工人协会的宗旨不是去管那些目前使欧洲分裂的重大政治问题，但是人们还是想象得出，我们的德国朋友最近遭受了这场苦难，对此非常恐惧，以至于要求我们强烈地反对战争。反对战争是我们应该做的事。为了使人更多地了解反对战争的意义，我们应该增加一些说明，研究切实可行的手段，即使不可能完全阻止战争，至少给战争设置重大障碍，为人们不想再进行战争的时代做准备。

我首先说，战争不取决于公众舆论。例如在1866年，人们普遍抗议战争：记者、思想家、资产阶级、批发商、工人，都一致抗议战争；然而我们遭遇了一场比从前的战争更可怕的战争。

---

① 工人团体的名称。——译者注

为什么呢？因为在公众舆论之上有一些破坏公众舆论的机构。有高于人民意志的意志，唯独他们拥有战争或和平的权力；这就是在当前形势下，战争的真正原因之所在。

为了阻止战争，必须消灭战争贩子，为此，每个人都应在他自己的国家做这件事。今天，很多人恐惧，置身事外，竭力为自己在总的社会状态之中创造一个小的个体社会状态，他们在其中得到表面的和平。他们想用无关紧要的方法摆脱窘境，而不是力求使他们和其他劳动者一起摆脱严重的社会混乱状态。

然而，这些人的这种行动现在和将来都不适当。他们必须做的是，用真正的社会科学，即用使人们知道个人利益和总体利益紧密联系的教育代替今天骗人的教育（这种教育制造个人之间的利益对立和仇恨），应该用每个人和每个民族互相保证各自的存在代替个人之间和民族之间的互相竞争。

让我们都来反对战争，但不仅仅在理论上，而更主要的是在实际上反对战争。让我们每个人、整个国际协会都来反对战争，用我们的全部力量反对那些有权进行战争的人们，反对产生这种权力的制度，反对使这种权力永远延续下去的愚昧无知。（掌声）

昂利（巴黎）：在发言的时候，为了制止针对我们巴黎代表团的某些恶意中伤，我需要陈述我们关于战争和其他社会问题的原则和目标。

因此我要说，是否所有的阶级都应该讨论这个问题？像这样提出的问题使我联想到一种意见。这个问题是普遍性的，因为它关系到所有的人，我们在这个问题上不能区分阶级，不再有阶级的差别，应该从所有阶级和所有国家的角度提出这个问题。

的确是生产者付出战争的费用；耗费的所有东西，我们洒的鲜血，这都是工人提供的。战争对所有人，对战胜者和战败者，都是有害的。克里米亚战争耗资15亿，墨西哥战争耗资12亿。我们还有什么？我们兄弟洒的鲜血用来做什么用？用来使一个支配着4000万人的人心满意足。因此没有人想要战争，但如何在实际上阻止战争？我认为必须在下次选举中选出一些将导致制度改革的人，甚至……

作为法国人，我不能把我的想法都说出来；然而，虽然我不能要求改变政府，但是我可以要求改变我们的制度。总之，从政治角度看，我们应该通过选举和人民的示威运动，通过社会主义的政治宣传最终改变那个可以支配4000万人的生活、财富和社会安宁的个人政府。

德巴普（布鲁塞尔）：对于我们所有人来说，战争是明显有害的事。但是除了我们永远反对战争之外，为了消灭战争，人们要求我们尽力发挥实质的作用。

在这方面，有两个方法：第一个，通过拒绝服兵役来直接反对战争……（掌声）或者，结果是一样的，通过拒绝做工反对战争，因为军队需要消费。第二个，不直接发挥作用，而这个方法只有通过解决社会本身的问题，才有希望最终消灭战争；这就是国际通过自身的发展注定获得胜利的方法。（喝彩声）

如果利用第一个方法，那就要不断地重新开始。唯独第二个方法从根本上消灭了邪恶。

人们曾经试图把战争归因于个人；这是一个错误，国王、皇帝只是次要的，是工具。战争唯一的真正原因在于我们的社会制度。证据就是根本没有君主的国家也互相开战。在美国的战争中，如果不是因为劳动力问题，那还是因为什么呢？南部的资产阶级需要他们的黑奴；北方各州要废除这种奴隶制，用可能比老的奴隶制更严酷的现代奴隶制取而代之，因为黑奴还有点价值，而白人奴隶一文不值，我说就是为了用无产阶级取代奴隶。

任何战争最初的原因是饥饿。开始，野蛮人仅仅是吃被战胜的敌人；后来战争的结果表面上复杂了，但事实上依然如故；战胜者从战败者那里掠夺土地、劳动工具、劳动本身的成果，以此来满足他的需要。

这场东方的战争使人付出那么多血的代价，难道不仅仅是为了夺取东方产品市场的角逐，是名副其实的社会、贸易方面的角逐吗？

我简而言之：工人只有通过继续他们的社会事业，通过组织劳动最终消灭贫困这个现代混乱的唯一原因，才能在战争问题上有效地发挥作用。（长时间鼓掌）

安斯（布鲁塞尔）：我对德巴普的发言几乎没有什么要补充的了。我要指出，尽管所有的人都表示反对战争，实际上，很多人依然不知不觉地支持战争。资产阶级要有强大的政府来使劳动群众保持被动服从的状态，要有议会使他们的法令具有承认正义的假象，资产阶级对坏透了的经济形势熟视无睹，他们表示憎恶战争，而他们却保留所有引起战争的东西。（喝彩声）

作为某些个人的心血来潮不是战争的唯一原因的证据，请想想1848年，人们虽然希望建立一个永久的、和平的共和政体，但是取消了国王，结果是仅仅引来一个皇帝。

工人本身在他们的痛苦当中有时候把战争作为消散他们苦难的事加以支持。还是在1848年，他们不是高喊：做工活或战斗死！

当涉及和平或战争时，社会问题总是必然地摆在人们面前。去年在日内瓦和平大会上，人们开始谈论小打小闹地反对战争，德巴普反对这种做法是非常正确的。在工人代表大会把战争问题要从属于经济问题作为其参加和平大会的条件之后，人们才把讨论纳入其正确的范围。

今年，几天之后和平和自由大会将在伯尔尼开幕，你们都有这次大会的议程，根据其中表明的倾向，这次大会和我们的大会只有很少的区别。

还说一句。啊！如果我们与各国的工人充分协商达成一致，就足以使他们下决心拒绝服兵役，到这一天，我们就可以使他们下决心做很多

其他事情，那么战争问题就再也不存在了。（长时间鼓掌）

斯佩尔（布鲁塞尔）：德巴普和安斯证实战争的根源在于经济问题。我们工人认为，这就是我们关心战争的直接原因。拒绝工作是一个反对战争的手段。征兵是拿无产者去冒险，使无产者成为不平等的保证，抗议征兵是另一个反对战争的手段。然后必须把我们今天在这里提出的抗议带回国际的所有支部，以便使这些抗议产生最大的影响，引起全体劳动人民对战争的诅咒。

佩列林（布鲁塞尔）：这个问题，尽管讨论不完，但是讨论得很好。然而，我们要注意，虽然战争的原因不完全在于专制者，但往往是他们决定战争。他们不断地发扬民族精神，而不是博爱精神。他们的支持者是还处于愚昧状态的人，这些人以为战争是非人力所及的法则造成的结果，有益于阻止人口的过度发展。我最后说，用所有可能用的手段反对战争。

鲁克拉夫特（伦敦）（这个讲话原本在斯佩尔和佩列林的讲话之间，只能在这个位置上复原）：我也痛恨战争，战争的根源是资产阶级的吝啬和贪财，战争只能使富人发财，但是我认为，只有国际协会作为任务进行宣传的原则取得胜利才能最终克服战争，在此之后取消常备军。我再给大家说说孟德斯鸠的观点，他在《论法的精神》中预见到常备军给国家局势带来的灾难性影响。这方面还有，根据巴黎的拉罗克博士的著作，这样的制度每年造成的损失的总金额：支出的维持经费29.75亿，从工业和农业夺走人工造成的损失33亿，这些浪费掉这两笔资金的利息8亿，也就是每年从劳动者腰包里掏出的总额70.75亿。因此，在法国，1851年高达51亿的债务现在提高到123亿。意大利也同样，只要不作出裁减常备军的决定，只要不懂得不从事生产者就无权活着，情况就将是这样。

托伦（巴黎）以巴黎几位代表的名义，递交如下（赞成和平的）

决议：

大会认为正义必须是自然的团体、人民、国家之间以及公民之间的关系的准则；

战争只不过是强者有理，而不是承认权利；

战争仅仅是特权阶级或代表他们的政府使人民服从的手段；

战争巩固专制制度，窒息自由（我们提供的有关证据是前几次意大利和德国的战争）；

战争使许多家庭哀伤和破产，使各个军队集中的地方道德败坏，因此使无知和贫困状态得以保持并且永久延续下去；黄金和人民的鲜血过去只不过用来在人民之间使人的野蛮本能保持原始状态；

在以劳动和生产为基础的社会里，军队只能被用来为每个人的自由和权利服务；甚至对于社会团体的单独一个有用的成员来说，它都只能是一种保障，而不是压制；

在欧洲目前的状况下，政府不代表劳动者的正当利益；

在布鲁塞尔召开的国际工人协会代表大会宣布最强烈地反对战争。

代表大会要求协会的全体支部，在各自的国家支持大会的决议，要求协会的所有支部（以及所有工人协会，不管是什么性质的工人团体）最积极、最有力地行动起来，通过公众舆论的压力来阻止人民对人民的战争，这样的战争现在只能被看成内战，因为它是在生产者之间进行的，只会是兄弟之间和公民之间的对抗。

封丹要求结束这个问题，根据是议程上的每一点都只有一个晚上的讨论时间。

佩龙感到遗憾的是，各位发言人对这个问题提出了不同看法，这本应引起各位发言人之间的交锋，似乎这个问题还没有完全解决就被放弃了。

塔尔塔雷支持封丹公民的建议。

托伦建议指定一个委员会听取人们本来可以在这次会上详细陈述的有关这个问题的理由，经过研究从中得出结论，呈报给代表大会的最后一次会议。

这项建议除 3 票反对被一致通过。

11 点散会。

第五次会议
（于天鹅旅馆）

大会决定将不公开上午的会议情况。

第六次会议
（于国家马戏团剧场）

会议于晚上 7 点 30 分开始。

宣读并通过了会议记录。

杜邦主席：我把罢工问题①交给大家讨论。

德巴普（布鲁塞尔）：委员会决定宣读由日内瓦、列日、布鲁塞尔三个支部起草的报告。

格拉利亚（日内瓦）宣读如下报告：

---

① 即总委员会确定的布鲁塞尔代表大会议程的第五个问题。在 1868 年 1 月 28 日通过的议程中，总委员会对于这个问题的表述是："罢工政策，以及坚决要求建立仲裁法庭的适宜性。"参见本书第 6 卷第 224 页。——编者注

日内瓦各支部的报告

关于罢工和仲裁机构问题的答复

公民们：

我们虽然承认罢工与经济原则相悖，但是我们认为，只要社会有其当前这样的组织，只要唯独资本家才在与他自己利害相关的纠纷中充当仲裁，只要工人对剥削他的人百依百顺，对于工人阶级来说，不采取有力的措施来阻止劳动力持续跌价就是有害的。

我们认为，当国际协会通过一个使国际工人协会的各个支部都联系起来的组织来宣传团结一致的原则之时，我们就为我们大家一心想坚决捍卫的原则作出有效的贡献。

我们如果注意研究过去，就不难认识到，竭尽全力的生产者的处境有多么困难，多么难以忍受。

因此，如果我们想在将来避免每个工人由于曾经不同程度感到孤立而造成的有害影响，首先必须做的是，国际协会的每个行业公会组成几个组，以便通过建立一些中心互助基金会形成真正的、唯一有效的、富有成果的互助。

建立中心互助基金既简单又方便，在日内瓦已经存在近15年的、只由3个有约400名会员的协会组成的工人中心基金会已经给我们很好地证明了这一点。

这就是首饰工人协会、雕刻工人协会和制套工人协会。

用每月每人45生丁的会费，互助基金曾经需要支持4次大罢工：为1856年首饰工人罢工支出4800法郎；为1858年和1867年制套工人的两次罢工支出4580法郎；最后一次为雕刻工人罢工支出5600法郎。

尽管所有这些连续的斗争，互助基金会始终控制着局面。由于会员之间有团结互助的原则，在我们最近一次使建筑工人协会受到重大考验的罢工中，互助基金会把3000法郎交给他们支配，对我们有很大帮助。然而，中心互助基金会还有3000法郎存款。

你们不难理解，在国际协会的所有支部当中发展这样的组织会有多大好处。可能会有人向我们提出异议说，类似的办法可能有利，也可能鼓励罢工；对于我们来说，不难证明情况与此相反。现在，几乎都是没有控制、多半不适当地宣布罢工，但有了中心互助基金会，你就有了控制，你就有了仲裁争端的各个支部的委员会，仅仅因为如此，他们就成为仲裁者，他们最后作出决定。

当向你发出号召时，你就有信心了。因为你有这样的把握，为了避免向来都是令人遗憾的冲突，人家做得非常周到。不，我们不喜欢罢工；但因为这是工人拥有的唯一武器，让我们找出一个办法来尽可能好地利用这个武器。至于我们，我们对将来充满信心，对我们伟大的国际协会充满信心；但是我们坦率地说，一个总的组织是必不可少的。

如果我们希望国际协会兴旺发达，就让我们团结起来，我们的仇敌经过再三考虑之后才对我们发动进攻。如果我们希望能够反抗那些想摘走我们劳动果实的人，我们就必须事先有准备。

是的，公民们，让我们团结起来，让我们在我们这个"**没有无义务的权利，也没有无权利的义务**"①的口号当中，再加上一句新口号。让我们加上："**唇齿相依！**"

---

① 见"国际工人协会临时章程"，《马克思恩格斯全集》中文第2版第21卷第17页。——编者注

马雷夏尔（列日）宣读如下报告：

列日支部

关于罢工、抵抗团体之间的联合，为可能出现的罢工建立仲裁委员会的第五个问题

为了全面起见，关于罢工的著述必须从各方面研究罢工。

我们首先从它不好的、与我们要达到的目的相反的方面研究罢工；然后我们再说，在什么情况下应该利用罢工，如何减轻罢工几乎经常会造成的损害。

罢工是今天资本家和工人之间存在对抗的必然后果，罢工只能增加这种对抗。

罢工必然是不公正的社会组织造成的结果，罢工本身保留着不公正的萌芽。在这方面有一个恶性循环，无论如何我们都必须摆脱它。

在目前的社会状态下，在我们谴责、但只要不能用另一种社会状态来取而代之我们就不得不忍受的社会状态下，自由竞争是存在于生产者和消费者之间的唯一保证。

然而，罢工摧毁了这个保证，因为它妨碍任何交易的自由，在本来应该有协商一致和对等的情况下引起暴力和强制。

我们知道，竞争是不充分的保证，而就是因此必须进行彻底的改革，完全改变社会组织。

罢工是一种对抗。它增加人民和资产阶级之间仇恨的因素，使两个阶级越来越分开；相反，这两个阶级应该融合，应该联合。

不管是来自企业主还是来自工人的联盟，其出发点都是同样的原则：每个人都力求在损害他人的情况下扩大自己那一份；它最终的后果

都一样：随心所欲地使产品的价值降低或升高，因此扭曲了**供求**法则，在必须有信任和互助的情况下引起怀疑和强制。

事实上，来自企业主的联盟可以产生的结果是：

1. 使他们得以垄断，使他们有可能以令人难以忍受的条件强迫人们接受他们的产品。

2. 制造人为的稀缺，就这样，当他们联合起来解雇一部分工人和停止生产时，提高产品的价格。

而来自工人的联盟造成同样的涨价，或者他们要求增加工资，或者他们要求减少他们的工时数，利用他们的实力提高他们的条件。

两方面都有明显的过火行为，完全破坏了自由签约。

然而，正如蒲鲁东所说的，生产者享有得到他的劳动产品的酬报的权利，而消费者享有只支付该产品的实际价值的权利。

今天，达到这个结果的唯一方法是交易的完全自由——而罢工妨碍了这种自由。

将来，人们将通过实行互助交换和各个团体的团结一致的工人自由协会，建立既防止生产者得到的报酬过少，又防止必须以高价购买产品的实际保证。于是罢工就没有必要了，甚至不可能了。目前，罢工通向一条难以止步的可悲道路。

在要求增加工资或减少工时数的罢工之后，工人们最终结成联盟，以阻止企业主雇用徒工，禁止他们雇用外国人或使用新工艺。因为仇恨和不公正招致不公正和仇恨，所以工人们在与他们的企业主发生冲突之后，最终在他们自己之间发生冲突。

罢工起初就是不好事，从其结果来看几乎都是有害的。这是一把双刃剑，往往伤害使用它的人。

且不说人们为支持罢工而支出的金钱和因不干活而造成的生产损失（总是通过所有人都必须忍受的普遍涨价表现出来的生产损失），罢工的结果往往都是这样：

1. 因为缺乏资金而不能长期进行斗争的工人屈服了，为此付出沉重的代价。

2. 企业主招来的外国工人与前者进行招致不幸的竞争。

3. 关闭工厂或至少解雇一部分工人。

4. 企业主破产，因此，没有饭吃、没有工作的工人又被迫和其他工厂的工人竞争，被迫自愿决定他们曾经起来反对的降低工资。

总而言之，罢工往往以骚乱而告终，精神上的过火行动与肉体上的过火行动加在一起；力量取代了权利，手无寸铁的工人遭到以秩序和法制为借口的机枪扫射。

那么，人们是不是要说，如果罢工不好，就必须尽早取消罢工呢？

——当然了。

——工人经常每天从事十四五个小时的过度劳动，企业主给工人的劳动报酬只是微薄的工资，那么就应该让工人听任企业主的摆布吗？

——谁曾经说过这话呢？

我们意识到，作为混乱结果的罢工又转过来造成另一次罢工，每次罢工都是另一次罢工的补充，因此不能取消这一次而不取消另一次，取消罢工的唯一办法是达到一种以公正为基础的社会状态，在这种社会状态下，互助关系必将取代对抗。

为此，工人们必须团结起来，必须合伙，必须用100个合伙者互相帮助，在他们中间进行公正地分配互助实现的利润的工厂代替100个人被一个人剥削的工厂。

用这种方法建立起来的工厂，必须按照团结互助的原则保证它们的对等交换、无息信贷。

总之，工人们必须补足他们的知识，补足他们的教育，以便完全代替企业主、学者和资本家阶级，必须由自己管理自己的事务。这样他们就摆脱了利用他们的贫困和无知进行投机者的控制。

每个人都懂得，在我们应该努力达到的这种社会状态中，罢工将是不可能的事。我们不要设法习惯于把罢工看成是唯一消灭我们苦难的方法。

相反地，我们要尽量指出其所有不良的、与权利和自由相悖的方面，如果有时必要性迫使我们利用罢工，我们起码要知道，我们只能慎重地、深思熟虑地、从总体上衡量罢工将产生的后果，然后再利用罢工。

然而，既然我们自己看出罢工的不可避免的必然性，既然我们看到必然性的存在，我们就不应该只是说罢工不好，而满怀信心盼望着更美好的未来。

如果人们知道霍乱有朝一日必将消失，那么我们现在就不更加努力地抑制它，减轻它造成的可悲后果吗？

谁这样认为谁就是失去理智的！

我们现在的责任是竭力缩小罢工会带来的不幸后果，确定人们必须下决心利用罢工的时机。

另外，罢工是混乱的组成部分，起初由于混乱本身引起的没有理由的罢工，在某些情况下又有迫切需要，即暂时使罢工成为一种理应反对过多剥削的权利。

如果企业主要干涉工人的私人生活，禁止他们发表某种意见，进行某种联合，以某种方式组织起来，在这样的情况下，罢工就可以提高工人的尊严。

巴黎青铜器工人的罢工足以证明这种情况。

企业主互相进行疯狂的竞争，使竞争仅仅影响到工人，他们通过逐步降低工资，能够以低于产品实际价格的价格出售任何一种产品，在这种情况下，罢工甚至在一定程度上恢复了供需法则中的公正性。

总之，企业主以实际价格出售产品，从这些产品的售价中提取过高的利润，而过高的利润重新使工资成为虚假的工资，在这个时候，罢工具有明显的正义性。

在很多情况下，与剥削者更大的非正义方面相比，罢工又有其一定程度的正义方面，不应轻视这个方面，可以用罢工作为一种暂时斗争的手段。

然而，为此，必须组织好罢工，以便为不得不利用罢工者提供所有成功的可能性。

而罢工是多种多样的。

从一个国家到另一个国家，从一个行业到类似的行业，在目的和形式方面都可能完全不同。

因此不可能提出在所有情况下都适用的、处处都同样灵验的完整准则。

国际就在这时候开始发挥作用。

国际利用其重大的影响及其拥有的资金，就可以单独使工人具备以有利的方式同企业主和资本家进行斗争的手段。

国际可以通过其在各个地方的分支机构阻止某国的工人来同另一个国家加入国际的工人进行竞争。

国际通过对每个地方的工资和劳动条件的调查，为拥挤在某个地方、因劳动力过多而互相进行灾难性竞争的工人提供信息和他们迁移所必需的贷款，往往可以避免罢工。

这样，工资不再被太多的工人争夺，将恢复正常的工资率，无产者将懂得谅解和互利对他们的处境产生的有益影响要比争斗和个人主义大得多。

总而言之，国际内包括各个行业的工人，因此比任何人都能更好地承担起捍卫工人利益的责任。

例如，往往会有一个行业团体罢工，从而引起在其行业依赖于这一团体的工人的迫不得已的罢工。

我们再也不会盲目地进行某些人以牺牲其他许多人的利益为代价的

罢工了，因为所有行业团体都必须表态，每个团体都将讨论自己的利益，当然是总体利益占优势。

简而言之：

罢工必须经过组织；

罢工必须有可依靠的资金，使罢工斗争能进行到必要的时间；必须保证罢工不会因为有外来人进行灾难性的竞争而失败；

罢工必须是一致同意的，必须尊重每个人的权利；

总之，罢工必须由所有国家、所有行业团体的成员组成的、承认并且实践公正和团结一致原则的仲裁委员会决定。

唯独国际协会能够负责组织罢工。

只由国际协会承担工人事业的权利和义务。

国际协会将完成这项任务。

我们相聚在这次代表大会上，犹如来一次广泛的会诊。因为我们是社会疾病的医生，我们的责任就是不掩盖社会疾病的严重性。

而进行会诊之后，我们将全力以赴地进行治疗。

治疗当前病痛的方法在于考虑周全地组织罢工，但是我们要想着，最终的良药是公正与互助。

德巴普（布鲁塞尔）宣读如下报告：

关于罢工、抵抗团体、抵抗团体加入国际协会以及成立仲裁委员会

布鲁塞尔支部的报告

我们必须首先声明，在我们看来，罢工不是解决，哪怕是部分地解决消灭贫困这个重大问题的办法，而我们认为，罢工是一个斗争工具，使用这个斗争工具必将最终解决这个问题。因此我们认为应该反抗那些

走极端的合作者，他们除了看到一些消费、信贷和生产协会之外，看不到工人当中的任何重大运动，特别是把罢工看成是无益的，甚至损害工人利益的。我们认为，在这方面不论从组织罢工的角度看还是从罢工所追求的目标这个角度看，都有必要把罢工与罢工区分开；但在做到这一步之前，我们想回答人们提出的两种笼统反对罢工的意见。

首先我们遇到的是亚当·斯密的反对意见，这是经济学家和社会主义者都如此经常地重复的反对意见。前者实际上是用这个反对意见使工人放弃同企业主进行任何斗争，促使工人屈从于经济规律的不可改变性；后者曾经把罢工作为反对当前社会秩序的一种武器，他们认为，在当前的社会秩序当中，无产者绝对不能打碎它长长链条上的任何一环。

如下就是上述的反对意见："在这些争夺的方式中，"亚当·斯密说，"主人可以坚持更长得多的时间。地主、佃农、工厂师傅、商人，依靠他们拥有的资金，一个工人都不雇用，一般能生活一两年。如果不工作，大多数工人可能连一周的生活都不能维持，很少有人能维持一个月，几乎没有一个人能维持一年。久而久之，主人再也不能不需要工人了，但是他对工人的需要并不那么迫切。"

今天重复政治经济学之父的这些话的人，似乎丝毫没有看到自从亚当·斯密写下这些话的时代以来出现的巨大经济变化；亚当·斯密生活的经济环境和我们今天生活的经济环境不再完全一样了。一方面，受雇佣者对资本家进行的个人的、孤立的反抗已经被工人协会的集体反抗所代替。另一方面，在很多工业企业里，雇主，即企业主、工厂师傅，已经或者被股份有限公司形式的，或者被其他任何形式的资本家的联合体所代替，雇主这样被淘汰就是我们现在经历的经济时期的最显著、最值得注意的趋势。然而，从第一个角度看，如果一个的确孤立的、仅仅依靠自己的工人不工作能待上一周的不多，能待上一个月的更少，但是考虑到事先经过长时间协商，不仅可以依靠自己的基金，而且可以依靠其他协会帮助的工人协会的情况，那就和以前不一样了。从第二个角度看，亚当·斯密那个时代的地主、佃农和工厂师傅在不让他的工人工作的情况下一般可以待上一两年，在一定程度上情况的确如此，但是在考虑到如果其资本在某个时期完全不产生利息就会很快缩小的股份有限公司，那也就和以前不再一样了；此外，即使对于其个人领导一家工业企业的雇主或资本家来说，人们可以说，亚当·斯密所说的也不准确，因为这个企业主或资本家不仅要靠他可能拥有的资金生活，而且要履行他向自己的放贷人、原料供应商以及客户所作的承诺。因此，请看，在一个工业企业的利益与其他企业的利益更加紧密地联系在一起的情况下，在工人当中普遍协调一致和谅解的情况下，事实多么日益明显地否定了斯密的意见。虽然人们还可以列举出许多工人所提的要求的被企业主拒绝的罢工，但是人们可以数以千计地列举出工人最终战胜企业主对抗的罢工。

某些反对罢工者往往是讲理论而不讲实践的人，他们提出另一种笼统地反对罢工的意见。他们惋惜工人在罢工中损失的时间；他们说，这是停止生产，犹如产品匮乏！他们还补充说，在工人8天或15天不干活的情况下，他并不因此而减少消费。这话确实可笑，试想，在社会上有些人在他们整个一生中无论什么东西都不生产，也就是说他们没干过一刻钟的活。这些反对罢工者可曾有一时想到生产者每天的工时数吗？

因此，我们确信我们的话不会被驳倒，我们可以承认，大多数工人不是每天工作一天，而是每天工作一天半。让我们以矿工为例，他们早晨5点下井，晚上10点才出来。如果这些人的批评意见有根据的话，就会使人责怪工人因病卧床，躺在床上还要消费，而不生产，在此期间浪费了时间。

但是我们很想知道，尚未做的工作是不是根本不能留待以后做呢？反对罢工者可能会对这一批评进行争辩，如果他们有能力证明生产者在不是他们自己愿意的情况下有时并不是不得不歇工。他们不知道在所有的行业里都有人们所谓的淡季吗？除了淡季，我们不是也经常有仅仅由于生产过剩、未售出的产品积压而造成的失业吗？但即使我们的反对者提出的批评有根据，这也不应该阻止工人罢工，原因很简单，走不好走的路比跌下悬崖好。

其实，假设在因为企业主要减少工资或增加工时，或者因为工人们要增加工资或减少工时的罢工中，生产者浪费了他的时间和金钱，当罢工成功时，他是不是又重新夺回浪费的时间和金钱了呢？他获准减少一个工时，这是不是使他每年至少得到300小时？一个不变的事实就是：没有为了罢工的长期组织、没有抵抗团体的行业，处于可悲的状态之中；而在有这些组织的行业里，工人们不仅从生计的角度看更幸福，而且也遭受不到那么严厉的对待。

我们说过，无论从罢工的组织角度还是从罢工所追求的目标的角度看，都必须把罢工与罢工区分开。

如果我们站在第一个角度，即站在罢工需要组织的角度，那么在我们看来，没有组织好、没有领导好的任何罢工，或者工人之间缺乏谅解，或者没有很好地计算资金，或者季节不利，成功的机会似乎很少；然而，任何没有成功的罢工对工人来说都是极大的失败，因为这样的罢工所需要的费用及其引起的失业消耗了资金，因为这样的罢工使人以后不敢进行任何尝试，因为，总而言之，这样的罢工使人显得渺小，使工人丧失其一些自豪和尊严，而正是因为这个我们才认为，罢工不应该再是盲目的斗争、工人①的格斗，而应该是组织好的、事先正式策划的、经过长期准备的斗争。

如果我们站在第二个角度，即站在有关罢工可以确定达到的特殊目

---

① 根据第287页的更正和补充，这里的"工人"应为"狙击手"。——编者注

的这个角度，我们觉得还有要区分的东西。因为罢工的目的有：或要求增加工资，或拒不同意减少工资，或要求减少工时，或拒不同意增加工时，或废除工厂侵犯工人尊严的规章制度，或改善某些工厂或某些矿场的卫生和安全条件，或拒绝用不合格的工具或用质量差的、使用起来可能给工人造成伤亡的原材料进行工作，或有意反对违反过去与企业主签订的合同（如一年前亚眠棉布印染工罢工出现过的情况），或揭穿企业主反对工人协会存在的阴谋（如巴黎青铜器工人最近一次罢工和鲁贝①布料印染工罢工出现过的情况），或反对让人数过多的学徒工进入工厂。

如果罢工的目的是增加工资，我们就知道人们会提出反对罢工的所有理由。

人们通常对这几类罢工提出两种反对意见。下面是第一种：

李嘉图、麦克库洛赫和许多经济学家认为，工资率总是由必需品的价格确定的。物价越高，工资也就越高；东西越便宜，工资也就越低。

这就是不可改变的规律，按照这些经济学家的看法，这个规律支配着工资率，工人的要求和努力丝毫不能抗拒这个规律的必然性。米歇尔·舍伐利埃说："使每公斤面包降价5生丁，由于现在的工业结构，用不了半年工资就下降几乎同样多，相差无几。"不仅仅是经济学家肯定这个不可抗拒的规律的存在，大多数社会主义的作家，维达尔、贝魁尔、两位德波特尔、柯林斯，等等，也承认存在这个规律，但确实没有把它看成是永恒的规律（一些社会主义者认为这是不可理解的），而把它看成是当前社会秩序不可避免的后果。"今天，"维达尔说，"物价的最低点就是正常的工资率。工资不可避免地朝这个最低点移动，就像液体朝着它的水平面移动一样：这就是规律"。

---

① 根据第287页的更正和补充，这里的"鲁贝"，应为"皮托"。——编者注

下面可能应该简单地说说所谓的经济规律的刚性了；而我们稍后再谈对这个问题的另一个反对意见。无论如何，亚当·斯密、斯图亚特·穆勒、杜诺瓦耶、凯里、巴师夏、博德里亚尔等很多经济学家都否定了麦克库洛赫和李嘉图的所谓规律，在我们看来他们完全有道理。我们不是说物价对工资率绝对没有任何影响，但是我们肯定，这种影响有时体现在麦克库洛赫规律表示的关系之中，有时人们又发现它体现在截然相反的关系之中。让我们来说明原因：当物价上涨时，通常许多工业企业都放慢生产活动，因为消费者的钱首先要投向必需品，如果在这个时候工人可能因为工资与物价不相称而要求增加工资，得到了要求增加的工资，那么也有可能使工业生产放慢，需求疲软恰恰使得企业主可以解雇他的很大一部分工人。相反地，当物价下跌时，工业复苏，那么可以肯定企业主会有降低工资的想法，但是因为对劳动力有需求，工人比以往任何时候都更能要求增加工资，这恰恰与麦克库洛赫的规律相反。这就是有时实际遇到的情况；当然，工人们如果要等待经济规律独立起作用而增加工资，就需要彼此统一意见，联合起来，因此，在这种情况下，他们可能要长期等待。

此外，只要看一眼事实就足以证明工资率的现象与物价的依赖关系不很密切。

例如：一二十年以来，在许多行业里工人的工资可以说没有任何变化，而在其他行业里，工资经常下降。物价一般都逐年，甚至逐月变化，如果从连续若干年的情况看，甚至可以说物价不断上涨。

另一个例子：在许多工业企业里，夏季的工资和冬季的工资之间有差别；在这些工业企业里，因为往往快到夏季时生意重新兴旺起来，所以夏季工资比较高；然而由于冬季取暖、照明、衣食的支出比夏季更多，工资本应该更高。从所有这一切，可以得出结论，麦克布洛赫的规律是错误的，简直不配称为经济规律，因为它不仅不是不变事实的概括，而且甚至不表明一个简单的趋势，甚至不是有限制条件的规律。因此，有常识的人对之普遍不予以重视。

现在来看第二个反对意见：有人说，任何一种产品的价格都由两个东西组成：一方面是工人的工资；另一方面是资本家的提留（即企业主的利息、股息、收益、中介利润，等等）。

然而，如果产品的两个要素之一上涨，产品本身就上涨，因此，在工资上涨时，消费品价格就上涨；然后，产品的另一个要素也很快上涨，因为罢工，在提高工资的同时，使消费品的价格上涨，消费品价格上涨导致作为间接后果的房租、地租和资本的价格上涨，房租、地租和利息的上涨又导致产品的新一轮涨价，因为如上所述，资本收益与给工人的工资形成整个产品的价格。因此我们说，罢工前后工资价值与消费品价格之间的差距并没变小。最终人们从中得出结论，为增加工资进行的罢工起码是无益的，甚至在罢工获得成功的情况下也如此。

当然，我们根本不掩盖这个反对意见的重要性；我们甚至承认它在很多情况下是正确的，但是在我们看来从中得出的所有结论似乎太绝对了。

我们对这个经济规律没有异议，人们根据这个经济规律认为，当产品价格的一个因素涨价时，产品的总价有上升的趋势。但是我们提请注意，这个规律和其他经济规律一样只是**倾向性**的规律，即许多起改变作用的原因使它在实践中行不通。事实上，每种科学都有它的特殊规律，由于科学比较简单，而要观察的现象并不那么复杂，这些规律就更加接近绝对了。

例如，在力学中，科学规律几乎与事实的表现本身一样；但是在生物学中，特别是在社会学中，必须考虑到许多取决于环境和形势的变化。有名的**供求**规律也同样如此，我们对这个规律绝对没有异议，但是很多经济事实使之无效；我们目前正在研究的关于产品价格的规律也是这样。

  如果我们设想自己生活在这样一个社会里,其中可能只有工人,没有中介,也没有资本家,当然在这个社会里任何劳动力价格的上涨将导致所有产品价格的上涨,因为在这种情况下,劳动就是价值的唯一因素。如果我们设想生活在这样一个社会,其中在工人和资本家之间不再有中介,整个资本全都用无利息①、无股息的股票代表,劳动力的所有劳动都用于支付工资,我们所考察的经济规律就再也找不到与在前一种情况下同样接近绝对真理的结果了,但是它没有像今天这样远离绝对真理。事实上,如果在这种情况下,在任何一个工业企业工资的增长,都会有使资本的利息和股息提高的明显趋势,因为不这样,资本就很快走向一些资本利息更高的工业企业,由于资本本质上就是盲目的,不是偏向这个工业企业就是另一个工业企业。

  但今天不是这样了。如果我们从当前的社会组织来看,我们说,产品在工资提高后涨价的事实根本不是普遍的事实,为了证实我们提出的情况,我们准备举几个例子:

  第一个例子。在企业主们不得不保持的竞争并非总是使其有可能按照工资增长的比例来增加收益时,就不会发生产品涨价;在这种情况下,工资的提高是从企业主的利润中拿出来的,利润就减少同样多。在裁缝罢工之时,在《比利时之星》里证实并公布了这样的情况,即一个二流企业主平均每年获得一笔36000法郎的小收益。人们会承认这个事实,这位先生如果在罢工之后只满足于有相当比利时一位大臣仅仅达到的21000法郎这个数目的薪水,就可以在不抬高产品价格的情况下,多给工人一些工资。

---

  ① 根据第287页的更正和补充,这里的"无利息"应为"付利息"。——编者注

第二个例子。除了企业主扣除的收益，经常会有推销员，甚至仅仅给企业主拿到订单者就可以得到销售额的5%、10%、15%，甚至20%。

此后，你就十分明确地证实，由于每个工作日必须给工人增加几个生丁，产品价格必将提高；在这种情况下增加的工资，似乎不是从企业主的利润里拿出的，也不能从推销员和其他中介拿到的那百分之几中拿出来。

第三个例子。某家拥有垄断权的工业企业（合法的或自然的，并不太重要），因为没有竞争，所以资本的收益很高。在这家企业增加工资时，可能尽管工资提高了，它的收益还是比其他任何企业的收益高；那么资本就不向别处转移，企业主就可能不提高产品价格，因为按照这样一个经济规律："当产品价格以算术级数提高时，这种产品的消费趋向以几何级数减少"①，他们怕提高产品价格会意外地减少消费，随后减少销售。

第四个例子。如果提高的工资与减少的生产费用相吻合，在不增加工资的情况下，减少的生产费用只是增加了企业主的利润，如果增加的工资严格地与节省的生产费用成正比，减少生产费用只对工人有好处，或者对企业主和工人都有好处，如果节省的费用高于增加的工资：在前一种情况下和在后一种情况下，都没有提高产品价格的理由。

至于反对把学徒工招入工厂的罢工，这是一个比较难处理的问题。有一些成年工人执拗地反对招收学徒的行业，担心这些学徒成为工人之后在劳动力市场上与他们竞争；我们理解这种担心，但是我们不能赞成

---

① 莫利纳里的这个规律绝对不准确。对于很多产品来说，涨价对消费没有巨大影响：必需品，面包、土豆、肉类，等等，就是这样。因此，莫利纳里的规律也只是体现简单的趋势；但不管怎么样，必须使它去掉人们使它具有的、可以说不符合经济规律的数学形式。

这种担心迫使某些行业公会采取的措施；老百姓的子弟这样就被某些工业企业拒之门外，不得已而选择其他行业。于是二者必居其一：或者这些企业接收他们，有朝一日因劳动力过多而受到困扰；或者把孩子赶走，那么他到哪里去学习干活呢？

如果工人有一份公平的工资，有权靠劳动生活是合情合理的，那么学徒为了生活也有权学习干活。

我们不要垄断，不管它来自何方，我们既完全反对想把工作垄断在他们手里的工人，也反对曾经把资本和财产垄断在他们手里的无所事事者。我们的口号是：对于所有人来说公正是第一位的。

但是，如果老百姓的子弟能学艺是合情合理的，那么他从事这项工作而有损于前者，即工人，合情合理吗？

不，显然不合情理。好了！问题的症结就在这里。当前，在许多行业里，有的学徒工就像机器一样，这些机器完全为企业主的利润运转，给工人带来损害；也就是说，机器减少了劳动力，学徒工在已出师者跟前，在其教导下学会技术之后，以低于成年工人所要求的工资干活。这就是工人所抱怨的有害之处。

我们认为，这个学徒问题只有解决了另一个问题才能最终得到解决，这另一个问题也在我们本次代表大会的议事日程之内；我们要谈综合教育，包括同时进行的全面的科学和职业教育。在互助教育之外，学徒工问题的另一个解决办法可能在于普及生产协会，在生产协会里学徒工不是像今天这样，是企业主的一种收益，而是为入会的工人工作，和机器一样，机器今天对企业主有利，将来在生产协会里同样为入会的工人运转。但是在此期间，能不能现在就立即解决这个问题呢？

能不能做到学徒工的劳动就像过去由企业主计算那样来由工人计算？工人在付给学徒工应得到的之后，把差额交给抵抗团体。人们已经在好几个行业里使用类似的方法。我们举一个例子，每个雪茄烟工人都有一名由他负担费用的学徒工，裁缝对他们学徒的称谓有独特的表达方式，他们用绰号"牛"来指学徒工。

如果这种方式可以被采纳，显然其结果就是，工人不再害怕来自学徒工的竞争，可以用更多的时间把工作方法教给学徒工，最后很可能把他变成一名比现在的组织培养出来的工人更完美的工人。这对行会会员和学徒都有好处。

关于这一点，我们最后得出结论：

1. 以执拗地反对任何招入学徒工为目的的罢工是不合情理的；
2. 以反对招入以低价来干工人活的学徒工为目的的罢工可以被认为是合情合理的，但仍然重要的是，寻求可以使老百姓的子弟学手艺而不损害成年工人利益的两全办法。

至于以减轻每天十五六小时累得工人身心疲惫不堪的劳动为目的的其他罢工，至于其目的是取消侵犯工人尊严的规章制度，或提醒企业主注意履行其承诺，或反对工厂主抵制工人结社权的联盟等的罢工，谁胆敢对其完全合法的做法和高尚美德提出异议？在这种情况下，在我们看来，停工不仅仅是权利，这是一种义务。

罢工可以带来无可争辩的好处，我们认为已经充分论证了这一点。但是，据我们看来，罢工必须服从某些条件，不仅要服从正义或合法的条件，而且要服从时机和组织的条件。对于时机问题，不难理解，例如这个季节比另一个季节更有利于罢工获得成功。至于组织问题，我们认为罢工必须由各个抵抗团体领导。否则，罢工虽然有时很必要，但是不断地冒险试一试，这样就违背工人的利益，几乎总是导致混乱，被人家更庸俗地、不怀好意地冠以暴乱之名。

为什么会出现这样的情况呢？法律禁止工人在已经停工的企业周围集会，工人们事先未协商好要挑选代表，选出的代表要具备同企业主交涉所必需的素质（也就是说，不是训练，而完全是教育使人具备的行为准则、才干，由于熟悉法律和司法而具有的洞察力和刚毅的坚定性），我们说，工人们在企业或企业主住所前集会，不管人做什么也不管说什么，都将形成企业主根本不想听的吵吵嚷嚷的集会。由此引起诉讼，简而言之，就是镇压，如果有抵抗团体考虑周到的组织，就可以容易地避免这些事。这就是沙勒罗瓦矿区的煤矿工人们已经懂得的事情；在很多次放任自流地参加未经组织的罢工，接着参加骚乱之后，他们最近毫不犹豫地走上了新的道路，即建立抵抗团体，沙勒罗瓦矿区到处都有这类协会。

从相互关系和尊严的角度看，没有抵抗团体的罢工还有许多弊端和很不公正的地方。

因为，如果没有组织，怎么会看出某一类工人罢工确实有助于另一类工人坚持罢工呢？我们说，怎么会看出确实建立了公正无私的互助关系呢？

在抵抗团体之外罢工，就是想进行不平等的斗争，因为企业主人数不多，有财产优势，受到当局的保护，必将永远容易协调一致。总而言之，这是进行既无战术又无武器弹药的战争。

然而，请人们不要误会我们这些话的意思；虽然我们说反对未经抵抗团体组织的罢工，但我们还是认为，当雇主违反协议时，罢工是正确的、合情合理的、必要的，因此，尽管有失败的可能，也要进行尝试。奴隶们反对那些对付他们的野蛮的、非人道的办法，不都是有伟大而美好的目标吗？还有什么办法比不断克扣已经生活很贫困的人们应得的份额更野蛮，更不人道的呢？

面对某些工业企业（例如在大型手工制造业和煤矿）的工资极少的情况，面对资本大量集中，使资本家在这方面结成永久性的同盟，以致工人陷入绝境的情况，面对工人为了自己经营大型工厂或煤矿需要巨额资金，而在这些工业企业里没有任何能为建立生产协会提供方便的信贷组织的情况，我们要问，除了罢工，哪怕是未经组织的罢工，人们还能交给这些无产者什么武器来反对无限制地降低工资呢？还是他们因饥饿而殉职，不发出愤怒的吼声，不做出任何努力再站起来更好呢？好了，哪怕像证明 2 加 2 等于 4 那样证明，在这种情况下罢工不能使工人得到任何改善，起码应该承认罢工是贫苦人对我们社会组织的弊病发出的最后抗议。

我们在这个报告的开头说过，罢工可以是有益的和必要的；因此，为了使罢工具备手段，得到审慎而有力的领导，我们支持抵抗团体。是的，尽管我们怀有这样的愿望和信心，即有朝一日将看到社会秩序彻底改变，也就是说消灭人剥削人，代之以产品的自由交换和生产者之间的互利，但我们还是确信，只要存在今天还不能得到彻底解放的各类工人（例如：不大可能有劳动工具或原材料的矿工，为了进行他们的改造需要巨额资金的挖土工，等等），就有必要建立抵抗团体。我们还确信这个必要性，因为各个不同行业中的每一种行业虽然建立了生产协会，但是要依靠当前的信贷组织，还需要很多时间才能获得使用很多劳动力可能需要的劳动工具，因为在人们用来取得必要的资金的时间里，经营者可能减少工人的工资，以致工人非但不能储蓄积攒资金，还陷入不能应付其承诺者的境地。

抵抗团体还是有必要的，因为它引起剥削者一定程度的恐惧，剥削者在他几乎没有把握成功之时，就很注意避免违反协议，因为知道在一意孤行的图谋没有成功的情况下将丧失他的威信。这么说非常正确，可适用于被剥削者。事实上，一些工人们被迫重新开始他们起初因为将要降低工资而拒绝的工作之时，当需要迫使他们灰溜溜地回到这干苦工的场所之时，他们更加感觉到倨傲的剥削者左右着他们。对于勤劳的人来说，这劳动场所本来应该是幸福和满意的地方，因为生活、财富和福利就出自这里。

只要人剥削人持续着，不管无所事事者从他人的劳动成果中扣除什么，抵抗团体就有无可争辩的必要性。抵抗团体是必要的，不仅考虑到我们说过的那些情况，而且因为只有通过抵抗团体，企业主和工人才知道他们与之打交道的、来要求工作的是什么人。抵抗团体发给每个会员品德和诚实证书。企业主和工人将知道团体内只保留没有任何污点的工人。

我们还指出，劳动力价格不断下跌的原因之一，就是无工作的工人去挨门挨户地推销他们的劳动力，因此就使剥削者产生闲人非常多的想法，而实际上并没有那么多。工人的要求应该通过抵抗团体直接向委员会提出，委员会还可能把工人只派往人们感到需要工人的地方。

总之，维持价格协会除了对罢工、工人的安置等起作用之外，还可以通过它应该具有的补充机构起作用，我们要说的是失业保险基金会，它是严格意义上的反抗基金会必不可少的补充。因为，如果为在罢工情况下，即在与企业主发生争议之后失业的情况下为会员提供生活费用，协会集中资金是必要的，那么，由于或长或短的暂时性工业危机造成意外失业的情况下，协会有必要同样这么做，这起码是有益的。

虽然为了取得成功，罢工需要由抵抗团体进行和领导，但是只有在不仅一个行业和一个国家的各个抵抗团体联合起来，而且各个抵抗团体跨国家、跨行业地联合起来之时，才有使罢工获得成功的把握；因此，国际联合是必要的。

在这里简要地说明这个问题并非不妥。人们容易理解这样的情况，一个抵抗团体，尽管在一个地方能够使同一行业的所有工人团结起来，但只有在企业主在附近的地方、在全国、在国外都不可能找到他所需要的工人以取代出于正当理由而中止工作的工人之时，才不需要做任何稳定和安抚工作。且不说很早就已经有联合会的英国的各个工会，许多行会都已经懂得在同一个国家里一个城市与另一个城市联合的必要性了，让我们来举出一个例子：在比利时与布鲁塞尔排字—印刷工人自由协会联合起来的所有印刷工人协会；再举出另一个例子，新近走上这条道路的木工们。促使同一行业的抵抗团体之间协调一致的同样原因促使它们与其他行会协调一致。这就是全部加入国际的布鲁塞尔、安特卫普、佩平斯特等地的木工联合会所意识到的，这就是同样全部加入国际的瑞士各个印刷工人协会早就意识到的。

但是，人们千万不要误解，企业主还有一个摆脱困境的办法，联合会可以轻而易举地制止这个办法。这个办法就是让人在别的地方制造在本地根本不能制造的东西。在这种情况下，联合起来的各个协会可以拒绝从事这项工作，因为知道这只是企业主方面的一时冲动，持续时间不会很长。我们说一时冲动，因为没有人有这样的想法，认为在这种情况下提供的产品能够同一般劳动产品进行竞争。因此，只要想到这样的办法所导致的各种费用就可以知道为什么了。

除了我们刚刚指出的，在这种到外地去让人生产的方法中还可能有某种重要的东西。这就是在剥削者选择以极低的价格提供劳动力的地方之时，在这些地方还是联合会，只有联合会才能解决好这件坏事，使得处处迟早都以差不多的、单一的价格付给工人工资。也就是说，重要的是任何一个国家的工资率和这同一个国家的物价达到一定的比例。

还有其他一些会促使团体加入国际协会的原因；为了证明这方面的必要性，我们仅限于举两个工人们深信不疑的事实：当巴黎的青铜器工人因老板要求他们解散协会而不得不放弃自己的工作时，工人们在他们英国兄弟的帮助下挫败了老板的图谋。英国兄弟从伦敦送来2万法郎，迫使法国老板认输让步。

日内瓦的工人们也在反对雇主的斗争中获胜，因为法国、英国、德国、意大利的工人都来帮助他们。国际工人协会还只是在初始阶段，各种事情还不能按照严格的有组织的团结互助规则去做；因而国际工人协会的各个支部组织了广泛的认捐，巴黎支部理事会在15天的时间里募集到1万法郎的捐款，单独一个工人协会，即印刷工人协会，就捐出其中的2000法郎。这笔钱肯定有助于日内瓦工人的获胜。

我们认为这两个事实足以证明国际联合的必要性。

至于有关仲裁委员会的最后一个建议，我们想到两种方式，首先，仲裁委员会的组成当然应是属于资产阶级或剥削阶级的人和工人或被剥削者各占一半。因为与争端有关的就是这两个阶级的人，所以其中每个阶级都必须在争端中都有辩护人或代表。但我们要看这个方法为双方的每一方都保证不偏不倚会达到什么程度，没有这样的保证，就不可能公平合理地作出任何判决。在我们看来，这样组成的仲裁委员会似乎是今天人们称之为劳资调解委员会的对应机构。人们知道，在劳资调解委员会中是如何做作出判决的。这些委员会通常由一个企业主主持，企业主因为能说会道或由于他所占据的社会地位，即他个人不受约束，对会议施加某些重大影响。

我们要注意，我们刚刚说过的主持人的影响，除了主持会议可以使他具有的影响之外，还有他对所有他这类成员的影响；我们确信，没有人否认我们所说的主持人具有的各种身份使其在我们一大部分兄弟中享有的威望，这些兄弟一直听任那些劳动工具和资本占有者的摆布。这些先生的一个强有力的手段是，首先，当他们和工人开会时，请工人参加各种宴会，在宴会上可以喝酒；工人们用自己的微薄工资不可能使自己有这种奢侈的享受，完全像人们所想的那样，这都由资本家买单。我们这里所说的这点事，与我们有待说的工人对企业主的依赖关系相比简直算不了什么；企业主们由于各种各样不必要列举的原因密切地联系在一起；工人有需要，也就是说，没有工作使他不得不到这些人中的某一个人那里乞求随便哪一种工作，这时那些企业主可能会感谢有个性的工人怀有微弱的独立愿望。同样有害的事，可能就是把对工人的评价交给车间的头头，这些头头除了差强人意的例外外，正如人们俗话说的，在大多数情况下是操纵者，为增加他们的薪水，竭力想降低工人的工资。

依我们看，只有一个我们应该向诸位提出的建立仲裁委员会的方式。

联合会，即国际工人协会布鲁塞尔支部，因为在其内部建立了联合委员会（在国际工人协会的每个支部必然要建立这种委员会），所以无可争辩地有益于我们即将研究的关于委员会组织问题提出的想法。因为，就像在联合会中所做的那样，在由每个行业公会出3名代表的方法建立的联合委员会里，在这群人中不难找到组成我们承认既有益处又有必要的仲裁委员会所需要的人员。

虽然联合委员会有能力，而且应该有能力仲裁由于降低工资而进行罢工的必要性和时机，但是不能仲裁企业主和工人之间，或只是工人之间出现的许多争议。

我们在这里本来可以主要就有关工人对学徒工的义务展开论述，但这可能致使我们作过长的解释。总之，在联合委员会应该躲开让位给仲裁委员会的各种情况下，联合委员会的委员们可以指定组成该委员会的每个代表团中的一名成员参加仲裁委员会；如果组成仲裁委员会的成员对将要作出的决定或者对将要确定的行动的合法性根本达不成一致，他们还有最后的一招，即在他们中间增添三五位或七位人们称之为单干户的劳动者，也就是说既不是企业主也不是雇佣工人的公民，而是为自己干活的工人。这些劳动者由于他们之间的相对独立性，可以被看成是第三方仲裁者，最终解决可能会使仲裁委员会产生分歧的问题。

最后，为结束这个问题，我们要说，我们之所以如此大力支持在比利时人们所说的维持价格协会（它如同在法国人们所说的抵抗团体，如同人们在英国所说的工会），不仅考虑到现在的需要，而且考虑到将来的社会秩序。让我们来解释：我们不单单是把这些协会看成是必要的权宜之计（请注意，我们没有说看成办法）；不，我们的眼光高得多。从我们焦躁不安的斗争和贫困的混乱深处，我们抬眼望着一个更和谐、更幸福的社会。于是我们把这些抵抗团体看成是这些庞大的工人公司的雏形，这些公司有朝一日将取代对大批雇佣工人发号施令的资本家的公司，起码是在所有投入使用集体力量、雇佣劳动者和协会没有中间道路可走的工业领域取代这些资本家的公司。在近几年爆发的主要罢工中，已经开始相当明显地呈现出一个新的趋势：罢工的结果应该是成立生产协会。在根特木工协会，即根特细木工和粗木工协会罢工时，在巴黎裁缝罢工时，这都已经说过了。这必将发展，因为这符合思想逻辑和实际情况。不可回避的是，工人们还不能进行这样一种简单的推理："在我们正罢工时，因为企业主拒不满足我们的要求，而消费者在那里大喊大叫地要求我们的工业的产品；既然我们不干活不是因为没有需求，而仅仅是由于企业主的固执己见，为什么我们工人不直接为公众工作。我们的基金会为养活因为罢工而闲着的工人支出的钱可以用来购买原材料和工具。"这个想法一旦被理解，很快就会变成现实。

只是需要指出（这是重要的一点），作为这些维持价格协会的转化结果而形成的生产协会，将不属于就像现已存在的大部分协会那样平庸的协会；这后者，作为儆戒，作为经验是极好的，这是我们非常需要的，但它们在我们看来似乎没有任何远大的社会前途，在社会变革中起不了任何作用，因为它们只是由几个人组成，只能像毕希纳博士①说的那样，在资产阶级或第三等级之外建立第四等级，在这个等级之下还有一个比以往任何时候都更加贫困的第五等级。相反地，产生于工会的生

---

① 《力与物质》、《科学与自然》的作者。见这位医生哲学家致我们国际协会的信，刊登在英国支部的机关报《国际信使报》或比利时支部的机关报《人民论坛报》1867年7月31日的这一期。

产协会，将包括全部行会，蔓及大工业企业，这样就形成新的同业公会。资产阶级经济学家往往（我们知道）把这些新的同业公会与老的行会混淆起来，尽管后者是按等级组织的、以垄断和特权为基础、限定在一定成员数目范围之内的（完全像我们当前的生产协会一样），而新的同业公会将是以平等的方式组织的、以互助和公正为基础、向所有人敞开大门的。

我们在这里看到工会真正的、实际的前途，因为，我们承认临时性的罢工有用；永久的罢工可能会使雇佣劳动制永久化，而我们要废除雇佣劳动制；永久的罢工可能是资本家和工人之间毫不停歇的、无休无止的对抗，我们想要的，绝不是人们今天称之为工人和资本家的联合体（混杂的结合，按照这种结合，资本家、出资者与工人商妥淘汰企业主，同时继续从劳动成果中扣除利润和股息），而我们想要的是通过劳动吸收资本，因为资本属于积累的劳动成果，它应该只具有与其需要付出的劳动价值相等的单纯的交换价值，因此在产品分配中不能把它考虑进去；资本作为劳动产品，只能归工人所有，只能与工人联系在一起。

那么，因为抵抗团体的这种变化不是在一个国家，而是在所有国家，或至少在文明领先的国家发生，总之，为了斗争，各国所有联合起来的团体首先介入①利用这个联合，把这种变化用于以成本价对等交换产品，国际间的互助交换将代替资产阶级经济学家的保护主义和自由贸易。因为这种劳动和交换、生产和流通的世界性组织与土地所有制组织中不可避免的和必要的变革，同时也与出发点是对所有人进行综合教育的知识方面的变革是完全一致的，社会振兴将在物质和精神的双重领域实现。而今后以科学和劳动为基础，而不是像今天这样以无知和资本家统治为基础的人类将在各个艺术、科学和工业部门从进步走向进步，宁

---

① 第287页的更正和补充把"介入"删除。——编者注

静地按照自己的命运行事。

塔尔塔雷（巴黎）：我表示赞成德巴普在他的报告中提出的主张，不过他指出，必须用每个国家切合实际的方法来实行这些主张。他证实，在法律上，工人们必须在其劳动收入中不仅得到他们最迫切需要的满足，而且必须得到增值，这种增值使他们有可能从他们为获得解放而非常需要的教育中受益。因此必须研究保证我们工资的手段。企业主如此关心为了剥削而使用的牲畜、工具，却不怎么关心工人，然而被当工具使用的人还不如马，不如机器值得尊重吗？

人们用工人的所谓无能、工人的缺点来对抗工人要求！可是用企业主要求我们应该有的素质来衡量，有多少企业主配当工人呢？

从经济的角度看，罢工可能是可悲的，但罢工是必要的，因为罢工使工人有可能不仅维护他的工资，而且主要是维护他的尊严，为他反对使用有害原材料提供保证；因此我们必须考虑运用罢工！在法国，尽管法律禁止事先串通，但是某些工人为扩大团结互助的良好效果而作出的努力已经取得一些成果，他们甚至对删除造成企业主和工人之间不平等的拿破仑法典第1787条施加了相当显著的影响。但是为了使他们的行动具有人们所希望的安全性，必须争取做到遵纪守法，因此出现了必将代替劳资调解委员会的工会的概念。在交给劳资调解委员会处理的、保证工人享有的权利与企业主很早就享有的权利相同这样的争议中，劳资调解委员往往没有能力作出裁决。法国部长们已经接受了这个以无可争辩的平等原则为基础的工会概念，工会可以为工人提供最大的帮助，不仅保证维持工人的工资，而且必将对职业教育、机器等问题产生巨大的心理影响，为工人的解放做好准备工作。

卡塔兰（日内瓦）：很显然，罢工对工人和其他社会成员同样不利，因为罢工中断了生产。但是也必须完全想到，这是工人让人们听到他的要求、使人满足其要求的一个仅有的,且不说是绝无仅有的手段,既然这手段是仅有的,我们就不允许人们对罢工的合法性提出异议。

我认为,问题不在这方面,问题是知道在什么情况下罢工才可以获得最大的成功呢?

日内瓦建筑工人罢工时所发生的情况就是可以给我们作为标准的一例。在日内瓦,我们将近3000名工人流落街头15天。我们曾举行过几次人数非常多、非常感人的民众大会,罢工的组织者甚至可以在大街上做工作,组织和坚持反抗,而与当局没有发生一次暴力冲突。最后,建筑工人获准减少一小时工作并增加工资。

尽管在我们那里公开斗争具有危险性,但我们未曾有任何令人感到悲痛的不幸,而与此相反,罢工使建筑工人的境遇得到明显的改善,之所以如此,是因为我们的政治制度保证所有国内公民都有集会、发表言论和出版的权利,甚至允许在街头采取无暴力的,然而有效的行动。

而在这些政治制度不同、没有自由、不给工人平等权利的其他国家,当罢工只能作为①资产阶级政府杀戮的借口时,罢工是无效果的,在沙勒罗瓦刚刚发生的这种情况就是这样。

因此我再次得出结论,在罢工问题上和在战争问题上一样,要求政治自由是绝对必要的,只要还没有提出这个要求,就等于什么都没做。

托伦(巴黎):我进一步肯定卡塔兰对洛桑代表大会宣言提出的意见。至于被看成是工人犯罪的联合,难道在当前的社会状态下不存在这样的联合吗?人们不团结互助到了如此程度,所有的利益都在冲突之中,农民生活富裕,不关心城市里饿死的工人,反之亦然,一个人对另一个人的贫困漠不关心,甚至在某些情况下还幸灾乐祸;我们就是应该同这种不团结互助作斗争。现在反抗给我们提供了斗争的手段,反抗就

---

① 原文为"不能作为",似有误。——译者注

是当前的组织和未来组织之间的联系。

有人说罢工是一种联合,因此应该受到谴责?但是为什么工业家不同样谴责影响到所有贸易关系的银行家、代理商、出口商之间的联合呢?罢工是斗争,除了有害的、非正义的斗争,还有为捍卫权利的斗争,这种斗争是神圣的斗争。

至于一位巴黎代表所支持的一些工会,他觉得这些工会没有足够的权威使它们的决断得到承认,他认为更可取的可能是在抵抗团体联合做工作,如果调查证明受到打击的工人提出的要求有意义,就让这个联合会决定各个抵抗团体应该为他们提供的支持。

格拉利亚(日内瓦):我发言只是谈实际方法。关于我们现在探讨的问题,请允许我对我提出的报告加以说明。日内瓦各个支部认为,我们如果尽最大可能普及互助基金,就会使我们的力量增加一倍;我们认为,在我们承认各个反抗基金会的自主权的情况下,什么事都不如我们联合起来容易办到。

我来说明一下:我们希望的是,在每个城市,在每个村庄,总之在所有可能有国际支部的地方,这些支部要形成集体,以便在有人想攻击一个或几个支部之时,我们始终都能有成功反抗的机会。我进一步地说:如果我们这样团结起来,就不可能有罢工,因为企业主不可能互相支持反对这样一个组织。而现在,如果我们依然没有组织,将会发生什么情况呢?这就是企业主们联合起来,就像他们在日内瓦已经联合过的那样。

请允许我给大家提供一些关于在日内瓦发生的最近一次罢工的细节:建筑工人在他们之间进行过几次会面之后,决定向他们的车间头头发出一项建议,让他们知道工人的处境实在太困难,要求他们同工人合作。工人给企业主发了4封信,企业主们没有答复。在此之后,两个支部、瓦工、石匠、木工表示要罢工。企业主们怎么办呢?他们也向工人宣战,6天之后,他们决定关闭所有工厂。请看,就这样,没过很长时间他们就一致抵制工人的正当要求。

人们要注意这一点，因为如果我们不想受到更多的剥削，必须立即开始行动，不是一年之后，不是一个月之后，而是就在今天。让每位代表回去之后尽其所能宣传团结互助原则。

朋友们，请确信，如果我们不想联合起来，企业主们就会联合起来，就像他们已经在日内瓦已经做的那样。

请不要以为企业主那里就不存在团结互助关系。

朋友们，我讲完了。不管人们会说什么，只有团结互助才能使我们的处境好起来；如果不团结互助，我们绝对什么都做不了。日内瓦的罢工获得成功，是因为资产阶级相信我们从英国、法国和比利时得到巨额资金。但是要当心，我们不可能总是获得如此圆满的成功。

肖（伦敦）：在木工和细木工混合协会1865年12月到1866年12月的第七个年度报告中，我选了一个实例以便使大家对劳动报酬有所了解：

在德雷顿市场，我们的同事每周工作61小时，他们得到20先令（25法郎）；在奥尔德姆，他们每周工作52小时，得到1英镑9先令（36.25法郎）。一些人每小时得到4个铜币（20生丁），另一些人每小时得到$6\frac{3}{4}$硬币（33生丁）；一些人每天得到3先令4铜币（3.95法郎），另一些人每天得到4先令10个铜币（5.5法郎），这使得奥尔德姆给的报酬高出的差额是，每小时$2\frac{3}{4}$铜币（13生丁），每天1先令6个铜币（1.85法郎），每周少工作9小时，得到的报酬是9先令（11.25法郎），或者每周工作时间少，钱却增加14先令（17.5法郎）。

布里斯梅（布鲁塞尔）：工人仅仅是谋生不够的，还要像塔尔塔雷所希望的那样，能有些空闲时间学习。他甚至需要像企业主那样，必须能够积蓄一小笔钱，以便在他不能谋生之时能够吃饭。

我也希望人们不要混淆集权和联合这两个词。前者是专制主义的武器；后者是自由人之间缔结的契约。通过联合，人们可以得到良好的效果。

我希望抵抗团体的会员们不要把他们资金的4%或5%存在给他们带来10%或12%收益的资产阶级分子的基金里，而是用这些钱来为消费和生产协会的发展提供便利。我也说到消费协会，因为在我看来，摆脱店主的剥削和摆脱企业主的剥削同样是有益的。

杜邦（伦敦）宣读日内瓦代表大会报告：

工会。它们的过去、现在和未来①

（a）它们的过去。

资本是集中的社会力量，而工人能支配的力量只有自己的劳动力。因此，资方和劳方之间的**契约**永远不可能订得公平合理，甚至从一个把生活资料和劳动资料的所有权同活的生产力置于相互对立地位的社会的眼光看来订得公平合理，也是不可能的。工人的社会力量仅在于他们的数量。然而，数量上的优势被他们的分散状态所破坏。工人的分散状态之所以造成并长期存在，是由于他们**自己之间的不可避免的竞争**。

工会的产生，最初是由于工人们**自发地**企图消除或至少削弱这种竞争，以便在契约中有可能争取到起码高于纯粹奴隶的地位。因此，工会的直接任务仅限于日常的需要，设法阻止资本的不断侵权，一句话，仅限于工资和劳动时间的问题。工会的这种活动不仅是合法的，而且是必要的。只要现在的生产制度还存在，就不能没有这种活动。恰恰相反，这种活动必须通过所有各国工会的建立与联合而普遍地开展起来。另一方面，工会已经不知不觉地变成了工人阶级的**组织中心**，正如同中世纪

---

① 见《马克思恩格斯全集》中文第2版第21卷第272—274页。——编者注

的自治市和公社是资产阶级的组织中心一样。如果说工会对于进行劳资之间的游击式的斗争是必需的，那么它们作为**彻底消灭雇佣劳动制度和资本统治的一种有组织的力量**，就更为重要了。

（b）它们的现在。

工会过多地局限于与资本进行地方性的直接斗争，它们对自己所具有的与雇佣奴隶制本身作斗争的力量还没有充分的认识。因此它们总是过分地脱离一般的社会政治运动。然而最近看来它们似乎有些认识到它们的伟大历史使命了，例如，在英国，工会参加了最近的政治运动①，在美国，它们认识到了自己应该起更大的作用②，还有，不久以前在设菲尔德举行的盛大的工会代表会议通过了如下的决议：

---

① "最近的政治运动"指英国1865—1867年争取第二次选举法改革的一般民主运动。

根据国际中央委员会的倡议和在它的直接参与下，选举法改革的拥护者于1865年2月23日在伦敦圣马丁堂召开会议，会上通过了建立改革同盟的决议。改革同盟成了领导工人争取第二次选举法改革的群众性运动的政治中心。中央委员会的一些委员，主要是英国各工会的领袖，参加了同盟的领导机关——理事会和执行委员会。同盟所领导的改革运动的纲领和对待资产阶级政党的策略都是在马克思的直接影响下制订的，他竭力促使英国工人阶级实行不依赖资产阶级政党的、独立的政策。资产阶级仅仅要求把选举权扩大到某些住房的房主和房客，与此相反，改革同盟按马克思的主张提出给予国内所有男性成年居民普选权的要求。被国际重新提出的这个宪章派的口号，在英国工人阶级队伍中得到了广泛的反响，并且使同盟获得了在此之前对政治漠不关心的工会的支持。同盟在英国各大工业城市和各地方都有分支机构。但是由于改革同盟领导层中的资产阶级激进派慑于群众运动的声势而动摇，由于工会机会主义领袖的妥协，同盟未能贯彻中央委员会拟定的路线；英国资产阶级使运动发生了分裂，在1867年进行了一次残缺不全的改革，这次改革仅仅把选举权给了小资产阶级和工人阶级的上层，而工人阶级的基本群众仍然和原先一样处于政治上无权的地位。——编者注

② 在美国内战期间，美国工会积极支援北部各州与奴隶主斗争；1864年春工会曾起来反对反动的海斯丁斯-福尔杰罢工法案。——编者注

"本次代表会议非常赞赏国际协会为把各国工人联合成一个统一的兄弟联盟所作的努力,因此郑重建议与会各团体参加该协会,深信这对全体劳动者的进步和昌盛至关重要。"①

(c)它们的未来。

不管工会的最初目的如何,现在它们必须学会自觉地作为工人阶级的组织中心、为工人阶级的**彻底解放**的最大利益而行动。它们对这方面的任何社会运动和政治运动都须给予支援。它们既然把自己看做是并且以行动表明自己是整个工人阶级的斗士和代表,因而就不可不把工会以外的工人吸收到自己的队伍中来。它们必须特别关心那些报酬最少的行业中的工人的利益,例如农业劳动者,特殊的处境使得他们软弱无力②。工会必须让全世界③都相信,它们的奋斗绝不是出于狭隘的私利,而是为了使千百万被压迫者获得解放。

杜邦补充说:

当前的社会由两个阶级组成:资本家和生产者。资本家因为拥有社会势力,不断剥削工人。这种敌对状态导致社会冲突。在这种情况下,工人只有通过反抗保护自己免受资本家的侵害。一个最有效的手段就是罢工;罢工的确是很厉害的武器,但不是像人们所说的,是双刃剑,因

---

① 见《联合王国工联代表会议的报道。代表会议于1866年7月17日及其后四天在设菲尔德举行》1866年设菲尔德版。1866年7月17—21日英国工会在设菲尔德举行了代表会议。出席会议的138位代表代表20万有组织的工人。会议的主要议题是与同盟歇业作斗争的问题,会议作出了这项号召各工会加入国际工人协会的决议。——编者注

② 法文本中不是"特殊的处境使得他们软弱无力",而是"特别不利的处境使他们不能进行有组织的反抗"。——编者注

③ 法文本中不是"全世界",而是"广大工人群众"。——编者注

为出手就指向资本家。我们不仅把罢工看成是一种武器，而且把它看成是组织工人阶级力量的最好手段。因为工人们除了建立普遍团结互助的关系，还正在准备行使他们的社会政治权利，在他们充分地联合起来、足以从剥削者手里夺过社会权利的那一天，他们将采取最简单的行政管理形式。

罢工还对合作制起了辅助作用，伦敦的编筐工人的罢工就证明了这一点。老板们曾花大钱找来弗拉芒工人；但是由于有我们国际协会，弗拉芒工人们明白了这是同他们工人自己斗，于是带着工人协会付给的补贴回比利时了。在这期间，编筐工人组成合作社，因为在老板那里不能交付订货，订单都汇集到合作社来了。这个胜利无可争辩地是因为罢工得到的，是因为工人们组织了工人协会。

布里斯梅宣读委员会提出的下列决议：

鉴于国际工人协会各支部起草的报告当中提出的理由，在上午的行政会上为研究罢工和抵抗团体问题而任命的委员会建议大会通过如下决议①：

大会宣布：

1. 罢工不是彻底解放工人的手段，但在当前工人和资本家之间斗争的情况下，罢工往往是必要的；

2. 有必要使罢工服从一定的规则，服从组织、时机与合法的条件；

3. 从罢工的组织角度看，在尚无抵抗团体、互助会、失业保险基金等的行业，需要建立这些机构，然后使各个行业抵抗团体之间、各国抵抗团体之间团结一致，同时在每个当地的反抗联合会内建立用于支持

---

① 原文为法文，因文本不同，与本书第6卷第245—246页根据英文译出的决议在文字上略有出入。——编者注

罢工的基金；总而言之，必须在这个意义上继续国际从事的事业，努力使无产者全部加入国际；

4. 从时机和合法的角度看，在每个地方的反抗团体联合会里，必须指定一个由各个团体代表组成的委员会，由该委员会建立仲裁委员会（以判断可能发生的罢工的时机与合法性）；此外，必须根据风俗、习惯和特殊的立法给各个支部一定的自由，以选择这个仲裁委员会的组成方式。

（格拉利亚提出增加：）

5. 每个小组或支部每年都给代表大会提供一份关于反抗基金会的报告，以便人们了解其进展情况。

11点散会。

第八次会议①
（于国家马戏团剧场）

会议于7点15分开始。
宣读并通过了第六次会议的记录。

主席：请研究机器问题的委员会的报告人发言。

斯滕斯宣读

---

① 第七次会议为不公开的行政会议，所以记录未收入大会报告，以下所缺各次会议同样均为行政会议。——编者注

布鲁塞尔支部报告

机器对工人处境的影响

支配着人类和社会的规律是变革与革命。

在宇宙当中,变革通过剧变实现;在社会中,变革通过革命实现;在人的身上,变革通过突变实现。在变革之前将有部分的、连续的进步,在变革的前夜,我们周围的一切都在解体,所有的机构都风雨飘摇,在这个时候,认为公正的日子即将来临的人应该完全献身于人类,深入研究科学、人类精神和物质解放的肇始因素,致力于通过社会力量的全面发展来解决将来的问题,当革命在不断摧毁的过程中要求他帮助时,投身到激烈的斗争中去。我们认为,这就是曾经引导那些改变繁重劳动和体力劳动的伟大变革者的精神动力。因为社会不能给人们造福,所以它试图摧毁另一个时代的压迫制度,力求使需要与能力协调。

因为有了现在脱离一切专制和政治压迫的人文知识,陈旧的组织失灵了。

科学逐渐把比较强烈的光线投向社会问题最黑暗之点,促使旧世界不可阻挡地走向解体。

因此我们看到,由于发明和发现的直接原因,社会的伤疤在扩大;事实上,我们看到的不仅仅是,由于蒸汽动力、织布机、工具和机械的改进而导致的改善虽然减轻了劳动的艰苦,但是使工资降低了,造成连续的危机和周期性的动荡。

为了就机器对工人的处境产生的利弊作出不同程度的明确判断,我们认为必须从下面各阶段的三个方面进行考察:机器引入工业,过渡阶段,将来机器的作用。

把机器引入制造业、商业、农业和采矿业等在旧的劳动制度中造成恐慌；对机器利弊的论证并没有使人们对有关人员作出的正确评价产生任何怀疑。垄断者和被剥削者之间的对立，作为当前的秩序的基础，变得更加强烈、更加激烈。剥削者估量他们将实现的巨额利润和他们大量节省的经常费用，欣赏得心醉神迷，这神奇之物如此适合他们进行投机，他们感恩戴德地为发明机器者喝彩。工人们沮丧地看到蒸汽取代了人力、机器大大减少了工人，因此憎恨这个在当前社会里使他们更加贫困的地狱之鬼，要摧毁这些置人于死地的剥削工具。

子孙后代将部分地证明这些欢乐的喊声和惊恐的喧闹声是有原因的。工厂主和工人意识到这些新的生产和大量消耗的机器所起的变革作用：均衡必将被打破，全面危机必将出现。

然而，这些动荡和恐惧从基层到高层打乱了整个社会，扰乱了受其影响的环境，存在这些动荡和恐惧是有原因的。

一个数字就足以使人们了解在工业生产中使用蒸汽机可以大量节省劳动力和费用，蒸汽机是工业生产的推动力。

在阿拉戈①看来，科努瓦耶蒸汽机燃烧 1 斗②煤就做出 20 个人工作 10 小时的活。然而，1 斗煤的价钱约为 90 生丁。工业家起码可以把一个工作 10 小时的人的日工资减少 5 生丁。

有了这样一个结果之后，人们就不会那么吃惊地得知：根据真实的统计，今天在英国仅仅现有的蒸汽机就代替了 3000—3500 万工人的工作。

这清楚、明确、无法反驳的简单的陈述胜过工人对机器的所有抱怨，它最明显地证明了这一点，即机器垄断在工厂主手里，它是以惊人

---

① 法国物理学家和天文学家。——译者注
② 古容量单位，约合 12.5 升。——译者注

的速度增加他们财富的最重要的因素，是大量降低工资的原因。

随着这些机器的改进，竞争加剧，变得更加激烈，这就加大了这些灾难性的后果。没有采用或没能得到新机器的工厂主借助降低工资支撑十分困难的竞争，因此迫使拥有完善的机器的工厂主也降低工资。

显然，这就是造成现代贫困和产生必然给工人带来不幸的骚乱乌托邦的一个最令人不安的原因。

这种拥有经过改进的老机器的工厂主之间的竞争不是正在扩展到各个国家吗？长期以来，面对英国的机器及其产品的优势，被英国资本的大量集中吓倒的比利时和法国，对英国加工产品采取征收有限进口税的措施，以便封闭英国产品在他们市场上的任何销路。今天，这种排他性的保护主义仍然部分地存在，给我们的投机者带来最大的福利，而有损于工人的兴旺发达。

但是解雇几百万劳动力并没有导致社会立即毁灭的危险。在工业里出现蒸汽机之时那种暂时的、强烈的危机渐渐被一系列补偿消除了，工人在他最初的恐惧时刻未曾相信会有这些补偿。

对蒸汽机不可避免的需要产生了有利的反应。一些直到当时未知的工业出现了，另一些工业有了新的快速发展。铁路、机器和机械制造、钢铁工业、采煤业，等等，需要一部分由于有蒸汽机而被放弃的劳动力；而这些补偿只是虚幻的。在这些新的工业里，突然出现了同样的现象。在那里，像在所有地方一样，由于有了机器，对雇佣劳动者的需要不成比例地减少。

经济学家们竭力使我们相信，靠机器的帮助，在几年当中，穷人阶层的处境和生活条件已经有了不可估量的改善，生活更加甜蜜，劳动不那么令人厌倦，他们动听的借口是，条件最差的人都可以随意享用各种各样的产品。他们这是枉费心力。我们每天看到的事实戳穿了这些自以为是的说法。人们在任何时期都未曾见过的周期性的、间隔越来越短的骚乱,对这些令人惊讶的说法是一种无情的讽刺。

当然,自从蒸汽机发明以来,廉价提到议事日程上来了。劳动产品明显降价,这是经济学家们作为理由提出的一个改善。如果经济规律给我们证明,这种降价不是通过压榨工资,以此换取原料,确定廉价,支撑竞争,那么我们就会很高兴地为这样的结果欢呼。

因此,断言产品丰富、其价格较之过去便宜就是工人的新福利,这是一个绝对的错误。

与此相反的才是正确的,简单的理由足以证明这一点。因为,工人的劳动产品价格便宜和他没关系,如果产品价格下跌是他工资下降直接引起的后果,他能品味到什么满足呢?显然,没有任何满足。如果在食品涨价的同时他的工资被迫连续降低,他的处境甚至比以往任何时候都要更加不稳定。因此,如果他的工资简直不足以使他恢复为工作付出的体力,怎么能希望他得到产品廉价带来的好处呢?总而言之,当他没有什么东西吃的时候,怎么能要他穿得体面呢?说了上述情况之后,如果像资产阶级经济学家们所希望的那样,声称工人在消费中享受到他在生产中失去的东西,这是一个辛辣的玩笑。

然而,工人随着自己经历的增多,改变了对他那些可怕对手的印象,他的恐惧随着认识的深入而镇静下来了。

在他的思想上、在他的实践中都完成了一场革命,今天工人初步了解了社会革新的秘密,于是从机器在将来产生的效果这个角度来考察机器,承认机器凭借本身的方法和力量大大减轻了最繁重的劳动。最终,工人在新的变革中重新得到锻炼。

这是结束过去面向未来;其结果是使这些在过渡时期机器造成的不可避免、有害的危机成为一些从中汲取过去的经验教训以利将来的现象。

在蒸汽机不再被资本家独占垄断并和其他所有劳动工具一起转到组

成农业和工业协会的工人手里的那一天,工人将获得解放,缔结和平,公正将压倒一切。

这些起初准备为企业主独占利润而使用的庞大的生产机器,从现在起属于加快社会解体的有益的手段了。这些机器对未来的繁荣有非常大的影响。这些机器以难以预料的比例增加公共财富的总量,通过不断大幅度地减少已经变得具有吸引力的劳动时间,使生活更加愉快,更加甜蜜,一旦机器作为一种对失去的福利的必然补偿,归所有人支配,就不存在困苦了,从这时候起,机器已经在促进工人的全面解放了。

弗吕兹(韦尔维耶)宣读:

列日支部的报告

关于机器对工人的工资和处境的影响的报告

从整体上考察,社会可能从引入机器中受益,机器可以使社会用同样数量的劳动力、在同样的时间里生产出更多的产品。

但是,奇异的现象发生在有两个处于经常对抗状态的群体组成的社会,一个是非常大的群体,是被剥削者,另一个比较小,但有无限的权力,是剥削者,二者都投入竞争。

把机器引入工业中心无论如何都要导致解雇一定数量的工人,这些工人没有收入,被迫改行,到一定年龄靠公共施舍生活,或者死于饥饿及其引起的疾病,这种情况令人难以忍受。

况且,即使他们都立即重新找到工作,这也只能是在造成劳动力过剩的同时通过竞争重新找到工作的,这向来都是降低其他工人工资的一个原因。

有人可能提出异议说，通过竞争，产品可以更廉价地售出，工人最先得益于引入机器。

反驳这一论点并不难，没有饭吃的工人难以从降价中受益，降价总是尽可能少，抵不上人们使他们丧失的工资。另外，制造的产品往往是工人从不消费的产品。

工人阶级从降低物价中得不到什么好处，因为只是工人阶级吃亏，大部分利润又回到工人阶级的剥削者那里。

像经济学家断言的那样，如果工人经常从降低产品价格中受益，那么就必然是因为到处都以一定的比例用机器代替工人，他们才可能从中受益。然而与此相反，我们看到，在这种情况下，所有被代替的工人冒着很大的被饿死的危险，或起码是更加贫困了。

的确，在降价过了一定时间之后，需求趋于普遍增长，但这种现象只能慢慢出现，只是在很长时间之后才达到实际的结果。

因此，被解雇的工人往往必须等几年之后才能重新找到工作，当然可能因为没有生活手段而陷入极端的贫困。

虽然引入机器造成大量解雇工人，但是人们懂得希望从增加生产中受益完全是幻想，因为很多消费者的贫困阻碍生产有进一步扩大的可能。

简言之，对于剥削者来说，引入机器使他们由于解雇工人和工人之间的竞争节省了发给工人的一部分工资，使他们可能购买的产品降价，需求的增加使他们的利润增加；对于被剥削者来说，解雇和同伴们之间的竞争使他们减少了一部分工资，而大多数人的贫困延缓了需求的增长，因此产品价格下跌，这使他们感到部分快乐，逐渐得到对减少工资的部分补偿。

因此我们可以得出结论，在当前的社会中，引入机器对大多数人有害，有利于对工人的剥削。

在由联合起来的、利害一致的协会组成的社会里，代表劳动成果积累的资本不再是剥削的根源，而仅仅是在交换中起辅助作用。在这样的社会里，机器绝对不会造成贫困，而是增加所有人的福利。

机器不再能用来剥削，和任何其他劳动产品一样，它体现发明者在把机器卖给工人联合会时得到的价值。

工人联合会再从中得到巨大的好处，这好处体现在用较少的工时就做出他们通常一天的工作，就有能力生产出更多的产品。

引入机器和新的发明将成为所有天才的研究人员的兴趣，他们绝对不被同事们厌恶，而是到处受到大家的鼓励。

被剥夺饭碗、付出血汗却被赶出车间的人，不应该诅咒机器，他的怨恨、他的愤怒应该针对资本家。

社会的无政府状态是病根，社会关系中的公正是治病的良药。

因此，让我们来改变旧世界，结束人剥削人的状态。

未来属于团结与博爱的原则，属于工人的国际。

德拉库尔（巴黎）宣读：

巴黎精装书装订工起草的报告

机器对工人的工资和处境的影响

机器减少了生产所需的人力的总和，有可能产生改善所有人处境的效果。机器给生产带来的活力应该导致产品价格的下降，因而使更大多数消费者都能买得起它；同时，机器导致节省人力，有可能减少要求工人所做的繁重劳动。

这可能就是机器在以产品自由交换为基础的社会里产生的影响。

在现在的社会里，在我们所处的无政府状态和竞争的社会里，完全不是这样。因为生产资料、仪表、工具、机器、原材料、各类资本都被垄断在某些人手里，每发明一些新机器都是来增加资本家的权势，使资本家可以进一步来压榨只靠每天工资生活的工人。

我们曾经说过，机器由于节省劳动力，本应使产品降价；在制造商之间存在竞争的情况下，通常可以得到这个结果；他们为了抢到生意，降低他们的销售价格；但在某些工业部门，制造商或者通过他们之间建立的联盟，或者由于需求旺盛而主宰着市场，他们之间没有竞争，那么资本家单独从使用机器中获益。

在第一种情况下，当竞争使产品销售价格下跌时，人们可能会以为，乍看起来，销售价格下跌有利于作为消费者的工人，因为价格下跌可以使工人以比较便宜的价格购买产品。

不幸的是，机器使企业主们大阿在握，企业主几乎总是滥用淫威来降低工人的工资，或者用诡计把他们替换掉，或者利用失业使他们挨饿。

不是像我们在上面所说的那样，他们不是减少每个人的繁重劳动，而是减员，工人们为了不被解雇，或者在经过一段时间的失业之后，往往同意降低工资。

面对这种秩序，或更确切地说，面对这种使大部分公民任凭少数资本家摆布、仅仅使资本家从人类天才的所有发明中受益的这种社会混乱状态，在这些发明尚未变得对工人不利之时，我们工人应该联合起来，团结一致，不仅为了捍卫我们的工资，而且为了要求通过增加工资、通过减少我们的繁重劳动，分享我们工业的每一项进步。

泰斯书记宣读大会委员会的结论：

鉴于引入机器过去一直是有利于资本家剥削工人的手段；

鉴于机器只有当它们掌握在工人手里之时才发挥真正的作用；

我们得出结论，在经济障碍已经消失的情况下，我们只有通过合作社才能取得实际效果。

列斯纳（伦敦各德国人支部的代表）：

当人们谈到机器时，必须审慎，以避免使用机器招致的重大损失。工人们必须起来反对的不是机器，而是反对使机器掌握在少数剥削者手中的社会组织。人们原来或许会认为，机器是为工人创造的，可以减少工人的劳动时间。出现的情况恰恰相反。这到了英国立法机构不得不干预的程度。

发言人后来引用了去年出版的马克思的著作《政治经济学批判》①的摘要，这部著作深入探讨了这个问题。

库隆（布鲁塞尔）：我认为，关于机器在当前社会组织中所起作用的重要性，我们大家的意见是一致的。事实上，这些强有力的生产工具将来必然作出巨大贡献，付出较少的劳动，不很吃力就能增加产品总量。由于令人憎恨的垄断，这些机器掌握在剥削者的手中，导致工人当中贫困和痛苦的增加。

这种情况应该结束了。这些绝妙的机器为所有人运转是社会的需要。这在今天是无可争辩的。

实现这一原则的障碍具有各种不同的经济和政治性质，我们不要忘记这一情况。就是因为这个原因，我建议在委员会给我们提出的决议里加入"政治"一词。

---

① 指马克思《资本论》第 1 卷，该书于 1867 年 9 月在德国汉堡出版，副标题为"政治经济学批判"。——编者注

所有的问题都是复杂的，解决吃饭问题应与智力发展同时并举，以便使公民成为全面、自由和有尊严的人。

托伦（巴黎）提出如下结论：

鉴于机器仅仅是工具，是劳动器械；

这种工具本身不能受到质疑，因为它是增加生产的手段；

各个报告证实机器今天产生的令人不快的效果只与我们试图改变的经济状况有关；

大会宣布，不需要作出关于这个问题的决议。

签名者：**托伦、安斯、封丹**

托伦（巴黎）：没有必须作出的决议，由于在新的组织中建立了互助信贷，雇佣劳动趋向于日益消失，工具将被交给工人。抵抗团体在过渡期间能取得一些成果，但是首先必须做的是改变当前的制度，机器对于工人来说不是成为贫困的原因，而是将成为改善与进步的起因。

佩列林（布鲁塞尔）：机器在开始时给工人造成痛苦是必然的，但是工人不能表示反对日后将对他有用的东西。例如，完全肯定的是，与过去相比现在铁路养活的工人更多了。

因为有了机器，生产规模更大了，相比之下能消耗工业产品的人数少了。

发言人和列斯纳一样得出结论，不反对机器，而是反对社会组织。

德巴普（布鲁塞尔）：处理这个问题和处理战争问题一样，有两个方法：一个直接的，一个间接的。第一个是抵抗团体反对引入机器或是规定引入机器的条件。第二个是尽量改变社会秩序，开始消除苦难的原因本身。

对于战争，如果我们过去认为不应该接受第一种仅仅是权宜之计的办法，对机器来说，情况就不是这样了。在这方面，坐办公室的人的那种冷静的推理方式再也不能使工人满意了。和他谈论好转、对将来有好处，这是徒劳的，他看到的是机器把他赶出车间，等到他死了，机器才使他兄弟们的处境好转。

因此，工人将善于同所谓的机器法则作斗争，犹如他通过罢工与供求法则作斗争一样。

因此，我反对托伦提出的鼓吹弃权的决议，但是我高兴地看到托伦本人同意抵抗团体进行干预。

我提出如下结论：

大会宣布：第一，机器和其他所有劳动工具一样，应属于工人自己，为工人的利益运转；

第二，然而，在当前情况下，对于组成抵抗团体的工人来说，应该对车间引入机器进行干预，以便在有一些保证的、或对工人有补偿的条件下引入机器。

埃卡留斯（伦敦）：用几个实例支持如下结论：

机器虽然一方面是资本家手中强有力的、用以实行专制和勒索的工具，但另一方面机器的发展为真正的社会合作制度取代当前的雇佣劳动制度创造着必要的条件。

舍佩勒（美因茨）：没有机器，人什么都不能做，不能做出任何满足其需要的东西。我信赖这个结论，说必须有机器，但是机器应该属于工人自己。

科恩（伦敦）：他对当前的不良组织使机器成了压迫工人的工具表示不满，他举出许多他天天在英国看到的实例和他在比利时的一个展览上又见到的例子。在这个展览中，孩子本身就被迫当机器使用，他赞赏发明者把他所有的聪明才智都用于创造他的作品，但他首先应该看到引起工人们对立的非器质性情绪给工人们造成的悲惨境遇。

安斯（布鲁塞尔）：我不像埃卡留斯那样认为机器是专制主义的工具。机器是已经发生的事情迫使人们接受的，上个世纪的伟大运动解放了社会，被解放的社会必须有新的生产和通讯手段。

的确，人们会使机器反过来对工人不利，对于任何劳动工具来说，难道不是历来都发生这种情况吗？农奴不是比今天的工人更悲惨吗？

我甚至说，这些现代战争的手段曾经有益于人类的博爱。今天的战争没有比过去造成更大量的伤亡，因为今天的战争持续的时间短得多。

我与德巴普相反，认为我们应该摒弃第一个权宜之计，人们之所以不应该从这个角度来考察机器，因为这只是一个与罢工有关的细节问题。在这里和在其他所有地方一样，必须重复同样的结论，即应该归咎于社会问题本身。

斯滕斯（布鲁塞尔）[1]：我们同意：劳动工具应属于工人；我们的意见分歧仅仅在于达到这个结果的行为准则。

战争在人得到他的全部劳动的价值之日就消失了，但是在现在的形势下，提出的解决办法不可能充分，我们信赖的是推翻政府的这些专制制度。我们信赖的是社会斗争。

只能由革命来彻底解决问题，到那时之前，我们的努力是完全消极的。

托伦反驳说，他从未像人们似乎认为的那样，想放弃这方面的斗争，而只是肯定说，问题只有通过彻底改变劳资关系才能得到解决。他指望抵抗团体通过消除贫困的原因来为变革劳资关系做准备。机器一般被看成是进步的起因，有人诽谤我们的决议具有反对机器的特点，因此，他建议不要给必然出现的这些诽谤提供把柄。

---

[1] 参阅更正和补充，见第146—147页。

布里斯梅（布鲁塞尔）为证明各抵抗团体反对新发明，举出实际上从未被采用的排版机为例。

德巴普（布鲁塞尔）肯定并解释前面论述的思想观点。

缪拉支持德巴普的结论，举出由于引进新机器而出现的鲁贝罢工的实例。他说，这次罢工变成了骚乱、放火，如果有组织得好的抵抗团体就不会发生这次罢工了。

在**托伦**、**德巴普**、**塔尔塔雷**之间作了一些新的解释之后，秘书**泰斯**重读所有的结论，对这些结论的表决推迟到明天上午的行政会。

主席：请安斯发言汇报综合教育小组①的工作。

安斯（布鲁塞尔）：有两点需要研究。什么是教育？谁来进行教育？

发言人在这里作了详细说明，也就是对如下报告加以解释，然后补充说：

赞成和反对由国家进行教育者，当他们在"国家"这个词的定义应该是家长的集体这一点上意见达成一致时，都同意由国家进行教育。

在前几次大会上已经探讨过的"义务"问题上存在分歧。

假定减少工时已经得到解决，就应该力求重点普及包括社会学在内的公共学习班和讲座。

研究教育问题的委员会提交如下结论：

鉴于现在不可能组织合理的教育，大会要求各个支部开办公共学习班，在学习班上尽可能弥补当前工人所受教育的不足。

大会认为减少工时是必不可少的准备措施。

---

① 原文如此，即下面所说的研究教育问题的委员会。——编者注

布鲁塞尔支部提交的关于综合教育的报告

今天社会有两类人：一类是不同程度地巧妙动用其大脑的人，另一类是只过多从事体力劳动、几乎完全不动脑的人。

人们把前者看成是世界上幸福的人，把后者看成是不幸的人。但是如果把非常少数的有特权者置于一旁，人们发现在脑力劳动者当中和在体力劳动者当中有同样的缺憾，可能相对而言，前者的缺憾更多。

这种文化修养的不同应该长久下去，还是应该把这两类人看做是不完全的人，寻求一种新的教育制度，在同一个人身上同时培养能设计的头脑和能制作的手呢？

一些社会主义者认为，提出这个问题就是解决这个问题。

从孤立的人的角度看，重要的是他各方面的能力协调发展。从集体的角度看，重要的是教育对所有人来说有同样的合理的和科学的基础：第一，不要再使采纳的重大原则都相同的人们在一些激烈争论的不怎么重要的、不会产生后果的细节问题上分裂，因为这些争论过去没有，现在依然没有阻碍人类的进步；第二，为了出身、财富、外部环境的侥幸不再对产品的分配产生有害的影响，产品分配是为了发挥个人的全部才能。

一

孩子不是突然地，而是逐渐地长大成人的。因此重要的是，不在他一生的各个阶段实行突然不同的制度。科学、公正、自由是人与人之间关系的新基础。它们也必须取代对孩子进行教育的旧的强制原则。

人既是孤立的人、完整的人，又是集体的一个部件。从第一个角度看，他是消费者，他有权利；从第二个角度看，他是生产者，他有义务。

起初，他不能生产，他只消费；他还只有权利，即有身体和智力发育的权利。良好的教育，即精神保健，需要人们满足精神欲望、好奇心，需要人们激发好奇心，必要时，激励好奇心，而不是需要人们随随便便把难以消化的精神食粮硬灌输给孩子。因此有个人教育的科学，其目的是最终使人最快地、尽可能好地得到有用的知识。

而稍后，人开始有了必须履行的义务，生产的可能性出现了，而且不断地加大。在这时候，集体的部件应该被使用了，以便使人尽可能早地能够在世界上履行一项确定的职责，或者更多地履行一定数量的职责。

综合教育的目的是尽可能使人在这两个方面接近完美。

二

认识重要的科学规律，了解已经揭示重要科学规律的研究方式，对工业及其现代手段进行一般了解，研究主要工具的理论和实践，培养艺术感观，通过日常交往对公正进行实践研究，这就是简要的个人教育计划。

早早地使人养成在一个或几个有限的专业中获得强大优势的习惯，这就是必须达到的目的的第二部分。

三

目的确定好了，让我们转到方法上。

让我们把偏见、一切旧式的尊重权威的思想残余、所有形而上学的观念搁到一边，让我们只相信经验；我们观察到，虽然孩子对事物的各个部分都有一种难以满足的好奇心，但是他完全不能专心于单独一个问题，对它进行深入研究，形成总体看法；而相反，当他年龄比较大时，他有了一定数量的孤立的事实，他感到需要找出这些事实的综合关系，把次要的和主要的联系起来，这样就了解了人类知识的全貌。

在综合教育中，这样的观察要占一大部分。在第一个时期，知识的积累是自发的；一定数量的科学事实偶然地积累在孩子的头脑里。

个人观察、经验、年轻学生之间的谈话，或与指导老师，或与大同学的谈话，都激发孩子的好奇心，都是教育手段。

指导老师只要稍加指点，孩子们就将毫无困难地组织他们的游戏、报告会，在他们之间确定同学纠纷的评判者，确定保管他们器材的管理者，确定保养、修理和改进他们器材的工人，确定维持他们讨论秩序的主席，确定他们出行的向导。每个职员在履行其职责时将有合乎要求的全部自由和职权，这不仅因为他是通过真诚的普选产生的，尤其是因为他对所有人负责，任何障碍都不能阻挡集体对他的行动提出看法、指控，根据情况罢免或重新选举。

在这个组织中，不难看到锻炼身体、增强体力、训练技巧、锻炼敏捷、提高智力、树立意志、养成主持正义的习惯，为理解严正的道德，为走向社会生活做认真的准备。

起码在初期，指导教师仅仅就一些选定的、孩子们可以理解的问题，按合理的顺序少而精地复述已知的某些事实，使之完整，说明这些事实之间的联系，这样来为这个时期的教育做准备。

在这个时期里有系统的科学教育，孩子们对科学已经有了基本的，但是正确的概念。

奥古斯特·孔德对现象，对比较复杂和比较特殊的科学从属于比较简单和比较一般的科学现象作过全面的论证，因此他深信这样一种必要性，即首先很好地掌握基本规律和对每一个基本规律进行研究的方法，然后着手研究另一个基本规律。如果采纳他的等级次序，那么我们和他都与公认的惯例相反，承认数学、天文学、物理学、化学、生物学、社会学等科学应该依次地，而不是同时讲授。

我们不提出绝对的规则，我们和实证哲学之父一样指出，12岁到14岁的年龄是人们可以开始学习数学的时期；数学学习期限是2年，按照指定的顺序，后面的每门科学的学习期限为1年。

我们要适当地提请注意，不是面向没有理解能力者，而是面向拥有大量事实的有才智者系统讲授一门科学，这不只是把事实联系起来并加以补充了。

另外，只要未能做到系统地讲授一门确定的科学，就得通过如上指出的方法继续自然地学到这门科学知识。

四

虽然我们今天应该把优秀的专家教授的系统教育视为必不可少的，尽管他们是十分明理的，但是一切都使人倾向于认为，在孩子们自然良好的成长、创作出优秀的作品之后，共同阅读这些作品，由此而导致的在座谈会上学生自己之间的讨论，大大减少了教授的重要性，在最大多数情况下，使教授只起到提提建议的作用。

无须说，在平常情况下，集会的治安保卫，不管教授出席与否，都由学生自己负责。和成年人一样，孩子们事实上也准备服从他们自愿地为自己建立起来的权威，反抗武断地、往往极不公正地强加给他们的权威。

五

现在让我们来谈我们这个题目的第二部分：职业教育或学艺。

在自发阶段，修理或改进其游戏器具的需要，通常体现在毁坏之中，但将得到以年龄较大的学生为榜样，或在某些意见的适当引导下进行修改的本能，使孩子初步学会运用主要的工具。车间和所有其他场所一样，由有关人员选出的职员管理，既维修器具，教人使用器具，又避免没有经验的生手使用工具出现的双重危险。

在这个阶段，将建立以实现某些计划为目的的临时组合，这将是走向现代工业和专业的临时组织。

在第二阶段，年轻人受到他的特殊兴趣、他生活在其中的团体的需要的支配，在有机会时，得到某些明智的指导，因此在非常知根知底的情况下选定一个或好几个专业，力图在这些专业中获得尽可能大的优势。

六

一个非常适合激励他达到这个结果的事实，就是竞争……不过，这是经过科学地重新组织的竞争。但实际上，在今天的教育中这个手段是什么呢？是在年龄、性格、能力完全不同的个人之间进行荒谬的比较，甚至往往忽略对这几点予以全面的考虑，这样的比较在细节上是不公正的，向来都是敌对、嫉妒和仇恨的根源。因此，在比较不同的人时，无论如何要考虑到今天忽略的很多具体问题。但是，如果我们认为在这种情况下进行比较的重要性是次要的，那么当我们把一个人与他一生各个阶段的自己加以比较时，我们就认为非常重要了。因此将有必要考虑到每个学生的耗费和成绩、消费和生产。这样他将继续对他的进步有真实的了解，随时可以知道他偿还了多少对人类的欠债。此外，由于我们马上就指出的原因，我们今天只想泛泛地考察使我们关心的问题的这个具体部分。

就像进行理论教育那样，起初由成年人专家口头进行的实践教育，将越来越多地由年长的学生传授给年幼的学生，另外将借助越来越有效的书面资料。由人进行的教育简化为少有的几场讲座，参观车间或外部的工厂。

七

观念来源于科学和感觉，美术、文学教育被认为是传播这些观念的手段，不难把这方面的教育纳入我们刚才介绍的体制。在简短的报告中不可能继续讲这些细节。

八

我们只提到死的语言教学，为的是把它完全排除在对青年人的综合教育之外。我们把研究死的语言看成是社会学的一个具体分支，与每个民族的历史、与他们的身心环境和他们时代有关。

我们只同意，根据各种情况切实学习某些活的语言，而在整个启蒙阶段不学习语言学的方方面面。有些人在学习过一系列的抽象的科学之后，想深入了解一种有特殊用途的知识，就让他们在学习母语的同时学习语言学。

九

我们刚刚说过的一切适用于男性和女性。

为了不超出初期学习的一般情况这个范围，我们应该姑且不谈在旧大陆未得到解决，而在新大陆确实已经得到解决的男女同校问题。还有另一个问题：男人或女人哪个更适合担任教学的职务呢？

在前一个报告中，我们只是从一个有限的角度研究妇女问题，当人们全面讨论有关妇女的事务时，这些问题就又自动出现了。

十

可能还需要从作为许多其他同类教育机构之本的第一个综合教育机构的经费的角度来谈谈实现的可能性；可是单独这个问题本身就需要一个完整的报告，当人们就这种教育的科学基础达成一致时，正好提出了这个问题。因此，如果按照我们的愿望，根据已经确定的基础，把一个综合教育机构的方案列入下次代表大会的议事日程，那么我们打算就这个问题做一份已经酝酿很久的报告。

十一

如果不略述普及综合教育很可能出现的一些后果，我们就不应该结束这个报告。

任何所谓的自有职业起初得到承认的都是体力劳动的职业。医生的计划要由护士执行，工程师的设计要由工人实施，行政部门的主管要有办事员，这些办事员是不折不扣的体力劳动者，海军军官指挥海军士兵。我们姑且不说律师这个例外。随着公共道德的发扬光大，每个人口才的提高以及法律的简化，律师的用处将日益缩小。

然而，任何医生都是从做护士开始的，任何工程师都是从做工人开始的，因为废除了出身和财富的特权，所以容易对所有人进行平等的教育，事先完全不确定年轻而有学问的工人、护士、海军士兵在整个一生中是否应该担任光荣的职务或晋升到使他更光荣的工程师、医生、指挥官的级别。如果有一天把这些职务委任给他，那么事先很难说这些职务是终身的。在某种情况下，肩负高级使命的人难得作出相当大的贡献，足以使他赢得终身休息的权利，使他永远左右往往能超过他的同事们，以致成为同事们构思能力的障碍。不过，另有一种恰恰相反的情况是，体力劳动者认为在他们上面保留一个真正的指挥者非常好，尽管这是他们可以经常争论的，不一定要坚持的想法所产生的结果。

有些认为人类迄今的发展大部分归功于伟大人物，应该永远以同样的方法发展，在他们看来，这些思想观点非常具有颠覆性。

我们和所有人一样承认，这对于过去来说是事实；但是必须完全承认，专家伟人的优势只是一方面由于其他人的失势，另一方面由于夸大了他们的某一种或几种能力而不顾其他各方面的能力。在承认拥有聪明才智非常有益于发现定律和人类知识的实质构成的同时，我们完全应该深信，这些真正精神方面的怪现象继续存在只能是有害的，今天重要的定律已经得到证实，一般来说，各门科学只是有待详细论述。

十二

集体工作应取代单独工作。各个自由学术团体可以独自通过在其成员之间分摊某一门科学的课题，进一步发展这门科学，尤其是普及这门科学。在具体工业部门实行这种分工非常有利，对于研究各类科学来说，这种分工逐渐变得更加有必要了。我们要指出，对于那些接受过我们已经指出其基础的综合教育的人来说，再也不会担心被某一个狭义的的科学专科弄昏头脑了。

书籍本身将不再是一堆吓人的、在其中很难从粪堆里辨认出珍珠的烂纸，书籍现在往往是某个富有的作者好虚荣、小集团吹捧产生的结果，而它将是一帮学者的著作，这些学者力求不再重复已经说过千百次的东西，因此书籍不那么多了，但绝对是有益的，肯定有读者，而读者肯定将找到他们想看的书。

我们不肯定，组织与发展综合教育的结果必将导致聪明才智的**绝对**

平等；而且这对于实证主义者来说也毫无意义，但是我们认为，必须使每个人的各种机能协调发展，必须消除我们今天指出的人与人之间的各种令人讨厌的差异。

有了这个结果之后，我们将有，或更确切地说，我们的子孙后代都将有解决我们今天可能难以提出的重大问题的基本知识，关于这个问题，我们在上面只提出了科学的假设：**机能均等**。

巴黎书籍装订工人起草的报告

工人阶级的教育。包括学习科学和各行业学艺的综合教育。

洛桑代表大会在经过长时间的讨论后决定，教育必须是义务的，除同意对贫困家庭予以免费外，其费用由父母承担①，此后，把研究综合教育的议程列入今年代表大会的议事日程。

我们觉得去年的决议不符合国际协会的原则，如果不把它提出来重新讨论，我们就不能下决心开始研究这项议程。

事实上，国际协会希望对所有人都是：公正，平等的权利；而不是恩惠，然而上面提到的决议认可了不平等，同意把施舍作为不可回避的权宜之计。

我们首先要说，平等的权利的意思不是说我们梦想一个分配给每个人都相等的物质享受的社会；不是这个意思。我们只想以自由这个福利的首要的和必不可少的条件为基础；我们绝对不接受以管理劳动、在公民之间随意分配总产品为目的的中央集权式的组织的思想。

---

① 这种说法与洛桑代表大会关于教育问题的决议（见本书第 9 卷第 271 页）略有出入。——编者注

我们所说的**平等的权利**的意思是，所有个人都有权拥有满足其需要的平等的行动手段。当然，只要他们的要求没超过他们的产出，我们就让他们有自由随意使用这些自然和社会应该交给他们支配的手段。

对于现在的社会和将来的社会来说，最有力的一个行动手段现在是，将来也是教育。我们不停留在论证这一事实上，经济学家、政治家、社会主义者都已经承认这个事实，洛桑代表大会完全承认这个事实，因此宣布教育必须是义务的。

教育的必要性得到承认了，受教育的义务被接受了，还需要知道的是谁将承担教育**费用**。现在有两种办法，一种肯定当然应由家长承担教育费用，另一种方法要求全社会负担教育费用。这后一种办法通常被称为**免费教育**。

关于教育免费问题，人们谈论了很多，我们认为这还没有使人看清免费教育的真相。反对免费教育者说：实际上不存在免费，免费只是虚构，当你打算让国家支付教育费时，你忘记了国家本身什么都没有，它的收入是我们提供的；如果国家付钱，用的是纳税人的钱，归根结底，还是公民——如果不是作为家长，也是作为纳税人——必须付钱。不应该把我们的资金放在国家手里，然后再从它那里得到貌似恩惠的免费教育。最好是我们自己直接出钱雇用老师，随心所欲地让人教育我们的孩子。

然而，这整个的推理，首先会使人感到惊讶，但如果对它进行认真的研究，这种惊讶就会消失了。

不存在免费，总是公民付费，**总的说来**，确实如此。但是当人们要求免费时，不是要求分文不付，仅仅是要求一种不同的分摊，一种更合理的费用分摊。

如果教育费用必须由父母承担，我们就使家长的负担过重，不能保证教育的平等。因为，虽然公民都有美好的意愿，但是对于负担几个孩子的人来说，永远不能和只有一两个孩子的人为每个孩子付出同样多的教育费用。

我们在这里只是根据拥有同等收入的公民进行推理。这种情况在现在的社会里不存在，只要我们捍卫个人自由，这种情况将永远不会存在，因为强壮、勇敢、聪明、活跃的人总是可以比软弱、懒惰、笨拙或不活跃的人更好地利用完全平等的行动手段。

除了孩子数目多少造成的不平等之外，我们还必须考虑到父母富裕程度的不平等。

因此我们可以说，用这种方法，不仅可能出现对孩子教育的不平等，而且，如果社会不进行有利于孩子的干预，其中某些孩子可能由于父母无能为力而无法受教育。洛桑代表大会完全承认了这一点，因为大会认为应及时找到同意为贫困家庭免费的权宜之计。

无需是社会主义者就可以选定迄今慈善的资产阶级分子所提倡的这种方法，这些慈善的资产阶级分子习惯于以不平等为基础，不得不经常发挥慈善的作用来掩饰他们那种社会秩序的极大差别、极大的弊病。

如果我们希望改变世界，我们必须以非常平坦的地面为基础，以便无需用权宜之计来垫稳我们大厦的第一块基石。

采用免费的方法，即由国家或纳税人负担教育费用，这是一回事，支出的费用在公民之间分摊，不再根据他们的孩子的数量，而是根据他们的纳税能力。在这种情况下，所有公民，不管他们有没有孩子，不管他们不再有孩子或者还没有孩子，每个人都根据他的财富（如果有）或他的收入支付教育费。

不难想象，这个方才对于某些人来说还是非常沉重的负担，现在变轻了，在所有的人之间分摊了。而且我们达到了目的，保证所有的孩子都受到同等的综合教育，人在进入社会的时候将能够全面地施展他们所有的才能。

我们还需要回答若干的确价值不大，但可能会提出的反对意见。让社会承担教育费用，让没有孩子的人支付教育他人孩子的费用公平吗？对此，我们回答说：是社会，而不是家长从教育中受益，人越受到教育，就越有用，越对人类有贡献，因此，让社会支付费用是公平的。

至于无子女的公民，请他们不要忘记，他们出生的时候就对大自然欠下一笔债，大自然创造了他们，他们应该通过繁衍偿还这笔欠债，如果他们做不到，让他们感到高兴的是，根据使我们团结起来的互助精神由其他人替他们还债。因为他们只支付教育费用，所以他们的损失很少。另外，作为集体的成员，他们与出现强壮的、有知识、有智慧的一代人息息相关，在年龄使他们不能满足自己需要的时候，这一代人为他们提供产品和服务，因此，让他们分摊他们后一代人需要的教育费用是公平的。

根据公民财富多少或富裕程度分担教育费用公平吗？公平，因为在现在的社会里和在将来的社会里，富人是具有较大的生产能力的、需要的产品和服务总量非常大的人，应该在对生产者和交换者进行教育中分担比较大的一部分费用。

我们得出的结论是：

公共教育属于总体利益，教育支出应属于国家的经常费用。

列日支部的报告

论综合教育

我们并不试图阐述一个完整的全民教育制度；我们只局限于确定我们认为要实现这种教育必须满足的条件，讨论应该由谁来组织这种教育。

为了有把握地取得我们要取得的结果，我们把对劳动者进行教育的目的和必要性作为起点。

首先，人民只有在正确理解自己的利益、有聪明才智的情况下，才能希望美好处境的到来。然而，聪明才智和力气一样，需要通过锻炼培养。人的大脑和其他器官一样，需要锻炼。

而从这个角度看，一般地说教育的必要性得到了承认，但是应该如何对工人进行教育呢？

虽然单个工人对资本家无能为力确实是他受剥削的一个主要原因，但肯定他没有知识也同样在其中起了很大作用。不能顺利地安装任何一台工业发动机，不能自始至终地领导任何一项工作，不能准确地估计任何一家企业成功的可能性，简而言之，不懂得他自己职业所必需的东西，工人就听任他所需要的比较能干者的剥削，而这些能干者不大可能把他看成是一台有智能的机器。

重要的是，如果工人希望用协会取代雇佣劳动制，就让他们有能力仅仅靠他们自己从事他们的职业。重要的是他们决不把职业学艺与完全从事这一职业所需要的科学教育分开。

"分开，"蒲鲁东说，"就像今天人们所做的那样，把教育与学艺分开；更可憎的是，把职业教育与实际的、有用的、重要的、日常的职业训练区分开，这是以另外一种形式再现了三权分立和划分阶级——即政府专制和工人处于从属地位——的最有效力的两个因素。

这种情况，无产者要仔细考虑！

如果矿业学校不进行适合采矿业的学习，不从事矿业工作，学校的目的就不是培养矿工，而是培养矿工的工头：贵族。

如果工艺美术学校不从事工艺美术实际工作，学校的目的就不是培养手工艺人，而是手工艺人的管理者：贵族。

如果商业学校不是学习商店、专卖店、柜台方面的知识，学校就不能培养商人，而是培养商业巨头：贵族。

如果海军学校不是到军舰上实际服役，而这服役本身包括作为见习水手的服役，那么学校就仅仅是在海军当中划分海军士兵和军官两个等级的工具。

我们看到，在我们的政治压迫和工业无秩序的制度中所发生的情况就是这样。我们的学校即使不是奢侈机构或闲职的挡箭牌，也是贵族研究班。建立综合工科学校、师范学校、圣西尔军校、法律学校不是为了人民，而是为维持、巩固、加大等级差别，为了实现资产阶级和无产者之间的分化，并使这种情况不可改变。"

（约·蒲鲁东：《19世纪革命的总观念》）

我们对综合教育作出结论之后，终于可以讨论如何和由谁来创办这种教育的问题了吗？

关于这个问题，我们认为应该警惕今天有人大力鼓吹的某些披着民主外衣的方法。一些真、假民主主义者断言，医治工人阶级痛苦的方法在于他们称之为由国家进行的免费义务教育，这种教育实际上不会是义务的。①

我们首先说：**不可能是义务的**。实际上，我们能采用什么样的制裁手段；不免费，我们简直说就没有教育。

针对表示愿意自己教育子女的家长，或针对需要子女劳动、不能送他们上学的家长吗？给一个人提供做成一件事的机会之后，又不强迫他做这件事，难道这样做正确吗？

我们说：**不是免费的**。需要证明吗？在国家提供的东西里有什么可

---

① 根据第287页的更正和补充，下一段的"不免费，我们简直说就没有教育"一句应置于这句话之后。——编者注

以免费呢？国家提供的东西，国家必须付款；国家必须付款的东西，国家从捐税里索取，就是说向消费者索取，就是说向全民索取。在这样的情况下谈论免费令人产生错觉：车间主任们就是这样，他们每天从他们工人的工资里事先扣除一部分构成救济基金，在有人生病的情况下，他们发放一些药品，他们也说这些药品是免费的。

我们还补充说：**不是教育**。实际上，在鼓吹这种方法者的思想里这属于初级教育。现在，人们可能以为，为了教育人民，只需教他们读、写、算，甚至在需要的时候以伦理为借口增加教理和宗教的学习就够了吗？不够，既然我们要求的，不再是这种甚至不能掩饰阶级的等级和工人受奴役的徒具外表的教育；"而是真正自由的、与普选等量齐观的教育，是与互助和保障机构，与工人协会、市镇和省联合会一起有助于在各个工业公会、各种条件和财富之间保持一定水平的教育。除此之外，被送到学校的孩子将永远不仅仅是以最符合上层阶级安全利益的方式训练出来的驯服的年轻奴隶，既然我们要的是文明、自由的劳动者。"

我们今天所需要的，我们已经说过了，是同时包括学艺和科学的综合教育。

然而，在人们想让国家承担这个任务时，很好地考虑过吗？使国家成为所有教育的代理者，甚至像所有人建议的那样，成为各项职业的评判者？看到所有年轻人都由国家进行教育，由国家传授科学知识，由国家传授专业知识；由国家培养教育医生、瓦工师傅、细木工、耕作者；按照宪法教育出来的、根据宪法工作的、一切都按宪法规定做事的公民；人不再成为庞大社会机器各部件的人；所有人都被迫接受唯一的意志，即偶然集中在一起的大多数人的意志！这岂不是谋杀个人，即谋杀人类的本质吗？

从经济角度看，这种制度的结果也可能不令人满意。

谁没有发觉，管理的中央集权，尤其是在如此复杂的领域里的中央集权，可能直接导致政府阶层的寄生现象，由于中间阶层的数量增加而造成预算的大量增加呢？

另外，让我们和蒲鲁东一起计算全体青年的教育费用有多少，我们在法国最终得出的数额是16亿，在比利时是1.5—2亿。在当前的社会状态下，政府从哪里拿出这笔钱呢？

如果我们把国家进行教育这一点概括起来，我们得出这样的结论：

由国家进行教育，绝对不是免费，而是花钱更多；

从公正的角度看，人们无权把这强加于人；

从人道的角度看，由国家进行教育将扼杀个人的所有自发性。

如果必须停止国家用赋税的手段起作用，怎么能进行综合教育呢？

我们回答说：

第一，这只能通过自由的协会。

工人协会懂得对其有益的是，为现在或将来的每个会员提供尽可能大的一笔教育费，因此必须自己建立发展这样的教育所必需的机构。联合会或国际协会的作用是，在这项事业中帮助各个具体的协会。

第二，在当前情况下，这是绝对不可能的事，而在以自由的协会和互助精神为基础的制度中就变成可以实现的了。工人学校是知识中心，与此同时要使学校成为生产中心。青年人受教育，与此同时要让他们努力从事有效的劳动（这是他们学艺的一部分），这些劳动产品不难抵偿必要的费用，这样就解决问题了；过去必要的巨额费用使这种教育成为不可能的事，现在家庭、社会集体和承担教育的协会都不必为此付出分文。

最后要说的肯定这些结论的话。我们在国际总章程里看到："鉴于工人阶级的解放应该由工人阶级自己去争取①……"我们认为这些话能

---

① 见《马克思恩格斯全集》中文第2版第21卷第534页。——编者注

说明问题。我们说,对工人进行教育,这个最有力的,甚至是唯一的解放工人的手段,再也不能交给其他人了,只能留在自己手里。他们现在应该拒绝那些一心想欺骗他们,使他们继续受奴役的人们甩给他们的勉强算是教育的教育,他们现在应该到了拒绝这极其低下的初级教育,接受自由人的有效教育的时候了。如果他们各自做不到这一点,他们就应该同心协力地争取受到他们所追求的平等这个目标必不可少的教育。

鲁昂小组

论工人阶级的培训与教育

如果在经济研究方面有一个重要的问题,那肯定就是教育,特别是人民教育问题。在普选——也就是说,在欧洲大地上由所有人选举所有人的政府——趋向越来越流行的时期,需要认真考虑人民教育。在我们说人民教育之时,我们主要是谈从生产和消费的角度看起着非常重要的作用,而在政治和社会机构的领导当中被看成微不足道的工人阶级的教育。可是就像一位诗人所说的,这个用胳膊、手和脚进行劳动的阶级,其人数可能比监督它的、如此尽情享用其艰苦劳动成果的阶级多10倍。工人虽然有如此巨大的体力,具有他人所没有的特长,能生产所有实用的东西,生产人所必需的一切,但是处于如此无能为力的状态,这是由于什么原因呢?首先是由于我们从未真正考虑大多数人利益的各种教育,其次是由于这些始终在有领导权的人控制下的教育机构本身造成的流弊和高昂的费用。但是在政治网眼已经张大、使工人有可能参与政府行动的今天,这些弊端的第一个原因,最有影响的原因,任何人都看得出的原因,就是缺乏教育,就是没有知识。可是,如果没有教育和知识,就什么都没有;没有教育和知识,人们为支持工人的解放而做的一切都必将失败，或者一直停留在很不完美的初始状态。教育属于工人的解放事业，是他每天完成工作所使用的工具。他就是借助这唯一的工具可以有效地发挥他具备的才能。矿工为了在地下深处行走，得到大地隐藏的资源，需要一盏灯照着他前行；为了引导工人争取其权利和理所应有的自主，他需要智慧之光，需要教育。

在此不需要详细叙述劳动发展史就能证实，在各个时代，体力劳动，严格意义上的劳动曾经是被迫处于无知识状态的阶级命中注定的事；与其他工作相比，这种劳动总是构成低下的职业，就是由于这个原因它变成较富有阶级进行剥削的理由。为了证实这一点，只需想象一下古代的奴隶制，中世纪的农奴，尽管我们感到难于开口，还有我们今天的工人。

讲述愚昧无知给世界招致的、主要伤害工人阶级的各种苦难、灾祸，也可能是多余的事。恐怖的历史篇章就证明了盲信、迷信、政治专制主义、宗教专制主义造成的可怕后果。盲信、迷信、政治专制主义、宗教专制主义有时互相斗争，但在大多数情况下互相提供帮助，阻止人们表达思想观点，在光线似乎要穿透的地方周围制造黑暗：即在愚昧无知的情况下，所有祸患都有其存在的原因。在进步的道路上，根本没有最高贵血统出身的人留下印记的稍有重要性的知识成果。

在过去的时代，自始至终都不可能看出人民教育的痕迹；人民教育通常与其政治和社会情况有联系：一直到我们1789年的革命，根本没有人民教育，或几乎没有人民教育。

直到当时被抑制的各种力量以如此巨大的威力爆炸了，运动扩展到所有人；在这个社会革新的时代，本来就应该讨论劳动人民的教育，劳动人民由于其人数多，可以在公议中有举足轻重的影响。国民公会（把这事说成是它做的）曾经要建立基础更加广泛的人民教育；可惜在它之后继承政权的人没有遵循这些计划。他们不肯为人民的教育、为劳动者的教育多花钱，因为不管怎么样，在这方面问题就在于他们。在新的制度里，他们就不再起作用了；他们曾认为可以把工人置于天生的愚昧状态；这甚至似乎是必要的。

一般来说，教育就像第一帝国所组织的那样，就像一直维持原状到目前的这样，基本上是贵族性质的。我这里想说的主要是法国所谓的中等教育。这是为自由职业——即只有在出示高中文科或理科毕业证书之后才能被允许从事的职业——提供方便的教育。这种教育是一种费用相当高，只有已经相当富有的人才能受到的教育。为了在中等教育机构培养一个年轻人，至少需要 1 万法郎，尤其是家长不住在学校所在地，被迫把子女送到寄宿学校的情况下。现在，如果有好几个子女，请估计一下要花费多少。很显然，工人子弟与此无缘。在与 1789 年之前的贵族阶级相比，他绝对处在中世纪的平民、庶民的等级。

在第二帝国之前，曾有过不富裕的家庭可以让子女分享中等教育利益的时代，当时市镇的中学数目还相当大，足以使青年人就地受到教育，不必走出他们的居住地。今天每个省才有一所大的中等教育机构。当然各地还有一些规模小的学校，但是这些学校一般来说既没有必要的人员，也没有必要的设备可以帮助学生通过考试获得证书。

正如人们看到的，总是给有特权者保留一份财产；这或许还是一件人们不会感到痛苦的坏事，如果这个特权阶级不是因为有受教育的优势，通过其拥有的财富最终找到工作，谋到高级职位，没有促使工人与那些以领导他，甚至以来帮助他为借口从他那里提取他们最容易得来的、最有利的收入的人之间那种对立永久延续下去。

至于初级教育，应该承认，30 年来稍有发展，但是远远满足不了劳动阶级的全部需要。

首先，这种初级教育很有限，随着其所处的社会制度的变化。在路易-菲力浦的统治时期，初级教育大纲具有一定的独立性和一定的广度。

今天初级教育部分地从属于教士，灌输教士本身具有的思想。在本堂神父专横的监视之下，可怜的市镇小学教师工资菲薄，违心地只教授一点点东西；在中等教育的老爷们看来，尤其是在高等教育的老爷们看来，他们扮演着相当可悲的角色。这就是在法国的人民教育工作者，就是他们负责或者向工业工人，或者向农业劳动者传授他一生中要尽公民义务所必需的知识。

在城市里，是公教要理会的教友帮助小学教师完成这项任务。

女孩子，工人的女儿，我们不想说到专门机构——寄宿学校——去获得教育的资产阶级分子的女儿，我们说的是工人的女儿接受修女的教育，这些修女往往有简单的传教许可证书，即允许其传教的省长的书面许可证。无需说，这些首先在那里灌输宗教思想的修女们一般都非常无学识，甚至最没有洞察力的人都看出这一点。工人女儿的小学教师们应该是这样的，要负责把她们变成家庭主妇，准备使她们摆脱宗教的监视，使她们最终过上优越的生活，为了适当引导孩子——即未来的公民——在人生的道路上迈出最初几步，妇女们需要这种优越的生活。

还有，虽然这种初级教育可能非常低劣、非常不充分，但依然使所有人受到它的影响；如果所有的孩子无一例外地学习读、写、算，那么这些孩子一旦有了基本知识，起码会对城市感兴趣，而在城市的教育环境里，对学习感兴趣的青年人可能受到比较广泛的教育，学到比较多样的，更适合他们需要和兴趣的知识。人们想到这些就可能不会再为自己眼界狭窄感到苦恼了。其实，城市里情况最糟糕，事情并非像人们所想的那样，在城市，还是会有数量相当大的青年公民，或是由于自由放任，或者由于他们的父母极端贫穷，没有被送到学校读书。统计证实，1867年，在100名应征入伍者中，在法国平均还有23名既不会读也不会写，到市政府去的100对夫妇当中，有33对不会在结婚证上签名。

提到这些数字肯定不会使我们国家引以为荣，但是我们在这里没有对我们自己的坏事产生错觉。何况这些坏事也不是我们造成的。觉得有了可怕的疾病，希望治愈的病人毫不犹豫地暴露身体受损的部分，如果需要，他大胆地把这个受损的部分对着可能使病痛消失的火或烙铁。这就是我们此刻正在做的事，我们不认为因此就表明我们是不良公民。

我们刚刚所说的一切有关教育的话都应该站在法国的角度来听：在这一点上是确定无疑的。在我们看来，让我们的同事们了解在我们国家实行的各种教育方式是有益的，甚至是必要的。我们将十分满意地了解到派代表来这里的其他欧洲国家的教育状况及进行教育的方法。我们大力鼓励在场的人们回到他们各自的国家之后关心这个严重的问题，在下一次代表大会上广泛而自主地探讨这个问题。我们正是通过这些具体的教育互相交流，才能确定我们各个方面需要的总体情况，为广泛受到的民主教育奠定基础。

现在我们已经从具体的角度探讨了教育，请允许我们开始进行一般性的考察，并提请大家注意一场十分重要的运动，它预示着将首先从欧洲最文明的部分开始，漫及整个欧洲。

进步，不管以什么形式，都是不可避免的。或早或晚都必定出现进步。因为它是一连串完全符合逻辑的事实产生的结果，不大可能从这些事实的起点确定它们的进程；但事情结束的时候，不难觉察到这些事实。人民教育就属于这种情况。面对德国、瑞士、整个斯堪的纳维亚半岛在这方面的优势，法国和其他国家依然落后的政府已经认识到，为了不丧失他们占据的地位，必须占有它们所缺少的，使一个国家最具有生命力的要素，这个要素就是从基层开始的教育，像人们已经说过的那样，对人民进行的教育。

今天，当其他许多国家还拒绝我们表达我们的原则和见解之时，英国、比利时，这两个国家，让我们受到慷慨接待、让我们表达自己的原则和见解。可能还有我们不知道的其他国家，都在热心普及群众教育方面同法国竞争。

　　推动力已经有了。我们不要怀疑，这种推动力将传到那些其政体似乎是最反对开展启蒙的国家本身。铁路、轮船、电报，所有这些可以说是即时的、以各种形式传输思想的手段，这些自由与解放的要素，出人意料地已经在所有十分专制的、最抗拒进步的政府内得到认可，正在进一步得到认可。随之而来的，必然是应运而生的人民教育也同样得到认可。过去有谁敢断言，今天各类当权者们通过疯狂的活动来使科技创造出最强大的毁灭机器，杀伤力最强的武器，然后把这些武器交给各国人民，交给工人们，因为终归还是这些人民，这些工人来干军队的大部分苦差事，然后让他们用这些武器进行可恶的互相残杀？我们说，谁敢断言，世界强国的这种活动不会成为又一个对人民进行教育的反面教材？人必然会遏制毁灭性力量，人们可能还需要具有更多的聪明才智。谁还知道，这些以很大比例增长的毁灭性力量本身是否最终使操纵这些力量的人们因恐惧而却步，各民族会不会由于得到健康思想的启示，求之不得要互相帮助，一致同意致力于全面的解放事业，而不是像野蛮人一样互相厮杀，像疯子一样，像失去理智的人一样在骨肉相残的罪恶对抗中互相扼杀。

　　代表兄弟们，人民教育已提到日程上来了：它是一种时代的要求。我们要趁有利的风势朝着更美好的未来航行。使教育成为我们必不可少的东西。工人是事实上和思想上的天然合作者，如果他们没有学习经济理论所必要的知识，如何能够最终理解我们致力于传播和实现的经济理论的伟大之处和重要性呢？如果人们没有使他们能够首先正确评价必将由此产生的重大效果，如何使他们有兴趣解决能拯救他们生命并使他们获得自由的重大问题呢？

　　为了将来可能发生的情况，我们将永远不断地以我们所能拥有的手段为解放那些思想模糊者的智力而奋斗，我们已经觉得理应察觉到一些极其重要的事实，公布一些同时以公正和最大多数人利益为基础的原则，然后起草一份确实民主的、符合我们时代需要的教育计划。

请允许我把这项教育计划交给大家评价。我们无须怀疑，其中提出的大部分原则是你们大家的；如果你们大家同意这些原则，它们就像是获得新的认可一样。

一般说来，科学是当代人保存的过去多少世纪积累的观察与实验的成果。这笔以我们前人的最大牺牲、艰苦的劳动为代价获得的精神财富，今天是所有人的遗产。

来到世上的任何人都有权获得这份精神营养，如同他们有权获得身体营养一样。

因此，正如人们所说的那样，社会组织的义务是在尽可能大的程度上为新成员分配教育利益——精神食粮。

任何尽不到这项义务的社会组织都犯了亵渎人类罪，因此再也得不到人民的尊重和敬佩。

因此，作为上述内容的推论：

社会组织的任何成员，不分出身，甚至也不分性别，都有权根据其能力和兴趣获得构成公共知识领域的各种知识。

无论什么都不应该挡住他的这条通路：所有人的义务就是清除道路上可能阻止他前进的障碍。其实整个社会都非常注意在任何一个地方都让知识的力量得以展示和表现，不管这种力量来自何方。

人是复杂而和谐的力量：有思维能力的生命不应以吞并物质生命为目的，反之亦然。脑力劳动的总和应该与物质劳动的总和互相平衡。换言之，人力要停留在正常状态下，也应该通过身体和精神进行锻炼，因为我们必须从抽象概念出发，必须把单独一个整体分成两个部分。

过度劳动有损智力的发育，过分加强智力训练有损精力和身体健康。

必须努力把拉丁语讽刺诗诗人的格言变成现实，以便在健康的躯壳里有一个健康的灵魂。

从教育必然引出教育，尤其是道德教育，或更确切地说，二者缺一不可。

以现代观点考察道德，但愿这个字眼不会使你们感到惊讶，因为我们还要在很多部分里表述道德准则，还要在其他很多部分里重新表述，我们说，道德只不过是社会关系的科学，即应该是存在于人们之间的关系之中的、以便使这些关系提高到其性质所具有的崇高和庄严的状态。

工具，即感知这些关系的能力，就是智能，也就是在哲学的高谈阔论中的道德意识。智能由于得到进一步培养，所以就更好地理解这些关系了，因此道德基础只能更好、更丰富、更充实。

显然，根据这个道德的定义，道德完全以人的自身为基础，没有其他来源。

难以解决的问题与我们没关系，力求解决这个问题是干蠢事。

智能或理智感知的社会现实的总体，对所有人来说都形成了一种单独的科学：它和所有科学一样，对于全球所有国家来说都是同样的。一些团体、一些民众之所以似乎不在此例，是因为他们尚未初步认识真理：他们认识真理的那一刻必将到来，必须尽可能加快这一时刻的到来，这是我们所有人的义务。

道德法高于民法，民法仅仅是过渡性的，往往只是道德法非常不完全的表现形式。道德法高于宗教法，不管是什么样的宗教法。因为宗教法毫无科学根据，在这里把在远处当成错误的而加以禁止的东西宣布为正确的东西；它不是使人与人接近，而往往是人们之间分裂和不团结的原因，所以这种十足的富有诗意的产物，今天不足以为人类指引道路，注定要丧失其过去所占据的位置，注定要随着时间而消失。

一个最能使人们接受的道德规范是有义务致力于消除这种充满仇恨的对立思想——所有国家的执政者为更好地巩固其威信和权力而力图保

持的人民之间无谓的对抗。我们应该悉心为各方的联盟做准备，建立一个属于我们所有人的联盟。

另一个同样重要的事实就是，对于社会的人来说，劳动是必须完全遵守的法则：不以这种方式或另一种方式劳动的人就是对社会行窃，社会不可避免地要为他劳动。

然而，有一些不配称为劳动的劳动，这些劳动就是为自己或亲友从社会财富提取不合法的一份，恬不知耻地掠夺他所在集体的成员，而不是帮助他们。这类劳动是不道德的。依我们看，劳动本应定义为：

动体或动脑，或既动体又动脑，以便为动体、动脑者获得养活自己或赡养亲属的手段，同时为社会集体的福利，即共同福利作出贡献。

还有一个必须坚信的、以人类本性为基础的原则是，人，早年脆弱的人生来就有权利；他享有一切形式的、肉体和精神的生存权利。他所要求的，或更确切地说，社会集体为他要求的这些权利，后来将是他为处在早年或者处在暮年的，或者处在中年的，就像他本人原来那样体弱无力的人们应尽的义务。

知识使我们懂得：如果我们应该扶起我们摔倒在路上的兄弟，甚至我们的敌人，那么启发他，把他从可能使其才智和做人的尊严沉没的暗礁当中拯救出来，不同样是我们的义务吗？

教导无知识者是有知识者的义务。教育者本身将会成为另一个比他知识多的人的受教育者。必须把教育看成是人们应该偿还给另一个人的贷款，而不是偿还给放贷者的贷款。

另外，人的一生就是长期受教育的一生。

认为文学与科学修养，也就是学习，使人变得笨拙，甚至不适于体力劳动，这是最有害的错误。出现的情况应该完全相反。只要把二者加以适当地考虑就可以了。有时用笔，有时手持工具，这才是名副其实的公民，这才是能干的人，这才是大有作为的人。之所以还有这样一些人，可惜还有这样一些人，他们的知识非常渊博，然而尽管现代思想的进步，还是驱使他们远离、厌恶体力劳动，这是因为他们承担了不良教育的后果；这又是一个他们必须消除的偏见。

为了最终纠正人们的这个弱点，重要的是努力普及知识，使知识失去人们通常认为其具有的神奇性质，证明有文化的头脑创造出的奇迹不比强有力的胳膊腿更多，只有强有力的胳膊腿不是尽善尽美，一个人如果没有能跟上他那个时代发展所需要的基础知识，就是不完美的社会成员，就是个不完全的人。

如果人们感受到这些真理，尤其是把这些真理付诸实践，那么今天包围着我们，使我们窒息的，以每期5生丁的价格传播低级文学和下流思想的，同时利用群众好奇本能和单纯朴素的庸才们，不久将回到芸芸众生之中；能够站住脚的只有真正的天才，有用的天才，使人类得到实际利益的人。

还有劳动者不应忽视的一些箴言；劳动者要及早培养孩子的良好习惯；必须使强壮的体魄具有刚毅的灵魂；他要为社会提供为之增光的人，提供与人们确切地冠以符合其不良习惯之名的当代堕落分子形成鲜明对照的人。

让工人的子弟受教育，但是要让他迫使自己劳动，不要心甘情愿地放弃独立性，去轻率地加入预算老手的行列，壮大功能论奴仆的队伍。自愿地对有权势者百依百顺以求得生计，求得自己及家人的生存，这就是同意屈从人家，就必然掩饰和改变自己的信念，蒙受耻辱，就是放弃人的尊严。

也不能让他进入黑暗的诉讼迷宫，主管官员自己在这个迷宫里面都难以判明方向，西密斯①的天平掩盖着陷阱，思想单纯的人们在那里寻

---

① 希腊神话里的法律与正义女神。——译者注

找正义，但在大多数情况下他们把一大部分财产白扔在那里。

因此，我们还是从事劳动吧，从事真正有益的劳动。

劳动，这在过去被羞辱、被玷污的劳动，最终重新得到尊重：它使人光荣，同时使那些不尊重劳动者受到蔑视。

将来权杖必定属于知识渊博的、讲道德的劳动者：这就是人类能够达到的最高境界。

有了原则之后当然要有实际手段。

现在请允许我们向大家简要陈述执行这些原则的方式，据我们看来，它似乎是最适合实现这些原则的手段。

孩子一直到8岁都处在父母的庇护之下，而特别是在母亲的庇护之下，母亲是孩子小时候的天然指导者。他学习读、写、算，等等。我们不打算在这里说所有在孩子8岁之前可以教他学习的东西，但是在不使孩子疲劳，甚至一刻也不使孩子感到厌倦的情况下，如果做得好，可以使聪明的幼儿受到已经很充实的教育。但是要完全避免永远不让孩子学习他以前不懂的东西。这就是要在最初几年在孩子的心里植入重大原则的幼芽，这些原则以后将开花结果，使孩子成为真正的公民。

在这孩子受教育的初期，如果不让他迷恋各种各样的宗教神话故事，就已经为他后来的成长做了很多事；一位明智的母亲始终要完全避免使孩子迷恋宗教神话故事。

从8岁开始，孩子进入统一的教育领域。

可能有些小型的比赛有助于对家庭教育作出比较性的评价。这些比赛可能是完全的公开的。这对孩子和父母本身都是一种激励。

至于负责传授科学的人员，他们可能组成一个庞大的公会，一个当然根据教学对象再分成各种类型的教学人员的公会。这些人员，这些教师是在公会之外的人当中招聘的，由教学公会的成员自己公开地在总是尽可能进行广泛宣传的考试中录用这些人。被这个公会选中者只从他们的同类人那里得到委托书和确认。他们根本不隶属于国家,而是隶属于他们的行业公会,遵守他们的章程,他们的行动只对舆论负责。这就是为什么:除了有监督权之外,如果教师的教学情况不佳,还必须使公众舆论有权在办理某些手续的情况下按照某些规定停止教师的工作,甚至迫使他沉默。不难看出这一原则:我们并不妄图一开始就详细地描述为阻止流弊而需要采取的手段。

我们没有谈到妇女可能在教育公会里起的作用。什么都不妨碍她们服从与男人的制度类似的制度。虽然对妇女的教育不包括男人的所有必修课程,但她应该永远是知识非常广博、非常充实的,因为就像人们已经看到的那样,每个家庭的母亲都被看做是她子女们的第一位老师,理所当然的老师。

在教育公会里,就像我们所描述的那样,青年人首先可能学习:

语言,这是使各国人民今后真诚和睦、融合思想的手段。特别是在各个器官还非常灵活的青年时期,适合学习语言。另外,用学习母语的同样方法开始,让外国人来教他们学习语言就容易了。

我们这些讲不同民族方言的各国的代表们,比任何人都更能体会到可以用几种语言表达思想的好处。

我们同时让孩子学习本国的语言,及早让他习惯于梳理自己的思想,在几个人面前讲话,因为,让我们顺便指出,教育应该永远是公开的。根本没有在冰冷的房间里禁止旁听的教育。青年人必须有活力,需要运动。公众,特别是家属的到场对教师来说是一种激励,有时甚至是一种约束;公众和家属的到场培养孩子们守规矩、谨慎自重,使他们及早熟悉集会的场面,熟悉他们以后必将参与的公共生活。

后来做的主要工作就是学习实证科学、数学、物理学、化学、自然科学,起码要泛泛地涉猎这些学科。

无须说,除了这些知识,人们还要获得其他同样必不可少的知识。

卫生保健居于首位：使人体免受很多天天都有可能遇到的意外伤害，使人体避免可能鲁莽放纵的手段，还有学习人体器官本身的生理学，都是最有用的知识，哪怕这些知识的效果只是使公认的医学清除少许坑害人的江湖骗术。

从各个方面考虑，历史或讲述过去的事件，尤其是直言不讳地、光明磊落地、像掩盖事实真相对自己没有任何好处的那些人一样不受任何约束地讲述这些事件，可能为人一生的行为和走向提供有益的教训。

所有的孩子无一例外地要在这些学习中度过 6 年，从 8 岁到 14 岁。

要在尽可能最多的地方增加教育公会，以避免年轻人走很长的路，制止人们所指责的当前大部分企业所进行的粮食、食物方面的投机倒把。

在 14 岁时，普及教育可能结束了。就是在这时候可能考察能力。每个人从事两年他觉得最感兴趣的职业。进行公开考试，了解每个人的优点、才能，以便找到有一天最能领导大型机构和大型公益企业的人。

正如人们看到的那样，学习生活不再延长，不是像享有财富特权者那样把学习生活一直延长到生命的三分之一，有时还超过。这后一种情况的结果可能是，为很多打着学习的幌子、以千奇百怪的方式营造享乐生活的游手好闲者扫清道路，而这将对谁不利，往往使谁感到可耻？没有必要给出答案。因为富贵人家子弟偷走所有适合于他的东西，而不考虑、不尊重那些往往没有庇护、没有人管的弱者，这是卑鄙到了极点。长期接受培训的学生和另一类无所事事者，是名副其实的社会寄生虫的军人，这就是贫困家庭的两个创伤、两个祸患。

让我们再回过头来说。

直到现在，我们还没有说到付给教育公会报酬的方式。我们认为，为保留他们对于国家的完全独立性，教育公会应该由，或者按市镇，或者按更大行政区集中起来的个人付给报酬。如果说有一个团体必须保留其自主性、完全的独立性，那肯定就是教师这个团体。

现在是不是有理由认为将来有一天能看到这样的计划实现呢？嗨！为什么不呢？人类已经革除了那么多的弊端！如果不是在明天，那就必定在将来。从今天起，有可能实施这项计划的某几个部分。目标已经确定，方向已经明确。迟早有一天会有大胆的先驱者坚决地从事这项事业，实施这项任务的一部分。其他人将继续这项工作，把这项工作做完，可能作些改动，但是如果本着同样的精神，那有什么关系呢？就是这样渐渐地实现了许多起初被称为梦想、空想的计划。合理而正确的思想很多都是逐渐被人接受的。让我们首先在我们的旗帜一面写上"教育与劳动"，另一面写上"道德与独立思维"，我们要对现在和将来绝不失望。

日内瓦各支部关于教育的报告

前　言

我们受勒苏思想和个人解放协会日内瓦委员会的委托作关于义务教育的报告，我们已经承认这样一个无可争议、无可置疑的真理，即对于人民和个人来说，教育是一项福利事业，一个民族由于知识水平较高就更加繁荣昌盛。

据此我们推断，既然民族与自己的繁荣昌盛直接有利害关系，各个阶段的教育义务就是合情合理的，是一项有总体利益的措施，属于公共范畴。

尽管如此，因为教育义务可变成极不公正的根源，我们已经不得不承认（为了避免这种可能使义务法行不通的弊病），我们说，不仅要承认教育要免费①，而且承认国家②必须在青少年各个阶段的学习期间为他们提供生活费这个原则。

再则，我们最终承认，没有这项措施就不可能彻底改变社会状况。

还有一句话。

我们放在本报告开头的结论与人们所接受的思想观点截然相悖，乍一看，这些结论即使不是令人反感的或荒谬的，在大多数人看来似乎也是错误的。

我们尊重这些对我们这微不足道的报告进行评价的不同方式，我们承认每个人都有权利就这个问题说出他想说的一切，但是有一个条件，这就是在读了我们的报告之后再说。换言之，要求人们在费心研究这些结论是不是合理的之前，不要否决我们的结论。

一、一般论述

人们几乎再也不能怀疑社会组织的腐败状况，或者更确切地说社会内部存在无政府的混乱状态。这些以革命为名的暴力危机已经而且还将血洗人类，这不是证明存在这种混乱状态吗？"任何革命，"蒲鲁东说，"起初都伪装成人民的控诉，对最贫穷者首先感到痛苦的恶劣情况进行

---

① 有一些国立学校，学生只有在交了学费之后才被这些学校录取；个人让孩子在这些学校受多少次教育就交多少次学费。这就是我们所谓的非免费教育。还有其他国立学校，个人可以让一个或几个孩子在那里受教育，他为此付出的费用并不高于他一个孩子都不送到这类学校受教育所付的费用，这就是我们所谓的免费教育。我们不知道在这种情况下，免费一词是否就像托伦和龙格这两位公民在洛桑大会上所断言的那样没有意义；肯定的是，这个说法不完全正确，因为是用对公民征的税来支付这种教育的费用。尽管如此，我们还是继续使用这一说法，因为尚未找到另一个更准确的说法来定义我们举出的第二种由公共部门支付费用的方式。

② 我们使用"国家"这个词的意思绝不是单独一个人或一个等级集团的政权，而是社会本身。

谴责。"

事实上，认为革命是某几个人，某几个人们称之为**鼓动者**的行动，那就错了；使人民揭竿而起、使危机和革命爆发的是人民的痛苦。

然而，如果社会有秩序，还会出现这些痛苦吗？显然不会出现，因为社会肌体和人的肌体一样，只有在组织紊乱之后才体验到痛苦。因此，既然我们的文明正在爆发剧烈危机，这就是人民有痛苦；既然人民有痛苦，这就是在我们社会里存在混乱。这是基本常识。

事实就在摆这里，保守分子，即敌视一切变革的人，总而言之，那些否认有必要医治好一切痛苦的人，应该思考，只要这些混乱存在，也就是说，只要像人们迄今所做的那样，仅限于试图触及痛苦的结果，而不消除其原因，试图在社会肌体的下疳上贴膏药，而不是医治产生下疳的体质缺陷，这些作为社会混乱表现的暴力革命就将继续发生。

因此，找出痛苦的根源，这就是我们要做的第一件事。

二、社会混乱的原因

体现社会混乱的是直接的、取决于一个基本原因的后果，其中主要的、早已非常显著的后果是：

第一，**战争**。战争有利于专制主义的发展，使人流血，往往无益于战胜者，但其经常性的后果是，甚至在战争爆发之前就使贸易和工业瘫痪，因此给予角逐无关的那些人本身造成更多的贫困和破产。

第二，**贫困**。贫困产生弃儿、乞丐、盗贼、妓女。

第三，**教会**。教会违背理性，使战争合法化，使专制主义和贫困持续下去。

让我们把所列举的痛苦造成的直接后果局限于这三点，这三点正如我们想论证的那样，实际上只是社会肌体弊病的后果。

战争是专制主义所必需的常备军产生的结果，这一结果的原因是一整群生活在浑浑噩噩之中的人感到需要有人指挥、领导。

贫困是有无产阶级的结果，这个结果的本身是经济关系不良状态以及由于无知而把土地和过去历代人积聚起来的资本让与某几个人造成的后果。

最后，**教会**是有一个强大而诡诈的组织产生的结果，这个组织的大量资金收入是由民众直接或间接提供的，因为民众还认为需要教会，因为民众有某些成见。然而，每种成见的原因是什么？依然是，始终是**无知**！

无知，这就是社会肌体的弊病，这就是混乱的首要原因！就是要在这方面进行打击，进行有力的打击；因为如果消除了这个疾患，那么真正的、最后的革命就将完成。因此：

为了结束社会混乱，必须普及教育，因为**社会混乱就是所有人或一些人某种程度的无知，而社会有秩序，就是使所有人受到综合教育。**

三、被看做团结各个革命分子的一种手段的教育问题

各个时代的一个事实是：享有特权者拼命为他们践踏自由和理性进行辩护，好像是进步必然给他们带来不幸。就是由于这种谬误，奴隶制、农奴制和那么多其他享有特权者的制度都只能在血泊中结束。因此必须预料到专制主义、资产阶级、教会会竭尽全力反对普及教育，普及教育的结果将是永远取消那些拥有特权者认为是他们的幸福所必需的特权。

然而，哪个有理性的、相当有钱、足以过着独立生活的人，今天可能同意完全生活在与中世纪领主相同的条件下？哪个有理性的人，当普及教育取得各方面的成果时（当这有可能时），可能会同意完全生活在

与我们这个可悲的时代享有特权最多的人相同的条件下？

后代人难以明白，人类究竟由于什么奇怪的谬误，这么长时间都不能理解个人利益当然就是所有人的利益，完全理解所有人的利益就是每个人的幸福。

从社会革新的角度考察，要根据其重要性加以论述，普及教育的原则就可能需要做一项全面的工作，要比我们不得不划定的有限范围所包含的工作多得多。尽管如此，我们在这里所作的论述可能足以达到我们为自己提出的目标：指出**可行的办法**，以便通过解放所有个人，最终**顺利地**在社会上建立真正的秩序。

请允许我们在这个简短的陈述之前先发表一些意见，这是几乎所有进步党人都希望人们优先考虑这样一个问题的倾向使我们联想到的意见，他们由于格外地重视这样一个问题而不顾及其他也非常具有重要性的问题。

请人们不要最终忘记，进步是一个整体，只要还有要做的事，那就什么都没做完。

教育问题如果像我们所理解的那样得到彻底解决，就同时使所有引起我们时代动荡的问题得到解决；这是其他问题所没有的一个重大优势。此外，推翻专制主义，取消常备军，改变经济关系，宣布教会与国家分离，这些进步都是孤立取得的，既不能建立，因此也不能产生社会秩序；这些进步如果是同时取得的，只有在反动派也同样不再把握**普遍无知**这个手柄的情况下才能可靠，才能稳定，这就等于说，只有在教育绝对普及的条件下，所有改革才是彻底的、稳定的。

政府的共和形式没有消除贫困，请看看瑞士！请看看美国，尽管这个国家与教会分离了，是不是个人在物质上，甚至在精神上获得解放了！变化的经济关系导致教会与国家的分离、思想的解放和政府里的民主形式吗？这可能被人怀疑；无论如何，这些进步并非**必然意味着**紧接着取得所有其他进步。

因此，可以实现这些局部改革，但社会混乱并不会因此而消失。然而，如果政治、宗教、经济等问题没有同时得到解决，教育就不能普及。

此外，就像我们随后将看到的那样，教育的普及有不可估量的好处，使所有这些改革以及将稳定这些改革的新事物秩序避开反动分子的任何阴谋诡计。

出于这些考虑以及我们将列举的其他考虑，我们不能赞同这些人的意见，他们认为常备军制度是任何进步的主要障碍。这意味着，对于任何不必细说就明白的人来说，当所有今天是君主政体的欧洲国家变成共和政体的国家时，一切都将好起来。不是我们要怀疑政府的共和形式在各方面都非常优于君主政体的形式，但同样不容置疑的是，共和政府不**一定**使公民平等，它可能使社会混乱的原因继续存在，例如无产阶级。

在瑞士，在这个老式的共和国，人民比在君主政体的国家更先进吗？很多人这样认为，不过，他们这是犯了多么重大的错误呀！这些得意的共和主义者（就像我们称呼那些只是通过瑞士历史学家得意的、沙文主义的叙述了解我们的人那样来称呼他们）甚至在所谓的**先进州**，都屈从于形形色色的贵族。他们不是在（的确是自由选出来的）长官的指挥下规规矩矩地走路吗？这长官根据需要（这已不止一次看到）让他的军队犯他觉得能犯的一切错误吗？这些**自由**人不去教堂，不敬重军队的权威，起码不像第一帝国最后一个臣民那样热爱荣耀吗？在瑞士不像在君主政体的国家那样有那么多可怕的苦难、不那么需要监狱了吗？最近人们没看到几个小州的居民做出巨大努力维持笞刑、禁止犹太人在他们的辖区内居留吗？

事例非常多，但我们刚刚列举的事例充分证明，取消常备军和政府的共和形式并不**一定**导致稳固所有的进步。

对那些希望把教会和国家分开的自由思想者，我们持同样的保留态度。我们认为这个问题不能压倒其他问题，因为这个问题不一定意味着其他问题的解决，我们在提到美国的时候已经提供了证据。

当国家不再为宗教信仰提供经费时，就将实现重大的进步，这在我们看来是无可置疑的。但实质上，对于十分之九的人绝对无知的欧洲居民来说，这项改革的真正意义是什么？如果民众由于继续受不到教育，他们会认为这种分离是对宗教、对人们教他们尊重的教会的迫害！那么反动派的武器是什么？对新事物秩序有什么危险？总之，把教会与国家分开，人们要达到什么目的？解放思想，是不是？那么就请要求普及教育，请要求使用适合完全实现普及教育的手段。

总而言之，社会主义者和主张取消常备军的政治家一样，和主张把教会和国家分离的自由思想者一样，要求把他们所看重的这个改革问题摆在其他任何问题之上（如果不排除其他任何问题时）。他们认为经济关系的改革是万能良药。

我们知道，只要这个问题不解决，就不可能有平等，但是，同样很明显的是，任何这种类型的彻底改革都与专制主义不相容，只要专制主义不倒，就必须放弃不是在理论上解决经济问题的任何希望。

正是为此，政治问题被纳入洛桑工人代表大会①，正是确信专制政体将不可避免地衰落，这次代表大会才宣布：

"缺乏政治自由对人民的社会教育和无产阶级的解放构成障碍，取得政治自由是首要的和绝对必要的措施。"②

---

① 指国际工人协会1867年洛桑代表大会。——编者注
② 引文与1867年洛桑代表大会的决议原文（见本书第9卷第285页）略有出入。——编者注

正是由于同样的原因,这同一次工人代表大会决定:

"完全和彻底地支持和平代表大会。"①

只要最大多数人既不会读也不会写,只要大多数工人不仅不知道什么是经济问题,甚至也不知道有经济问题,就很难,甚至不可能解决这个问题。

按说,社会主义者、自由思想者和政治家都认为,普及教育的问题是必须接受的。所有人都应该愿意接受这个问题,尤其是因为一般来说这个问题不难理解,如果大规模普及的教育不能使人民警惕反动势力,那么一个专制者卷土重来,恢复人人都抱怨的事物秩序,就不是不可能的事了。

专制政治、教会、资产阶级是为少数享有特权者的利益进行的自私的、被垄断的教育造成的结果,这种教育实际上使他们成为一批有势力的上等人,在他们看来由他们来领导和剥削无知识的大众必然是正当的、合法的、不可避免的事。

必须在各个层次对每个人进行科学教育,**大势所趋**,政治的、宗教的、金融的以及其他各种形式的剥削必将消失②。

士兵、虔信宗教者、无产者的存在是有原因的,他们表明民众没有知识。专制政治被打倒,教会与国家分离,经济关系改变,总而言之,这些如果没有民众教育加以补充,所有改革都阻止不了士兵、虔信宗教者和无产者以另一种形式重现,有可能,上面讲的这一切,实质将是一样的,不平等、社会混乱将继续存在。

---

① 引文与1867年洛桑代表大会的决议原文(见本书第9卷第287页)略有出入。——编者注
② 此外,当教育完全普及时,为了人类的幸福,在很多情况下人们称之为空想的大部分高尚的想法将被利用起来。

在16世纪，革命的时代开始了，在精神方面、在进步的道路上迈出一大步。但由于不是人人都能上学受教育，一切都几乎停留在原来的状态。实质依然存在，唯独形式变了：教士穿上和以前不一样的制服，用了另一个名称，讲道代替弥撒，虔信宗教者依然存在。

在上个世纪，贵族封建制度消亡在断头台上，但还由于不是人人都能上学受教育，封建制度必然重新出现。实际上就出现了这样一种情况：金融封建制出现了，它在争夺利益的过程中可能比它的前一种封建制更加贪婪。农奴变得自由了，但是没有受到教育，只是改变了名称：他现在叫无产者。

因此，尽管在整个欧洲建立了共和政体，教会与国家实现了分离、经济关系中出现了变化，尽管取得这些巨大的进步，但如果没有用教育的普及加以补充，就不可能重建社会秩序，所以对于每个渴望使人类新生的协会来说，把**普及教育**放在纲领的首位是不是一项义务和理智的行动？

四、论免费教育

因为对民众的教育涉及总体利益，所以几乎在所有地方，人们都同意国家提供教育的免费原则，起码是初级教育免费。

在这种制度下，用对公民征的税来支付公共教育费用，直接或间接地纳税的最贫穷的人当中的最贫穷的人，为那些相比而言较为幸福的人家的子女分担提供教育而产生的费用，使他们得益于教育免费提供的好处。我们来说明原因：人们一般都认为，人人都无一例外地能让子女上小学，这样认为就错了。最大多数可以从小学受益的这扇门对很多人来说仍然是紧闭着的。请看这样的父母有多少，他们的财产状况（说贫困状况更好）使子女不得不干活，甚至乞讨，他们的孩子如果上学，只能用一段不够充足的时间来学习①。

当前初等教育的免费造成的不公正比中等教育和高等教育还更明显，因为尽管是由大家提供教育经费，还是有数量更可观的公民受不到初等教育。这是显而易见的，因为享有特权的学生所付的学费补偿不了这种教育的费用，所以国家（即所有公民）不得不补足这项教育费用。

极不公正是明显的，而这还不是全部。这种由被排除在高等教育之外的人付钱的教育的后果是造就这样一类人，由于他们的知识增长使其变得优越，因而在不同程度上剥削这样一种制度使之保持在无知识状态的人们。人们知道，没有知识使人成为不开化的人；软弱的人必然被受过教育的有知识的人、有专长的人剥削②。

花钱为了挨打，这就是在这种为我们提供免费教育的制度下发生的情况！

是不是应该由此得出这样一个结论，即像今天存在的这样的免费应该取消？或许不应该得出这样的结论，因为许多得益于初等、中等和高等教育的人将得不到这些益处，其结果可能是降低社会发展的总水平，因此，应减少人人关心的社会福利。而应该得出的结论是，由于不公正是贫困和混乱的原因，必须寻求制止不公正的手段。

因此我们已经承认：

维持我们现有的这样的免费教育可能是使极不公正永久延续下去，随后就是社会混乱。

取消这同样的免费可能是一件蠢事，其后果是减少当前的有限福

---

① 作为证据，可以比较所有公立学校里的第一阶段和最后一阶段的学生人数。

② 有人提出异议说，没受过教育的人剥削工人，有时甚至剥削受过教育的人。这是偶然情况，我们从一般情况讲，我们只对那些知道从这样或那样的事实的总体中得出一个推论的人讲话。

利，继之而来的是加大社会混乱。

为了摆脱这种恶性循环，我们发现唯一的手段就是使所有人都能享受公立学校教育。只有通过**合理**规定的教育义务才有可能做到这一点。

五、关于教育义务

教育是否应该是义务的？这是还有争论的、我们将研究的问题；同时应指出，只有在这项义务法符合公正，即不损害所有人的利益和权利，也不损害每个人的利益和权利的情况下，我们才接受。

然而，利益是社会权利，只有建立了社会秩序，才有可能保留利益、增加利益——个人的利益和权利；这也是保留利益、增加利益——或者作为人类的生活权利，即物质方面的权利，或者作为社会的人的生活权利，即精神方面的权利。

因此，义务要被视为公正的和有效的法律，就只有服从如下三个条件：

第一，尊重集体的利益和权利，即社会秩序。

第二，尊重作为人的个人的利益和生活权利，即物质生活权利。

第三，尊重作为公民的个人的利益和生活权利，即精神生活权利。

我们已经在本报告的第一部分证实，秩序，即每一个社会存在的绝对条件，今后只有在普及教育的地方才有可能存在。由此可见，既然我们都与达到这个结果、尽快达到这个结果有关，既然义务是为此而采用的唯一的**根本办法**，社会就在法律上有充分的理由使教育成为每个社会成员的义务，因为让父亲有随意使孩子受教育或不使孩子受教育的权利，就会无限推迟已经成为**必不可少**的义务教育，这就是"让所有人的利益受个人利益的任意摆布"①。社会不能也不应该同意这么做。

---

① 《若干社会问题研究》，布鲁塞尔竞争俱乐部刊物。

因此，承认教育义务的公正和益处的**第一个条件**得到满足了，因为它符合社会的利益和权利。

至于个人的利益和权利，首先是他的物质生活的权利，情况也同样如此吗？

每个人都知道，在我们生活的经济条件中，一般来说，作为家长的工人用自己菲薄的工资（当他只有一份工资时）不能为他的子女提供膳食和生活费用。在现代社会，实际上，孩子只有天天都去投入生产才能勉强活着，因此，如果教育义务使他坐在学校的板凳上，他就不可能自食其力……谁给他饭吃，给他衣服穿，给他房住？我们已经看到，家长实际上不可能承受得起这个负担，尤其是在他有好几个子女的情况下。

因此，义务使它所触及到的人有死于贫困的危险；个人利益受到损害，生活权利得不到承认，在这些情况下，义务变成一项极不公正的、令人反感的法律。不管社会和个人后来可能得到什么好处，即使个人在受到这项法律的重压期间能够以乞讨或以其他任何方式生活，都必须抛弃它。

因此，承认教育义务的公正和益处的第二个条件没有得到满足，因为它不符合个人的利益和权利。

总之，社会秩序只有在普及教育的情况下才能存在。

只有通过义务才可能普及教育，而义务是不可能的，因为它损害了个人的利益和权利——社会混乱的根源。

我们重新处于恶性循环之中，只有在社会承认个人在他依然受自我保护和总体繁荣所必须的法律约束期间的生活权利的情况下，我们才能逃出这样的循环；这意味着，社会保证为每个人提供他学习期间的生活手段，否则会造成混乱和破产。

请允许我们在这里重复我们已经精确地证明了的情况：

社会混乱只能用普及教育加以制止，只能通过义务才有可能实现普及教育；只有集体承认受这项法律制约的青年人的生活权利，才可以在实际上依法要求他们履行这项义务，因此，为了所有人的利益，作为公共服务，国家应为青年提供他们学习期间的膳食和生活费用。

这样，生活权利就受到重视：承认教育义务的公正和益处的**第二个条件**就得到满足，因为它符合个人的利益和权利。

人们记得，第三个条件要求尊重公民的权利或精神生活的权利，这第三个条件不会让我们花费多长时间，因为它是显而易见的，义务教育绝对不妨碍精神生活，唯独它可以保证每个人的精神生活。

因此，承认义务的公正和益处的**第三个条件**得到满足，因为它符合个人的利益和权利。

对于我们这个时代来说，社会秩序只有借助义务教育、借助由服从这项法律的个人组成的社会来全面维持才有可能存在。

这就是我们认为绝对得到一致确认的看法；因此，必须在这二者之中进行选择：或者社会秩序，或者义务教育及其带来的结果，或拒不接受这些结果，从而保持普遍无知的状态和当前的社会混乱。

人们不可能摆脱这种情况。

我们将承认，我们已经满意地看到正确的推理使我们如此明确地提出问题，因为这样的推理可能迫使政治家清楚地现出原形。那些利用他们革命者、先进人物的美名阻碍社会运动的人，可能最终会被迫公开采取他们多多少少掩饰着的立场，决定这一立场的是他们反对青年所要求的进步，总的说来反对远离他们限定的公共生活范围的一切新思想。

六、对义务教育提出的异议

虽然我们已经证明了义务教育的必要性，但是为了使某些人完全消除疑虑，不无必要驳斥人们通常对这一进步提出的几点实在软弱无力的异议。

个人自由，有人说（现在习惯上用这个词来反对任何社会改革），个人自由不保证家长有随心所欲地培养孩子的权利吗？如果孩子永远属于家长，这或许可以接受，但是完全不是这样，孩子将变成社会的一员，社会要求他保证无损于社会福利，甚至在他力所能及的范围内发展社会福利，以补偿社会为他提供的福利。因为孩子要保证无损于社会福利，他个人就要拥有一整套特定的知识，所以家长无权不让他的孩子了解这些知识①。

"按照人类发展的法则和至高无上的自然法则，人没有剥夺其子女生命的权利，同样也没有由于错误教育和无知而扼杀子女才智的权利。"②

另一点异议是：你们，集体，你们不能把不适合于我的学习计划强加给我的孩子。对此我们回答说，社会要求的学习计划只能由科学的基础知识组成。"然而，科学无论它的对象是什么，肉体的或精神的，无论它的名称是什么，数学、历史、语法、修辞、逻辑、伦理，都不可能使家庭产生疑虑。因为科学只包含经过严格检验的或精确证明的真理，从科学领域排除了任何宗教信仰或信仰的东西。科学既不反驳也不伤害任何学说——或是宗教的，或是哲学的。科学对任何人都是有益的，就像科学完全公正体现的真理一样。如果有一些家庭使情绪、偏见和盲信达到认为科学与他们的宗教信仰、他们的学说、他们的利益对立的地步，这就是一个不幸，这只能使国家的干预更合理、更有必要。个人有

---

① 必须承认父亲的唯一权利是让他认为适合的人对他的孩子进行所需要的科学教育。

② 来自伦敦的卡特在1867年国际工人协会洛桑代表大会上的讲话，见本书第9卷第172页。——编者注

权躲避阳光,但是无权使他的孩子避免阳光。"①

七、普遍教育的等级

教育义务应扩展到各个等级,因为拥有使剥削成为不可能的必要知识只有在涉猎这些知识之后才能获得。这些知识的全部,即科学,是一种资本,这种资本就像过去历代人积累的所有资本一样,应该在所有社会成员之间分配,也就是说,它属于集体所有,以便所有人都同样是所有者。在道路、公共建筑、公共散步场所等方面,由于实际情况,社会逐渐地、不知不觉地、不得不承认的东西,为什么社会在科学资本方面就不予承认了,既然这是人类所创立的所有资本当中最重要的资本?虽然其他资本可以使我们人类的物质生活有保证,但只有科学才可以使人类繁荣昌盛,因此这就更加重要了。人拥有其他资本,可能依然是不开化的,人只有依靠科学才能具备自己的全部才能。

然而,只有要求每个成员拥有高等教育提供的知识,才有可能使这项资本归集体所有,因此我们重复说,义务对各个阶段都是必要的。

我们要预先回应有人一定会向我们提出的异议:有人将会这么说,集体所有或者科学的平等分配是空想,你怎么希望那些在履行义务法之后放弃学习知识的人与一生都从事这同一种学习的人具有一份相等的知识呢?我们肯定说,他们的份额将是相等的,下面就讲原因,这是因为高等学习使每个人拥有成长所必需的一般知识超出了科学领域,也就是选择一种符合个人兴趣的生产专业,但丝毫不会使他超越那些献身于艺术、农学、工业等专业的人。由于拥有一般知识,不论这一些人还是另一些人都不能容许剥削,只能以用途等价为基础进行产品交换。

---

① J.若利圣:《面对伯尔尼共和国法律、自由和民主教育的宗教修会的教育》。

简单地说，社会秩序要求教育义务包括今天人们称之为初等、中等和高等的学习。

八、国家对在校青年的学费或生活费的补贴

虽然免费——就像我们现有的免费那样——还不足以普及教育，但人们可以把它看做是向我们应有的那种免费，即完全免费迈进的一步——我们说完全免费的意思是，教育对于公民来说不是如此昂贵，以致公民当中的大多数只好让他们的孩子不受教育。当前的免费也是形势所迫导致的，是不自觉地走向学校免费的公共服务，因此这样的免费实质上是我们目前非常普遍接受的免费原则的简单扩展；是这简单扩展的必然结果。

人们之所以承认教育免费本身是好的，是因为在不缺乏善意或理智的情况下，人们不能不承认国家为在校青年提供生活费的合理性。

而且这是公正的基础知识；另一方面，即使我们不知道这是我们所有人的利益迫使这么做，这也应该足以被接受。因此在学习期间，富的和穷的男女学生都应该从国家那里得到一笔钱，可能数量有变化，但无论如何足以使每个学生能够在（在衣、食、住等方面）完全符合卫生的条件下生活。

我们没有仅仅说到穷的，因为在由于其性质本身应该对所有人都平等地发挥作用的公共服务①中，不应该在公民之间做任何区分。

---

① 教会成为例外，这是由于我们在这里没有必要研究的好几个原因，附带说一句，这种公共服务可以说持续不了多久，因为管理公共服务的法律不公正，它伤害了所有人的共同利益和每个人的利益。不难证明这种情况，即对于使服兵役成为公共服务的法律来说也同样如此。这些是应该取消的非生产性开支，正是因为它们是非生产性的，所以必须取消。

对于邮政服务、电报服务①，食利者付费并不比乞丐多，这个人和那个人都可免费享用公共散步场所。

　　此外，能使他们的子女进行完整的学习而不需要国家帮助的人数有多少？几乎为零。这不值得有两套衡量标准。而且，如果要求所有人履行同样的义务而不给所有人以同样的权利，那就做得不公平。有社会秩序的地方不应该有这种事。

　　人们懂得，如此彻底实行的普及教育可能导致大量开支：不仅需要在若干年内为共和国的孩子们提供生活费用②，建立很多学校，支付使由于宗教与国家的分离而空闲下来的教堂、寺庙等适于建立学校的费用，而且必须大量增加教师的人数，教师的工资总额将是今天现有教师工资总额的两倍多，甚至三倍。③

　　政府当前的收入，甚至在同意取消战争和宗教预算的情况下都不能满足这么多的需求。我们应该在这里计算为支付耗费如此浩大的公共服务费用所必需的款项，还需要研究到哪里去找可以凑足这些款项、又不至于使居民被捐税压垮的财源；我们勒苏协会的一名会员撰写的、将以《论捐税》为题的著作给我们免了这项专业性工作。

九、反动派无能为力

　　我们已经提出，反对社会革命事业的反动派虽然想到普及教育，但这是办不到的。

　　下面是我们认为反动派尽管有过去的教训，还是无能为力的原因。

----

　　① 应该使之成为免费的服务，例如当代重要的道路，应属于国家的铁路服务。
　　② 然而今天要完成高等学习不需要这么大的开支，因为学习科目和教学方法可望将有很大变化，这样就省出许多不必花费的时间。
　　③ 如果人们要求教师有广博的知识，起码教师应该能够为自己买书。

首先让我们指出,人民对自己完成的革命有所不满,反动派从中汲取自己的主要力量,因为革命没有像人民曾经希望的那样结束他们的贫困(其原因是过去所有的革命都没有触及社会贫困的首要原因,即没有知识),所以人民对政变推翻丝毫未能改变他们地位的新制度满不在乎。如果反之,假设教育的普及消除了人民痛苦的首要原因,反动派就变得很困难,将来就只能是持久的进步。而我们承认,不是很快就可以实现教育的普及;因此需要一定时间,在此期间,如果民众全力支持学校补贴的制度而可能一开始得不到直接的、立竿见影的利益,他们就会由于尚存的无知识状况,返回到过去的老样子。

以前的共和国从不提防老的政党,在这方面,未来的共和国必须比在它之前的共和国更明智,要仿效用物质力量保证其存在的专制主义,这并不是说我们把物质力量理解为武力,但在我们这个时代,利益的力量难道不是一种更大的力量?就是这种力量应该保证进步事业的存在。

通过学校补贴,家长得到一笔钱为他每个到了听公共课年龄的孩子提供生活费。请人们想想可能最没有知识、可能最虔诚、可能最赞成帝制的农民们,我猜想,这些农民在法国每年为每个孩子收到平均500到600法郎。有人去向农民鼓吹破坏现实秩序,而农民对取消他们身上如此沉重地的捐税,征兵,等等,并不感到满足,他们可能还要支付孩子的大量生活费!但是这些虔诚的人、这些赞成帝制者,我保证,将揪出挑起仇恨和蔑视民主社会共和国的人,在必要时将为共和国粉身碎骨!

这就是一种比刺刀的力量更好的力量,且不说一直到小村庄,新思想都有男女中小学教师作为化身的坚强的捍卫者①,这些教师们工资高,因此是独立的,没有必要迁就任何偏见,不再是教士的非常谦恭的仆从了——假设居民必需个人为一些教师提供费用时,还将会有一些这

---

① 我们假设高等教育需要把学生集中在城市里。

样的仆从。

就是因为上述这些理由，我们认为如果制定了学校补贴的制度，反动派就无能为力了。

在无知识的状况永远消逝之时，可能恰恰是无知识（迄今与进步对立）成了教育和平等的护卫军。

十、结论

文明史的第一个阶段结束了，这就是无知识的阶段，即社会不平等的阶段，迄今由于人民的痛苦引起的连续的不完整的革命未能结束的阶段；在这阶段之后是知识阶段，即社会平等的阶段。

或许应该由现在的几代人来结束这漫长的、连续几个世纪的苦难？……

事实上，比较合乎情理的是，承认布鲁塞尔和伯尔尼这两次代表大会[①]有足够的魄力，可以在一致同意确定社会革命的纲领之时，准备发出这场宏伟革命的信号！两次代表大会不是都确实赢得受压迫阶级的同情和忠心以及所有这些协会的支持了吗？这些协会使我们的时代具有其特殊性，这明显表现在：它将逐渐用人类原则取代民族原则——**用团结取代矛盾**。

因此我们不会强行改变现状，说要依靠聚集在这些大会的几个人使最终结束长期影响人民的无政府状态的时代提前到来，要求把过去历代人积累的财富，其中就有科学资本，分散给所有人。

把这种资本分散给所有人隐含着解决社会问题，必然开展真正的革命，因此，我们曾经想把我们毫不犹豫地从所有可能分散读者对我们曾

---

① 伯尔尼代表大会指的是即将于 9 月 21—25 日在伯尔尼举行的和平和自由同盟第二次代表大会。——编者注

希望使其关注的基本观点的注意力的东西中得出这个真理。

此外,和所有工人一样,我们被剥夺了本应受到的教育,因此可以说,我们只能初步地讨论我们的问题;因为尚未充分准备,我们更希望不探讨与普及教育有联系的次要问题,例如教学自由、市镇在公共服务中的作用、职业教育、男女生的学习科目,等等①;关于这些问题,人们可能犯判断的错误,因为这些问题容许有意见分歧,不能像学校补贴那样用数学进行论证。

我们之所以简短地提到使这么多人(激进的民主党人和保守分子)敏感的当前的社会**秩序**,是因为这是我们论证必不可少的。

我们对此并不感到遗憾,其实,何必隐讳在那些高声叫喊(可能是为了麻醉自己)一切都好的人本身看来非常明显的东西呢?何必假装不知道**劳动者不想再做奴隶**,从这个愿望中将产生强烈的骤变呢?

过去那个世纪的革命包含在这些字里:"第三等级是什么?什么都不是。它应该成为什么?一切。"同样,今天人们要概括革命运动可以说:劳动者是什么?一无所有。他应该成为什么?世界的主人。

通过教育,劳动者将成为一切。

对正式报告有要更正者请立即寄到利涅大街50号《比利时人民报》行政处,不久将公布报告的更正和目录。

于是,每个人都成为劳动者,这在当前仍然不是所有人都生产、愿意干活的劳动力没有活干的组织中是不可能的。

因为这就是由我们所谓的组织负责的一种**现象**,也就是,由于这一条公理:**劳动产品是一种大家享用的财富**,创造这种大家享用的财富有时候实际上是不可能的!每个人都知道,工人不干活就要穷死。尽管这

---

① 明年有同样多的问题可能需要由工人代表大会和其他革命大会进行研究。

不是愚蠢而可怕的，但这还是可笑的。

我们丝毫没有夸张；一位最著名的当前秩序的卫道士让·巴·萨伊坦率地承认："年年，"他说，"**都可能**有一部分居民死于贫困，甚至在最繁荣的国度里也一样。"

这就是政治经济学原理相加得出的一切！

这一切的宣传者就是在这一步得出结论，此时他们有勇气提出从他们的**科学**所确定的原理得出的结论！

这就是他们的学派和所有不希望社会革新者，总之所有拒绝学校补贴者所接受的东西！

这就是有人指责我们希望打乱的这种社会**秩序**的道德观念！

总之，敌视进步者将做他们认为适宜的事，至于我们，一直到有相反的证据为止，我们都将赞成完全经过证明的真理：

第一，只有通过普及各个阶段的教育才能做到有社会秩序；

第二，普及教育只能通过义务教育才能获得；

第三，总而言之，义务教育只有靠学校补贴才是可行的。

因此：

对于我们这个时代来说，只有通过这种补贴教育才可能有社会秩序。

由此我们得出结论，对于社会来说只有两种可能的选择：

或者接受开启新文明的学校补贴；

或者甘心无限期地忍受发育不良的文明造成的痛苦。

因此，对于那些希望建立真正秩序的人来说，当有可能给欧洲公共事务的现状带来变化时，面临这种不惜任何代价普及唯一能保证在人类当中创造福利的综合教育的迫切需要，任何考虑——无论属于哪一种——都应该让路。

里沙尔（里昂）：我不强调教育的必要性，在这里强调这一点可能是无意义的，但我将从两个方面研究这个问题，一方面是为加快工人阶级精神解放而使用的方法，另一方面是，什么样的教育可以——笼统地讲——使公民，具体地讲，使工人最终能有道德和尊严的观念，这是公民责任感的基础。为了加快工人的精神解放，我们只能求助于协会，协会使他们初步了解经济运动，使他们逐渐深入了解互助精神的优越性。但是在某些国家，特别是在法国，协会遇到一些强大的阻力，因为新闻自由、言论自由和集会的权利被剥夺了。尽管如此，我根本不同意这样一些人的意见，他们仅仅为了夺回上述自由而希望推翻一种政治制度；我属于这样一种想法的人，即当人们为了建一座新大厦而拆毁一座古老的大厦时，千万不要留下这座大厦已经有裂缝的地基，在这上面建新的大厦。

讲座、公开的和免费的学习班对于那些经常去听的工人来说已经成为极好的教育方法。里昂，特别是我作为这个城市的代表，我很自豪地看到它很引人注目。建立图书馆有很大帮助，但是不应该让参议员介入其中；让他们去吃他们的收入，这是唯一适合他们的神圣职业。

现在，我们应该要求在今天实施的教育和教学制度中进行什么样的改革。这是一个重要的问题，我高兴看到工人们正在探讨这个问题。啊！学究先生们，你们过去可能相信我们一直容忍你们随意控制我们的精神食粮。为了把对孩子的教育引上正确的道路，必须用学习有用之人的历史来抵制不讲道德地学习《圣经》；必须教他们认识自己的权利和义务，分辨正义与非正义；还有，应该以学习英语、德语、意大利语等活的语言取代学习死的语言，以便使他们能致力于密切可以团结各国人民的关系；我们还必须赶走教士，改变公立学校教师的教学方式，建立免费的义务教育。尤其是让人们牢记，如果没有协调利益的社会革命，教育就永远不会有我们所想要的性质，因为将有一些人有兴趣使别人愚蠢，为的是粗暴地对待他们。

书记**泰斯**：代表大会通过了布里斯梅在第六次会议结束时宣读的结论。

11点散会。

更正和补充①

第一次会议

补充：阿·**德拉库尔**，巴黎精装书装订工（国际支部）。

皮·弗·菲乌斯克，应为：**皮·弗吕兹**。

潘迪，巴黎房屋粉刷工代表，应为：**潘迪**，巴黎建筑工人工会联合会代表。

多利耶，应为：**多蒂耶**。

托兰，应为：**托伦**。

克内（安特卫普），应为：**克楠**。

星期五上午（第五次会议）到达的代表

格·**埃卡留斯**，总委员会委员，伦敦裁缝联合会代表

莫泽斯②·**赫斯**，科隆和巴塞尔支部代表

卡米耶·**斯坦德尔**，手套工人协会（布鲁塞尔工人总会）代表

弗雷德里克·**迪安**，赫尔锻工代表（英国）

---

① 为便于阅读，代表姓名的错误已在正文中更正。——编者注
② 原文为莫里茨（Moritz），应为莫泽斯（Moses），下同。——编者注

老约翰·福斯特 ⎫
　　　　　　　⎬ 赫尔各合作社代表（英国）
小约翰·福斯特 ⎭

第六次会议

因为荣克离开，**杜邦**被任命为主席，**缪拉**为副主席。

我们重新**全文**提供**斯滕斯**在第八次会议上发表的讲话①：

我刚才宣读了布鲁塞尔支部的报告，这份报告论述机器对工人的工资及其处境的影响，其他的报告也已经向你们宣读了，没有出现一点反对这些报告的意见。

面对如此普遍赞同的情况，我认为没有必要开始新的论述了。

然而，我发言只是为了反对托伦这位公民的结论。在我们看来，这些结论不合逻辑，也违反国际协会的精神，完全使国际协会脱离为自己开辟的道路，我认为这是可悲的事。实际上，当人们向我们提出战争问题时，我们作出过什么决议？因为确信我们无能为力，我们不是断言任何反对战争原则的实用手段只有在达成一致谅解之日才行得通吗？另外，我们推迟作出决定，因此就在国际协会成为对抗政府的强大力量之前都局限于不作出任何决议吗？肯定不是：国际协会曾经决定通过一切道义上的抗议来反对当代打着光荣的旗号、为了一个专制者毫无意义的取乐而一批接一批杀害人民的极端专制主义。

这是因为国际协会是一个战斗的协会。虽然它在权宜之计中寻找克服贫困的办法，但是任何与之有关的问题上都不能无所作为。它孕育着

---

① 参阅第92页。

未来，在它进行解放的尝试中不应该受到责备。

　　工人遭受连续不断的剥削，受到义务的重压却被剥夺权利，他们以前有能力宣战吗？始终处于守势的工人罢工，绝不是宣战，只是合法防御的表现形式本身。因此，我们最好是来讨论战争，我们本来就应该果断地提出这样一个问题，即研究如果国际协会在开展工作的过程当中出其不意地出现一场政治革命，国际协会能起什么作用。

　　显然，革命只能从资产阶级那里涌现，资产阶级策动革命、希望革命；一切都使人预见到，今天结成反对帝国联盟的老政党不久就要奋起反抗了。那么，应该介入还是应该袖手旁观？无产阶级不是在革命中获救吗？每当经济危机预示革命时，专制者们为了制止革命前进和排除革命，他们很懂得及时动手，他们有排忧解难的办法，这就是战争，为了导致战争，他们为了自己独有的利益互相寻衅。因此我们必须斗争，有所作为。

　　罢工，我们也把罢工作为一种不可避免的、无实际结果的社会需要加以接受；尽管如此，为了保持斗争、博爱和运动精神，我们在结论中认可了这种精神的原则，把罢工看成是为保持我们的工资、要求收回我们的权利而举行的神圣起义。

　　因此，怎么能要求我们不作出任何关于机器的决议？你想使这些机器受老板的支配吗？得啦！我们还是要有逻辑头脑吧，我们起码要得出结论：在法律上机器应该只属于工人。

第十次会议
（于国家马戏团剧场）

　　杜邦主持。

　　会议于晚7点30分开始。

　　宣读会议记录。

公民肖（伦敦）对报告漏掉他关于罢工的讲话提出抗议。

他曾说必须从各个方面打击垄断和特权——按照人们拥有的手段，有的通过政治，有的通过抵抗团体，还有的通过发展教育协会。

会议记录获得通过。

多蒂耶宣读如下讲话：

我开门见山，立即进入主题。

教育和人吃饭一样是必需的、必不可少的，教育是对精神的补充；唯独这项善举能给予我们和平、团结和自由。议事日程上的议程很快就完成了，但是教育领域还有山雨欲来的征兆，这是我们的敌人在作祟。

有两种教育：好的教育和坏的教育，真正的教育和伪装的教育；坏的教育，是压制思想的教育，因此我们不要这种教育；好的教育，真正的教育，唯一能解放我们的，即自由的、民主的和社会的教育，是我们想要的教育。

对于我们法国人来说，我们有需要克服的困难，我们的敌人现在有过多的权势和特权，简直是他们操纵着我们；如果不在短时间内制止这伙开倒车的人，法国就会成为教育最落后的国家，它现在已经降到西班牙的水平了。我知道结束这种状况的彻底办法；你们，你们也知道这个办法。这个办法就是必须有自由人，有公民；而在相反的情况下，就是要有社会最低层的人，有盲信者。

历来教育都使暴君恐惧，例如凯撒在谈到卡西乌斯[①]时说："这个面孔苍白消瘦、审慎的人，他读书很多，是危险的。"今天，恐惧是同样的，因为有很多卡西阿斯。

过去，对人民的教育全都被交给了教士，在教士们进行了18个世纪的教育之后，人们还不会读书。的确，他们的方法并不简单，他们在

[①] 古罗马将军、刺杀恺撒的主谋者之一。——译者注

教育方面表现迟缓，而在犯罪方面却表现出同样程度的敏捷；1789 年最终结束了这些不幸的事，但是这种情况还没有完全消失。从教育和每天的进步来看，它的原则是比较好的，然而还有很多事要做，因为今天在拥有这么多士兵的法国，**100 名新兵当中有 28 人既不识字又不会签自己的名字**。的确，要杀戮自己的同类无需认字，只需会装子弹、射击就够了。

根据一项新的统计，每百人中有 60 到 62 人，一些人什么都不会，另一些人只会签自己的名字，第三类人稍会读写。

想到敢于用这么多没有知识的人去教化其他国家，如墨西哥等，是不是令人感到羞愧。或许在专制的语言中，摧毁人和城市意味着教化。如果这就是他们称之为产生**奇迹**的、可以用炮兵的军车运来、用步枪枪管分配的东西，我永远不希望看到这类奇迹。

请不要建这么多兵营，而是建学校；请不要制造用来毁坏的工具，而是制造用来教育的工具。如果让笔杆子使大刀颤抖，理智就必将战胜野蛮；同样，如果有人迫使人去当兵，学习使用武器，根据个人的道德观念进行杀戮，我就把这句话颠倒过来，我要求迫使人们受教育，让人教育他们的子女，因为迟早教育将消灭战争及其后果。

我得出结论说：让我们团结起来，让我们联合起来；让最博学的人来教育我们，我们去教育不具备我们这些知识的人。我们的口号是：**没有无义务的权利，也没有无权利的义务**；① 但愿使用这个口号，因为这是我们受教育的权利，这是我们的教育义务。教育应该说是反对战争、与贫困作斗争、兄弟之间的帮助与支持。让我们建立民主的学校，我们将避开可能使我们毁灭的危险。尽管有要与之斗争的这个顽强的敌人，

---

① 见"国际工人协会临时章程"，《马克思恩格斯全集》中文第 2 版第 21 卷第 17 页。——编者注

我是说要与无知作斗争，以便摧毁无知兄弟会①。

埃尔斯巴赫（布鲁塞尔）：我受工人同盟派遣，不谈政治，而是开始讨论实际问题。

1867年，弗勒奈创建了学习各门科学的协会；我们已经建立了图书馆，组织了讲座，但是我们的学习班是地地道道的耶路撒冷，一个人也没有。对于教育，发言人认为教师似乎过分地与孩子为敌；这就是教师惩罚孩子。学生没有养成尊重他的老师的习惯，老师很轻易地忘掉他的义务。这对他来说无关紧要，反正是国家给他钱。

就是在协会，一些教师带孩子们去采集植物标本，再把他们带回来，各个都很兴奋。我认为，使孩子最受教益的是《圣经》，不管在前一次会上有一位发言人说什么，人们只能从这里获得真正的权利概念。

他说，我也希望看到，我们的母语，即弗拉芒语，有更多的文化内涵，人们很想建立合唱团，但是科学性的团体不多。我呼吁家长要监督他们孩子的学习，使他们养成尊敬老师的习惯，不要给他们过多的自由，让他们用来在街上流浪！过多的自由有害！最好是多关心他们的教育。例如在布鲁塞尔的学校，甚至不教孩子写交际信函。在比利时，有37%是受过教育的人，47%完全是没有知识的人。在没有办法受教育的平民当中，这个数目始终未变。查理大帝在他那个时代曾去巡视学校，可是现在人们对学校几乎不管不顾，把一切都用于军队。因此我得出结论说，教育是总体福利之源。

缪拉：我理解工人逃避在采纳《圣经》作为基础的伦理主导下开办的学习班，《圣经》对于孩子和成人来说都是不道德的规则，应该停止作为教育的一部分。（长时间鼓掌）

马加利翁：我要求更正多蒂耶公民对西班牙教育水平作出的评价。

---

① 无知兄弟是修会修士的自称。——译者注

西班牙虽然在政治方面似乎是最坏的,但是人们在那里有比人们认为的更完备的学习环境。有许多锻炼身体和智力训练的教育协会,这是我在法国和比利时都看不到的。因此工人在那里智力和身体同时得到发育。因此,应该在其他国家,特别是在罗马,寻找一个实例,而使这个错误得以延续的是,政府关闭对外关系的大门,以致外国人会认为西班牙一贯是宗教裁判的国家。

贝克尔(伦敦):公民们,关于教育,大家已经谈了很多,但是还有一些空白需要填补。我的讲话很简短,因为我认为,和我的同胞一样,我喜欢红肠,喜欢长长的红肠和短短的说教。

当人们谈到传授知识的时候,无须说只能向孩子们传授正面的东西、自然的东西,丝毫不传授超自然的东西,绝不传授形而上学的东西;天堂、来生、上天(人们印出一些关于上天的未被接受和不可能被接受的骗人文字),所有这些想象的东西,都必须被排除在传授的知识之外。这些头脑想象的产物都必须从科学、哲学和社会经济学中消失。

现在我们研究传授如何与教育联系起来:

理智的传授只能是为理智的教育做准备;正如人在生活中那样,既不是学校,也不是家庭对人进行教育。人是在公共生活中,在工场、在柜台、在咖啡馆受到这种教育;总之,人在社会中活动,是社会对人进行决定性的教育。他是他那个世纪的产物,是他的社会关系的产物,是他所有习惯和他所有成见的产物。

因此,只要政治和社会制度与理智的传授不相适应,而是与之相矛盾,理智的传授就只能取得很少的成果。

因为他们不知道用学过的东西做什么,必然忘掉他们所有学过的东西,这样的人不知有多少!无产者从早到晚都脱离不开累人的工作,怎么利用他们学过的东西?我认识一些人,他们少年时代曾在好学校学习,把学到的东西都忘了,甚至忘了写字和计算。他们成了工人,无产者有什么可计算的呢?

为了提供综合教育,必须使生活与传授知识一致。

几千年来,人们鼓吹道德:像爱自己一样爱众人;请看,我们却处在所有人反对所有人的战争之中。

还鼓吹:你不要去偷窃;可现在天天都有人掠夺和剥削工人,而这就是手持《法典》者的所作所为!

鼓吹:你不撒谎;但是今天所有人都撒谎,从君王到大臣,直到商人和农民。

今天在实际生活中任何不偷窃、不撒谎的人都被周围的人认为是傻瓜、疯子。

还鼓吹:你不杀人;然而这好像说的是反话,是命令我们杀人。掺假的食品使成千上万的人成为牺牲品。饥饿和饥饿造成的疾病使几十万人丧生,且不说被训练成杀人机器的人进行的大屠杀。

我最后说,学校应该与政治和社会生活协调,二者缺一不可,我们这一代如果有能力适当改变传授知识和教育的条件,也就有能力建立与理智教育相适应的政治和社会制度。因此,我们的国际协会应该朝着两个方向努力。

列斯纳(英国各德语支部的代表):我只对刚刚说过的一切再补充几句。教育是任何社会产品的保证,对工人来说势必不可缺少的,但是为了使教育卓有成效,必须停止把教学交给教士,因为只有国家、集体才应该为了社会的最大利益给人民提供教育。只有这样,有人为了把我们的劣势固定下来而保持的我们当中愚蠢无知的状态才能消失;只有这样,监狱里的人才会减少,因为只有借助教育,才有可能实现真正的道德社会。

卡塔兰(日内瓦):教育问题体现在人们尚未充分指出的两个方面,第一,在完美的社会状态下,谁提供教育?第二,提供什么样的教育？在我们所要求的组织里，人们将是自由的，不过要承担一定义务以保证关系平等；人们不能接受可能没有劳动能力的人。因此，教育必须是义务的、全面的；教育必须包括摆脱任何形而上学和宗教思想的理科教学以及使每个人都具有劳动手段的职业教育。但是因为还没有实现这种完美的状态，所以我支持委员会提出的决议。在瑞士和在其他地方一样，一切还都有待于我们去做。虽然从政治的角度看，我们国家得天独厚，但我不得不承认，在我们国家教育没有受到应有的对待。人们对子女进行宗教和军事教育，培养沙文主义思想，排斥其家长希望摆脱教士那套做法的孩子。我们首先应该要求的，就是教会与国家分离，取消神学，哪怕使日内瓦失去每年造就出七八十位牧师和部长的学院，但是直到那个时候，我们应该提倡将在各地推广教育的互助教学班。

昂利（巴黎）：我只从肤浅的角度探讨问题。各个民族之所以被剥夺他们有权得到的自由，这主要是因为他们缺乏教育。人们在农村利用无知保持着巩固反动教权派势力的迷信——我说教权派，并非想攻击宗教；作为自由思想者，我不会有意触及别人的思想，但是我抨击以这个名称做挡箭牌，把它变成统治工具的派别。

如果不是教士，迄今谁在把持着教育？谁把教育变成对神权的一种支持？因此，神权使教士在任职期间享有从神权得到的权势，他只为那些压迫我们的人的利益服务。然而，他的建议对君主制度始终都是有害的。就像荣克在谈到1793年的事件时所说的那样，教士为君主制的压迫激起民众的怨恨进行辩护，尽管如此，历届政府依然坚持同样的错误。

在法国，政府每年为军队花费5亿；我们还需要为墨西哥付出5亿，为新歌剧院付出2500万，而为教育分文不花。

当教育普及之时，由于有免费义务教育，你们将会看到这种使生产者不堪负重的过度奢侈，这些成为持续动乱根源的常备军不久即将消逝，取而代之的是和平与所有人的福利。

克楠（安特卫普）：以安特卫普细木工代表**布雷登霍斯特**的名义宣读如下讲话：

工人希望有科学教育和职业教育，因为今天学者们根本不去帮助工人，而只是试图利用工人没有知识。

按照经济学家的看法，没有任何办法挽救工人的悲惨处境和没有知识。他们把所有使工人难以忍受的苦难看成是不可克服的厄运。许多讲话，甚至出自国王之口的讲话，向我们作出许诺，我们等着事实。

一些两面派的报纸妄图歪曲我们的尝试，我们的事业是永久的，我们会保护我们的事业以抵御我们所有的敌人。

因此，弟兄们，进行各种科学教育，同时进行良好的宗教教育，涤除所有剥削，这是一个最佳的教育原则。人们通过这种教育就将拥有保持和尊重良好秩序的幸福和繁荣。

把这摆在国王面前，让他知道我们的真正性质，别指责我们想颠覆社会，这不是我们的想法。

塔尔塔雷：公民们，我主张对所有人实行义务的，但是自由的，即没有国家参与的教育，因为每个人必须了解他所肩负的义务的重要性。而我想在这里探讨的问题是对于工人来说具有极重要意义的职业教育问题，在对这个问题的论述中马上就谈到学习技艺。

直到现在，人们都非常关心解决这一问题，这似乎是迈向恢复公会的一步。一个人不是因为他在某个行业干过10年就完全了解这个行业了。在法国，人们收学徒是为了从中得到好处，而不是为了向学徒传授专业知识，这样就贬抑了融洽，因此有碍于建立团结关系。

不可能把这些学习置于对孩子和工人都有利的监督之下吗？我说工人，意思是也连带着女工，因为当前的组织迫使女工从事似乎只由男人从事的工作。要使学艺产生良好的效果，职业教育必须全面。我说职业教育，指的不是受国家纯粹物质手段束缚的墨守成规的教育，而完全是与职业教育有关的、使人可以选准要使用的原材料的各门科学的学习。

人们组织学习班，可是既然不探讨科学与劳动之间存在的任何关系，这些学习班对生产者有什么帮助。必须普及科学。孩子为了学手艺，必须在车间里学习基本的科学原理，把在专家举办的公开学习班上进行的比较高级的学习与之结合起来；如果这样做，就可以造就能在一些协会里在知根知底的情况下进行合作的人。因此，我要求代表大会对这样的改革表示赞同。

杜朗（巴黎）宣读一份书面讲话。为了摧毁土地和工业的垄断势力，为了抵制机器的影响，完成所有的社会改革，人民需要高等教育。必须由人民自己选举出来的评议会领导航运、大型商业，总之，领导各种形式的国家。

人们为我们很好地提供了免费的基础义务教育，似乎在当前情况下，这种由教士控制的教育可以改变我们不满意的某种东西。不过，没有任何免费的东西。工人们尽管受过基础教育，但是永远不能掌管国家事务。既然我们承认我们的一切苦难的根源在于各种形式的不动产、土地和工业所有制结构的本身，而所有制是根据立法和司法建立的，显然，只要工人不是立法机构的成员和法学家，我们身受奴役的状况就将持续下去，因此摆脱不了所有工人的共同境遇。当前人们向我们提供的作为义务教育的东西仅仅是旅行者把外衣抛给追逐他的猛兽。在猛兽撕扯这件衣服消磨时间过程中，他抢先了，又使猛兽落后好长时间。在当前的情况下，初级义务教育属于我们需要的东西，是我们追逐而抓不到的影子……

只要工人不能受完全的教育，我们就永远摆脱不了我们的处境，因此我们不能找国家，国家甚至不能为我们每个人提供基础教育。

只有通过与高等科学教育相结合的职业教育才能最终摆脱我们的

处境。

我最后说，我赞成这样一位公民的想法……他说，我们必须互相施教，我们的教育和传授知识必须摆脱任何教权主义思想、任何行政的影响，总而言之，教育必须是完全民主的。

托伦（巴黎）：关于这一点，必须完全肯定，要达到的目标是综合教育，而不是始终都不够充分的，目前又被所谓的宗教和道德观念，即这个或那个教士的，这个或那个国家的观念败坏了的初级教育。我不知道各国人民直到现在是否还对这种形式感到满意，可是在没有财源的情况下如何避开这种形式呢？向公民要是不可能的，因为公民的工资已经满足不了他自己的需要了，工人已经因为用于其他方面的捐税而受到压榨。我们可以采用什么样的过渡手段呢？教育必须是自由的，或者免费的和义务的？教育应该由国家还是由家庭提供？这是需要解决的问题之一。日内瓦和洛桑两次代表大会否定了只不过是骗人的免费，因为这是以捐税的形式提供教育报酬，但是两次代表大会肯定了义务是必须满足他所生活的社会环境要求的个人应尽的责任。但是家长的权利是不可侵犯的，唯独他可以确定教育条件，只有在他无力或不能的情况下，集体才必须干预，以便恢复平衡，打破平衡对孩子不利。为了限制家长和集体的这些权利，洛桑代表大会要求为下次代表大会提供一个经过研究的纲领①，因为这个纲领没有得以制定，我要求把问题推迟到明年。我请大家研究可以使孩子挣学费、在职业实践中使智力得到发展的学校—工厂的培训。

安塞尔（巴黎）：我支持委员会提出的结论，同时对人们遗漏了妇女教育的重大问题感到遗憾。人们这样做似乎没有意识到在社会关系中维持教士影响的原因，这种影响仅仅是由于迄今妇女似乎被禁锢

---

① 见本书第9卷第271页。——编者注

在没有知识的状态中。我听说在布鲁塞尔有自由思想者协会,我问这些自由思想者,他们在从事纯粹的民事活动中是否常常会因妇女的影响而受阻?

宣读委员会的结论,内容如下:

"代表大会意识到现在还不可能组织合理的教育,因此要求各个①支部成立公共学习班,在学习班上可以尽可能弥补工人当前受到的教育之不足。显然,减少工时被认为是一个必不可少的先决条件。"

塔尔塔雷提出的修改:此外,代表大会认为,刻不容缓的是鼓励工人请求艺术家、科学家组织自由的、互助的工业学习班。

托伦的建议:明年再次研究科学、职业和生产教育,即综合教育的纲领。组织学校—工厂的方案。

昂利的建议。代表大会宣布,既然由公民缴纳捐税,就应该由国家支付教育费,教育应该是免费的、义务的。

推迟到第二天上午的会上表决这些建议。

宣读通过的关于机器问题的结论。这些结论的内容如下②:

鉴于,一方面,机器是资本家手中用以实行专制和勒索的最有力的工具;另一方面,机器的发展为用真正社会的生产制度代替雇佣劳动制度创造着必要的条件;

鉴于只有在更为公正的组织使机器归工人所有之时,机器才对工人有真正的帮助,

---

① 根据第287页的更正和补充,将原文的"各个,支部"改为"各个支部"。——编者注

② 原文为法文,因文本不同,与本书第6卷第246页根据英文译出的决议在文字上略有出入。——编者注

大会宣布：

一、只有通过合作社和通过互助信贷组织，生产者①才能最终拥有机器；

二、然而，在目前情况下，组成反抗协会的工人们应阻止把机器引入车间，为的是只有在工人得到某些保障或补偿的情况下才引进机器。

主席宣读如下通告：

"9月7日在纽伦堡召开的由200多工人协会（5万会员）的116名代表组成的德国工人代表大会②，投票通过加入国际工人协会。

总委员会派去一名代表出席会议。"

主席把工人互助信贷问题提交会议讨论。

里沙尔（里昂）宣读结论：

鉴于

一、用资本获取的利息，无论以什么形式表现出来，都是为了那些借过去的劳动已经发财致富的人的利益而从现在的劳动中扣除的价值，这些人虽然有权积累财富，但无权靠牺牲他人的利益来进行积累；

二、因此，用资本获取的利息是不公正和不平等的永久根源，吃资本获取的利息的合作社完全把利己主义原则这个当前社会的蛀虫从个人移植到集体身上去了；

三、一些政治和经济上的新举措，例如给予金融公司或铁路公司、保险公司等等的合并信贷和特权，以惊人的比例增强着资本获取的利息

---

① 根据第287页的更正和补充，将原文"生产"改为"生产者"。——编者注

② 即倍倍尔领导的德国工人协会联合会于1868年9月5—7日在纽伦堡举行的代表大会。——编者注

的掠夺能力并使政府的利益与资本家的利益一致起来；

四、投机炒作使用资本获取的利息的作用达到极不道德的程度；

五、为了与金融垄断势力作斗争，工人们在大范围内实行团结互助的原则是他们当前可以拥有的唯一可行的手段；

委员会建议成立以使信贷民主和平等、简化生产者与消费者关系，即使劳动摆脱资本的统治，使资本起它原有的自然的、合法的作用，即劳动媒介的作用为宗旨的银行。

里沙尔：对于这个问题，有人向我们提出了一些想法，特别是我们已经得到克吕泽烈将军的支持，他通过写给代表大会的信向我们转达了他对这个问题的看法。我们感谢将军的帮助。他的帮助还会使认为军人不研究这些问题的人们感到惊讶；反之，我们有朝一日不也可能需要考虑战略吗？信贷肯定是社会组织的一个最强大的动力，它决定生产与消费的关系，导致财富的增加。但是由于从工资预先扣除剩余价值，其中的利息使某些人发财而使集体受穷，人们为某些有实力的公司或金融公司设立特权，投机炒作似乎耗尽了一个国家的所有生命力。

封丹：我不能同意委员会提出的结论，我本希望委员会磋商的结果会有一个比较完全、比较好理解的结论。因此我向大家提交布鲁塞尔支部的报告：

关于信贷的报告

互助信贷

产品交换和流通现象与分工现象同样重要，与它密切相关，可以说涵盖整个经济界，使经济界产生运动，具有活力。如果没有分工，没有交换，没有流通，各种社会力量由于长期孤立和呆滞，因此在历史演变中可能停止在父系制的原始和粗野的形式上。把经济职能分开的必要性，由此产生的交换各种劳动产品的必要性，开始使人们组织起来，直到现在以最高政治权力——国家——的形式组织起来。今天我们就是要找到真正的交换和社会关系法则；这些法则，一旦被认识和实行，几乎一向专制的国家将被工业社会取代，这种工业社会的基础是根据对真正的社会法则的大致全面的认识拟定的自由契约。

研究流通法则可以说是研究可能支配生产者与消费者关系活力的法则，这差不多提出了整个社会问题，因为这个问题一旦解决，交换法则一旦被认识和实行，还有什么要做的？只是有待于探索对生产和消费最适宜、最有利的组织方式——或者生产和消费一起，或二者分开，都必须以集体或个人的形式实现，或者说，生产和消费都必须以使共产主义和个人主义同样得到满足的手段进行。只是在这方面，不具有交换法则性质的问题，例如形式和组织的问题，它必然在所有情况下都随着时间、地点、不同类型的工业、生产者—消费者的个人兴趣本身而变化，因此在我们看来，应该由个人和协会根据其不受限制的偏好选择生产者—消费者。

因此，劳动产品的交换问题是根本问题；劳动的组织问题居于其次。这与好几个社会主义学派的意见相反，这些学派把某些经济学的"绝对"作为他们谋求解决的对象，而忘记了人只有权利和能力研究事物之间存在的关系；它们不考虑现象，即不考虑经济界最普遍的关系是流通与交换，因此认为只需调节这个关系就能同时清除——从形而上学方面消灭——例如所有制这样的经济弊端，我们只是由于不了解真正的社会经济**关系**，才把这些弊端看成是现实。因此，根据另一类思想观点，我们以上帝的名义喜欢或咒骂的形而上学的"绝对"，只是由于法律的败坏才存在；人们一旦认识到法律的败坏，形而上学的"绝对"就不复存在了。

信贷历史的、符合逻辑的起源，就是交换，易货贸易。起初是直接进行交换，从社会角度看，这是不太重要的交换起点。从出现分工开始，交换才变成社会问题。这个经济力量一来，真正的交换法则就开始混乱和败坏了，今天这种力量的影响已达到最猛烈的程度。从这一天起，劳动者受到控制，在人用了几个世纪摆脱了自然和自然力的束缚之后，受到人的束缚，劳动者成为今天集中在地主和资本家手中的交换符号——货币——的奴隶。

　　但是，静止、呆滞不是人性的本质，今天没有一个制度是它昨天的那个样子，也不是它明天的那个样子，观念和事实都来源于观念和事实，并由此相继发展下去，最终一般都导致相反的观念和事实，因此人不得不解决哲学上所谓的社会矛盾。

　　因国家而异，由货币的使用产生了兑换的必要性；这就是银行的起源。兑换产生的后果是手续费，这是投机和巨额财富以及过去和现在的犹太人惨重破产的起源。从这一点到存款银行，只有一步之遥。从存款银行到放款银行也同样是一步之遥；有了放贷银行，高利贷，或像现在人们所说的，金钱的利息变成了一种社会制度；从这时候起，无所事事者和劳动者的社会区分就普遍化了，直到14世纪前后，金属货币完全支配着欧洲的经济生活。

　　在维塔利斯·米夏埃尔公爵时代，要求共和国最富有的公民购买国债，就是在这之后于1171年在威尼斯诞生了第一家存放款银行。放贷人组成一个公会，受政府委托在受益权人之间分配政府应付的4%的利息，这个公会变成了威尼斯银行。这个公会为存户开设信贷，金额达到他们存款的数目。15世纪初，这家存放款银行变成了转账银行。

　　转账第一次伤害到金属货币的君主专制，从这天起，一个新的君权进入了世界，这就是票据；有票据，人民就有了主权，因为也是在这个时代前后，一些基本的重大要求得以依据人民的主权提出。

汇票一出现就被确定为金银的同等物。

汇票在它之后带来贴现银行，接着是银行票据，最后是纸币发行银行和流通银行。

今天，票据主权——和人民主权一样——事实上已经实现，提供了，或差不多提供了它们所能提供的一切东西：独裁的主权导致依然是专制的多数统治；至于黄金主权，最新的办法大多是普遍的共同选举，其结果是票据的民主主权；政治的平等和自由与经济的平等和自由一样是不存在的。这或许是人类走错路或者可能是人类在追逐一个抓不到的幽灵吗？二者都不是。在政治方面，从单独一个人或几个人的专制统治起最终导致多数人的专制统治，在政治经济学方面从黄金专制最终导致票据专制，人类完成的这个演变对人的精神教育是必要的，人一开始什么都不知道，人的经验仅仅是他自己经历的演变结果。

今天——而仅仅是今天而不是更早，由于这种政治和经济的演变，人终于能够辨认出他唯一的真正敌人：在政治上，这个敌人叫做法律，它以帝王为象征；在精神上，是上帝，以喇嘛、东正教神甫和教皇为象征；在政治经济学方面是以信贷为象征的地位不平等。

那么信贷是什么呢？信贷，在我们生活的时代，就是资本家对工人的统治，这是放贷人和借款人、资本家和雇佣劳动者、穷人和富人的社会区分，就是银行，就是当铺。

国家把银行传给我们，教会把当铺传给我们，我们既不要银行也不要当铺。

以交换为起点的信贷必须返回到交换，交换是唯一最适合于今后必须在平等的人之间发挥作用的制度的名称。信贷这个词，总是意味着放贷人和借款人没有任何对等，因为与我们想要的以成本价交换的互助银行不再有关系，所以应该排除在外。

今后我们不要私人银行，同样不要享有特权者的银行。

私人的或享有特权的、以资本生产率神话为基础的**任何银行**都是一个祸害，在业主和资本家特权的制度下，私人银行必然也是一种特权。

我们不再要这些被认为提供信用贷款的银行，而我们正是相信了这些我们接受了其票据的银行。

我们不再要这些在繁荣时期提高贴现达到难以问津的程度，在危机时期不降低贴现，因而没有人求助于它们的银行。我们不再要这些重新给我们造成比以前更恶劣的金融垄断势力的银行。

我们不再要这些像比利时国家银行那样甚至不恪守它们的特权条件的银行。

我们要仅仅是生产者和消费者之间的交换机构，要没有业主、资本家或股东干预的银行。

信贷中的互助，总而言之，取消信贷并用以成本价格直接交换取而代之，这就是我们把所有以劳动为生者包括在其中的整个工人阶级所要求的东西。逻辑和历史要求这么做，本世纪最杰出的政论家也予以推动，而罕见的是，大型商业和大型工业支持我们所希望的对信贷的重组；或许他们确实没有认识到重组信贷的后果。

不管怎么样，过去没有一次革命比这更合理，因为过去没有一次革命比这更有必要，过去没有一次革命更可行，因为过去没有一次革命更符合普遍的愿望。

只要各国工人阶级彼此统一意见做成此事就行了，除了最有直接利害关系的几千个资本家，没有人会抵制。

我们提交公开讨论的汇兑银行章程，大部分是一位工人——因此他本身就是当代最有说服力的象征——蒲鲁东著作的摘要；此章程也符合在洛桑代表大会上所作报告和几家民主的新闻刊物表达的愿望，我们可以说这个章程是工人民主的产物本身。

章 程

第1条 凡签署本章程者均为成本价信贷贸易公司的成员。
不收取任何准入费，不要求支付任何资本或有价证券。

第2条 退出本公司只需简单的书面声明和清算本公司与退出成员相互之间的债券。

第3条 本公司成员保证在其所有交易付款中接受银行用以取代使用法定货币的公司票据。

第4条 银行无金属货币现金，不用现金清偿银行票据。

第5条 银行票据的发行决不高于该票据表示的债券价值。

第6条 银行不收取利息，不获取任何形式的利润。

第7条 用溢价或临时以某一佣金率确定的佣金来补偿管理费用、不收回票据或不兑现承诺的风险，但以后将尽可能恰如其分地确定佣金率。

第8条 银行只为补足款项零头使用金属货币。

贴 现

第9条 银行在贴现时接受所有表明重大交易的票据、钞票或承诺；也接受得到承诺的订货和发票。

第10条 银行并不因此扣除任何利息；只收取通常的溢价，用于管理费和不收回票据的风险。

第11条 银行在认为慎重的情况下，贴现任何期限的一份或几份票据。

无担保信贷

第12条 银行开立有担保人或无担保人的无担保信贷；担保人负

连带责任。

两合公司

第13条 银行用贷款支持所有生产厂家，特别是银行为其获得大型工商业经营场所提供方便的工人协会。银行本身不从事任何经营，只要有一定数量偿还其贷款的票据为其做可靠的担保，就支持所有企业，资助所有发明，而本身不讨论发明的价值。

抵押信贷

第14条 银行为地主开立抵押信贷，在地主不偿还其贷款的情况下，银行保留根据双方共同估价购买地主财产的优先权。

第15条 银行还暂时利用耕种者、佃农、租户与地主之间的中介人购买地主的土地和住宅。在这种情况下，银行提供的贷款即可用年金偿还，不付利息，费用的使用溢价除外。

第15条① 银行也可在同样的情况下，自荐作为偿还抵押债务的中介。

第16条 银行保留获取的或到位的、达到借贷资本数额的抵押财产，直至贷款全部还清为止。

第17条 如果到商定期限尚未偿还贷款，银行认为不宜延长期限，将有权按对账审计的财产价值收购财产，而不采用其他任何办法。

第18条 银行将在尽可能与公司成员商谈的情况下，为经营者提供以这种方式获得的财产。

---

① 原文如此，这里有两个第15条。——译者注

往来账户和支付与收回款项

第19条 银行免费为所有公司成员在本行和在外部支付或收回款项。银行为公司的每个成员开立往来账户,这样通过简单的转移进行各成员之间的互相支付。

附加条款

第20条 银行鼓励在生产者、消费者和贸易者主动要求建立分行、支行的各地建立分行、支行,并为此提供方便。

第21条 本行与其他私人银行商讨互相承兑各公司票据事宜,努力使其联合以便统一货币票据。

第22条 本行完全独立于国家,与国家商谈在公共金库承兑银行票据事宜。

第23条 国家可以和任何其他个人一样以同样的条件成为公司成员。

银行的管理

第24条 银行的管理委托给由全体大会选举的一定数量的公司成员组成的董事会。

第25条 董事会始终受其所代表的每个行会直接选举的一名代表组成的监事会监督。

第26条 全体大会由所有公司成员组成,定期或根据一名理事、监事会监事或人数有待确定的公司成员的召集通知召开会议。

第27条 全体大会最终解决所有关于总体利益的一切问题。

第28条 董事会定期公布关于公司情况的全面报告。

第29条 在全体大会上确定董事及普通职员的待遇,这种待遇永远不能超过一位工人开支的平均值。将考虑到他们以公司名义或为公司利益而支付的开支。

以下简述这类银行对社会产生的后果。

第一个，即最重要的后果，就是取消任何形式的租金。由于取消租金，比利时10亿多的抵押债务可以用年金偿还；无担保债务也同样如此。同时，通过这项对农村和城市同样有利的措施，我们使农村变成进步的先锋，而迄今农村都是各种反动势力的支柱。今天以包括费用在内14%的利率贷款的农民将再不留恋旧制度。

租户或佃户的任何支付都使他成为他耕种的那一部分土地和居住的房屋的**占有者**。

整个公司根据银行的模式进行改组；按照集团或行业组成联合会；从政治组织变成工业组织；捐税变成公司成员与公司之间的服务贸易；捐税由银行免费征收，而不产生现在捐税的巨额征收费。

公司还致力于结清国家遗留的旧债；由于在事实上和法律上取消租金，公司将把今天用于支付利息的千百万钱款记在其债务本金的账上。

同时在国内外实现经济平衡；可以取消海关，但不会造成恶果。

战争和军队是社会不平衡产生的后果，它们将不再有理由存在了。

劳动不仅成为一种权利，而且成为一种必要；非生产者，由于不知不觉地耗尽他们的资本而变成生产者，否则就会死亡。

财产，由于变成占有，今后将进入流通。

从这天起，已经最终确定其关系法的社会致力于研究最佳劳动组织方式。进步成为社会不变的趋势，社会永远走出革命与反动的时代。社会在前进！

缪拉宣读：

列日支部的报告

关于信贷的报告

应该存在于工人和资本家之间的关系的问题未能在国际工人协会列日支部得到非常全面的研究，因为这个问题重要，而且任何正在进行组织的协会都很忙，因此我们剩下的时间不多。

我们只能在本报告中介绍我们支部的会员一致同意的原则，因此重复人们很早就如此经常论证过东西。

创造性的劳动是社会极其重要的需要，是应该衡量价值并使之均衡的单位，是财富的本源，唯独这样的劳动应该得到报酬，可以进行交换，资本只是积累起来的劳动。

今天的劳动等于昨天的劳动，因此用等价劳动偿还资本是资本家可以要求的全部，否则信贷就仅仅是谎言。资本家不是劳动的供应者，而是压榨劳动、扼杀劳动。

为说明资本家通过资金借贷的手段从劳动者那里预先扣除利息的不道德行为，我们提供过各种不容置辩的理由，就不重复了。我们可能提供的、在我们支部内讨论过的理由再也启发不了任何人，我们都知道：高利贷的概念包含了所有放贷，这些放贷表面上是恩惠，实际上使施恩者称心，而使应予以接济的借贷者破产。

在列日和在其他所有地方一样，工人们自己觉悟了，已经不承认利息的合法性，他们要求作为迈向工人最终组织形式的第一步——建立以成本价直接交换产品的银行。

朋友们，就是这种精神促使我们支部的会员们全体一致；我们让你们了解这种精神，目的就是证明我们在关心这个提到你们第一个议事日程上的重要问题。

10 点 45 分散会。

第十二次会议
（1868 年 9 月 11 日于国家马戏团剧场）

杜邦主持。

在会议点名之后，宣读并通过了会议记录。

龙格（卡昂）到场出席这次会议。

里沙尔（里昂）：在向你们宣读的报告和报告附加的叙述中，人们要求取消黄金和白银的特权。在我看来，这不明确。我们知道，金钱的利息是当前财政金融系统的基础。这种情况的原因有三，即投机炒作、特权和合并信贷。人们谈到解放工人，而不谈摧毁当前的制度。只有在消除给合作带来的障碍之后，我才相信有可能成功。在社会问题和政治问题之间有内在的联系；这更多的是引起革命的思想，而不是资本的事务。

封丹（布鲁塞尔）：问题不是谋求个别地解决这三个祸害的问题，而是一般地解决不管是哪种形式的资本的问题。在这里提出的一些抗议没有什么意义；需要的是实用的根治方法。我再读一次委员会的结论。

我原则上同意报告人的意见。我们两个人都表示同样的——在洛桑已经表达的，昨天在布鲁塞尔也表达的——愿望：建立成本价交换银行，以使工人摆脱资本家束缚。

但是，直到现在，人们对其中的任何一个问题都没有提出切实可行的解决办法；只满足于读无关紧要的理论性的决议，对这些决议，我总是投票反对票。

还有关于信贷问题，我听到了各种最终都是重组新资本的方法；这些新资本和旧的资本一样，在对工人阶级的剥削中推波助澜。我对这种可悲的方法提出抗议。布鲁塞尔支部提供了非常明确而切实可行的解决办法，并且很好地论证了这一点，即如果不建立成本价交换银行就不能走出当前的困境。

这个办法的主要基础是蒲鲁东详细论述过的。毕希纳博士曾在洛桑代表大会上解释过，为什么在依然寻求过渡办法的情况下，最终只是在资产阶级之下形成由那些得到少许解放的工人组成的第四等级，在这些工人之下又形成比以往任何时候都更加不幸的第五等级。这还将是一次有待进行的革命。

封丹 重读里沙尔已宣读的委员会的结论。

我不接受委员会这些结论的第三条和第四条，我要求对第五条进行如下修改：不用"国际工人银行"，而是在这地方写上"成本价交换银行"。

我补充一句，只须有几个从事生产者的意志就足以很快地取得重大结果，建立交换银行，使所有其他银行消亡。

埃卡留斯（伦敦）：在德国，在英国，在美国，人们很少知道这个免费信贷的理论，人们在日常生活中根本不考虑它。在美国，工人群众希望唯一的、由国家为所有人经营的银行取代私人银行，这和铁路、邮政、电报所采用的方式相同。

而在这里，人们似乎很害怕国家（笑）；我们在教育方面也看到同样的情况；但是国家过去并非总是，将来也并非总是像今天这样。当前的制度约有3个世纪的历史。改革是实际结果导致资产阶级占主导地位的一些思想的抽象表现，甚至在似乎只有专制和封建统治的国家也是如此；因为实际上专制者们几乎只是执行资产阶级的纲领。

当国家按照我们的想法是工人意志的真实表现之时，就不再有什么可怕的了。国家将像经营其他所有东西一样，为公共利益经营银行。

我们认为处理免费信贷这样的纯理论的事情完全超出国际工人协会的宗旨。我们主要是要求协会负责处理实际问题。

安斯（布鲁塞尔）：在布鲁塞尔的报告已经说明的内容之后，我们只能作一些解释。工人的解放顺应两个思想潮流。

一些人希望革新，就像过去波拿巴所说的那样，人们把他们看成是思想家。

另一些人仅仅希望使富人现有的东西大众化。把正在扩大的东西缩小，建立人民银行。在德国，舒尔采-德里奇是这种方法的主要倡导者之一。所有这一切实际上都是纸面上的幻影。他们要在年终让人们看到大量资本、为数众多的合伙人，而实际上这些都终成泡影。工人最终仅仅能在银行借到他存的有利息的钱或某几个作为个人信任他并为他担保的同事们存的钱。

因为是最富有的人存钱最多，最穷的人借钱最多，这就又形成两个阶层，即放贷者和借款者。一些工人对他们的兄弟反戈一击，为了几个法郎的利息变成了利用兄弟贫困的人。

在我们比利时的小咖啡馆里建立的许多储蓄银行也有同样的情况……

还有，甚至所有这一切，挣的钱只能买他最起码的必需品的工人都难以办到。由于有利息制，所谓的人民银行和所有其他银行都有同样的弊端。

"为什么对资本利息提出异议，"有人说，"资本不是积累的劳动吗？"

我很想相信，在资本所有制中没有发生过不合理的变化，希望资本在真正创造资本者的手中（笑声），难道今天的劳动不如昨天的劳动具有那么多价值吗？

让我们假设在单一继承人的世系中有一笔几个世纪以来直接继承下来的财产。祖先确实劳动过，但是子孙后代什么都没有做，他们靠别人的劳动成果生活。这公正吗？

埃卡留斯完全排除了成本价信贷的问题，只和大家谈独一无二的国家银行。根据旧制度，我们已经有国家银行，我们知道这做什么用。

而我们甚至假设，我们的成本价交换银行掌握在国家手里，那好，这不是我们想要的。

我们之所以当众颂扬我们的银行，是为了取代国家。国家用独裁的手段在各种互相冲突的利益之间建立虚假的平衡，而我们想要的是至多承担证券流通的银行，那么，要国家有什么用？

"你们的银行本身就是国家。"人们说。

的确，银行集中了；但是有这样的区别，银行没有捐税，也没有预算。这是由使用它的人们建立的机构；这是流通，是商业和工业社会的血液本身，而国家是奴隶社会的枷锁。

我们不要国家银行，因为我们不要国家。

塔尔塔雷（巴黎）：在我们方才听过动人的演说之后，难以再从一个比较接近的、因而切合实际的角度来看这个问题了。然而我还是试一试，因为我确信，只有我们努力普及互助信贷公司，并考虑到当前的组织情况，我们才能最终使大多数工人从互助信贷公司受益；而如果只有少数人可能加入这个交换银行，对许多人来说，交换银行可能还处于理论状态。

在巴黎，只是小商人长期利用互助信贷，很多工人还不能加入。

工人被迫借款，因为他的产品并不始终都能使他有生活的手段，他不可能偿还到期票据，因此必须首先保证他有一份足够的工资。

或许，我理解的利息仅仅是从产品上扣除的价值；或许，我理解的股份只是骗人的东西，是虚拟信贷，在必须清理法国银行的存欠状况之日，只能看到破产。如果完全取消利息，这就是革命，一场彻底的革命。那么，你认为资产阶级不反对这样的转变吗？因此，我们现在不能只考虑为准备这场变革而为建立工人公司提供方便，为准备这场变革，我们应该力求建立工人之间的信贷机构。

龙格（卡昂）：方才有人说我们所要求的改革是一场革命；而这正是我们希望的革命，这就是国际协会在日内瓦确认免费时已经意识到的，因为社会的平等出自免费的结果。正如塔尔塔雷说的，有可能我们首先只让少数人受益。由于考虑到在比现在制约我们的条件更有利的条件下建立的蒲鲁东银行没有成功，我甚至认为，根据我们的计划建立的银行现在不可能成功；但这是一个放弃它的理由，难道人们因此必须永远牺牲明天将变成实践的理论吗？反之，我们难道不应该普及这样的银行，为经济革命做准备，以便在这种银行深入人心之时，它就像到了历史的某个时刻那样，通过和平的改造使之成为事实吗？

科恩（伦敦）：我只能支持埃卡留斯公民提出的观点。免费信贷还只是一种理论，一种有争议的理论；在使这种理论发挥作用之前，最好是先行改造社会组织。至于现在，为了圆满结束重大的事情，例如像大西洋两岸的电报局这样的事情，你怎么办，你到哪里去找无息贷款的必要资金？人家之所以把钱借出去，就是要从中得到利息。我看实行你们的改革是实现不了的，因此，我不投票赞成这些决议。

托伦（巴黎）：在研究这个问题的时候，我们觉得必须考虑到当前的需要和将来的目标。对于现在来说，人们组织抵抗团体，随后组织信贷协会，最后是保证以服务换服务的平等交换。但是我们的组织不团结，迫使我们不让资金流动；我们不得不把储蓄看成是一种美德，然而在完美的社会里，这种美德变成了伤害集体的不道德行为。因为，在我们要求的达到制度和谐的社会里，工人生产5，而只花费4，第二天只要生产4就能满足消费需要了，这种现象如果普遍化，就可能导致最终走向反面的严重情况。

因此，目标很明确，而在工人之间的信任已经得到增强之时，数量变得众多的抵抗团体的联合就使得有可能不再存储当前由每个协会予以保证的必要资金，因为只须简单地号召就可以使斗争所需要的资金涌现出来，这就不需要存一分钱。

至于现在，工人们把他们的资金存在银行，银行也为自己吸引小工业者的钱，而通过**吸收**金属货币，所有资金都垄断在大公司手里，这些大公司拿到20、30，还要更多，才回报5。

人们已经谈到在法国发挥作用的互助信贷公司，但是由于现在的投机，公司成员能以3%的利息借来相当大的款项再以5%的利息放贷，因此使自己变成了资本家。

因此，我们应该行动起来反对的就是资本积累；从现在起，或许可以在生产可交换产品的人之间建立交换银行。这种只能逐步展开的改革将实现工人的解放，因为正像蒲鲁东用有些生硬的语言所说的那样：“为了组织工人，不管谁说请求政府或资本家，都是骗人。”

莫泽斯·赫斯（科隆和巴塞尔）：我们都同意与剥削作斗争，承认资本应属于工人。但是有很多反对和战胜资本家的手段；我们应避免为此使用一个假想存在的东西，即免费信贷。仅仅一个小集团采纳这个被最著名的经济学家否认的理论。（发言被打断）关于这个问题，请参阅卡尔·马克思用以反对蒲鲁东《贫困的哲学》的著作《哲学的贫困》。我们不应该走进这条路，我们要寻找某种完全实用的东西。

布里斯梅（布鲁塞尔）认为布鲁塞尔的报告中指出的方法只有当全社会都为此而组织起来的时候才能付诸实践。我们不希望在个人之间，而是在生产者协会之间建立信贷机构。如果有这样的组织存在，某个行业在某些订单少的时候，这个行业的工人会因为按半价工资劳动而不得不忍饥挨饿，就像最近列日制造军械的工人所遇到的情况一样。

　　目前要做的实事就是，现有的储金互助会不是把钱送到资产阶级分子开设的储蓄金库，而应该用这些钱来帮助他们的兄弟建立生产协会。

　　（我们只能概述的这段讲话不时被掌声打断）

　　佩列林（布鲁塞尔）：我们的社会，一切都是特权，一切都是权力，一切都是不公正。新社会必须建立在真理和公正的基础之上。

　　布里斯梅说了一些好事，也说了一些坏事。工人想做的所有事最后都只是给自己树敌。我们试验过多次，但没有成功。与其进行这样的改革，不如保持现状。例如，我们每个协会都曾开一家面包店，开始很好，后来比较差了，最后就全完了。在面包店里的人不关心他的生意，欺骗我们。事情将永远如此。（强烈的抗议、嘘声、掌声）

　　我们也曾力图建立社团，结果是四分五裂，只是吵架。只有彻底改变社会基础才能做成某件事。

　　主席宣读安斯、龙格、德巴普提交的结论：

　　鉴于不能立即就建立交换银行这个如此复杂的问题作出决定，

　　代表大会坚持在理论上肯定互助信贷，同时要求把布鲁塞尔支部提出的章程草案寄发给所有支部，以便在支部里进行深入的讨论，使下次代表大会作出有关这个问题的决定。

　　主席：请德巴普发言，宣读关于所有制的报告。

　　德巴普（布鲁塞尔）：我们只有两份报告，一份是鲁昂的，一份是布鲁塞尔的。委员会就矿山、运河、道路的所有制达成一致。在耕地的所有制方面仍有分歧。

他要求首先宣读比布鲁塞尔的报告简短的鲁昂的报告。

副主席**缪拉**替鲁昂的代表宣读如下报告：

论土地所有权

冷静判断事物的科学不关注多少世纪以来是否存在这样或那样的偏见。科学蔑视错误、谎言和专制，不管产生这些东西的是什么组织；科学分析、探索研究对象的各个部分，在进行仔细研究之后指出研究对象的准确轮廓及其结构，提出观点。

我们将试图回答的问题，其中包括一个内容，它在很多方面涉及数百年的前人使之变得陈旧的成见，因此我们可能引起**公愤**，但不管一些人如何反感，另一些人如何愤怒，我们都将毫不畏惧地触动这个最可怕的垄断的圣约柜，因为它似乎是最坚固的；其实，什么都比不上地球更牢固，我们这批人群集在地球上，借取地球的所有权，宣称自己是地球的绝对主人。

在这一代人当中，有多少拥有一小块土地的人？据说，法国是一块分割最细的土地，因此人们重复说，它将是最后一个同意接受经济学观点的国家；然而尽管它不愿意，它愿意不愿意都必须服道理，这道理就是：什么是土地？回答说：土地就是必不可少的物质，就像大自然免费提供给人类的空气和水一样，为了使人类运用聪明才智，使人类所需要的一切从土地产生出来。那么，如果土地是给人类的，为什么人类把土地变成某些人的绝对占有呢？土地仅仅是由于人们从中获得产品才有实际价值，难道人们的**奶妈**能这样被独占而损害大多数人吗？人们不能占为己有的地产，为什么被占有，使十分之八的人受到损害？？既然人们出生时就见到土地，是土地本身使你来到世上。孩子说他母亲绝对归他所有，唯独他有这个权利，人们觉得这孩子极不正常吗？到底谁可以造成一种如此专横的权利？历史回答：先占者的权利，即野蛮的、极不公正的、反文明的权利，它通过另一个名曰天赐之物的权利长久地延续下来，完全是封建领地的领主预先对农奴的享有，犹如金融家和唯利是图者预先对工业奴隶的享有。

我们已经否定了后者的合法性，于是就不会使前者神圣化了。因此我们明确地说，个人对土地实质的绝对占有不合法，这和通过在银行的预先享有权占有产品一样不正常。通过在银行的权利预先享有还可能有一个要强调的理由，有人可能提出的、果然正在提出的理由是，预先提成是因为花了一定数额的钱，而前者只能以征服权的占有为由。革命的或野蛮的，这有什么关系！反正人类的 4/5 被剥夺了他们自己的财产！

经济学只承认通过劳动获得的所有权，这是当神权政治指责资产阶级粗暴地剥夺其 1400 年的所有权利之时，连资产阶级都援引的论据。可惜，对于当今的主宰者阶级来说，他们的论据是错误的，因为他们没有创造任何东西，相反地，他们靠其他人的劳动生活，就是他们占有了由于他人从事的艰苦劳动而变肥沃的土地，在多少世纪中他们喜欢把这些劳动者看成是他们的下人，这样做完全和他们之前的统治者一样。

我们重复说，科学表明：土地因为是免费提供给人类的，只能是集体的共同财产；真正获得的财产仅仅是可耕地的产品，即人为使土地肥沃而在土地上进行劳动的成果；人们在土地上盖起的建筑物、从土地取得的材料，由于所有这些表现都是一种活动、一种劳动，可以根据从事这些活动和劳动用去的小时数来估价。

我们是符合逻辑的，我们说某些人把人们称之为土地的免费生产工具占为己有本来就是劫持，不让人类集体享受天赋的权利，使每个人都拥有凭自己的才智获得的劳动产品，这就是说，这可憎的土地垄断使劳动者丧失了他应有的对经过他加工变得有效用价值的、可交换的东西的全部使用权。

这极不公正的惯例使劳动者注定永远受奴役，不管他为获得自己的解放做出什么样的努力，如果他不推翻或变革这可怕的特权，他就只能永远给拥有共同解放的最重要工具的专横者们当牛做马。

科学的进步不会允许人类再长期退步，因为窃取人类集体财产的全部使用权是让几百个享有特权者高兴；我们的研究和努力应继续力求使我们摆脱地产垄断势力以及后来的工业垄断势力，二者的目的都只是人剥削人；从土地占有的角度看，我们没有其他使我们和平获得解放的办法，只有借助由农业和工业行会领导的普选使工人进入所有市镇行政机关；采用这个方法，由工人阶级的精英组成的（可能应该是这样）市镇行政机关立即能够使人把市镇所覆盖的土地归还给市镇，同时确定以国家地产收入的平均数为基础的偿还率，把这个平均数看成是在补偿当前土地占有者期间利率为20%或30%的年金。当前的任何土地占有者都不可能抱怨被强制剥夺财产，因为他们都可能在25年或33年之后捞回他们或他们的祖先为获得根本就不应该占为己有的生产工具而支出的那笔钱。

先生们，的确，这个使土地回归公共财产的方法，很像中世纪农奴用来赎回自由的方法，我们当中有很多人准备更早地以经济公平为由，宣布立即收回我们父辈或当代人付出极大代价才获得的公共财产，这就像人们可能说的一样，所谓的公债可以用和平的方式予以废除，犹如以相当于现在所谓的地租或收益的年金赎回土地。

我们和你们一样，认为偿还自从哥特人、西哥特人、法兰克人以及其他民族中的几批强盗入侵以来清理过几千次的集体财产是令人痛苦的；在1789年清偿一部分老的占有者之后，再次被迫偿还当前的持有人是很艰难的。

但我们认为，通过和解方式进行的社会改造是比较有把握完成的，因为学者们在力求通过观察发现自然的秘密时就是这样进行的。在我们看来，只有在这样的情况下，即掠夺的一方由于不知道最重要的集体存在的权利而拒不承认事实，拒不接受远古以来就被剥夺的一方大量付出的赔偿金，必须采取有力的行动。应该相信，过去的实例会使人接受社会经济学为那些了解他们时代的人提出的过渡方法。

假设用上述方法获得成功，据此进行推理，在25年或33年之后土地就将变成市镇的、省的，总之国家的或人民联合团体的集体财产，将在农业和工业方面组织行业公会。于是工人的农业公司根据市镇给予的权利在市镇的土地上从事生产劳动，只有市镇才能根据总体利益确定人们所从事的劳动。这意味着该公司不可能滥用得到的权利，因为董事会总是由所有行业工会的代表，即真正有利害关系者组成的；总而言之，领导生产的劳动者永远不能成为自己的障碍。

在建筑方面，市镇也将根据新的法规把在市镇的土地上建设的权利转让给建筑工人的公司，制定新的法规要适合我们力求建立的经济组织。

至于必然会穿越市镇的、公认的公益性质的道路、运河或铁路，市镇要求按照准确估计的年收成的平均数，包括松土等各种农活，即所有土地性质所需要的总费用来补偿这些通道必然给正在进行中或处于筹备状态的生产造成的损害。

对于建筑物，无需说明将要求予以补偿；它们以成本价建成和卖出，将根据建筑物扣除折旧费的价值进行补偿。

人们在谈到自家产品时，往往提到那些行业性质迫使其居无定所的人遇到的销售产品的障碍，人们说：他们完全不可能获得住房，那么怎么办才能使他们满意,必须恢复租赁合同吗?只要租金正好相当于始终根据经济力量平衡计算出的使用价值,我们就绝不反对。

亲爱的同事们,正如你们所看到的那样,社会科学使所谓的**土地所有制**问题有了容易理解的答案——土地法,土地又回归它原来的主人,即集体的人——社会。由于执行这些土地法,个体的人变成他本人生产出来的产品的唯一的主人,政治经济学的合法寄生现象将永远从人类当中消失。

德巴普宣读如下报告:

布鲁塞尔支部关于土地所有制问题的报告

在未来的社会里,耕地、森林、矿山、煤矿、运河、道路、铁路是个人财产还是集体财产?

这个问题因为极其广泛,包含一些答案可能不同的要点,由于没有时间,我们只能递交一份关于其中一点,即关于我们认为是最重要,同时也是最有争论的农业土地所有制的报告。

我们不想研究从人们所谓的天赋权利的角度来看,是否土地的个人占有过去是并且现在依然是合法的;人们提出的土地所有权的不同起源(如首先占有、法律规定、法律上的认可、一致同意、劳动)是否证明有正当理由维持这种制度。是的,我们只局限于观察我们眼下出现的经济现象,以便了解拉动我们的经济趋势,知道这些趋势是否大致上在近期不至于使维持或废除土地个人所有制成为一种社会需要,然后我们就有可能调节经济规律的作用。我们还像国际工人协会那样,或者在这些趋势有利于工人的情况下,必须顺应这些经济趋势而行动,加快这些趋势;或者在这些趋势对工人不利的情况下,逆着这些趋势行动，以便抵消这些趋势。总之，**观察是为了知道，知道是为了准备，有准备是为了预防**。这是实证派的座右铭，也是我们的座右铭。

此外，我们认为蒲鲁东在他关于所有权的《第一篇论文》①中已经充分证明了，土地所有权从起初就不能被合法化；法学家、经济学家和哲学家指出的土地所有权的起源没有一个证明所有权合法。因此，首先占有只能表明一个事实，但并没有赋予支配土地的永久权利；只要其他人还有尚待占有的土地，这一事实就可以很受到尊重，但并不让人有排斥后来者的自由、剥夺其土地的权利。对所有权来说规定不能成为既成事实，因为有些权利是不能规定的，人不能放弃劳动，同样不能放弃自由。承认某些人把土地占为己有，就是放弃劳动，因为这是放弃劳动的手段。从来就没有不顾错误的规定。如果是民法确定了土地个人所有制，民法也可以废除它，或许这是人类第一次废除古代法律规定的东西？"一致同意"提供不了有利于一种社会制度合法性的证据，同样提供不了有利于对物质世界看法的证据；"一致同意"过去会在所有制问题上弄错，就像"一致同意"在太阳和一些星球相对运动方面弄错一样。况且在个人把土地占为己有的公正性方面，从来就没有过"一致同意"，因为历来都不仅有一些共产主义的作家和哲学家，而且有共产主义社团，对占为己有的行为提出连续不断的抗议。劳动，绝不可能是土地所有权的起源，而相反，劳动必须以有所有权为条件，再说，劳动只能赋予对劳动产品的所有权；人们可以根据这个原则得出结论，耕种者只是有权支配他的收获物；人们还可以从中得出结论，开垦一块土地者有权得到补偿，这种补偿应该是拥有在一定的时间内播种这块土地的特权比较好。人们甚

---

① 即《什么是所有权》中的《第一篇论文》。——编者注

至可以说，每年都有新改进的耕作给垦荒者带来新的补偿；但是所有这一切尚未赋予我们所有权，所有权完全是一个新的事实，超出劳动者支配他劳动成果的权利范围，劳动不创造土地，因此地产不会出自劳动。

蒲鲁东不能承认个人把土地占为己有的合法性，认为当初是法院对法律的解释和政治经济学赋予了它合法性，因此在他的遗著《所有权理论》里力求用这个制度的目的、意图和社会最终目标来证明它是合理的。我们立即就将看到蒲鲁东给所有权规定的社会最终目标是否现实；但无论怎样，我们同意这个伟大的思想家坚持的观点，实质上，这个观点就是我们在本报告开始时表示我们自己要坚持的观点。如果土地个人所有制对新的，即以公正和经济平衡为基础的社会存在来说是必要的，那么土地个人所有制就是合理的，尽管有各种对立和所有的共产主义方案，它依然是合理的。如果相反，土地个人所有制与这一个新社会不相容，那么它就不再是合理的，尽管有各方面的赞同和一切有利于它的思想观点，它都必将消失。

而蒲鲁东认为土地个人所有制的这个社会使命是什么呢？这就是作为个人相对于社会、相对于国家的独立和自由的保证。然而，需要指出的是，为了使这个为个人自由提供的保证不是虚幻的，地主支配其土地的权利必须能是尽可能绝对的，例如，国家必须永远不可由于公益的原因对这种所有权加以任何限制，否则，这个保证就见鬼去吧！但如果要给个人独立性确立如此强有力的保证，那么针对地主的绝对主义会给社会提供什么样的保证呢？

其次，在一个以公正为基础的社会里，对所有人来说都必须有这个个人独立性的保证，因此每个人都有他那份地产。在像我们这样除了农业之外还有采矿业、运输业、商业、加工业等等的社会里，这是不能容许的。的确，每个人都可能有他那份地产，条件是各份地产依然是共有的，构成集体财产，但是这个假设与崇高的论点是对立的。

有人可能对我们说，不是用给每个人一份上等地产的办法保证他独立于国家，而是创立一个大型社会团体，即农民—地主的社会团体，该团体可以依据其土地所有权抵消国家的权势。总之，这是把土地所有权变成一种为耕种者—地主团体所用的政治职权。但对此我们可以反驳说：这个大型社会团体的独立不一定需要土地的个人占有，也完全与农业协会甚或全体农村劳动者集体占有土地是一致的；不管怎么样，必须补充说，因为这样赋予了某个团体几乎绝对的土地所有权，这个团体从而享有特权和占据优势，因此国家、整个社会，完全可能听任这个有无限权力的团体去无情地摆布。

我们并不是在土地个人所有制的存在之中寻找个人独立和自由的保证；据我们看来，这种每个人对于所有人的相对独立，只能是每个人对于所有人的相对的相互依赖（也就是说，任何一个团体的每个个人与他同一个团体的同行相互关联，每一个团体与其他团体相互关联）导致的结果，而不是任何一个团体完全独立于社会的其余部分。

因此，我们也不是在这种个人独立的保证存在之中看到土地所有权的社会作用、目的或功能。让我们力求从土地所有权的历史看出人类曾经通过建立这种制度所追求的目的。为此，让我们来聆听社会科学名家的教导。

我们首先来听凯里（第一卷第四章①）的："不管我们从哪个方面看，我们都将看到人类是从狩猎生活开始的，靠狩猎获得的东西维持生活，完全依赖于土地提供的天然产生的赠与物，因此人类处处受自然的支配。后来，我们看到人类处于放牧者的状态，周围有被驯化的牲畜，依靠这些牲畜储备食物，同时从这些牲畜获取冬天防御严寒

---

① 原文如此，未注明书名。——编者注

的兽皮。在这样的情况下,只能存在微弱的结合力;估计当时需要有800英亩的土地才使一个猎人获得的衣食与他种植半英亩土地使他获得的衣食同样多。"李比希这样给我们解释其中的原因:"一个狩猎民族,"他说,"分散在一个有限的地方,完全不可能扩大到能很快走到的一定界线之外,呼吸所必需的碳必须从动物那里获得,而只有数量有限的牲畜可以生活在我们假定的那块地方。"

"动物从植物那里吸收构成它们器官和血液的部分,它们又把这些东西转给只靠狩猎生存的未开化的人。这后者同样获得这种食物,这种食物不再含有在动物一生中用于维持呼吸机制的氮化合物。在这些局限于动物性食物的个体身上,代替淀粉和糖的东西必须是肉里和血里的碳。但是15里弗尔(1里弗尔约合500克)的肉不比4里弗尔的淀粉含的碳多;未开化的人用一只动物和同等重量的淀粉可以在一定天数之内维持自己的生命和保持健康,如果他只局限于吃肉,那么他在同样的一段时间里为了获得呼吸所必须的碳就不得不消费5只类似的动物。"(《动物化学》第一部分第14节)为了社会发展,人必须能获得更大数量的植物性食物,只能借助种植来获得这些食物。然而,如果没有垦荒者占用土地,种植就是不可能的;首先只是简单的占用,但很快,随着各部落更多地定居在土地上,占用就转变成财产;确定垦荒者不得相互侵犯的界线,在他们之间建立一定的平等的必要性导致这个演变。

现在让我们听取蒲鲁东关于这个问题的看法:

"农业是占有土地的原因,是所有权的偶然原因,如果不同时保证耕种者有生产手段,那么保证他得到自己的劳动成果就没有任何意义;为使弱者提防强者的侵犯,为了消灭掠夺和走私,人们感到有必要在占有者之间确定永久的分界线,设立不可逾越的障碍。每年人口都在增加,垦荒者的贪欲都在膨胀;人们以为竖起界碑,就可能在界碑脚下打消野心,这样就约束了野心。因此,需要公共安全和每个人安宁享有收益权不可或缺的平等使土地被占有。可能在地理上从来就没有过平等瓜分。许多权利，某些以实物为基础的，但是没有被正确地解释的，更没有被正确地运用的权利，继承、赠与、交换；另一些权利，如出身和达官贵人的特权、非法造成无知和暴力，都是妨碍绝对平等的原因。但是，原则依然未变：平等认可占有，占有认可所有权。"（关于所有权的《第一篇论文》①）

一方面，增加生产的完全物质上的必要，一言以蔽之，农业的需要，另一方面，在垦荒者之间建立一定平等的愿望，这似乎就是为他们建立个人土地所有制的原因。换言之，养活人类，使人与人之间存在平等，在我们看来这就是人类自发地使土地从原来未被占有的状态（就像今天在某些部落那里的土地未被占有那样）过渡到个人所有的状态之目的。因此，为人提供面包和平等，这就是土地所有制的目的、功能，简单地说，就是土地所有制的社会作用。

为了达到这个目的，人类就以个人主义的方式，即以个人所有制的形式建立了所有制，据此建立了全民社会。我们还有待观察的仅仅是，今天是否还需要保持当时决定以个人所有制形式占有土地的那种模式，那种非常原始的形式，或者说不需要实行一种新的占有形式。

为了使土地给人们提供它最大量的产品，必须在农业劳动中应用所有已获得的关于山区绿化、荒地开垦、沼泽疏干、旱地灌溉、土地轮作、土壤改良、施肥、天然和人工牧场等方面的知识。然而，只有在大规模种植的情况下才有可能应用这些知识。例如，我们只说轮作，今天人们知道，每种植物，或至少每一科植物从土壤里吸收一种或几种特殊的盐，琉璃苣和茄科植物主要从土壤里吸收硝酸钾，豆科植物吸收生石膏或硫酸钙，诸如此类，这就是人们所谓的**植物选择**。

---

① 即《什么是所有权》中的《第一篇论文》。——编者注

人们还知道，某些植物分泌物有利于其他植物，例如，豆科植物的分泌物非常有利于粮食作物的良好发育。耕种者都知道出产三叶草的田地非常适于使小麦丰收。轮作的理论就是以这些实验的，而且用植物生理学解释过的数据为基础的，但是不能在小规模的种植中应用这个理论，因为小耕种者不得不在他的田地上种植他最直接需要的东西，粮食和马铃薯，然后是马铃薯和粮食；他不能使这些作物与对他来说没什么用处的萝卜、芜菁、饲料作物等轮种。

我们所说的关于轮作的情况对于肥料来说也非常适合。牛群和羊群在用它们的肉为人提供一种基本食物，用它们的皮或毛提供有用的衣服，还把它们的粪便归还给土地，这些粪便是农业的主要原料之一。然而，这些牛群和羊群需要天然的和人工的大牧场，也就是说大规模的种植。

如果这样分开考察现代农业的每一种巨大需要，你还会看到不可能用小规模种植满足这些需要；尽管农民的全部勇气和精力，小规模种植直接导致土地的贫瘠。让那些可能怀疑这些事实的人们去阅读一下莱昂斯·拉韦涅对大片地产和大规模种植占优势的英国农村经济与小片地产和小规模种植占优势的法国农村经济所作的非常成功的比较研究。

其次，唯独大规模种植有可能节省宝贵的土地、时间和劳动，而小规模种植却会消耗大量的资源。例如，小耕种者有几小块地分散在别人的土地中间，他要走长很多倍的路从一块地走到另一块地，不得不浪费他一大部分时间。例如，在小片地产和小规模种植的国家，通道和通行地役，加上多疑的、怕和别人交往的业主蛰居在其后面的树篱、围墙、栅栏，占去了很大一部分土地。这是重农主义者非常理解的，看来，傅立叶就是从他们那里部分地汲取了他有关整体种植优越性的思想观点："使用于种植的土地，"魁奈说，"集中起来成为大农场,因为建筑物的维修和修复费用减少了,在大型农业中的费用相应地比在小型农业中少多了。"

这还没说完。我们正经历的经济阶段的主要事实之一,就是在两种重要的经济力量能够增加产品总和的所有劳动中,越来越广泛地把它们应用于生产:我们要说的是**集体的**和**机器的力量**。面对这个不可抗拒的趋势(我们在后面还要回过头来讲这个趋势),我们已经看到,在严格意义上的工业里,许多小业主和从业人员都因大企业家或资本家的合伙竞争消失了,只有这些大企业家或资本家可以使用大型机械,并得益于一大批雇佣劳动者协调一致地操作使其获得增加的产量。然而,如果有一种必须运用**集体力量**的产业,那么肯定就是农业:某些农活,如开垦土地、收获葡萄、收割庄稼、收割草料,就是运用这个力量的极好的典型。如果还有一个必须而且势不可挡地引进机器的产业,那么还是农业。但把这两种经济力量大规模地应用于农活,对于小规模的、分成小块的耕种来说不大可能;而对于大规模种植来说,没有更容易的事了。

就是这种情况使得英国农业成为迄今唯一普遍使用新机械的农业。"土地不仅需要肥料和改良,"拉韦涅说,"而且需要挖掘、松土、平整、除草、排水,进行各个方面的加工,以便水经过田地而不在那里积存,空气进入土壤,经济作物的根扎进土里容易分根。为了给农业提供这些不同的方法,人们已经设想出许多机器。人们已经可以确信英国农业机器工业非常重要,它在世界博览会上由于所占的场地大而找到销路,有近300家来自英国各地的这类参展商,其中有萨福克郡雇用几千工人、每年营业额几百万的加雷特、兰索内这样的公司。"

通常是大规模种植与大地产同时并进,小规模种植与小地产联系在一起;我们说通常,是因为实际上这个通常的情况有一些值得注意的例外。虽然一方面英国本土通常让我们看到的景象是大地主把土地出租给为数相当有限的佃农；另一方面，法国（除了某些地区，特别是诺曼底之外）一般呈现出的景象是小地主自己耕种分成很多小块的土地。但是另一些国家给我们提供了截然相反的例子。在爱尔兰，我们看到大地产小规模种植，地主把土地分成小块出租给小耕种者或佃农，其处境极其不稳定。相反地，人们在比利时同时看到的景象是小地产小规模种植——例如在韦斯地区①——和大片地产中等规模种植——例如像在阿伦贝格公爵和希迈王子的土地上那样，等等，人们也发现小片地产与大规模种植，或更确切地说与中等规模种植相结合的例子；人们有时在我们的某些省份看到大的佃农租种好几个小地主的土地。

不管怎么样，这种小地产与大规模种植共存；反之亦然，在各个地方小片地产几乎都因此导致小规模种植。在同时有大规模种植和小片地产的例外情况下，与我们有关的就是我们从社会经济的角度看可以接受的结合，因为这种结合使我们既有农业雇工又有付给非耕种者个人的地租。

此外，这种结合还与如在英国那样的个人的大地产和大规模种植共存的结合有着共同的东西。然而，虽然今天这种与大规模种植结合起来的个人所有的大地产对农村经济来说是比较好的，因为它满足了现代耕种的需要，因此也符合人们把土地占为己有的纯粹物质上的目的，即为人类获得尽可能多的食品，但这与土地所有制的另一个最终目标截然相反，因为它在人们之间造成无可比拟的不平等和从属状态。实际上，哪还有比这种分三级的等级制度更违背平等的状态——这三个等级的组成是：几个无所事事的地主，他们享有巨额收入，每

---

① 即比利时东佛兰德地区。——译者注

个人都有几个依附他们的大佃户或二流庄园主；其次是大佃户或二流庄园主，他们统治着仆人、农场伙计、短工和雇农这个平民阶层。

相反地，法国分成小块的、由自耕农本人孤立地耕种的地产，从农学的角度看是荒谬的，因此同样是没有起到土地所有制的社会作用的制度；它的普及至少在农村的劳动者之间建立了相对的平等，从这个角度看，这种制度比英国的大地产优越得多。

人们看到，这两种制度的每一种都有一个缺陷。

寻求什么呢？我们准备搞些折中吗？我们准备赞成某种混合的方法——或者大地产与小规模种植的方法，或者大规模种植与小地产的方法吗？——我们去提倡中型地产与中等规模种植，即自耕农场主或佃农从某个中等地主那里租来土地，但不管怎么样，有受他指挥的一些雇农这样的方法吗？或者，我们同法国的经济学家博德里亚尔一样完全同意另一种折中，赞成同时采取一些法国的方法和一些英国的方法的做法，使这两种方法在一个国家并列存在，认为这样把一种方法与另一种方法并列就纠正了另一种方法的缺点，好像是1加1等于零？

不，我们让人类去做，我们让人类去实现其建立所有制时所追求的双重理想。然而，在人类需要解决例如小地产和大地产、所有人的平等和所有人的生计这样一些矛盾之时，绝不是用淘汰方式，也不用折中方式去做，而是用综合方式。因此，人类将实现一种对平等和对个人小地产同样有利（甚至更有利于前者）的，对农业生产和对个人的大地产同样有利（甚至更有利于前者）的占有形式，一种在它本身同时表现为小地产和大地产的占有形式。我们认为这种综合将来正是集体所有制，或者说，共同所有制。在这种所有制下，实际上，每个共同业主都和其他业主有同样身份的业主，因此和其他业主同等。不再有农业雇工，不再有不干活而靠地租生活的地主，地主不比其他任何人享有更多的地租权。而且，在这种所有制下，有英国那样的大地产，还能更好地把机器、集体的力量、所有的科学技术和农学原理应用于耕种。

任何人只要稍加注意研究若干年以来所发生的情况就马上会发现，在经济世界的混乱里互相冲突的不一致的事实之中，有两个非常明显的、很有规律的运动，一个是无意识的，另一个是有意识的。这两个运动的规模日益加大，尽管现在是对立的，但最终必然导致一个共同的结果。

首先是这个不可抗拒的运动不断地朝着大型工业替代小型工业、集体努力替代个人努力的方向推进，朝着用依靠自然力、地心吸力、热、电等进行的大规模生产取代使用人力的小规模生产的方向推进。若尔日·度申在《法兰西信使报》上的一系列文章里写得非常好，这个运动现在的结果是资本的联合，小资本被大资本压垮，接着是财富的集中；这个运动产生于无秩序的竞争，经济学家**听之任之**，最终导致垄断，即没有竞争。垄断不断扩大、膨胀，一直膨胀到包揽世界的地步，按照蒲鲁东的说法，必然以爆裂而告终。那么，要当心社会的大崩溃！

而与这个运动对抗的是另一个同样不可抗拒的运动。就是这后一个运动，尽管有所觉悟，但还是促使劳动者为自己建立一个傅立叶已经泛泛提出并以**保障制**命名的完整的相互保证制度。这个运动从普通的医疗互助会，然后通过意外失业基金会遍及工业领域本身，恢复了手工业行会，建立了维持价格和抵抗团体，组织罢工，给罢工规定一些规则，试图通过合作社来进行生产，通过**国际**在全世界工人之间确认关于劳动力供需经常性的情况，此外，还要使劳动力到有需求的地方去，使各个工人集体之间团结起来，像以前在工人集体内使个体工人团结起来那样。这个运动随着它的自然倾向，不久将使已经建立的生产协会之间联系起来，完善它们的章程，在各处建立新的协会，然后通过互助信贷银行，促成所有这些工业集体之间产品的互惠交换，使工人可以为自己的利益使用机器和集体的力量，打击资本主义集中化和垄断的核心。这个运动产生于与经济学家**自由放任**的思想相反的工人集体干预经济规律运转的思想，最终是互助论，即名副其实的竞争，这种竞争要求竞争者持有同等的战斗武器。

这两个在严格意义上的工业中如此明显呈现出来的运动，在农业中还几乎感觉不到。而这不应该使我们感到惊讶，农业总是落后于工业的。然而，在英国，与动产集中在某些人手里的同时，地产也走上同样的道路，尽管有一些稍微不同的原因。1861年的户籍调查登记表明，地主的户数从1851年的16934户减少到1861年的15066户，10年内集中的程度提高了11%。

"如果地产往少数人手里集中总这样发展，"一份英国工人关于这个问题的宣言中说，"土地所有制问题就非常简单化了，犹如在罗马帝国，当尼禄①得知非洲行省的一半属于6名骑士的消息时，嘴角上掠过冷酷的微笑。虽然达到这极端集中的程度，但可以说，在英国地产问题几乎没有遭遇困难，在英国，这个问题最后必然朝着土地集体所有的方向解决，因为英国人民已经习惯于从农业的角度看具有各方面优势的大规模种植、轮作、机器、土壤改良、牧场、厩肥，所以不能再返回到农业的分散状态，这种分散状态的结果是：土地休闲、用铁铲种植、缺乏肥料、宰杀家畜以及随之而来的减少肉类生产；另一方面因为，据斯图亚特·穆勒证实，个体自耕农的土地观念本身与英国人的思想不相干，难以进入英国人的思想（斯图亚特·穆勒《政治经济学》第2卷第6章第1段）。"

---

① 公元37—68年臭名昭著的罗马暴君。——译者注

在比利时，地产也趋向集中，虽然与在英国相比进展得非常缓慢，在英国，长子继承权的存在大大有利于这样的集中。如果走遍我们的乡镇，在那里几乎总是看到大地主，几乎村庄的所有的土地都属于他；往往这个大地主有权向全村发号施令；因为他几乎总是这样一种情况，即不仅是主要的耕地地主，而且是房产主、市长和工厂主；这是一个名副其实的封建领主。在偶尔有一块闲置的土地在出售时，总是领主以非常低的价格买到手，因为没有人胆敢为购买这块土地与他竞争。

这种情况逐渐造成的结果是，地产完全集中在几个人手里。然而，在某些地方地产正集中之时，在另一些地方地产正在分成小块。分成小块的情况主要发生在卢森堡；它肯定会有令人不快的后果，因为在分成小块常见的弊病之中又增添了其他一些非常特殊的弊病，我们想说的是毁灭森林，其后果对丰富的资源、土壤质量、空气的温度及其相对湿度、风向和风力等都非常有害。

不过，在法国土地分块照常进行。关于这个问题，下面是蒲鲁东在他的新作《所有权理论》里所说的："我自认为记得，法国2500万公顷的耕地，因此从那时起在这些土地上就见不到树林，也没有牧场、葡萄园、菜园，等等，这是近一半的领土，这些耕地被分成2900万或300万小块；这就使得分割后的每块土地平均不足十分之一公顷。"还有小得更多的。人们可以想象到这种分割给国家造成的损害……法国农业劣势的原因之一是土地过多地分割成小块，这在实行封建采邑转让的国家英国是不存在的。人们力求防止这种分块的做法，同时为小块地的交换提供方便，以便使被分割的遗产重新合并起来。在人们不能阻止的情况下，如果没有触及地产的公益法，分块照常进行。

我们在1868年2月28日的《法兰西信使报》的一篇文章里看到，

法国当时土地的块数是1.4亿。把每个纳税者在同一市镇拥有的地块加在一起的土地税额，在1858年是13118723，到1866年提高到11423117。

而在继续分块和使土地分散的同时，抵押越来越加重农民那一小块土地的负担，以致农民往往只是他那小块土地的纯粹名义上的所有者，他用铁铲艰难地种着他那块地，他所付出的努力只是十分勉强地从土地上挣得支付他为买这块土地所借资本的利息钱。现在还和米希勒写《民众》的时代一样，可以说当他的土地给他出产2，高利贷就需要8，也就是说，高利贷同他格斗，犹如4个人打一个人，每年的利息剥夺了他4年的劳动。至于抵押，人们知道，近120亿是以价值480亿的土地做抵押的。

鉴于法国的土地这样的分成细块，土地这样贫瘠，抵押这样蔓延，高利贷这样贪得无厌，人们可以说土地从农民手中消失了，土地从农民手中一溜而过，地产像影子一样在他面前消失了。下面是同时出现的一种新现象：用于购买土地的资本联合——农业股份有限公司——组成了与工业垄断势力类似的农业垄断势力。不久以前，于贝尔·德利勒在法国参议院开会的时候作了这样一段激动人心的发言，他很可能不知道这段发言的真正意义："法国资本只为法国出力的时候到了，钱回到土地上。例如在吉伦特省，最近有人购买多达1200万的地产，几乎所有购入者都是**金融界名人**，还有同样多的地主。"

而这类现象正在增加。再过几年，金融垄断的头面人物就变成法国土地垄断势力的头面人物。小自耕农不能对抗大规模农业同他进行的竞争；他必须消失，就像小煤矿和露天采矿场的业主已经从开采业中消失一样，就像每天都有小业主或个体户从加工业中消失一样。然而，小自耕农和城市工人一样，可能还剩下最后一招：联合。我们已经在法国农村居民当中看到出现若干联合的熹微的晨光，这就是某些协会统一购买肥料或经过改良的工具。如果有一个新的农业信贷组织能支持这项活动，那么所有的一切都就使我们相信，尽管农民有墨守成规的思想，联合将很快扩展到越来越重要的物资；这是因为必要性起决定性作用。但农业联合体如果要真正具有大地产的全部优势并与大地产对抗，完全应该把我们有关轮作、灌溉、家畜饲养、人工牧场、棚圈、农村建设等方面的知识应用于耕作。然而，为此必须把小块土地产连成多少大一些的地产，就是说，分割成块的小地产被集体的地产所代替。这是蒲鲁东完全承认的，只是蒲鲁东认为，集体的地产不再是地产。"可能必须是，"他说，"小所有者能利用所有的科学发现，以便顶住大型企业的竞争；但这只有把小地产集中在一起才能实现，这实际上又回到斯拉夫式的占有。"

于是法国农民那种独占——自由而独立支配——的愿望的确在消失。人们这种愿望是法国农民内心固有的、非常根深蒂固的愿望，是米希勒试图美化的、称之为"人和土地的神秘结合"的愿望；但是法国农民面临这个"迫切需要"的法则，以忘却这个空想而告终。总之，他感到高兴的是，用他徒具虚名的唯一的业主资格和个人孤单的使用权（是否可以把这种使用权称为在肥力耗尽的土地上不懈的耕作）换取作为用艰苦程度下降20倍的劳动获得产品增加20倍的土地的共同业主得到的利益。

因此我们可以提出这个两难选择：

或者法国农民战胜开始形成的新的土地垄断势力，因此必须接受农业联合体，继而接受集体所有制。

或者他将战胜不了这种垄断势力，重新沦为农业雇工，于是地产集中在为数不多的某些人手中，在法国和在英国、德国一样，这迟早将导致社会清算，因此就出现农业联合体和集体所有制。

因此，不管我们从哪方面看问题，不管我们是站在更多创造财富的经济角度还是站在更合理分配财富的社会主义角度，不管我们是站在农学的角度还是站在平等的角度，不管我们谈论大地产还是小地产，不管我们谈论土地集中在某些人手里还是把土地分成小块，不管我们谈论把土地转让给几个享有特权的家族还是使土地动产化，不管这是出自地主的意愿还是违背地主的意愿，不管这是出自还是违背农民的意愿，不管是缓慢地或突然地，以和平的方式还是暴力的方式，我们取得的结果总是集体所有制。我们的经济趋势促使我们取得这样的结果，逻辑和事实引导我们取得这样的结果。**集体所有制**，这就是在将来的社会中土地占有所具备的形式。以上就是对社会现象认真而客观的观察使我们可以预见到的情况。

但是应该如何构想这种集体所有制呢？这种集体扩展到什么程度呢？它仅仅与农业团体有关还是与整个社会有关？换言之，土地可以归一个独立的农业联合体集体所有；土地可以归所有农业团体共同所有，首先归一个国家，然后归国家联邦共同所有；或者属于整个社会，然后**被有条件地**转让给农业联合体，甚至在建立这些联合体之前转让给现在的农场主。在当前的情况下，断定集体所有制与其以那样的方式不如以这样的方式存在即使不是不可能，也难以一开始就得出结论；在对经济现象的观察中，没有什么使我们看得出从总体上说社会倾向于这样的方式而不是倾向于那样的方式。至多人们或许可以说，这样的方式更适合于这个民族的思想和传统。

首先，论证的问题就在这方面。因此，就是在这方面出现不同的意见、学派和方案。这些意见中的大部分在布鲁塞尔支部里都有其拥护者；这就是为什么启发代表大会进行这方面的讨论的原因和唯一的目的；这个问题不是立即付诸实践的问题，而是未来的问题，我们认为应该仅限于列举在我们支部讨论中提出的主要假设，以及人们提出赞成其中一个假设的原因。

首先，最基本的方案，即地产属于自由和独立的农业联合体的方案，赞成这个方案的理由主要是有下列两个优势：

1. 它使农业劳动者、农村大型企业的共同业主享有的地位与产业工人、工厂或工场共同业主在新社会享有的地位相同；

2. 它使联合体摆脱国家或市镇政府的任何影响，这种影响可能是特权和专制的根源。

在这个方案中，地租可能不再存在了，或者至少与耕种者偿还用于土地的贷款混同起来，即净收益与总收益混淆起来。

因为"联合体"这个词很模糊，关于这个问题，可以考虑这种集体地产应该以什么的规模存在。显然，这要随着土地的质量、合伙的人数等等变化。开始它可以只应用于几公顷的普通农场，然后扩展到直至包括一整个农村乡镇。我们知道，傅立叶认为，农场的标准面积大概是1平方英里，配备有它所容纳的一些生产必需品的工业、所有的机械工具，供1500—1800男女老少居民使用。就是这个算法为他提供了法伦斯泰尔①的概念。

第二个方案为我们展现出一种在更大范围内建立的集体地产的状况；这个方案是把全部可耕地产、牧场等归于国家或国家联邦的全部农业联合体，把土地经营的高级领导集中掌握在各个耕种者联合体任命的理事会手里。这个方案的好处是比采用第一种方案还能更好地从事排涝、开垦、开凿渠道和灌溉等大工程。蒲鲁东就倾向于这种状态，在1848年，他曾建议以法律的形式宣布，当地主通过年金积累可能收回他的加上20%溢价作为赔偿金的不动产价值时，产权就归还给负责集中土地经营和通过建立地方农业公司填补农业组织空缺的农业总公司。

在这个方案中，或者像在前一个方案中那样，地租可能被取消，或者保留，不支付给国家，不支付给市镇，也不支付给工业集团，而是支

---

① 傅立叶设想建立的理想社会的基层组织。——编者注

付给以其总理事会为代表的所有农业集体；到时候地租用来支付总理事会的管理费，或者甚至可能用来支付总理事会从事的公用大工程的费用。

此外，不难预见，第一个方案，即地产掌握在独立联合体手里的方案，可能逐渐趋向在这些不同的联合体之间建立一系列制度，互助保险、交换服务、产品和生产厂家的投资协定、共同负责需要一起从事的重大工程，这样就最终达到与第二个方案一开始就进入的状态相似的状态。

而在这时候出现了赞成建立比前两个方案更高级的第三种集体所有制的人。如果采用我们刚刚研究过的两个方案，还是要把土地转让给一个或几个集体；如果采用我们将要谈到的方案，就不允许转让土地。

从土地直接或间接地是所有产品的原料，是所有财富的需要挖掘的来源这个事实出发，赞成最后一种方案的人担心，如果地产在所有农业团体手里或在不同联合体的手里，在他们之间就容易建立联盟，这对社会中其余的人来说构成一种危险的垄断。他们说，让我们来假设，只有两家人居住的土地，其中一家拥有全部土地，而另一家被剥夺了土地；地主这一家由于有可以支配的所有动产和非动产财富的永久来源，在必要时可以不利用非地主这一家的服务，而后者由于可支配的仅仅是因使用而消失的资本，只是在很少的时间内不需要土地或出自土地的产品；人们不能因此就可以说这家地主手里掌握着一份土地都没有的那一家的命运吗？然而，如果用自耕农阶级和依然没有地产的劳动者阶级这两个阶级来取代我们说的这两个家庭，那么这两个阶级将来的处境和我们上面已经说过的那两个家庭的处境是一样的。

对此人们回答说，如果工业工人需要从事农业者的产品，那么反过来，从事农业者也需要工业工人为他提供的衣服、家具、工具等产品。

但是人们反驳说，自耕农一旦备有工具、衣服、家具等，在必要时，整个一生都可以不更新这些东西，而工业工人一天都离不开土地的产品；而且，人们补充说，甚至为了制造这些工具、衣服和其他对从事农业者有用的东西，工业工人已经依赖于掌握着这些东西必不可少的原料，即掌握着土地的人。

根据这类思想观点，人们倾向于得出的结论是，这个有关土地的突出的领域应该交给整个社会（国家，然后是国家的联邦），或由国家，或由市镇管理，然后把土地转让给各个农业联合体，保证这些联合体有权得到其劳动产品，有权享有其使土地具有的增值，但条件是给予社会某些保证，例如关于耕种方式、产品的售价等方面的保证。

因此，农业联合体只是简单的占用土地。农业联合体得以占用土地，根据一些人的意见（这是美国反出租者和赫尔岑及巴枯宁的斯拉夫式的占有方案），应通过免费转让的方式；根据另一些人的意见（这是柯林斯和路易·德波特派所接受的方案），应通过租佃的方式。

在后一种情况下，可能把地租支付给社会，地租被看成是平等的工具。各个农业集体占有的土地肥力不等或地形条件有利程度不同，用地租重新调整各个集体之间的补偿。地租可能全部或部分取代捐税。

人们对这种把集体财产交给整个社会的方案提出的主要批评（这种批评是严厉的）是，如果要维护社会而反对自耕农结成联盟，那么就会使整个社会和农村劳动者屈从于国家，为最可怕的政府独裁敞开大门。然而要指出的是，没有一个赞成这个方案的人要求在当前有像今天这样组成的国家的社会里采用这个方案。他们期待今天纯粹政治的国家变成经济的国家，即仅仅是由其代表体现的各个劳动者集体的联合会。此外，他们认为这种土地所有制的重大变革是与其他整个一系列的有关资本或动产的经济改革，与精神状态的彻底改善是分不开的。

  这就是我们粗线条勾勒的各种土地集体占有形式，其中每一种在我们布鲁塞尔支部都有其赞成者。科学已判决小土地私有制必定灭亡，正义则判决大土地所有制必定灭亡。因此，二者必居其一：土地要么必须成为农业联合体的财产，要么必须成为整个国家的财产。未来将决定这个问题。①

  副主席**缪拉**宣布：在今天上午的会议上决定，总委员会驻在地明年还是在伦敦，同时承认在前几次大会上已经通过的总委员会驻在地可以改变的原则。

  大会指定在巴塞尔市召开下一次代表大会。

  10 点 45 分散会。

  星期五（第 12 次会议）抵达的代表：

  于贝尔，壁纸印刷工人代表（瑞士）。

第十四次会议

（1868 年 9 月 12 日于国家马戏团剧场）

  杜邦主持。

  晚 7 点 30 分开会。

  宣读并通过了会议记录。

---

  ① 马克思在《论土地国有化》中引用过报告从"科学已判决小土地私有制必定灭亡……"到结尾的这几句话，见《马克思恩格斯文集》第 3 卷第 232 页。——编者注

奥布里（鲁昂）宣读如下报告：

鲁昂小组的报告

缩短工时的问题

在进入本题之前，鲁昂小组要非常明确地指出，本小组在社会经济学方面公开主张最广泛的思想观点，而原则上，改革本应使无产阶级获得解放，本小组把下面这样的改革看成是无效的，如果其目的不是最终相对确定产品价值，不按这样确定的产品价值进行的任何交换都不公正，也不公平。

公民们，你们当中的大部分人，尤其是我们布鲁塞尔和巴黎的兄弟们，明确地提出和承认利息的不合理，我们知道利息是我们所有苦难的唯一的和绝无仅有的原因。关于这一点，诺曼底小组不会怀疑这个经济真理，因为15年来，人们一直把它作为任何名副其实的社会改革必不可少的条件。遗憾的是，我们小组不可能给几年来进行的所谓合作的试验提供帮助，因为所有这些尝试暗地里都是要"资本家预先占有"；因此我们小组从一开始就断言，这些合作社必定消亡；经验证明，我们没有搞错，因此应该说，为了彻底解放，我们愿意如此。

因为，组成以有息贷款为基础的生产协会或其他协会的工人团体，只能预先扣除售出或已交付给消费者的产品的利润才能补偿资本家预先享有的那些费用，因为只有加工、交付或购买这些产品的人，结果，要付的那些被扣除的利润开支又全都落在他身上。这种资本家从工人那里预先扣除的捐税理所当然地被社会学定性为盗窃，因为放贷人就是通过这种捐税把预先享有的成果集中起来，找到为他本人及其后代创造闲适生活的便利手段。放贷人很快造成使人类失去光彩的最可怕的弊端，造成苦难，他像寄生虫一样依附于产品，从中攫取他赖以维持其生活的最好的部分，也就是说，制作最精良的部分，总之，生产者为这部分花费了十足的精力。

公民们，经过科学论证之后，我们认为在文明的世界里，任何法规，任何法理，总之，任何伦理都不能说明这种进行产品交换的方式是合法的；一个理性的人不可能同意包含工时总数等于4的产品换成相当于5或6等等的产品，否则就应该承认借到4而还3的人是一个十分老实厚道的人！

我们的反对者天天对我们叫喊，这是供求的结果，比较富的人有权剥削比较穷的人。可是，公民们，如果这种为拐骗辩解的方法将永远对人类有重大影响，那么人类就仅仅是一群贼，无权制定法律，因为一个人以他的收益不足以满足他的需要为借口在大道上拦路抢劫过路者，他可能被宣布免除任何刑罚。

不，虽然人类在初期曾经需要挥舞利剑使罪犯远离他们的住所，虽然人类不得不以竞争之名利用供需创立劳动组织，但是在各门科学力求引起人们爱好各方面的平衡，即爱好公正的今天，情况就不一样了。

以上说的是理论。

为了最终能实施必须使生产者之间和睦相处的法律，使得我们有可能应用这个我们都认为是我们试图建立的新大厦基石的经济真理，最能使我们达到目的的手段是什么呢？

在我们力图为向我们提出的、你们刚才在这里讨论的问题作出的回答里，可能有我们认为对法国来说可以应用的手段，这些手段将使我们有可能首先发现真正的工资平均数，然后作为结果，发现产品的真实价值，要不然就实行取消有息贷款的做法，这有可能产生平等交换。

与我们认为相互关联的第二个和第一个问题混淆的第六个问题①

缩短工时的问题

前面已经发表过看法,因此我们就不在这里详述劳动哲学了,我们有幸在他们面前讲话的所有人和我们一样已经进入了劳动实践学校。我们都知道消费与生产当然相反,反之亦然。综合就是使二者相互平衡;解决社会问题的办法就在这里。

如果我们能够合理解决这第一个问题,我们就提前解决了议程的最大部分,因为第一问题已经明确,其他问题就会与它混合在一起了,因为它单独就包含着全部的社会革命:学习、教育、信贷、劳动胜过资本,这些都能得到解决的条件只能是先确定多长的体力劳动时间可以使人施展自然留给他的精神力量。

从生理的角度和精神的角度看,我们都认为人需要一定的劳动或活动时间,同样的意思就是,人要与自己身体和精神的需要协调一致,使两种需要都得到满足。在这个意义上,社会经济学与自然科学的看法是一致的,要求任何人都在自己身上找到满足其需要的手段,同时尽可能减少体力耗费,以使体力耗费决不有损于脑力,以便充分施展大脑具有的智力,因为人只是由于他是能用来为自己人服务的思想之总和才确实了不起。

但是在制约我们的资产阶级经济世界里,我们如何做到平衡这些力量呢?而社会的一部分人掌握着那些所谓的经济力量,他们随意地,往往任意地支配这些力量,因为他们有借助利息或以折扣、收益、租金、捐税等等为形式的"预先占有"这样的单一的实力使自己获得的特权。

---

① 这里的问题指的是列入大会议程讨论的问题。——编者注

这种实力被人们通俗地称为资本，它只不过是那些什么都不生产的人们从生产者那里攫取的提留。我们无需在这里说，我们根本不打击这部分通常被称为资本主义社会当中组成这部分社会的个人；我们要对产生这一部分人的根源，而不是向组成社会这一部分的人宣战。这些人当中的大多数，如果不是他们所生活的环境使他们抱有偏见，可能是会同意我们的要求的。

过多的工时数几乎总是使我们扮演着类似机器角色。如果有一个组织反对缩短工时的衡平法，那该怎么办？

在法国巴黎，一个工作日平均10小时，工资约5法郎；在外省是12小时，工资约3.5法郎。如果为了使教育能让人受益，我们减少2小时工作，我们马上就使一些人的工资下降20%，使另一些人的工资下降16%，即刻使消费减少16%。而有人将对我们说，闲着无事干的劳动力将找到工作！暂时是这样！可惜的是，由于消费继续减少，生产必将停止，结果是新增加了无事可干的劳动力，工资减少1/5或1/6的工人只能消费他的工作日的产品价值。

如果相反地，我们减少工时，同时保留同样的工资，我们不就能维持我们寻求的平衡了吗？可惜这还是不可能，因为，如果企业家、制造商、场主皮埃尔每天交货100匹白布（这100匹白布是100名工作10小时的工人为他生产出来的），他以每匹45法郎的价格卖出，这不很清楚吗，如果他的工人只想以同样的价格工作8小时，他就不得不提高他的白布的价格，因为他在计算每批长100米的白布时，每个人少了20米，如果重复100次，就是2000米或20匹，假设他的工人的工资是10小时4法郎，或每小时40生丁，由于减少工时数，结果是每小时50生丁，把这些增加的部分分摊在产品的总量上，我们最终将看到，皮埃尔每天只交货80匹，而不是100匹，每匹将增加1法郎，尽管那些应由80匹布来承担的企业经常费用在前一天已经分摊在100匹布上了。由于发生这种情况（我们让我们称为保罗的中介人来介入，他将是皮埃尔的经销商），肯定将发生这样的情况，他买的皮埃尔的产品更贵了，他再卖的时候理所当然地要更贵，因为只有买得起产品的生产者，因为人们什么都没做，结果是工人买给家人做衣服所需要的布同样更贵了；然后把缩减工时扩大到所有工业，工人不再更多地买了；相反地，鉴于他必需的产品涨价，他被迫减少必需产品的消费。结果是：停止生产、失业，绝对像在第一种情况下那样。

正如人们所看到的那样，缩短工时或增加工资意义确实相同，将产生同样的结果，改善不了生产者的处境；社会经济学很早就证明了增加工资对于工人来说是诱惑物，因为与它相等的是产品涨价，根本没有增加数量和提高质量。

就是由于在资本主义制度下，如果不损害生产的总体利益就显然不可能解决大众教育的问题，巴齐勒的社会经济学著作高喊，他们一直想着让上帝参与此事，上帝希望就这样，上帝非常明智地通过他的代言人之口说："我选中**含**①来养活**雅弗**②，选中**塞姆**③分发**雅弗**的产品，**雅弗**是他兄弟们的驮重牲畜，我把他造出来就是为了这样使用他。"这是理解团结的可悲的、非常可悲的方式！

非常幸运的是，社会经济学，人世间的社会经济学，认为是另外一种情况，它把推理建立在以数学的精度使天体运动的永恒规律的基础之上，大声疾呼并肯定任何想有权消费的人都必须履行其**生产**的义务，换言之，想要**消费**的人必须生产；它把两个矛盾综合起来，告诉相关的人

---

① 《旧约全书》所载洪水之灾的幸存者诺亚的次子。——译者注
② 诺亚的第三子，据《圣经》记载，他的7个儿子及其后裔分散在欧洲各地和亚洲部分地区。——译者注
③ 《圣经》里的人物，诺亚之子，猜想的闪米特人的祖先。——译者注

们，如果他们想最终在人的每种表现的两个杠杆之间，即在**生产**和**消费**之间建立平衡，他们就必须做到，建立有难同当、有福同享的团结互助关系，同时尊重所有人的自由，犹如大自然使人体具有一定的令人赞赏的结构形式，同时让人体的细胞按照它们必须起到的作用来自由行动一样。

鲁昂小组认为，如此有理由使各国工人关心的、以致力于学习为目的的缩短工时这个问题，只有通过行业公会的职业培训才有可能得到切实的解决，因为本小组认为，没有其他能战胜资本家绝对权力的办法，只有依靠完全在巧妙组织生产的经济力量当中的利益的一致，用工人的绝对权力对抗资本家的绝对权力，通过工资平均数进行自我调节，工资平均数的标准首先是本国的平均数，然后，如果关系允许，是欧洲大陆其他各行业全部工资的平均数。在我们看来，组成**国际**的各国工人协会的努力必须本着唯一的思想集中起来。这种唯一的思想就是，凭借今天在欧洲各地都得到认可的联盟权利，根据社会科学指明的经济规律最终组成行业公会，这种唯一的思想只不过是用正式而恰当的方法求得的工资平均数确定价值；为了不让我们的反对者得以指责我们要干扰生产，为了避免他们可能对我们进行的打击，就在每个行业或行业公会里建立由一个生产协会支持的互助基金，该协会应通过以**成本价**销售产品渐渐地变成取代资本家的工人公司，毫无保留地放弃分红、分利息、分利润等等迷惑人的希望。政治经济学往往用分红、分利息、分利润等等这一套知识来遏制我们。否则，如果我们坚持习惯做法，我们就将互相冲撞，导致在我们阶级的队伍中多年来花了这么多力气才完成的全部工作和我们一起毁灭，如果有几个工人协会偶然逃脱这场灾难，那也像一年前法国代表们所说的那样，将变成培养新工人贵族的园地。新工人贵族可能因为难以发迹，所以就更加贪婪。

为了逃脱这一灾难，我们必须不惜任何代价建立行业公会的团结互助关系。

建立有互助基金会的行业公会，作为工人生产公司雏形的行业聚集的场所，为所有行业公会的成员成为生产企业的共同业主提供方便，避免可能很快再现中世纪行业公会的那种独断专行的集权，严格尊重每个地方每个行业公会的自主权，总而言之，实行工业行业公会的联合。

我们小组特别强调，每个行业都要有定价，以便得到工资平均数，最终相对地确定价值；就像上面所说的那样，本小组确信没有搞错；在本小组看来，在这种组织之外肯定不大可能解决工人解放的社会问题。本小组也希望认为这是完全可能的，即合作互助基金会把一部分资金集中在挂名合作银行的专门机构里，这些资金可以记入可能形成的合作工场的贷方，以后用相互签约的各个公会可能接受的信用票据代替金属货币；无须说，根据我们的原则，这种信用票据或金属货币按照与产品销售相同的条件，即按成本价流通，信贷机构只扣除相当于其常规费用的普通手续费。

这样组织起来的公会甚至从一开始就能立即缩短工时，因为它们努力给工厂配备机器，使它们可以同资本家——资产阶级分子——进行斗争，这些人可能还有几个工人为他们服务，这些工人根本不理解团结互助，甚至因此而成为自己无知的受害者，因为资本家只能选择这些工人，以便同以成本价工作的工人公司进行较量，因为这些工人有可能很快就对这种可悲而又可耻的角色感到厌倦，尤其是他们知道合作保证他们受到可靠的庇护，因此相对而言，较量不会长久。

亲爱的同行们，正如大家所看到的那样，在这第六个问题里，第二个和第一个问题，以及关于合作的问题可以合在一起，因为它们相互说明，广泛运用互助或者团结互助原则、工资的相互关系、通过信贷交换的相互关系等。

对于上述的每一个问题，在我们的报告里可能没有分析解释延长工时在我们那些与之有牵连者的队伍当中产生的可怕后果；同样，可能应该说明工人的处境，因为资本家手里的机器使工人受到有害的影响。我们认为，所有出席本届代表大会的人都不需要有人在他们眼前展现受雇于大工业工厂的工人像机器的附属品、与机器部件混在一起的场面，**他承认是机器部件不可分割的部分**。

这种可怕的组织对我们来说太熟悉了，不必再次描绘它的画面，况且我们相信，没有人到这里来感伤，而完全相反，到这里来是为了互相学习，找到科学而切合实际的办法，尽快消灭我们很想相信是政治经济学在不知道的情况下给我们造成的、使我们所属的这部分人类感到痛苦的灾难。

关于信贷组织，我们曾经认为没有必要重述前几次代表大会已经分析过的东西。解释货币在现代社会经济中所起的作用或许是多余的。我们的朋友德巴普是这方面的专家，他去年在洛桑已经完全说明白了，没必要让我们再谈了。我们大家都知道，这也足够了，今天组织信贷为的是发展，确切地说，为了再次制造出新的金融和贸易垄断势力，这股势力已经在梦想我们父辈帮助它推翻的那个金融和贸易垄断势力的贵族头衔了，在那个时候它还处于从属地位，当时它与所有这样的政党达成协议，这些政党能支持它，帮助它获得现在轮到我们寻找的东西，即它天天试图拒绝给我们的政治独立和经济解放。我们希望信贷这个社会组织的最高的体现是我们所梦想的社会组织的形象，就像它的名称表明的那样；我们每个人必须相信人的劳动，一个符号，哪怕是抽象的符号，如果可能，都用于交换我们的产品，因为在我们看来，财富不在于银行地下室库存的金属货币的数量，而完全在于每年投入流通的、让那些制造产品的人们自己消费的产品的数量，我们认为，我们体验不到虚拟价值，因为我们不理解人以生产不能交换的东西来消磨时间。

在没有任何中介的情况下，生产、交换、消费的社会，一个劳动者的社会，总而言之，一个人的社会，只能像我们所希望的和我们所理解的这样存在。

没有必要进入交换机制，公民们，因为诸位当中每个人都知道这个机制的各个组成部分。最重要的是能把我们称之为财富钟表的各主要机芯运用起来。我们认为已经指出了一个方法，其他人可能指出一个更好的方法，我们希望如此，我们准备接受这个更好的方法。

塔尔塔雷（巴黎）宣读如下报告：

委员会[①]赞成缩短工时的报告

社会的经济组织为工人提供的保证，不能使他们从生产的好处中受益。这种生产者与拥有者的不平等已经在讨论中、在研究罢工问题的委员会的报告里充分而正确地指出来了，我们如果不重复这一点，就不能回过头来再谈这个问题，我们就不会比原来更加确信，工人的利益完全为资本家的利益牺牲了。工人完全没有组织，本来应该和谐的地方是一片混乱；剥削盛行，你们已经确定必须通过有保障的组织反抗，即通过以国际工人协会所有支部内各个团体通过联合形成团结一致作为保障的组织反抗，迅速而及时地消灭剥削。

缩短工时的目的是保证工人的身心发育，使他们有可能自由行使自己的公民权利和政治权利。

如果承认现代社会的原则，劳动就不应该还是苦差事、奴役、下贱的标志，而应该是所有公民必须承担的义务。

为了劳动是真正履行共同义务，必须在保证工人健康、满足他们及其

---

① 指代表大会研究罢工问题的委员会。——编者注

家人的所有需要、保证老年人和残疾人没有忧愁和困苦的条件下才能做到。

在当前的条件下，劳动符合**国际**给自己规定的目标吗？不符合。

由于竞争的需要而进行的这种劳动是工人对工人、人民对人民、个人对个人的殊死斗争；剥削在各个地方造成对立，造成对工人的奴役。

生产承担着的过多的捐税迫使人接受的巨大负担，捐税都用来支付官员们过高的工资，而官员们的主要工作就是力求使工人继续受资本家的奴役。

剥削有助于或支撑通过降低工资进行的竞争，因此需要工人延长劳动时间。在建筑、土方工程，等等一些非常艰苦的行业里，工人的精力很快消耗殆尽，受不到任何教育。

总之，凡是在劳动时间不受限制的地方，工人们身体和精神都疲惫不堪。剥削者把人——应受教育，履行义务，行使公民和政治权利的公民——变成贱民，把他变成对进步漠不关心、什么都不能学的奴隶；他被苦难和艰辛弄得精疲力竭，忍受着剥削和奴役，而不敢反对这样的不公正。他怎么受到教育？他怎么反抗？

他没有时间。

第一个缩短工时的观点必不可少；因为否则就不必对国际工人协会为自己提出的国际团结抱希望了。

然而，有人提出反对意见说，缩短工时导致提高工资，其结果是生产出的东西价格上涨。今天，的确并非总是生产者和消费者之间的中介根据已付加工费减少产品。可是如果企业这样用生产造成影响，如果它只有这一个竞争手段，人们就有理由认为这个企业无能。降低工资和增加工时不再有限度，人们可能不断以竞争需要为由这样做。

但是这种竞争极不公平，因为这是通过为几个人的利益而剥削大多数人的做法进行的竞争。

既然有必要增加生产以保证消费的增加，增加产品和更多地降低产品的成本价应该是使用合算的原材料，对工人进行职业教育，总而言之，明智地使用机器设备的结果。

不过机器的出现进一步使工人的不幸处境复杂化，因为机器是拥有资本者的专属特权。

人们有时提出反对意见说，对于机器，工人将起被动作用，只是**机器操作工**。人们还说，在某些行业，工人只从事单一的、有规律的操作，这严重损害了他的工业生产知识。不过，人们利用这样的结果吓唬我们是徒劳的。

机器不能动，是由人来操作的，在没有协助和智能管理的情况下不能有效地运转。

如果人在用于劳动的时间方面对工业起的作用减少了，这就公平合理，因为人不仅有要进行生产的劳动，他还要养家糊口，教育孩子，要行使公民的政治权利。机器在被引入之时给工人造成了很大损害，随后是一些产品过多，增加工人苦难的被迫失业，之所以如此，正如**国际**所认识到的那样，还是因为机器不是工人的财产，工人只有通过团结互助才能购买机器。

机器这个人类智慧的结晶，应该为人充当解放的工具，而不是成为一个毁灭的原因。机器如果产出过多，它工作的时间就应该比较短，操纵机器的人将得益于工时的缩短。

工时的缩短应给他带来福利、智慧和自由。

因此，应从不同的方面考察这个正在研究中的问题，就是由于这个原因，委员会建议代表大会赞成埃卡留斯提出的如下决议：①

---

① 这个决议显然是以《总委员会提交布鲁塞尔代表大会的关于缩短工作日的决议草案》（见《马克思恩格斯全集》中文第2版第21卷第460页）为蓝本的。——编者注

日内瓦代表大会曾一致通过一项决议如下：从法律上限制工作日是以后的社会改革所不可缺少的一个初步条件，代表大会认为使这项决议产生实效的时候已经到来，在已成立国际工人协会的各个国家，所有支部都必须讨论这个问题。

主席宣读上午会议表决的关于教育和信贷问题的决议。

工人互助信贷问题①

鉴于：

1. 用资本获取的利息和利润，无论以什么形式表现出来，都是为了那些借过去的劳动已经发财致富的人的利益而从现在的劳动中扣除的价值，这些人虽然有权积累，但他无权靠牺牲他人利益进行积累；

2. 因此，利息是不公正和不平等的永久根源，吃资本获取的利息的合作社完全把利己主义原则这个当前社会的蛀虫从个人移植到集体身上去了；

3. 工人们实行广泛的团结互助原则，是他们目前拥有的同金融垄断势力进行斗争的唯一的实际可行的手段；

代表大会得出的结论是，建立以成本价为基础的交换银行，其宗旨是使信贷变得民主和人人平等，简化生产者和消费者之间的关系，即使劳动摆脱资本的统治，使资本发挥它原有的自然而正当的作用，即为劳动服务的作用。

此外，鉴于不可能立即就建立交换银行这个如此复杂的问题的实际

---

① 原文为法文，因文本不同，与本书第6卷第246—247页根据英文译出的决议在文字上略有出入。——编者注

意义作出决定；

代表大会坚持在理论上肯定互助信贷，同时要求把布鲁塞尔支部提出的章程草案寄发给所有支部，供其深入讨论，以便下次代表大会能作出决定。

教育问题①

代表大会认识到现在不可能组织合理的教育；

因此要求各支部根据科学、职业及生产教育纲领，即根据综合教育纲领，建立公共学习班，以便尽可能弥补当前工人所受教育之不足。不言而喻，缩短工时被看做是必不可少的先决条件。

主席宣读如下关于**派代表出席伯尔尼和平大会**②的决议③：

1. 委派国际协会的代表前往伯尔尼，以国际的名义给大会带去日内瓦、洛桑和布鲁塞尔代表大会通过的各项决议。

但所有的讨论、所有在会上作出的决议都将由他们个人负责。

2. 国际协会的代表认为④和平同盟对于国际的工作来说没有存在的理由，请该同盟加入国际⑤，其成员申请加入国际的这个或那个

---

① 原文为法文，因文本不同，与本书第6卷第247页根据英文译出的决议在文字上略有出入。——编者注

② 即将于9月21—25日在伯尔尼举行的和平和自由同盟第二次代表大会。——编者注

③ 原文为法文，因文本不同，与本书第6卷第249页根据英文译出的决议在文字上略有出入。——编者注

④ 刊登这些决议的一些报纸在这个地方用的是：宣布。

⑤ 刊登这些决议的一些报纸在这个地方用的是：解散。

支部。

主席：表决通过的真正的决议是我们提供的这些决议。人们在公开会议上错误地宣读了手稿，忘记在手稿上修改这两项说明委员会思想的表述。

罗伯尔（拉绍德封）通报代表大会收到的信函。

工人代表大会在1868年9月9日、10日、11日、12日会议期间收到的来信。

埃米尔·库唐签署的巴黎抵抗团体的来信，祝愿大会获得成功，对未能派代表出席大会表示遗憾。

福格特的来信，内容为邀请工人列席1868年9月22日在伯尔尼召开的和平和自由代表大会。下面就是这封信：

"主席先生：

1867年日内瓦代表大会成立的国际和平和自由同盟不想错过此时在布鲁塞尔召开的工人代表大会这个机会，向大会表示深切的同情，并祝愿作为国际工人协会崇高目标的社会改革获得成功。

朋友们，加油！让我们大家一起来摧毁偏见和不公正的制度在社会组织的各个部分之间设置的障碍，以及生来就应该互相尊重、互相爱护的人民之间的、迄今为止人们还以其为借口互相攻击的仇恨障碍。

主席先生，请代我们向工人代表大会的成员表示我们的敬意并邀请他们出席我们今年9月22日在伯尔尼开幕的第二次代表大会。

我们借此机会向您致以诚挚的敬意。

代表同盟领导机构
古·福格特主席"

(见上面有关此事的决定)

此信附有和平和自由同盟第二次代表大会的议程,它建议讨论如下问题:

第一个问题。取消常备军和国民自卫队,甚至解除全国武装对和平和自由有什么好处?

第二个问题。经济或社会问题与和平和自由问题有什么关系?

第三个问题。教会与国家分离对和平和自由有什么好处?

第四个问题。在各个国家将会怎样运用联邦制原则,如何建立欧洲合众国?

被囚禁在圣佩拉日的**克吕泽烈**将军的来信,对大会表示完全同情。将军提出好几个关于无息信贷、所有权等的想法。此信已递交给信贷问题研究委员会,报告人提到此事。

公民**勒洛热**(法国)的来信,讨论一个国家的政治、联邦和社会组织,负责研究这个问题的委员会在其报告中考虑到了。

公民**昂利**代表阿登山民的来信。他向代表大会作了关于这些农村可悲状况的骇人听闻的陈述。教士和小学教师是他那个地方的两个祸害,必须摆脱他们。他绝望了,他的唯一解决办法就是,向美洲大量移民已经成为必要。此信转发给负责起草工人陈情表①的委员会。

拉绍德封(瑞士)**库勒里**的来信,要求在各个生产与消费合作社之间有非常稳定的交换组织。

拉绍德封(瑞士)**库勒里**的第二封来信,向大会致以兄弟般的敬

---

① 即关于工人情况的统计材料,总委员会在1866年的日内瓦代表大会提出了收集相关统计数据的任务。——编者注

意，要求参加代表大会将派往伯尔尼和平和自由代表大会的代表团。

巴黎一位家长的来信，表示发自内心地赞同我们的思想观点。此外，他还给我们寄来他与一位店主的通信，他向这位店主说明可以使依旧每天拿3里弗尔工资的工人有可能进行储蓄的想法。

一封未署名的信询问阻止有限公司听任其职员剥削人、使工业归工人掌控的切实可行的办法。

汉堡的德国北部工人协会联合会①主席**施韦泽**的来信，通知我们他很可能在纽伦堡的代表大会闭幕之后来出席我们的代表大会，他告诉我们，即使德国人决定不是全体加入**国际**，他们仍然在内心和思想上同我们联合起来。

署名威廉·安格尔施坦的来信向大会表明（奥地利）维也纳市工人的立场。很多工人团体在那里接纳了几千名会员，但由于根本就没有大众化的报纸，很难使所有人团结起来。

日内瓦的**戈克**女士的来信询问瑞士现有的妇女协会是否可以加入**国际**。将做出的答复是大会赞成戈克女士的要求。

署名维也纳社会民主党委员会的来信，信中告诉我们，近几年的政治事件是明确禁止工人协会与其他国家的工人协会联系的起因，因此他们未能派任何人出席代表大会。

来自华盛顿全国劳工同盟总部的来信，请国际代表大会派代表到华盛顿出席9月21日（星期一）开始的美国代表大会，这次会议将进一步加强两个大陆工人之间的亲密关系。

将做出的答复是，时间不再允许欧洲的代表前往华盛顿，但旧大陆的工人与新大陆的工人心连心。

---

① 原文如此，应为"全德工人联合会"。1868年8月22—26日，该联合会在汉堡举行了代表大会。——编者注

巴枯宁在日内瓦发表的俄罗斯社会民主纲领,其要点如下:

为了人民群众的精神解放;为了人民在经济上、社会上的解放,我们要:

1. 废除财产继承权;
2. 使妇女的政治和社会权利与男人的政治和社会权利完全平等;
3. 废除作为宗教、政治、法律、民政机构的组合。

任何政治组织将来都必须仅仅是农业和工业自由协作社的自由联邦。

署名旅居布鲁塞尔的巴黎人**阿贝尔**的来信敦促我们在研究我们的所有问题之前,研究为获得自由需要采取的手段问题,他把普选看成是获得自由的手段。

署名布鲁塞尔教育同盟书记**沙尔·布尔斯**的来信,他给我们寄来100本针对杜邦鲁的小册子,回击这位大人对该同盟的攻击。该同盟以消灭教育领域的陈规和流弊为己任。

有一封来信说在巴黎以狂热的掌声欢迎代表大会的报告。

洛桑支部的来信请求原谅由于费用过多而未能派出代表,委托瑞士的其他代表重点要求研究并指出即刻改善工人处境的切实可行的办法。

一封来自伦敦、署名合作社的印刷工人**切沃**和合作社的裁缝**达内什**的信,信内有8月召开的一次"合作之友"会议的报告,请英国和外国的生产协会给代表大会提供各自工厂的样品。

一封署名**阿德里安-雅克·纽文胡斯**的信,此信专门寄给负责研究缩短工时问题的委员会。正如他说的那样,这位公民建议整个一周都过星期日,就是说,把星期日的休息时间分摊在一周里的每一天。

一封来自德国、署名荷尔斯泰因州新明斯特市**皮茨**的来信,代表拉萨尔派社会民主主义者对未能参加代表大会表示遗憾。他说,我们希望你们的努力有益于**青年欧洲**。

在纽伦堡召开会议的工人教育协会①来信向我们确认该协会表决通过加入国际工人协会，同时委派日内瓦的**弗里德里希·布特**公民来我们这里作代表。

来自昂西瓦勒的电报向我们表示兄弟般的敬意。

施皮尔发来电报表达在沃尔芬比特尔举行会议庆祝他们协会成立的社会民主主义者的慰问。

霍夫市的**梯图斯**律师的电报以他本人及其朋友的名义致以兄弟般的敬意。

纽伦堡代表大会的**基尔希纳**发来电报，通知我们与会代表决定加入国际。

普鲁士考克门市的律师**马尔提尼**公民发来电报表示慰问。

皮埃尔·库勒里以召开全体大会的拉绍德封支部的名义签署的慰问电。

沙尔·布尔斯签署的教育同盟秘书长的信，同时给我们寄来约100份该协会发表的关于为工人组织学习班和讲座的报告。

主席：开始讨论所有制问题。

托伦：因为负责研究这个重要问题的委员会的委员未能就已经向大家提出的结论达成一致意见，所以我力求让你们了解使少数人下定决心的原因。

我们过去不了解所有权的起源，因此我们需要考虑将来可能左右所

---

① 原文如此，指倍倍尔领导的、由各工人教育协会组成的德国工人协会联合会。联合会于1868年9月5—7日在纽伦堡举行代表大会，总委员会派格·埃卡留斯作为正式代表出席了这次代表大会。代表大会以多数票（69对46）通过了关于加入国际工人协会的决议，并选出一个由16名委员组成的委员会负责实施这一决议。——编者注

有权的条件，决定所有权影响的制度限制了所有权。我们的目的写在卢梭的一句话里，他要求制度具有能保护共同财产和每个人自由的形式，而这种方法可能难以找到，正是因为如此，它应成为我们所有研究的目标。在集体所有制中，公民屈从于所谓国家这个抽象存在的东西，国家使多数人的一切个人利益和全部个人自由占优势，以至于公民会因他跻身于多数当中或处于少数行列可能交替成为压迫者和被压迫者，这样在专制中实现平等。

当然，我们虽然维护个人所有制，但我们并不认为这就与目前的组织有某种关联；今天所有权是享有特权的、压迫人的。相反地，我们要求改变所有权的条件，使所有权的效力普遍化，因为我们看到在个人所有制中"我"在扩大，在集体所有制中"个人"在缩小。我们认为，一切都应该坚持保证个人自由，个人自由可通过联合服务于总体利益。而每个公民的交往包含着某些大家共有的义务，因此我们承认是集体财产的只有公共服务设施，如运河、矿山、铁路等，公民应根据他们使用的情况负担费用。

有人说，趋势是朝着更有益得多的大规模耕种，因此产生集体所有制。但是小块地产就与大规模耕种互不相容吗？我不认为是这样，耕种者可以通过合作找到购买工具和耕作土地的手段，同时保留他支配属于他的那块土地的权利。他的个人利益决定了他，因此他将更多地干活，将提供比他为集体提供的产品更加丰富的产品。例如在工业方面，人们长期认为有联合的必要性，但是此后合作的思想取代了这个看法，留下集体联合的好的方面，同时保留每个人的生产和销售的自由。农业也同样如此，可以在交换和建立仓库方面得到强有力的帮助。况且，哪怕收益低，面对自由的问题人们也不必犹豫。

我们已经根据拉韦涅所说的列举过英国农业的奇迹，但不应该因此就得出反对小块地产的结论。如果有难以分块的情况，就在使地产混合在一起的同时，用兑换票据确定地产的归属，兑换票据保留地主出卖土地的权利或担保因此而变成动产的土地的增值，难道不能这样做吗？

继承权同样使土地分成小块；但是由于动产化，这样的分割不会有问题。同样，由于土地税恢复了肥沃土地和价值不大的土地之间的平等，地主交换他们那些被分割的土地并不难，这样就可以把分散的地产归拢成一块。有人还说，个人所有制可能使人有权让土地荒芜；但有了交换制度，不劳动的人怎么能吃饭，他怎么能缴纳土地税？还有人表示担心地主压制工业家，可以说这是不可能的，因为农业只是在与工业条件相等的条件下才得到报酬，工业同样是以成本价保证它的原料。总之，对于让人忍受集体组织造成的苦恼、集体组织制定的纪律和分成的等级，有人曾回答说，受到更好教育的人将考虑到必要性；但不会有使人决定这样就放弃自由的必要性。

因此我得出的结论是个人所有制，因为借助交换银行和土地税，我们将使地产达到逐渐属于每个家庭的规模；由此产生利益联盟和自由分子组成的社会组织。

佩列林（布鲁塞尔）：德巴普给大家作了一个非常有学术性的报告，而我想以比较明白易懂的方式和大家谈论所有制，用常识代替科学。

土地应属于人类集体。人们已经讲过所有权是如何建立起来的，如果不是一切都被少数人瓜分了，那么所有人都会有自己的地方。

最初的所有者被其他人用暴力赶走，或沦为奴隶。在我们比利时就有这方面的实例。最初的所有者曾经先后被罗马人、北方的游牧部落征服。

因此，起初所有权是集体的。窃取了所有权的少数人完全非法地保留、出卖、赠送所有权。

在93年①，人们没有理解问题。人们把集体的财产收回，又把这些财产出卖，因为人们需要钱；人们无权这样支配属于子孙后代的东西。

一代人无权把应该永远是现在和将来全人类财产的东西转让给某些人。

如果国家开始不再出卖它收回的财产，那么，因为没有地主的直系继承人，约在100年之后就可能解决问题了。

今天，在社会里有幸福的人和不幸的人，我们不属于会想使我们敌人痛苦的人，我们要所有人都幸福。幸福的人本身变得更加幸福，因为他们的幸福有长期保证。今天最富有的人确实能保证在100年之后，甚至20年之后，他的后代不处于最深重的苦难之中吗？

龙格（卡昂）：我不来反对在我之前发言的人，因为我确实不知道我是否赞成他的意见。他对所有权的批判完全正当，但是并非由此可见所有权就必须是集体的。

我的论点已经由托伦权威地详细论述了。我只补充几个次要的论据。在我看来，普遍同意不是表明一个制度公正的证据，但是人类不能就这样完全取消自己的一种构想。这种构想终归还有些东西。

在我们和报告人之间有误会。如果大多数人已经非常了解交换银行，他们当然只能得出我们的结论。

所有权不是社会的主要现象，它甚至实际上已经不复存在，因为它已经受交换现象的左右。不再有像原来那样把自己圈在自己的土地上、其家人接连好几代都呆在这块土地上的地主了。由于信贷、交换、自由、迁移，这种情况已经消失了。

报告人断言，个人经营不如集体经营好。我们没有时间专门解答每

---

① 指1793年。在法国大革命中，雅各宾派于该年6月推翻了吉伦特派的统治，并制定了当时最民主的资产阶级宪法——1793年宪法。——编者注

个特有的论据；我们仅仅回答说，小规模种植和大规模种植往往有同样多的优点。

我们记得一句老谚语说："人勤地不懒"。

报告人给我们介绍一些需要研究的趋势。他给我们指出趋向集体地产的大规模种植，可是我要问，我们的看法在哪一点上排除大规模种植呢？

我最后要求不作任何紧急的决议，因为在农业人口当中进行认真调查之前，我们不能作出决定。必须把这个如此严肃、如此重要，今天不可能解决的问题留给另一次代表大会。

库隆（布鲁塞尔）：我同意龙格的最后几句话。我建议重新研究这个问题，但以一种比较广泛的形式：

以共有财产的形式。

请人们考虑与公民自由和独立一致的集体制的组织。

这既可以应用于耕地的产权又可应用于其他任何产权。必须根除工业和农业之间的对抗，要把它们的关系建立在法律和公正的基础之上。

然而我们认为只有在集体所有制中才有公正和福利。有人说，共产主义是专制中的平等。谁能证明在这里不可能有和其他地方同样多的自由？他们把修道院里存在的东西当成集体组织的典型。有人按照某些学派创立人的荒谬标准，得出笼统地反对共产主义的结论，而不探讨把细微的缺陷应受到的批评运用于某项原则的做法是否正确。

我奉劝所有人对此进行认真研究，不要被那些笔杆子的话牵着鼻子走，例如蒲鲁东，他摧毁了很多，但他根本就没有能创立什么东西，甚至连他那出了名的人民银行都没建立起来。①（掌声、抗议：不管怎么

---

① 根据第287页的更正和补充，这句话应改为："蒲鲁东作为摧毁者对革命是有巨大帮助的，但他只不过是一个平庸的组织者，有名的1848年流产的人民银行的见证者。"——编者注

样，这不是他的错误。）

埃卡留斯（伦敦）：我反对推迟讨论这个问题的建议，去年已经推迟了。人们所说的有关小地产的情况，在我看来是很有争议的，小地产过去只能适合使耕种者陷于贫困、受高利贷者的支配。

在英国，除了一些无所事事者，没有人在土地成为集体财产之时蒙受损失；现在土地属于大地主，为了使土地有利于全体公民，只需要让这些人靠边站，佃农不是向地主缴租，最好是向国家缴租。

但是在地产被分成小块的法国，这样的转变可能会遇到一些大的困难。

农民——大部分是小地主——拒绝联合，遵循落后的思想观念；他们将扼杀革命，造成破产；而相反，如果把集体力量联合起来，使所有人都能用上机器，这样由国家进行的大规模经营就必将产生富足。为了表明个人所有制的所谓优点，只需给你们举出德国，那里已经相当宽裕的农民吃得比英国工人差得多。

缪拉（巴黎）：我和我的支持者一道商定推迟到下一次代表大会的问题不属于洛桑代表大会的议程，在洛桑只是附带提出这个问题；这可能只是第一次推迟讨论这个问题，我认为这个问题很值得几次代表大会关注。

另外，面对经过仔细研究的长篇报告，我们觉得如释重负，因为巴黎支部被撤销使我们没办法就这个问题作详细的说明，得出它应有的理性结论。

列斯纳（伦敦）：对于所有反对委员会决议的论据，我只回答一个事实：土地将属于集体。在法国，变成地主的佃农鼠目寸光，只考虑自己的利益，因为如果他拒绝为共同行动提供帮助，他就拒绝接受机器为他提供的更多的生产手段。在英国则相反，在法律上承认土地所有权属于国家，只留下几个大的土地产品所有者，通过简单易行的变革，土地所有权将回归它真正的主人：社会。

安斯（布鲁塞尔）：反对个人所有制的人们把并非个人所有制本身的，而是与其无关的缺点归咎于个人所有制。在埃卡留斯所说的英国的情况中，我看到了高利贷的弊病，而不是所有制的弊病。如果德国的一些地主富有而又不幸，应该把这种情况归咎于不良的交换组织，每个种植者在不违背分工的基本原则的情况下，不能只顾生产全都是必需的东西；如果他只生产某些东西，他必须知道按照合理的方式交换这些东西。

就像我们希望看到每个产业工人持有自己的工具、在工厂里有他的股份一样，我们希望雇佣劳动像从其他所有地方消失那样，从农业里消失。

有人还说过，值得担心的是耕种者相互串通提高原材料价格。

不过，这是不可能的，因为既然一个耕种者生产不了他所需要的一切东西，在他想得到他所缺少的东西之时，他可能是第一个失主。

现在该我评论集体所有制了。我首先要指出，人们给我们介绍了各种形式的集体所有制。

一些人希望耕地的所有权属于市镇。或者每个人都有权选择他喜欢的市镇，或者要进入就一定要有某些担保。在第一种情况下，各个地块的价值不等，起码在起初是如此，可能会使贫穷市镇的劳动者离开原地，涌向自然条件比较有利的土地。在第二种情况下，哪里还会有平等、公正、自由？

另一些人把所有权归还国家。这里还是有两种意见。一种意见是仅仅把耕地交给国家；第二种比较合乎逻辑，把工厂、机器和个人财产也交给国家。第一种方法强化了农业工人和产业工人之间这种已经很难避免的斗争；它使农业工人屈从于产业工人，产业工人除了有另一方缺少的工厂股份之外，还有集体的管理权。按照第二种方法，会有一个比以往任何时候都更加集权的国家。我们要取消的个人地租通过国家继续存在。

我们不想受个人的压迫，也不想受集体的压迫。例如在若干年之后，一栋房子的居民要向国家支付 10 倍或 20 倍的房钱！而且除非国家禁止瓦工盖房，禁止机械工人制造机器，否则国家就不得不购买人们制造的所有东西，因为禁止个人有集体财产。

这是可怕的集权！不管选举出来的组成政府的代表们任期长短，他们都同样有过高的权力；都将有腐败的、起码可贿赂的官员，会加重预算负担的人！与这种国家相比，现代国家只是个废物。（掌声）

因此，我同意托伦和龙格提出的推迟的要求，首先是因为现在没有足够的农业工人的代表，其次是因为这个问题非常重要，不能突击表决。使所有人获得这方面的知识，使整个**国际**能就这个使最伟大的思想家们望而却步的问题达成一致的意见，这需要时间。总之，关于所有制的决议可以根据国家情况而有不同，立即表决是很不慎重的。

封丹（布鲁塞尔）：我同意托伦的建议。我还要指出在布鲁塞尔支部非常广博的报告里的一个空缺。在报告里没有从哲学的角度考察所有制，在这一点上，我奉劝报告人重读蒲鲁东《经济矛盾》①的最后几章；他将意识到他建立一个比旧所有制更坏的新所有制，他复原了上帝为所有制提出的假设。

我们认为，土地所有权不像法典所说的那样，是使用和过度使用的权利，而仅仅是在我们可能的范围内进行耕种。

报告想要的集体所有制把我们引向共产主义，引向人们非常正确地称之为追求贫困的共产主义。我们要为更好的社会，为将来不再追求贫

---

① 原文如此，指的应该是蒲鲁东《经济矛盾的体系，或贫困的哲学》一书，该书第 12 章专门谈"共有制"问题。——编者注

困，而是追求富有的社会而努力。

（佩列林站起来强烈反对；短时间的喧闹；主席提醒打断别人发言者要注意场合。）

我最后表示支持托伦的建议。

克楠（安特卫普）：我对**国际**的某些会员起来如此强烈地反对共产主义感到惊讶，而肯定的是，没有一件产品纯粹是劳动者的个人创造。任何产品都是集体做出来的，因为它不仅需要当代人的劳动，而且需要过去历代人的劳动。因此，除了那些由于个人把它们消耗掉而事实上是个人财产的日用品之外，没有一件产品应该是个人的财产。

托伦这位朋友如果认为土地个人所有制是个人自由的一个条件，那他就想错了。如果没有集体所有制，只能存在强者的个人自由；然而，我们希望所有人都有自由。因此，所有权，尤其是土地所有权，是其他一切所有权的本源，应属于所有人。所以正相反，集体所有制才是个人自由的一个条件。因为，我认为，个人自由到可能变得有损于社会福利的地步为止。

关于农业劳动者的不稳定的处境，人们已经谈论了很多。不是所有人都能从事农业，显然需要很多其他行业。但有一件事是肯定的，这就是今天有整整一个闲人阶级，还有许多完全无用的职业。所有这些人最终都依靠农业劳动者消费、生活，农业劳动者的确是人类的养育之父。因为农民必须为所有这些无用的、甚至有害的人生产，所以他本人只能勉强糊口，这就不足为怪了。为了振兴农业，必须使农民重新站起来；为了使农民重新站起来，必须消灭闲人以及仅仅为闲人而存在的奢侈品行业。然而，这需要彻底的社会改革。到那时候，农业将是最受尊敬的需要专业技术和知识的行业，是社会秩序的物质基础。

德巴普（布鲁塞尔）：面对托伦的动人演说，落在我肩上的任务是艰巨的。但我需要回答被用来反对我们的各种论据。首先，我们仅仅把托伦和其他反对土地集体所有制的人完全接受的适于矿井、铁路、道路、运河等等的东西扩展到农业所有制。在这种情况下，就根本没有绝对支持个人所有制的人。假如委员会的论述可以被看成是共产主义的，我们大家都在不同的程度上是共产主义者。事实上，我们不要求国家变成耕种者或给农业工人发工资，同样，我们也不要求国家变成矿工或给矿工发工资，而我们希望把土地像矿井、铁路等等转让给一些大的工人公司那样，把土地转让给大的农业公司。

为什么区别对待矿井或**下面的土地**和严格意义上的土地，这种严格意义上的土地只不过是土地表面的矿井，人们从那里开采植物而不是石头、大理石、矿石、煤炭。我们自认为比我们的反对者更合乎逻辑，因为土地和地下资源二者都是大自然免费提供给人类的，所以我们为全人类要求对于这二者的所有权，我们要求联合体经营它们。但人们在这里一开始就阻止我们，对这些农业公司的必要性提出质疑。

我非常惊讶听到我们的朋友托伦和龙格对我们说小规模种植可能优于大规模种植，而在法国人们普遍抱怨把土地分割成小块和小块种植。蒲鲁东本人都承认大规模种植必然有优越性，把土地分割成块作为法国农业的伤疤揭露出来。（见他的新作《所有权理论》）

有人说，不过大规模种植可与小规模种植并存；因为每个农民都可能拥有的那些小型机器和今天在英国使用的大型机器的效果一样。显然，把机械的力量用于种植不需要共有制，因为，甚至姑且不说小型机器，人们完全可以想象到好几个轮流使用一台大型机器的耕种者——或者这机器是联合体买的，或者是个人承包的；因此布鲁塞尔支部不说在小块地产上不可能使用农业机器，仅仅说在大块地产上使用机器比较容易，大规模种植的主要优点不是使用大型机械，而是可以轮作，肥料充裕，牧场广阔，牲畜多，等等。不过，虽然人们能设计适用于小块地产的机器，但必定需要（为了使这块今天出产粮食的土地明天转变成人工牧场、苜蓿地、菜地，等等）各个小块地连成片。缺乏肥料同样使土地贫瘠；然而，肥料必须以大牧群为前提，也就是以有大的人工牧场、把现在的小块地连成片作为前提。不可能脱离这一步：大规模的、协调一致的种植需要小块地组合成大规模的农场。

人们在这里打断我们的话：说可以把这小块地**连成片**，同时使每个人依然是他那小块地的地主。对不起，从小块土地组合成共有的农场那一时刻起，每个人就不再像今天这样有权**自由支配**他的田地了；这个自由支配权，它是所有权的实质本身，于是被转让给集体，因此集体变成了地主，因此实实在在地有了共有地产、集体财产。在这之后，每个人都可以自由地说自己是共有的那一份的个体所有者，这是没有什么危害的小小虚荣，事实上，不再有**个体**所有者。

人们可以设想在最坏的情况下，小耕种者凭着细心和精力最终获得与大农场主得到的植物类产品等量的植物类产品，但是人不能只靠植物活着；肉类对我们来说已成为必需品。然而就是在这方面小规模种植是无能为力的，因为它不适于放牧大群牛羊；因此我们看到把土地分成小块的国家，例如法国，缺少肉类，而在英国就不是这种情况。

这是因为大规模种植在生产效益方面占优势，必然到处都取得辉煌的成就；农民因小块种植而有或多或少的个人自由并不太重要，需要比自由更灵验。不过大规模种植需要大的个人地产或大的集体地产，毫无折中的办法。大的个人地产可能倒退回中世纪，人们不能这样逆几个世纪的潮流而上；剩下来的是集体所有制。人们只可能根据各国情况，通过不同途径最终达到这种新的占有形式。在法国，可能在农业联合体形成之后才有属于社会的集体地产；今天宣布土地归社会集体所有可能是一件荒唐的事，特别是在农民死死抓住土地不放的法国；这在89年[①]是

[①] 指1789年，法国大革命于该年7月13日爆发。——编者注

可能的；革命首先是资产阶级的，否则就不会出售没收来的教士和贵族的土地，而仅仅是把土地暂时和有条件地转让给农村劳动者了。

在英国，人们可以预见发展将是另一种完全不同的情况；在那里像在俄国一样，人民不把土地看成个人财产，而看成是全民的财产，它现在的所有者仅仅是代理者。斯图亚特·穆勒尽管赞成小地产，但是他承认法国式的自耕农思想并没有进入英国人的头脑。然而在英国，主要是由于长子权，土地所有权很快集中在某几个人手里；人们可以预见，英国人民在要求收回他们的地产时，他们面对的只是少有的几个**地主**。如果这些地主拒绝与他们你情我愿地商谈，他们并不难用暴力清除这些地主。人们可以预见，在那里土地所有权将回归英国的全民，而不是首先回归比较有限的农业联合体的集体。

现在我们来谈谈安斯这位朋友的观点；我认为我已经记住他的主要论据了。他说，工人必须是他的工具的所有者，因此农民必须是他的犁和土地的所有者。

工人是他的工具的个体所有者，光是涉及锤子、镘刀等工具，我非常希望如此。但是，如果从这个思想出发，把它扩展到大型工具，如机器、车间、工厂，人们显然就堕入谬误。这些需要集体力量的大型工具只有在它们是集体的，或者是特定的工人团体的，或者是仅仅由工人组成的整个公司的财产这个条件下才能是工人的财产。对于机器、车间等等来说，只属于工业联合体集体所有，在我们看来这就够了。但是涉及土地和地下资源，我们希望归一个范围比较大的集体所有，因为这就不再是一个特殊类型的工人的简单工具，而是全人类的原材料。另外，我们将提醒大家注意，如果真的不管什么样的原材料和工具都应该归工人个人所有（或起码归合伙工人集体所有），那些要求矿井、铁路、运河归全社会所有的人们和我们一样应受到谴责，被他们自己的论据驳倒。

安斯还说，如果不让耕种者成为地主，而另一些工人则可能是他们工具的物主，我们就使两个社会等级形成了。这两个等级（如果有等级），并不是我们使它们形成的，这是必然的；我们非常同意农业联合体成为其犁、机器等等的所有者；如果土地是性质非常特殊的工具，由于社会需要的原因，不能把土地所有权转让给一些个人或一些有限的团体，这不是我们的过错，是因为把土地所有权转让给这些团体或个人，他们就会掌握所有消费品的来源，这样一来就掌控了所有人的生活。另外，如果农民不占有土地就使他们成为与众不同的等级，我们要说，矿工不占有矿井，船夫不占有运河，伐木工不占有森林，电报员不占有电报线路，等等，他们同样变成与众不同的等级。但事实是，在所有这一切情况中，根本没有等级：社会要求保证，同时社会提供保证；在这方面有双方的契约，要讲的就是这么一些。

安斯这位朋友说难以驳斥赞成土地集体所有制的人，因为有如此之多的细微差异；例如，有要求所有权归市镇的，有要求所有权归国家的。至于我，我表示不能同意所有权归市镇，因为这可能给我们造成类似于今天个体业主之间不平等的市镇之间的不平等；土地应该归国家所有，起码是**在过渡阶段**，即直到由于各国人民的联邦或国籍消失、土地归全人类所有为止。另外我认为，那些像鲁昂工人那样要求土地属于市镇的人，他们的意思只是地产由市镇管理，就是说，例如，当一些耕种者表示希望经营某一块土地时，他们就可能去找市镇行政部门的主管官员。

但在赞成土地归社会所有的人们之间有明显的根本分歧，安斯对此只字未提：这种分歧就是一些人认为应把土地免费转让给农业公司，另一些人认为要收地租。在把地租交给国家的不公正和危险的问题上，安斯所说的一切对于前者来说等于零。至于我，我不认为取消地租可取，然而我要求取消任何对劳动成果的预先享有。因为在我看来，地租不像资本利息和中介收益那样是劳动成果的提成。不管地租的起源是什么，事实就是这样，有为之付出的劳动相等而肥力不等的土地，地租可用来表明这块地与另一块地相比的自然增值；这种自然增值来自土地的质量，它相对于山、森林、水流等所处的位置；然而，是否可以这样说，所有这部分增值并不是农民劳动的功劳，而完全是自然作用的功劳；此外，另一部分增值是由于土地邻近大的居民中心等而产生的，这部分增值也不是农民造成的结果，而是社会造成的结果。这两种增值构成地租，它可能不是今天这样的地租，而是那种必须合理的地租。今天，地租一般都到了不从事耕种的地主手里，这就是盗窃；在耕者有其田的社会里，在土地可能免费转让给农业公司的社会里，条件优越者可能享受并非他们劳动成果的地租，可能还有窃取和不平等；相反地，可能把与土地价值成正比的地租交给社会集体，社会集体只从中提取归因于人类社会集体劳动和自然作用的东西，在这样的地方，地租在全部或部分代替捐税的同时，可能因此保障平等。我首先是平均主义者。

按照安斯的看法，这种付给国家的地租可能比今天付给个人的地租更有害。这取决于人们自己对国家看法。今天，国家就是资产阶级，而地主—食利者正是资产阶级，也就是说国家；因此，今天，向国家或地主交地租对于无产者来说几乎是一回事。但国家，我们按照新的组织方式设想的国家，是社会本身，是各个劳动者团体的联合。在这样的国家里，交给国家的地租用于所有人的福利，而不是仅仅用于一个人的福利；在这样的国家里，地租相应地减少捐税；另外，在这个国家里，每个人都对地租—捐税的使用有发言权，而今天，最后总是从我们的劳动成果中扣除的捐税只用于资产阶级，被地主装进腰包的地租对我们来说是永远丧失了。

至于封丹这位公民的论据，我谦恭地承认我一点都不懂；可能我的头脑太迟钝，理解不了这些关于上帝和所有制玄妙关系的崇高真理；尽管如此，如果集体所有制必然带来新的崇拜，我认为，那些和我的反对者一样同意矿井、铁路和其他许多东西都归集体所有的人并非与此事毫无牵连。

11点散会。

第十六次即最后一次会议

(1868年9月13日于国家马戏团剧场)

2点30分在**缪拉**的主持下开会。

点名结束；通过宣读的会议记录。

舍佩勒宣读贝克尔代表德国人支部的小组提出的如下决议：

鉴于：

维护和平的不确定因素的最后一个原因在于目前的经济制度，它没有任何公正和任何远见，甚至在社会基层都认可一切人反对一切人的战争；

黩武主义不仅支持使这种情况永久延续下去，而且使之进一步恶化；

虽然确实在资产阶级内有与各个劳动阶级同样的维持和平的愿望，但是资本持有者继续进行经济战争，并且在以黩武主义为基础的政府里寻求保护，这促使政府保留成为国际战争原因的常备军；

因此进行战争不仅为了王朝的利益，而且为了所谓的国家利益，即为了各个统治阶级的利益；

只有劳动者明显而必然关心，最终取消经济的和政治的、个人的和国家的任何战争，因为无论哪方胜负，最终总是他们用自己的鲜血和劳动来偿付交战者之间必须结清的账；

欧洲的任何战争，尤其是法国和德国之间的战争，今天都应被看做是内战，至多将有利于社会状况尚未达到现代文明水平的俄国；

代表工人阶级的国际工人协会在其纲领中承认有必要把夺取政治领导权作为达到其社会目标的手段，今后也必须在文明世界所有事务中有自己的政治纲领；

我们要求

国际代表大会作出如下决议：

1. 协会的所有机构推动各国工人强有力地反对战争，用他们力所能及的手段反对战争，拒绝参与任何杀人和摧毁劳动成果的合作；

2. 在居民中散发文字材料，以便使工人，特别是使被迫入伍者了解他们的权利及对人类的义务；

3. 总委员会采取所有符合此决议精神、适应时代和特殊情况的措施。

杜邦主持会议。

龙格（卡昂）：宣读行政会议通过的关于战争的决议①如下：

鉴于公正必须是自然的团体、人民、国家之间以及公民之间关系的准则，战争的主要原因是经济不平衡，战争只不过是强者有理，而不是法律制裁；

战争仅仅是特权阶级或代表他们的政府使人民服从的手段；

战争巩固专制制度，窒息自由（我们提供的有关证据是前几次意大利和德国的战争）；

---

① 原文为法文，因文本不同，与本书第6卷第249页根据英文译出的决议在文字上略有出入。——编者注

战争使许多家庭哀伤和破产，使各个军队集中的地方道德败坏，因此战争使无知和贫困状态得以保持并且永久延续下去；

黄金和人民的鲜血过去只不过用来在人民之间使人的野蛮本能保持原始状态；

在以劳动和生产为基础的社会里，军队只能被用来为每个人的自由和权利服务，甚至对于社会团体的单独一个有用的成员来说，它都只能是一种保障，而不是压制；

在欧洲目前的状况下，政府不代表劳动者的正当利益；

战争的主要和经常的原因是经济不平衡，只有通过社会改革才能消灭战争，虽然如此，但战争的次要原因依然是由中央集权和专制产生的独断专行；

从现在起，人民反对那些进行战争或宣战的人就可以减少战争的次数；

这个权利主要属于几乎无一例外地必须服兵役的工人阶级，只有工人阶级能处理这个权利；

为此，他们有合法的、切合实际的、立即可行的手段；

事实上，如果生产停止一定时间，社会机体就不能生活，因此生产者们只需停止生产就可以使个人专制的政府难以行动；

在布鲁塞尔召开的国际工人协会代表大会宣布最强烈地反对战争。

大会呼吁协会的所有支部以及所有工人协会和工人团体，不论其性质如何，都在其各自的国家全力以赴地行动起来阻止人民对人民的战争，这样的战争现在只能被看成内战，因为，它是在生产者之间进行的，只会是兄弟之间和公民之间的对抗。

大会特别向工人建议，在他们各自的国家一旦爆发战争的情况下停止一切工作。

大会充分信赖各国工人的团结精神，完全相信他们一定支持各国人民的这场反对战争的斗争。

副主席**缪拉**宣读今年任命的总委员会委员名单:①

阿普尔加思（罗伯特）	林堡
科恩	马克思（卡尔）
柯普兰②	米尔纳（乔治）
德尔（威廉）	莫里斯（捷维）
杜邦（欧仁）	奥哲尔（乔治）
埃卡留斯（格奥尔格）	肖（罗伯特）
福克斯（彼得）	斯特普尼（考埃尔）
黑尔斯	威廉斯
荣克（海尔曼）	韦斯顿
若昂纳尔	沃尔顿（阿尔弗勒德）
拉法格（保尔）	扎比茨基
鲁克拉夫特（本杰明）	贝尔纳
列斯纳（弗里德里希）	豪威耳
罗夫人	巴克利（詹姆斯）

缪拉宣读行政会议上通过的关于土地所有制问题的决议③。

---

① 参阅第287页更正与补充。——编者注
② 原文为卡普兰（Capeland），应为柯普兰（Copeland）。——编者注
③ 原文为法文，因文本不同，与本书第6卷第247—248页根据英文译出的决议在文字上略有出入。——编者注

一、关于矿山、煤矿和铁路

鉴于:

这些大型的劳动工具固定在土地上,占据着一大部分土地,而土地是大自然无偿赋予人类的公共财产;

这些劳动工具必然需要应用机器和集体的力量;

今天存在的只对资本家有利的机器和集体的力量,将来只应该有利于工人,为此,任何工业部门(在这些部门中,这两种经济力量是不可或缺的)都必须由获得解放的雇佣劳动者团体经营;

大会认为:

1. 采石场、煤矿和其他矿山以及铁路,在正常的社会里都应属于以国家为代表的社会集体,这个国家本身是经过改造的并且服从于公正的法律;

2. 采石场、煤矿和其他矿山以及铁路,不是像今天这样由社会租借给资本家,而是租借给工人的公司。这要依据双重契约:一是授权给工人的公司并向社会保证:公司科学而合理地利用特许权,以尽可能接近成本价的价格提供服务,社会有审核公司账目的权利,因此不可能再形成垄断;二是保证公司的每个成员与其同事之间的相互权利。

二、关于农业所有制

鉴于:

生产的需要和应用农学知识要求进行大规模的协调种植,要求引进机器并在农业领域组织集体力量,而且经济演变本身也趋向于进行大规模种植;

因此，农业劳动和土地所有权与矿业劳动和矿山所有权应处于同等地位；

另外，可产生收益的土地是所有产品的原料，是所有财富的原始来源，而它本身并不是任何个人的劳动产品；

把这种必需的原料转让给某些人就会使全社会都依赖于得到转让的原料的那些人；

大会认为，经济发展将使可耕地归集体所有成为社会需要，土地将被租借给农业公司，就像把所有的矿山转让给矿业公司，把铁路转让给工人公司那样，这种租借附带有对社会和耕种者有保证的条件，这些条件与转让矿山和铁路的必要条件类似。

三、关于运河、道路和电报线路

鉴于：

这些交通和通讯线路需要统一的管理和维修，不能像某些经济学家所要求那样，为避免形成垄断而交给私人；

大会认为这些交通和通讯线路必须继续为社会集体所有。

四、关于森林

鉴于：

把森林交给个人可能加快毁坏森林；

毁坏某些地方的森林可能危及对水源的保护，进而破坏良好的土质，危害公共卫生和居民的生命；

大会认为森林必须继续归社会集体所有。

（这些决议被委员会全体通过，两名委员缺席。代表大会以30票对4票通过这些决议。15名代表弃权。）

缪拉宣布前面的决议只以非常微弱的多数通过，弃权者很多；另一个倾向于推迟讨论这个问题的决议仅以5票的多数被否决。

托伦要求解释少数人的决议，宣读了一项声明。①

勒莫尼耶（马赛）：没想到有人来这里抗议在别处已经作出的决议。

托伦：这不是抗议，而是解释。

杜邦：多数派也想抗议。在短时间的讨论之后，杜邦征求大会意见以便知道少数派是否有权解释他们的决议。

有人要求记名投票。其结果如下：

18票赞成，31票反对，2票弃权。

报告人**格里南**宣读：

研究合作社问题的委员会起草的报告

这个问题非常突出的经济性质只需要对现有的既成事实的简单确

---

① 好几家报纸转载了这个声明，我们在此作为资料予以公布：
"鉴于，根据我们的看法，所有制问题只列入最后一次会议的议事日程；
只是很不充分地从一般的角度，而没有全面地从经济的角度研究这个问题；
在一些代表确认尚未使他们明了的情况下，理所当然地要把问题交给下次代表大会。
如下签名的是弃权和投反对票，因而拒绝承担表决责任的代表。"（随后是签名）

认，并对委员会认为适合论证这些事实的方法加以单纯阐述。

在最近几年里，工人们自以为要减轻折磨他们的可怕的贫困造成的痛苦，有必须要做的事，不再指望执政者和人类的救星，他们希望由自己寻求解决这些经济问题的办法，很快就发出"同资本家进行斗争"的吼声。

可是他们开始没有经验，沉湎于一直存在人心中的金钱和享受的欲望，当权利观念和正义感使他们心理不平衡时，他们就为自己建立这些生产与消费协会。工人在协会里反对资本的遏制，与此同时，努力创造自己的资本和收取利润。各协会的这样一种观点所助长了下面这些思想和愿望：在他们手里有资本，从消费者身上收取红利，保守意识和享受欲望，设立年金，这样就使工人们经常指责的资本占有者所干的那些事合法化了。这样一些做法很快就能导致第四个资产者和保守者等级的产生，这一第四等级在提出要求之日将跻身于①反动派行列，还将压制未能积攒金钱的不幸者。

像国际的原则所容许的各个协会，其目的只是从资本家手里夺取生产工具，把这些生产工具交到其合法的所有者②，即劳动生产者的手中。

国际要反对的是用资本获取的利息进行扼杀；旧社会建立在利益对立的基础之上；这是斗争，那么，好吧！我们将进行斗争！我们将把我们的力量联合起来，这集体的努力可能造就出的人类，不像现时让我们看到的人类那么凄惨。我们从资本家手里夺过这些死亡工具——机器，把它们变成生活的工具；我们将消灭这样一些制度，由于它们③，从无

---

① 根据更正译出，参阅第287页的更正和补充。——译者注
② 根据更正译出，参阅第287页的更正与补充。——译者注
③ 根据更正译出，参阅第287页的更正与补充。——译者注

自动力的金属中产生了租金、财富、完全悠闲的生活。自由生活、自由劳动,这就是我们的权利;让人自由生活和自由劳动,这就是我们的义务。**国际**将完成自己的任务:工人们必将组织起来。

如果不进行工作,不重新激起人们的拥有欲望,这些协会怎么建立起来呢?这就是建立这些协会使得永远不能收取金钱的利息。要求超过劳动所值的任何价格都是盗窃,因此收取的任何利息都必须退给劳动者,退给消费者。合作社是什么?就是所有组成成员只在他们之间销售、交易的合作社。必须扩大范围,必须向所有人出售,但是决不收取对付出劳动的补偿之外的工资。否则,在市场上获取交易给资本家带来的所有利润,就没有办法区分工人的小本合作社和企业家、现在企业里的经理和扒手的合作社。

让工人们把他们剩余的一些钱集中起来,让他们组织起来,让他们立即建立这样的消费协会,这些消费协会不需要很多的资本,以后他们就可以建立生产合作社,于是我们就将把人类的所有财富资源掌握在手里。

研究合作社问题的委员会建议作出如下决议:

任何以民主原则为基础的社会都拒绝借资本之名而进行任何形式的克扣,如租金、利息、利润,从而把工人的全部权利、一切公正的报酬都交给工人。

这样,由于缩短工时,由于得到他辛苦劳动的成果的公正的报酬,由于生活有保障使他们有可能受到的教育,由于扼杀他们的那些冷酷无情的吸血鬼的消亡,工人,自由的工人,将只靠自己,单独地、逐渐地改变旧世界的面貌。

韦里肯(布鲁塞尔):我不作长篇讲话。我只尽力给大家说明关于生产合作社的几个切合实际的想法。

工人是被剥削者。老板从他的劳动产品提取10%、20%、30%，甚至更多的利润。这是必须退还给工人的利润。

我们知道难以建立生产合作社。要建立合作社，必须有工人普遍缺少的资本。但是，如果工人们完全能够弄到建立歌唱团、乐团等等所必需的金钱，那么他们更应该争取找到为他们同老板进行斗争的钱，为此，他们甚至应该把他们娱乐团体的资金集中起来。

生产合作社可以用不同的方式建立起来。

我们不赞成建立与在布鲁塞尔已经存在的、入会费要一二百法郎、把一无所有的工人排斥在外的生产合作社类似的新合作社。

相反地，我们希望任何工人，不管什么样的工人，都独自享用他自己的劳动收益，因此都能加入这些合作社。

为了达到这一结果，有好几个方法；我们只举出其中几个：

1. 我们今天有很多抵抗团体。这些协会有可能转变成生产合作社，因为它们都有资金，它们的全体会员都可能参加，甚至有几个协会吸收了全行业的人员；因此不会有可能被排除在外的工人。

2. 可以通过认购的方式建立新的合作社，目的是直接进行生产。

首先从工人工资最高的行业开始。沙勒罗瓦日工资相当高的吹玻璃工人就是这样积聚了3000法郎，这笔钱使他们得以组成生产合作社。

工人们可以根据他们的收入多少，按每部分5、3、2或1法郎交分摊的份额，因此就为那些不能一下子交清全部份额的人敞开大门。

还有另外一种取得这个结果的方法，即在有互助信贷社的地方借助互助信贷社，在还没有互助信贷社的地方建立互助信贷社。

布鲁塞尔的协会都有资金。让这些协会在它们之间建立互助信贷基金，不久就能够组成生产合作社。

的确，所有协会不能同时向该基金借贷它们所需的资金，但是可以从那些建立合作社需要钱最少的协会开始，这些协会把它们的一部分收益放在基金里，很快就可以使其他协会有可能效仿了。

我们知道，人们针对立即建立生产合作社提出几种反对意见。

有人说，在我们当前的社会状态下建立合作社，就是用集体雇主取代个体雇主；但是，如果像我们所要求的那样，使所有人都有可能加入合作社，就不再有这样抱怨了。

另外，人们问我们达到以公正和互助关系为基础的社会状态的切合实际的方法。

我们知道，生产和消费协会只是一个不完全的方法，但是它们丝毫不妨碍我们朝着最终目标前进。

代表们应该宣传这个在未来社会里对我们如此大有用处的思想。

由于有这个思想，工人们将从他们的劳动中获得比较大的一部分收益。

我们还没有消灭任何一种剥削（例如国家还扣除它那一份），但这毕竟是在我们所走的道路上向前迈进的一步。

安斯（布鲁塞尔）：问题是给这些合作社提供一个解放工人阶级的办法。但这取决于这些合作社的组织，这些合作社根据其组成的方式，不是一种解决问题的手段，而往往变成祸害。

另外，只有某些行业允许接连不断地建立这些合作社；在其他许多行业里，这完全不可能。

让我们首先声明：

合作社如果以特权的形式建立起来，就逐渐产生比**第四等级**更悲惨的**第五等级**。

这些合作社中有好几个是靠很少的会费建立起来的，但是成功了，社员相当多了，就急忙在它们的章程里写上并要求新社员交巨额入社费；我们知道有一个入社费600法郎的合作社。

于是这些工人组成一个新的社会等级，因为这个社会等级有一只脚站在资产阶级分子一方,另一只脚站在工人的一方,总之,它只是使资产阶级分子的剥削永久延续下去,所以更加有害。

在工人之间建立的所有合作社里,必须根据所完成的劳动,绝不能根据投入的资金进行分配,

首先确定一个要达到的数额,但允许有权随意全部或部分交付,一旦凑足这个数额,每个人就有权得到他的劳动带来的全部收益。

总之,我们已经说过,这些合作社不能把范围扩展太大,一定要局限于花钱不多就可建立合作社的某些行业。至于矿山、煤矿,等等,必须从改变整个社会组织开始,或者建立集体所有制,或者使信贷变成无息信贷。

合作不是最终使工人阶级得到完全解放的办法。它只能被看成是将来作坊的类型,而到那时,其他剥削的理由连同雇佣制度最终被废除了。

科恩(伦敦):工人首先找工作,然后是保证这份工作。他今天是不是有工作,当他有工作时,肯定第二天还有工作吗?

必须用新的合作原则反对当前的压迫和恐吓制度,没有必要研究这是否将产生第五等级,应该看公众是否能通过合作从取消中介中获益,工人是否可以有得到保证的工作和得到适当的报酬。

拉隆代尔:我们也不相信合作社确实能使工人摆脱他的悲惨处境。有一些合作社绝不是真正帮助工人,尽管取得成功,最终还只是伤害工人。

例如在韦尔维耶,我们了解一些消费协会,每个会员必须自己先行凑齐200法郎的股份。

你们理解,工人需要很长时间之后才能积攒出这笔钱。只要不从他的劳动收入里提取任何扣除,他有可能很容易做到。可是人们给资本9%的利息。

或许情况应该是这样的，即国际协会的会员能成批地加入这些协会，使我们捍卫的取消资本利息的主张在这些协会里获得胜利。

至于解散这些协会，不必去想此事。

雇主们加入这些协会，人们不难猜出是出于什么目的。他们把自己的全部股份都投入进去，以便直接领取与资本相应的9%、10%或12%的利息。绝不是这笔小钱吸引他们，我们知道。而是通过保护这些协会的存在，他们可以逐渐把他们的工人引到这些协会里来，这些工人不知道其中有更多地剥削他们的办法。

的确，工人在那里买他们的消费品，每天可以得到20、25或30生丁的好处；但是雇主很快就利用这个来降低同样多的工资，因此最终还是唯独雇主们从中受益。

韦尔维耶的代表提出一项新决议，要添加到委员会的决议里。下面就是这项新决议：

让尽可能多的工人加入现有的协会，以便使**国际**的原则在这些协会里获胜，消灭资本利息。

布里斯梅（布鲁塞尔）：我正是为此要求建立消费协会，如果我们不控制这个运动，资产阶级分子就会使它消失，就像他们已经对其他运动所做的那样。必须建立各种各样的协会，但要在没有资产阶级分子帮助的情况下。有人说，有用捐赠帮助建立这些协会的资产阶级分子。绝不要这些赞助！如果这些先生们确实善良，那么就付给他们的工人更多的劳动报酬，而不用他们所谓的恩惠侮辱他们。

有人说这些协会培养了工人当中的新贵，好像还没有一个这样的协会。只要建立协会，不把任何人排除在协会之外，就出现不了这个弊病。

我再提一下我曾说过的话，我赞成工资相对很高的韦尔维耶的工人们建立的合作社支持他们更不幸得多的兄弟煤矿工人。先得到解放的工人就应该这样帮助其他工人摆脱困难。

杜朗（巴黎）：为指出一个成功建立生产合作社的切实可行的办法，我告诉各位巴黎首饰工人已经做过的事。

一年半之前，纯金、镀金、包金等方面的各类工人、模压工、雕镂工、镀金工组成联合会。在他们的章程里，他们首先给自己规定保持每个工作日最多10小时，按件计算劳动价格，然后着手建立生产合作社，为此每周交纳25生丁。

但是按这样计算，要达到足够的数额，可能需要很多年。下面就是他们已经做的事。与合作社的基金完全不同的互助和反抗基金为其解围，为其提供无息贷款，因为收益必须仅仅依据劳动。因此在我们的组织里对于资本来说什么都没有。一切都是为了工人。

有一帮工人给我们造成很大损害，这就是在家里加工首饰的工人。如果活不急，老板让他们干活就降低工钱，而这些不幸者被迫接受了，为了弥补减少的工钱，就让他们的妻子儿女干活，因此促使劳动力价格下跌。

我们不与来料加工的工人争斗，而是对他们说，请和我们站在一起，把你们的产品集中到我们的销售店里，你们将得到你们那份公平的收益，而不受利用一切时机的老板们的剥削。我们这样做，不是树敌，而是争取同盟者。

为了避免在工人阶级中形成幸福的和十分悲惨的两类人的弊端，我们曾经希望任何一个合作者都是反抗团体的一员，因此反抗团体胜过合作社。

此外，我们还建立大型公用工具中心，这是非常经济的。还是因为很经济，我们需要的资本，合作社之母抵抗团体借给该中心了。

这样一个组织在大型工厂里可能行不通，我们倒是愿意给大家介绍可以在某些小工业里行得通的典型。（掌声）

缪拉宣布布鲁塞尔的雪茄烟工人在与伦敦雪茄烟工人代表科恩商议之后加入**国际**。

德巴普也宣布英国和德国的一些工会、布鲁塞尔的一家合作社以及其他社团加入国际。

缪拉宣读拉隆代尔、弗吕兹、拉勒芒建议对决议增加的内容：

大会鼓励国际工人协会的所有会员加入各类合作社，以便尝试利用一切可能的手段使他们采纳大会在关于最好的合作形式的报告的决议里所承认的原则。

这些增加的内容被通过。

主席：开始讨论**工人陈情表**问题。

安斯（布鲁塞尔）：下面就是使国际协会决定把这个问题写入代表大会议事日程的原因。

在1789年召开全国三级会议时，各市镇集会把他们所有的怨言收集起来，让他们的代表提交给国民议会。这些怨言的汇编被称为三级会议代表的陈情表。

今天轮到第四等级的人准备他们的陈情表了。我们不知道他们是否要革命，但起码人们将知道他们的不满。

这项工作很庞大，我们不希望今年就完成。这个问题仅仅在代表大会前两个月才被提出，可以说时间不够，因为工人的陈情表必须包括各项总体方案所依据的所有细节。

只要没有非常全面地做好这一切，我们所有的讨论都毫无用处。

日内瓦代表大会请所有支部提供有关每个国家工人状况的全面资料；但是我们还都处于搜集资料的过程中，我们缺少时间。

不过已经提交了好几份报告,这就是布鲁塞尔联合委员会、布鲁塞尔木工、列日、韦尔维耶、根特支部以及阿登耕作者的报告。至于我,我只向大家提出有关工人处境的几点意见。

我着重展开介绍关于最近一些时间我们经常接触的沙勒罗瓦矿区矿工们的情况。

只有少数职业和他们的职业同样艰苦,只有少数工人和他们一样暴露在危险之中。他们经常有生命危险。

我们在1850—1860年的10年报告中看到,在这期间有5000名工人死伤。

矿工的平均寿命40岁,因此可以从中得出结论,4名矿工当中肯定有1名因事故身亡或受伤。

工人队伍本身没有更多的危险。当然,这些危险本应得到补偿;但是这些危险也可以减少,几乎都是吝啬的原因妨碍预防危险。

就是由于这个原因最近在热马普又有57名工人因瓦斯身亡。

工人们认为事故本来是可以避免的。人们已经宣布要调查,但我们一直在等着调查。

在铁路局,小小的事故之后立即进行认真调查,积极追查到的肇事者总是受到惩罚。受惩罚的确实是一些不幸的职员。

而在煤矿里,那些人就不调查了,在煤大王面前,在那些可以支配选民、把他们送进议会的人面前,他们就下跪了。

啊!如果我们有英国的立法多好啊!

但是在这里,负责提起公诉的是国王的检察官,这些先生们过于忙着读报,看不到报上有违反出版法的行为,也没有时间想想工人。

在英国,任何人都可以充当控诉人。人们做这样的事,不是从事有报酬的职业,而是履行义务。

在热马普,有一个煤矿的监工在事故之前一个月提出辞职了,因为他预见并且预报了危险。

  调查，即使做了，也不会提供任何保证。人们将把错误转嫁给一个不幸的遇难者，肯定他不会再来抗议。但是这位监工的举动明显地证明，有人已经预见到这场灾难，人们往往可以避免再度发生事故，可以减少安全隐患。

  我们说过，这部分人应得到补偿。然而根本没有予以补偿。

  一些人来对你们说，矿工们都挣几大堆钱，天天喝香槟酒。某几个人，监工，的确每天挣六七法郎，于是人们就认为其他人也是也同样。

  这就好像是人们肯定说，大臣们的薪金是21000法郎，因此部里的所有职员都领取同样的薪水！

  让我们回到现实片刻，看看这种高工资是怎么回事。

  从1851年到1860年，平均工资是：在井下干活的每天3法郎，在井上干活1.75法郎。此后这些工资还下降了。

  而这还没完呢：矿工并不是天天上班，失业的时间长。在埃皮纳事件时就是如此，煤矿工人每周只工作4天；在同一时期，在博里纳日他们每周只工作3天，后来是2天。请看，在这之后，他们是不是可以天天喝香槟酒。

  更何况除了这样降低工资之外，还有在其他方面由于欺诈而造成的减少工资。有对所干的活不满意，罚款，减少工资，等等，罚款之多有时甚至从约15法郎中罚去10法郎！

  其次，车间主任们有权制定车间规则，他们想怎么制定就怎么制定。当然有很多凌辱人的条款，他们有让人们遵守这些条款的监工。监工们干着监狱看守的差事。但是不要谴责他们，因为这些可怜人只不过是暴虐的工具，老板们利用他们对付工人。他们进行监视，他们的任务就是积聚尽可能大的资本份额。最后，他们开店和小酒馆，工人们如果不想与监工为敌，就不得不去他们那里买东西。结果是工人在受雇主的剥削之后，还要受工头的剥削。

还有许多其他细节！6周之前，工人们还可以自己购买他们干活用的炸药，他们愿意在哪里买就在哪里买。现在，在阿梅尔克尔煤矿，老板迫使工人在公司买炸药，花的钱超出价格的50%。

啊！我们要求写出工人陈情表，不无原因。

我们要让人看到，这不仅仅由于有理论，而且由于有千百万个十分明显的反剥削的事实。

互济基金、互济公司，等等，如果不是我们的老板非常珍视的、总使他们受益的济贫思想的产物，那还是什么呢。

我们那些善良的慈善家心想：工人有时要变老，这是很不幸的，因为人们还必须给他饭吃。有时他们受伤，这也令人不快，因为舆论可能迫使我们给他抚恤金。因此让我们想出设立互济基金。

既然从这些基金得到最大好处的是老板们，理所当然地应由他们提供资金。这是绝对没有的事。

沙勒罗瓦矿区的互济基金的依据是国王颁布的法令；它是用工人的钱在业主之间建立的。它由15名理事组成理事会管理，理事会当中有两名区特派员，然后是由8名业主代表的老板，最后是5名监工。

监工被认为代表工人。结果是，工人与他们提供资金的、认为是供他们需要的基金管理没有任何关系。甚至当他们需要提出要求时都不知道这个情况。人们不让他们看到章程，因此基金变成奖励驯服者和惩罚其他人的手段。

有这笔基金只是用于老年人和长期工伤者的情况。至于小的工伤，工人们有他们按其他百分比交纳的特有基金，这回就没有签字的协议。这些基金公开账目。

人们会觉得我们不应该怀疑！但怀疑不无根据。

前些时候，人们宣布保韦尔斯公司因几百万的债务破产；几年以来，1500 名工人把从工资扣除的钱交给互济基金；好了，在破产的时候，这些钱不见踪影了，工人们的钱用来还债了！

因此我们把这些基金称为债权人的……互济基金是有道理的。

因此我们请所有支部记住日内瓦代表大会作出的结论。我们必须把全面的报告带到下次代表大会上。同一种行业的工人应当联合提出一个共同的报告，以免重复。

在此期间，我们应随时接收受到伤害的工人们提出的控诉，并把它们印出来，以便使老板们如果不因为良心，起码由于羞愧而让步。

布鲁塞尔联合委员会的报告

联合委员会受大家委托研究布鲁塞尔支部提出的第 8 个问题以便在**国际代表大会**上进行讨论，非常遗憾只能肤浅地论述**工人的苦情**这个重大问题。时间不允许联合委员会比较深入地对此进行论述，但是希望在不久的将来能使大家更满意。委员会根据为其提供的关于各个行业团体的具体报告得出的结果是，工人们普遍诉说同样的苦情：

1. 除了食品昂贵和房租逐渐上涨之外，连续降低工资和失业。

2. 把机器引进工业，大小雇主之间进行的竞争，更何况小雇主宁愿雇用学徒工而不雇用工人。

3. 所谓的互济基金，根本不用来帮助工人，在大多数情况下只是被用来使掌握这些基金的人致富，不然就是向几个宗教机构捐款，而损害了这样一些人，这些人已经节衣缩食，并由于放弃他们的百分之几的收入而再次做出牺牲，在万一雇主以最微不足道的借口解雇他们时，他们甚至不能要求自己的相应权利。

4. 也不能不提大部分雇主粗暴对待他们工人的常见情况，因为粗暴行为侵犯了工人的自由和尊严。

5. 最后是女工和童工在以手工劳动为主的工厂里劳动，这些工厂由于采用雇用妇女和童工的手段已经变成腐败和不道德的温床。

为了纠正这种情况，首先需要的就是教育和协会。

教育是精神力量，我们如果等着执政者的诚意办教育，将永远受不到教育；而正是通过建立协会受教育，我们每个人都在协会里讨论或学会捍卫我们的利益。

协会是物质力量，各个行业公会凭借这物质力量可以积蓄资金，因此可以摆脱雇主的枷锁，这些行业公会就可以加入国际工人协会。

下面就是若干特有的苦情：

面包店伙计通常分成三种类型：被雇用的工人、包吃的日工和不包吃的日工；在第一个类型里，也有三个等级：

第一等，每周工作 12—13 小时，挣 30 法郎的工人师傅；

第二等，工作 13—14 小时，挣 22 法郎的二流工人；

第三等，工作 14—15 小时，挣 16 法郎的学徒工。

根据上面所说的情况，人们会觉得政府组织和资产阶级组织之间稍有差别，因为干活越多的人挣钱越少。日工通常每天工作 12 小时挣 1 法郎 50 生丁，包吃，还约有 1/3 的时间歇工。经济面包店的雇员通常挣 2 法郎 50 生丁，不包吃，干活时间同样多。

修鞋匠在大多情况下做计件活，通常每小时挣 20—25 生丁。

生产手套的工人平均每天挣 4 法郎，按照每打手套 2 法郎计算，在家里超时做活的人，每天可以增加 1 法郎，有时增加 2 法郎，生产手套的工人的工资能够高出其他行业的那一部分是从哪儿来的？

除了引入省去很多人手、导致失业、保护竞争的机器之外，木工必须经过长期学艺，置备和修理自己的工具，往往没有交通费用补偿，另外还必须付晚上的照明费。他们通常工作 12 小时，每小时挣 30 生丁。

大理石工和雕刻工每小时挣 35—45 生丁，而抛光工只挣 22 生丁。

经销药品杂货的工人和在有化学产品的环境中工作的人每天挣2法郎50生丁左右，不太累，然而这是有害的、非常危险的工作。

瓦工工作10小时，平均挣2法郎。

至于机械工，他们的工资或者根据他们的知识，或者根据他们计日或计件工作而变化，在3—5法郎之间。虽然这种常规的计件工乍看起来似乎对工人比较有利，因为有时活多，必须赶紧做，他一天做两天的活，但是，在工人拼命干完活时，老板就趁机降低劳动力价格，这样一来用尽可能少的钱从工人那里获得尽可能多的劳动成果，从这方面看，计件工赚钱少得多，缺陷更多。结果是累得筋疲力尽的工人不得不去做计日工，因为他不可能支撑使他疲惫不堪的劳动，他的工作日也相应地减少。因此，计件工绝对没有改善他的处境，只是对他不利。

根特织布工的苦情

根特工人的主要苦情之一是：在大部分车间或工厂，工头开酒店、肉店、食品杂货店、布店，等等，工人们被迫在那里花费他们的工资，否则会受到他们工头的纠缠。

在这些工头当中，有的在开店铺的同时，借钱给工人，尽量用这种方法把工人束缚住。于是工人们会被迫违心地，甚至以很低廉的价格工作。

工人们也对劳资调解委员会的1781条表示不满。他们觉得政府如果关心人民的这些疾苦，而不是把作为一家顶梁柱的儿子强拉去增加兵员，这样做会好得多。

总之，他们认为，如果政府不关心人民的疾苦，我们必须通过**国际**这个分布在各地的庞大联盟来自己解放自己。

里沙尔（里昂）：里昂和讷维尔两个支部已经提交两份关于工时数和工人陈情表的报告，但鉴于这两个问题之间有关联，我们剩下的时间又不多，我们做了一篇摘要，足以说明这两份报告最后结论的理由。

在里昂，三件事阻碍但没有中断社会民主思想的发展，然而几乎完全有碍于执行若干直接由这种思想引出的切实可行的决议。

这就是：过度延长工作日的时间，使得疲惫不堪的工人没有从事自我解放的必要时间，也不让他有去尝试需要经常锻炼智能的事业所必需的精神准备；其次是使最果断的人气馁，使其陷入近似绝望状态的贫困；最后是大部分工人被迫处于对雇主和其他资本家的依赖状态。

延长工作日时间的方法以及由此而产生的失业这样一个必然后果使丝绸工人受到的伤害最为严重。

在里昂，有几千织工每天工作16小时才挣3法郎，他们要用这些钱养活妻子儿女。还有其他一些织工被迫去做挣钱不可能超过1法郎25生丁的计件工，否则就会饿死。不过连续工作的人还是很幸运的，因为这些织工有半数每年至少失业4个月。

在大型印染厂，有很多上夜班的工人，这些工厂当中有的是这样管理的，以至于人们给它们起了一个说明其特点的名称"苦役犯监狱"。在那里，工人既没有自主权，也没有尊严；他们确实变成机器一样。

面临这样的情况，另一方面，鉴于当前的政治制度和经济制度紧密联系在一起，资本主义集中化凭借其现行法律认可的组织，可以说合法地使生产集中起来，在我们支部里占优势的意见是，之所以必须建立信贷、生产和消费合作社，是因为要对工人进行经济方面的教育，训练他们利用比较好的时机，但是为了解放工人，必须要求颁布法令，对现行的经济制度进行彻底改革，当然这种改革肯定不是我们事业的圆满结局，而仅仅是清除所有给人的自由和活动设置的障碍。

马雷夏尔（列日）：口头概述下列报告：

工人陈情表

各行业特有苦情的概要

我们支部还是初生的，未能使这种陈情表扩展到它应有的整个范围。我们不乏准备为自己和他们的兄弟诉苦的朋友，但是我们只能用很少的时间收集他们写的材料。我们在这里作了翔实摘要的各个报告由于诉苦的内容往往都一样，因而完全证实了它们的准确性。

下面的内容只是很不完全地描绘出用来剥削人和贬低人们尊严的手段，但足以证明必须赶快摆脱剥削者的枷锁。

为了扼杀工人的独立性，使工人沦为自动机的状态，为了把神圣的劳动义务蜕化为痛苦的奴役，用得最多的一个手段就是把十分武断地任意进行处罚的权力交给上司。

在机械制造车间，对迟到者、缺勤者、同伴之间交谈者、犯些小错者，罚款从日薪的 1/10 直至没有明确天数的日薪，按工业等级，职员或剥削者担任的级别越高，罚款数额越巨大。厂长罚款是车间主任罚款的两倍。这样以罚款形式从工人手里夺取的这些钱只用于为资本家们建立储备金，工人们对这些储备金没有任何权利。

然而在年终，给随便哪一个由于表现特殊而避免了 10 次罚款的人不值一提的一天半工资的奖金。（一位机械工人朋友的报告）

翻砂工，尽管做出的活儿不成功，完全不是由于他们的原因，也要被剥夺一天的工资并交一笔罚款。（一位铸工朋友的报告）

在一些纺纱厂没有一笔收取的罚款用于建立救济金。规定给上司几乎是无限制的惩罚权力，允许他们对短时间缺勤者处以等于工人工资的罚款。

给不受欢迎的工人提供如此之差的原料，使上司有可能每次都由于他产品不合格对他进行罚款。

强迫所有人为帮助生病者捐款，但是工人们很少知道这些钱款的去向。

当他们想替换女工时，就把这些工人的职业拿来卖给新来的人，用一再罚款的方法促使她们罢工，然后打假报告说她们偷窃，等等，再把她们赶出去。

经常在上司家里为上司干活的女工们，上司就把从最讨厌的人干的活的报酬中扣除一部分来人为地给她们增加日工资。

有人用许多必然中彩的礼物换取女上司的善心。

女上司的喜庆日子，人们用被迫出的份子钱买礼物送给她。女上司和女监督人经常向女工借钱，女工们永远不敢要求收回分文。

总之，事情到了使人无法忍受的地步，女监工们竟敢惩罚不迎合她欲望的女工们。

这使人想起武器制造商，他们只把活儿交给那些让漂亮的妻子或美丽的姑娘去找活儿的工人。

女监工、工人贵妇、女上司相互勾结使受害者方面的任何抱怨都无效，而且有危险。（一位武器制造工朋友根据一位纱厂工人的资料提出的报告）

裁缝和裁剪工朋友们一年有一部分时间被迫干活，几乎是白干；他们抱怨降低他们的工资。

在一些车间，女裁缝、制帽女工的工资两年当中下降的比例是 2 法郎 50 生丁对 1 法郎 50 生丁。

雇主只能通过逐渐用低工资的新女工代替工资高的女工来取得这个结果。

铸工们抱怨铸造厂里常见的已经变成习惯的流弊。

应在7点结束的工作日往往延长超过9点、10点，丝毫不给他们补偿。（一位铸工朋友的报告）

武器制造工抱怨雇主和职员们，这些人不仅扣留罚款，而且扣留工人全部或几乎全部工资，迫使工人在他们开的商店里、小酒店里买原材料、食品和饮料，所有这些东西比其他所有地方都贵、都次。这些工人经常被迫把从他们那里买的商品按半价再卖出去用来交他们的房租。

明目张胆的盗窃劳动成果，到处都习以为常了，造成这个结果的是下列事实：

枪管被认为检验不合格——而上面什么都不缺，枪托木或有轻微的变形，或木料有些毛病，就不付钱给工人，尽管制造商把它们作为好货或作为修理好的和可用的次品留下来和卖出去。

加工复杂的、已经部分完成的零件的武器制造工人，只要出一点儿毛病就得赔钱，不仅要赔弄坏的那部分的钱，而且要赔可以用在其他枪支上的其他部分的钱。

武器制造工经常被骗和被剥夺工资，几个事实就足以让人看到某些雇主无耻到了何种程度。

一位工人有在干完一天活之后修理老枪支的习惯。有一天他拿回家的活比平常多，他就被当成小偷对待。雇主不能想象在他家之外能做出这么多的活。工人被剥夺了长期辛苦熬夜应使他得到的全部工资。

一位枪管装配工的制成品经过检验合格，尽管有证书证明，只拿到应该给他的40法郎中的24法郎，因为枪管被拒收。

人们本应该通过按规定放置的副标识发现，有人为了使走私更容易，把工人的制作者标识擦掉，用假的标识替代。（几位武器制造工的报告）

几个在煤矿做工的朋友写道，煤矿事故总是归罪于永远无法揭穿谎言的死者，这些事故都是由于上司的不注意和轻率造成的；如果用职员或股东承担的严格责任替代所谓的督察员，事故可能就比较少了。由于没有这个责任，股东和职员就被他们对利润的渴望牵着走，为了省钱，工人的生命时时刻刻都会有危险。

在大部分煤矿里，工人和职员必须赞同雇主的政治和宗教观点，否则他们就有受到欺负和凌辱的危险。

矿业公司建一些兵营式的大简易房，也被讽刺地称为工人之家。由于人们把众多租户挤在那里，剥削者这样廉价出租他们那些又脏又乱的房子，能获得巨大利润，保证自己有一定数量的工人。当这些工人让人看出他们想到别处去工作或不满意的时候，就被无情地赶出去。

勤劳聪明的工人们的工资并不是最高；与那些给职员当佣人的，给他们大量送礼的人，经常去监工开的酒店和商店去的人相反。

往往完全没用的工人手册给雇主方面造成经常违法乱纪的机会，更确切地说，要求有这种手册是为了剥削者们有使生产阶级贬值的特权。（摘自几份报告）

木器工人最受剥削。谁能相信制作一个漂亮的橡木衣橱雇主才支付12法郎的工资？

企业家所有的差错都部分地用减少工资的办法由各种木工补偿。

雇主们往往通过合同迫使他们承担义务，而又使他们不可能履行这些义务，强迫他们离开他们手头的工作，放弃他们的工资。

模型木工工资最高，但是他们要服从工厂的规章，必须缴付救济基金。

一位可能在一个有救济基金的车间度过一生的工人，在他离开这个车间时可能丧失对他缴纳的这些款项的所有权利。

衰老的人被一些想避免支付他们养老金的雇主赶走。

必须在车间工作15年才能享受养老金，或者说落得这样极坏的结局。工人们根本无权监督变成雇主储备金的救济基金，雇主们随时从中提取巨额款项。(一位模型工人朋友的报告。)

在救济基金的管理中,独断专行向来都胜过公正;工人们与管理根本无关;雇主规定扣留的比例和方式、负伤或生病医疗费以及养老金的金额,由他们选择医生和药剂师。

这些医生和药剂师在履行他们的职责时行动缓慢,违法乱纪,简直是犯罪。厂主曾经把一个伤口难治愈的病人放了几个月不给予任何救助,医生一次都没有出诊。而他一辈子都往救济基金交钱。(一位受雇于煤矿和发动机厂的朋友报告。)

各个煤矿属于工人救济基金的资金被挪用去经商或做一些对宗教假虔诚的事。

一个煤矿救济基金的14000法郎用于在另一个地方建修道院,虔诚的修女们让工人在那里干活,每周给60生丁。产品卖出后修道院获益。(在煤矿工作的一位朋友报告。)

从互济基金里为公教要理会的修士们窃取4000法郎。

列日支部赞成这些朋友们,他们在报告中表示愿意看到在**国际**内部建立起联合救济和互助基金,在工人们向他们的剥削者索要他们的基金那一天帮助他们。这些剥削者至今不受惩罚地篡夺管理、使用和滥用,甚至盗用基金的权利。

一些工厂为工人提供工作、住房和膳食;商店以储蓄存折的形式归还一部分利润。

落入这些圈套的工人们完全丧失了他们的独立性。如果他们拒绝工作,如果他们联合,他们就被赶出住房,被剥夺工作、食品和储蓄;如果他们要求增加工资,人们就当面耻笑他们,让他们看他们的储蓄凭证。

以上就是用来使工人完全受奴役的经济学家—慈善家们的好制度。这种形式的,即掌握在剥削者手里的制度,我们必须反对。(一位在冶金企业工作的朋友提出的报告,引自瑟兰商业联合会的小册子。)

希望工人们很快认识到,他们人数众多,是被剥削者,是社会动力和财富的来源,如果组成协会,加入到我们这个总会,就能够永远消灭剥削,在世界上开创迟来的,但可以肯定的劳动、正义和真理的时代。

弗吕兹(韦尔维耶)宣读下列关于**陈情表**问题的报告:

关于手册

手册,可以说是工人证书;它用来表明他进入和走出他曾经工作过的那家老板的车间;也用来登记他可能从雇主那里借的债。可以扣留工人手册的情况是:或者拒绝付款,或者工作中的缺点,这通常都要罚款。如果有时候工人由于工作没有得到应有的报酬,不想完成工作,于是手册就当做雇主的担保;没有手册的工人无处找工作,他剩下的所有办法就是向路人伸手乞讨了。

有些雇主只把工人看成是下贱人,甚至有一些不愿意和工人说话的雇主。当工人要求增加工资或征求便于完成任务的建议时,他们甚至都置之不理。

或者他们说出极其自私自利的话,他们给工人最常见的答复就是说:如果这对你不合适,就走人,这就是说,你的死活对我来说无所谓。

关于互济基金

互济基金对工人来说是生病情况下的一个保证。

从每个工人工资里收取1%或2%。生病的工人每周收到的救济金是六七法郎，外加药费和医疗费。从来没有一个雇主让他的工人知道互济基金的情况。

此外，有些扣留工人工资2%的雇主，提供的救济并不比只扣留1%的雇主多；因此一定有投机。

在工业危机之时，很多雇主降低工人工资；目前，工人当他有一块面包蘸在少许掺着菊苣的咖啡上时，他就觉得幸福了。我说幸福，是因为有很多工人在挨饿。在我们比较大的制造厂里，有些工人被解雇，尤其是很多老人，因为他们被同一个雇主剥削很多年本应该享有退休托管基金。你们看到他们在街上挨家挨户地乞讨一块面包，有些人在收容所找到一个位子。甚至有一位是4个孩子的父亲的工人这样突然被他的雇主解雇，他看到自己的孩子向他要面包，他不能给孩子，他因痛苦和饥饿变成疯子。以商业停滞为由拒绝给他工作的雇主是身家好几百万的富翁。

工人们忍受来自雇主方面的痛苦还不够，熟悉所有不正当手段的工头们也有办法剥削不如他们优越的工人。工头们往往开生意最兴隆的商店；他们非常留神把他们的商品卖得比其他商店都贵得多；工人们被迫到他们工头那里以高价购买他们所需要的东西。竟然会这样，如果工人不去他那里而是到其他店主那里购买自己所要的东西，工头不久就可能找到办法解雇他，或者迫使他因为莫须有的事交罚款，或者让他做一些不能以此为生的商品。这就是几乎所有的工头都使用的方法。

一位工人是8个孩子的父亲，有一只胳膊被机器弄骨折了。在他6周不能上班期间，他的雇主给他30法郎。对于丈夫，他的妻子和8个孩子，医疗费和所有随之而来的费用来说，每周5法郎实在不够用。

一位织布工要就他那块布的长度提出申诉，把他的雇主告到劳资调解委员会，制出品按米付给工人工资，而雇主的米尺长110厘米；因此对工人来说40米只有36米。

雇主被判付给工人4米的工资。没有把这个工人和其他工人织的所有布料包括在内；如果他用这方法达10年之久，不知他偷了工人多少米？但是劳资调解委员会只考虑最后一块织出的布料。如果一位工人从他雇主那里偷100克羊毛，就直接进监狱：这就是区别。

弗吕兹最后提供关于韦尔维耶工人特有的苦情的几个新细节。

安塞尔（巴黎）：我们到这里才知道工人陈情表的问题。因此我们是空手而来的。

在法国，陶瓷工人非常痛苦；由于与一些工人只满足于较低工资的国家进行自由贸易，他们被外国的竞争挤垮了。

我们要求用对等贸易替代自由贸易。

有两个国家，其中一个捐税沉重，生活费用高，另一个得天独厚，以比较公道的价格提供生活必需的东西，在这种情况下不能马上开展自由贸易。

我非常高兴地得知德国的各个协会加入**国际**，针对我们的最势不可挡的竞争主要来自这个国家。

这只玻璃杯在巴黎价值1法郎，从德国到我们那里的价格是25生丁，因为德国工人可以靠比我们少4倍的收入生活。

这就是我们为什么要求以工资等价为基础的对等贸易。

能挣5法郎的工人应该在德国和法国一样挣这5法郎。

朋友们，你们要工人陈情表。我和你们讲了今年我们为什么空手而来，不过明年我们将给你们带来许多长长的陈情表，以至于代表大会难以有时间浏览它们，我们的苦难是如此之多，如此之深重。

列日的一位代表给马雷夏尔述说的苦情补充了几句：

当一件武器被拒收时，雇主轻而易举地得到约20法郎的利润，因为这件武器还属于他，合格的零件还可以用来制作其他武器。

在列日，妇女们也想组织成抵抗团体；制帽女工已经组织起来并将加入**国际**。

阿登种植者的苦情

（这篇讲话是用来在会上宣读的，但时间只允许概述）

我希望在这里发出哪怕是很虚弱的声音来支持这类无人关心的，在那里像是被孤立的、被抛弃的公民。在任何一个讲坛上，在任何一本书里，在任何报纸上，我都从未见到人们认真地、真诚地讨论农村工人——土地耕种者——的处境，然而这种处境可能比城市工人的处境更恶劣。不过有这样一个区别，城市的工人一般都比较有判断能力，更能感觉到他们缺吃少穿，感觉到他们的贫困；他们知道他们受剥削，而土地耕种者们则认为他们的处境是由一些人，更确切地说，是由一个不犯错误的、极其正确的和非常明智地建立起来的事物秩序造成的结果。

农村劳动者，阿登的无产者的处境，竟然是这样；我和你们说的就是这些人，他们这种处境是最凄凉、最悲惨的。

不停的、往往过度的劳动，总是粗茶淡饭，往往不充足、质量次、价格高昂的食品，千辛万苦，什么都不干不净；老人被遗弃，孩子无人关心！在阿登没有托儿所，没有收容院，没有医院，因为没有揭露那里司法不公正——极不公正的和卑鄙可耻的行径——的机构，这些都在暗处，就像在地牢里一样被静静地忍受着。在那里，我们有萎靡不振的男人，堕落的女人。

妇女，这人类崇高的半边天，她做的事情应适合其天性和身体结构，而在这里大部分时间忙于艰苦而繁重的农活，因此被迫忽视了家务活及其作为妻子和母亲的义务。惶恐的目光，沙哑的声音，粗糙的皮肤，变形的身躯，她变成一件东西，使人想起的完全不是她应该能产生的、可以缓解男人生活痛苦的一些柔情、一些美好的感觉。而这可怜的女人不再是女人，不是朋友，不是情人，不是妻子，这是雌性动物，凶恶的妇人，母骡子，傻瓜，典型的奶瓶，廉价的奶妈，但不再是母亲！

她因为没有受到足以培养子女的教育，所以变成虐待子女的人。她因为受到男人的虐待，所以变成对她施虐者专横的人，她被埋没，被遗弃，可能去消灭社会。可悲的反复，可怕的复仇，不可避免的必然后果！

我和你们说过我们农村人在生病时候的情况，这个可怕的家庭创伤吗？几年前痢疾在外地猖獗，在一个三四百人的小村庄，有60人得了痢疾，在这60人当中，你们猜猜有多少人死了？20人！这些人不要医生，他们做九日祈祷，朝圣，始终不渝地坚持他们的原则，如果没有上帝的宽恕，人就毫无办法。既然上帝要他们死，他们就死了；人们和他们说些当地尚在使用的客套话，大局就定了。

可怜的人类！可怜的社会，你陷入贫穷和痛苦的深渊，因为人们自己感到痛苦，就更可以体会社会的痛苦！

没有教育，没有娱乐，从来不谈科学，没有严肃的谈话；没有书籍，没有报纸，没有《马利纳教理报》，没有《卢森堡回声报》。

这些人不知道有科学奇迹，丝毫不懂自然美，也不了解当权者的手法。他们不知道自己怎么变得越来越穷，同样不知道液流上升或气压计下降是怎么回事。在他们看来，地球就是某种像大圆桌那样的东西，有上面和下面，它不是一个天体；天体就是微弱的星光，这些星星就和小小的灯一样挂在被称为天国或天堂的美轮美奂的宫殿的拱顶上，宫殿里住着因为热爱上帝而耐心忍受很多痛苦的人，这些人对他们的上司都很顺从。雨是上帝从高处泼下来的水，当大地需要水的时候，他就使水像过大筛子一样下来；雷是摧毁人不知道的一种物质的东西，是上帝"像一只人们可能抓走了它的小崽的熊"那样发怒时，在我们后面投掷的东西，虔诚的天主教徒们及时在胸前划十字就可以避开这种东西；物质是某种来去无踪的东西,等等。

这里盛行利己主义,贪婪,缺乏真诚、尊严和忠诚;邻居相处不和睦,兄弟就像那么多的阿特柔斯和梯厄斯忒斯①一样。人们听到的都是流言蜚语,夫妻吵架,孤僻之人、贪婪之人的喊叫,老太太的抱怨声,在那里耳朵从未听到过悦耳的声音。总是听到尖叫声、嚎叫声、怒吼声。吃畜牲吃的东西,享受野蛮人的娱乐。

假如把阿登的农民和他们的野猪、金雀花和欧石南放在一起,没有教堂,没有学校,他们会变成什么,我不知道,不过我知道他们的坏习惯和苦难比其他东西多得多。

然而他们差不多所有人都拥有,或者起码是被认为拥有应属于集体的、养活所有人的某一块土地,因此人们普遍把他们看成是一些享有特权的人,看成是领主。是的,他们是他们耕种的这块土地的主人,但不是他们而是其他人享有产品;再者,阿登的土地是什么土地!这些土地的产出不足以使人活命,产出太少以致使人死亡,它给税务机关带来的收益比给地主的多。

在他们居住的市镇,可能有整整1000公顷的在耕种的土地,有居民800人左右,居民靠种地不够生活半年。还有1500公顷的森林,其中一部分产品被居民用来做燃料,另一大部分不知道做什么用,有人对我说用来交税,可能,因为不必猜想,这要装进行政主管部门官员的腰包。而捐税,这是一个非常贪吃、难以满足的家伙,因为它吞吃了作为一道主菜的,人们以团体的名义投给它的这只大兔子之后,每个居民还必须各自投给它一份。所有这一切加在一起,应该是一个很大的数额,但是这都消失了,这都从一些如此曲折、如此隐秘的途径流失了,以至

---

① 古希腊神话人物。梯厄斯忒斯为阿特柔斯之弟,曾诱奸其嫂,并阴谋弑其兄,阿特柔斯将其诸子杀死,并设宴令其食子肉。——译者注

于可以说，我们善良的农民都没有发现，就好像是绝非如此，因为人们没有看见。

你们可能告诉我，阿登人或许可以改进他们的种植方法，改良土壤，这样一来就可以改善他们处境。改善他们的处境？在当前情况下是不可能的。再者，我们所接触的是一些执拗的庶民，是反对进步的人，反对各个协会的人，是宁可相信上帝的决定，而不相信科学推断的人，是准备在剥削者面前低头，又起来反对他们恩人的人。

阿登人不反对所有性质的协会。那里有很多助人圣母会和农业促进会会员；可是如果我们在那里组成种植者自由协会，就有人往会长的窗玻璃上抛掷铅砂，有人给书记发去这样措词的电报：

$N^o 1006$

18××年6月×日

老师先生：

请给我提供您已经不再属于所谓的阿登耕种者协会书面证明。此件经市长和市政官员签字后尽快寄给我。

第四管辖区督学 ×××

另一份：

$N^o 13$

18××10月×日

先生，内政部长今年9月20日电告省长，您担任的职务**不能允许您兼任**所谓的**阿登种植者**协会书记一职。

省长让我把上述情况告知您，同时委托我代表他对您进行**严厉**谴责，因为您在所有与此电所涉及的事件相关的事情中表现轻率。

老师先生，请您10月7日星期二下午1点来我处。

第四管辖区督学　×××

为我们自己建图书馆吧，某位大人指出我们的书都是最污秽的、最坏的东西。

我们为了遵循理智和正义法则的规定，摒弃某些错误和偏见，我们的近邻就咒骂我们，一位基督教徒说，上帝命令杀死我们，有人从各个方面对我们进行威胁，我们已经受到这些威胁。

我已经展现了折磨我们阿登地主和威胁他们生存的邪恶，为的是呼吁在这里召开的研究和应用改善劳动者境遇的方法的盛大的国际代表大会关注他们的处境。有人可能问我，为此，我主张什么样的方法，我将告诉你们。

所需要的东西，不是模糊的、感情用事的理论，不是哲学的和令人生倦的方法，不是某些改革者的万灵药。我们认为，不断地用痴心妄想和荒唐的幻想哄骗我们，就等于把天堂的希望留给我们。"长久的希望使人活，但是长久的等待使人死。"我们那里有人说。在改造我们农村人的思想观念之前，最好先填饱他们的肚子。至于我，卑微而无名的先验主义者，我准备把我的方法告诉你们，哪怕叫喊声和嘘声可能把我的声音压下去，另外，在这里虽然有人不赞成我，但也不侮辱我，更不想迫害我。

把被剥削者从剥削者的魔爪中夺出来，把我们阿登的农村人从他们种不出东西的土地上拉出来，把他们送到肥沃的土地上，劳动可以得到大量报酬，劳动者可以全部地、安稳地和自由地享受他们艰苦劳动的成果；把这些不幸者从欧洲各自分开的国家弄走，把他们安置在美利坚合众国，这就是我唯一的绝无仅有的补救办法，这也就是我的结论。

缪拉重读某些报纸没有准确转载的关于派代表出席伯尔尼大会的决议。①

主席杜邦（伦敦）：公民们，现在大会的工作结束了；但是我们的任务没有完成。我们必须不懈地致力于宣传我们在这里确认的原则，把通过的决议付诸实践。

在我们分别之前，我要回击对我们协会的一些攻击。有人指责我们搞排他主义。没有什么比这更错误的了。我们要依然故我。

在我们协会之前在英国建立的人民同盟，尽管给自己确定了同样的目标，但是已经灭亡；而我们正在兴旺发达。你们知道为什么吗？这是因为人民同盟心中只有半自由主义的英国贵族，当时我们协会肯定工人的解放应该是由工人自己去做的事。我们不恳求任何人，我们的队伍向所有忠于我们原则的人开放，我们当中有很多属于资产阶级的人，但是我们决不接受任何赞助。

另一个**激进的**共和主义者对国际提出的指责是，国际只关心一些毫无意义的问题，因此推迟了革命。

我回答说，不是这么回事。工人们之所以像指责我们的那些人所认为的那样，对政治不屑一顾，是因为进行了两次革命之后没有看到他们的处境得到改善，他们曾经寻找其中的原因，他们发现1830年和1848年仅仅是**形式**上的，而非实质的革命，必须改变社会实质的本身；革命的真正领域是社会问题。

德巴普昨天对我们说，国王和皇帝是次要的，他说的对。所有的现政府都处于过渡状态。我们要推翻的，不仅仅是暴君，而是暴政！

最后是教权主义者说：请看这次代表大会，宣布不要政府，不要军队，不要宗教。他们说对了：我们不再要政府，因为政府用捐税使我们

---

① 第212页的注释④、⑤已经说明了这一错误的起因。

不堪负重；我们不再要军队，因为军队屠杀我们；我们不再要宗教，因为宗教使精神受到压抑。

他们因为看到自己在城市里失去影响，所以只能投靠农民；他们说，你们是少数，多数和我们站在一起。使他们有力量的不是多数，是无知。他们希望在我们和我们的兄弟之间挑拨离间。而我们在这里庄严地宣布，城市工人的解放与农村工人的解放是分不开的。因为我们大家在这里所要求的是，**每个人都有生活的权利**，也就是人间正义。（长时间鼓掌）

我宣布国际工人协会第 3 次代表大会闭幕。

9 月 11 日（星期五）到会的有：
巴斯坦，古瓦-萨尔玻璃厂工人代表。
9 月 13 日（星期日）上午到会的有：
克莱芒·德捷，日利煤矿工人代表。
Ch. 莫里佐，同上。
路易·斯沃尔夫，煤矿工人，瑞梅"获得解放者"[①] 代表。

附　件

行政会议

上午 9 点到下午 1 点的会议，用于结清伦敦总委员会和各支部的账目，修改章程，选举，确定总委员会驻在地和下一次代表大会的会址，投票表决在公开会议上提出的决议，等等，总而言之，所有关于国际协

---

① 工人团体名称。——编者注

会的事务和行政管理的建议。

而下面就是在这些会议上作出的和准备公布的一些决议：

在星期三上午的会议上，伦敦法国人支部的代表宣读了其委托人提出的长篇备忘录。该备忘录除了行政方面的几项建议之外，还提出了一系列有待国际研究和解决的经济问题。协会将考虑这些问题，以便安排随后几年代表大会的议事日程。

在星期五的会议上，德国代表们建议阅读和翻译卡尔·马克思的重要著作《资本论。政治经济学批判》。这是德国社会主义学派迄今撰写的支持无产阶级解放的最完美的科学辩护词。

下面就是这项决议："我们，布鲁塞尔国际工人代表大会的德国代表，建议所有国家的工人都来学习去年出版的卡·马克思的《资本论》；呼吁协助把这部重要著作翻译成目前还没有翻译出来的各种文字。马克思的功绩是不可估量的，他是经济学家当中对资本和它的组成部分作出科学分析的第一个人。"①

一项类似的决议被转给在纽伦堡举行的德国工人代表大会；纽伦堡代表大会一位最积极的成员**李卜克内西**——北德意志联邦国会议员、工人阶级的主要喉舌之一《民主周刊》主编——公开和直接揭露资产阶级经济学家想使人同意对这部他们不可能驳倒的著作保持缄默。

在星期五的会议上还表决通过了：

1. 执行日内瓦和洛桑代表大会作出的关于向总委员会交纳会费的决定；

2. 为了有权通过其各自的代表接受和参与制定以后代表大会的决议，各个支部必须执行日内瓦代表大会和洛桑代表大会的决议；

3. 联合会委员会应向总委员会每三个月提出一次有关所属各支部

---

① 见《马克思恩格斯全集》中文第1版第32卷第736页。——编者注

的行政管理工作和财务状况的报告。①

在星期六上午的会议上，代表大会在出席的成员们一致同意的情况下决定抗议在《蝉报》的一篇文章里对专门从社会经济学角度探讨战争的巴黎代表团及其成员进行的一些恶意影射。

下午3点到6点的几场会议在天鹅旅馆的会场召开，是各个指定的工作委员会为起草报告和拟定关于议事日程中9个问题的决议而召开的会议。

宴　会

星期日晚8点，洋溢着友好情谊的宴会在马戏团剧场的休息室举行，工人代表欢聚一堂。举杯祝酒的次数不多，一次是向外国代表祝酒，另一次是外国代表回敬比利时工人的祝酒。我们看到，在这里和其他地方一样，工人们有理性，他们会迁就有权势的大人物。这些大人物迟早要为他们的拙劣伎俩付出极大的代价。然后大家为兄弟般的情谊，为自由，为平等干杯，晚宴以唱几首民主歌曲结束。

信函和电报

正如人们通过在公开会上宣读的函件摘要所看到的那样，代表大会收到很多来自各国的个人和集体入会或表示友善的信函。我们在这里公布其中几份重要的工人团体发来的信

---

① 这项决议内容收入"国际工人协会的共同章程和组织条例"（见《马克思恩格斯全集》中文第1版第17卷第476—491页），但由于文本原因，个别措辞有所不同。——编者注

巴黎石印工人的来信

1868年9月7日于巴黎

先生们：

巴黎的石印工人反抗和团结委员会觉得指派一名代表参加布鲁塞尔代表大会为时已晚，因此向你们表示最大的遗憾，今年在你们当中没有我们的代表，但是请相信，先生们，我们将全力以赴地、尽可能使我们接近一个和你们所追求的目标同样伟大的目标。

然而，先生们，尽管我们协会没有派去代表，你们可以相信我们委员会的热情，渴望了解贵会的发展情况。

因此，先生们，请你们把我们看成是非亲身，而是以心去与会者。此致兄弟般的敬意。

代表委员会
书记　埃米尔·库唐

洛桑支部的来信

1868年9月7日于洛桑

致布鲁塞尔代表大会主席及成员

先生们：

我们非常遗憾，我们的处境使我们不能派代表出席代表大会；但是我们坚信你们很愿意认真考虑我们的问题和要求，我们的代表（如果我们已经能派去一名代表）将把这些问题和要求递交给你们。

第一个问题。首先，我们认为几次欧洲代表大会是使工人阶级解放取得进展，使国际协会各个支部之间联系起来必不可少的事。

但是，先生们，请允许我们向你们指出一件事，我们担心没有对它进行足够深入的研究。在每次欧洲代表大会之前，召开以首先从本国的角度探讨问题为目的的各个国家的全国代表大会，岂不是对所有人都有好处。不要忘记，每个国家都有不同的风俗和法律。有这样或那样的提案，虽然这些提案对所有人都同样有利，但目前也只能适合于瑞士，因为我们已经有了一定的自由，使我们有可能立即把这些提案付诸实施。那么，以法国的角度探讨这些提案可能完全没有必要，因为在政府发生变化使得有可能实施这些提案之前，这些提案不可能在法国付诸实施。

因此我们得出结论，各国的全国代表大会对各国和欧洲都有很大好处。在这些局部的代表大会上选出参加整个欧洲代表大会的代表，这些代表报告有关他们所代表的国家作出的决议。代表就可以在不损害其他国家的情况下，考虑其他在新闻自由和集会权利方面尚不如瑞士这样的先进国家的重大提案。而对于其他国家来说，也有同样的情况；这个国家有这样或那样的法律，使它有可能比另一个国家取得或多或少的进步。

我们建议要非常重视这个问题。

第二个问题。我们觉得在迄今已经召开过的代表大会上，人们尚未充分关注对工人阶级进行教育的手段。

关于这个问题，先生们，不应该忘记，如果没有教育，我们徒然召开代表大会，我们将得不到任何牢固的和持久的结果。请认真考虑这个问题，它应该作为我们重新组织的基础。

第三个问题。我们讨论过我们尽快使工人阶级获得解放的手段，作为切实可行的手段，我们只找到了合作和信贷。首先是建立信贷储蓄银行，这在各个有工会的地方完全可以很容易地做到。

这些银行是没有它机器就不可能运转的齿轮；必须本着这样一个原则，即如果工人要得到解放，他必须依靠自己，用他互助与合作的储蓄使自己有保证，有了这个保证就可以建立生产合作社，工人信贷储蓄银行是目前唯一的解放手段，我们在洛桑有一家这样的银行，它已经给工人阶级带来很大的好处。这家银行的宗旨是，尽其所能地支持生产合作社；这家银行在过去那些日子里，凭工人们简单的道义担保，借给我们所属的裁缝工人合作社相当大的一笔钱，足以使裁缝工人开一家商店和一个车间；我们将在9月16日或18日开店，先生们，请注意，我们都一无所有；银行为我们提供了一切；我们制定规章是本着这样的精神，由于业务扩大，我们不得不增加人手时，所有进入者都是合伙人，而不是工人。

为什么在别处不这样做呢？先生们，请认真考虑这些问题，这是我们解放的根本依据，请把那些需要时间和教育才能解决的问题放在以后再说。不仅欧洲的工人，而且世界上所有工人的目光都在注视着你们。他们焦急地等着看到是不是有一天人们考虑他们当前的需要，他们通过劳动、合作和信贷获得解放，或者是不是人们总想关心那些无论如何都改善不了他们日益不稳定的处境的问题。

先生们，我应该告诉你们，在洛桑成立了我是其中一员的工人协会中央委员会，该委员会将给你们发去一封信，请予以重视。

希望你们认真考虑我们与你们谈的问题。

致以兄弟般的敬意。

代表洛桑支部
助理 约瑟夫·瓦里 副主席 H. 舍伐利埃

拉绍德封（瑞士纳沙泰尔州）支部的来信

1868年9月4日于拉绍德封

致大会委员会

拉绍德封支部召开的全体大会表决通过向你们致以兄弟般的敬意。

我们支部还给你们寄去几块我们合作制造厂的手表。

如果各国工人阶级、各个协会、**国际**不主张控制消费品贸易，我们所有的尝试都将了无成效。

我们只是这样理解国际银行的。我们认为，它是，或者应该是递交和接收各协会、商店、各种性质的消费品市场订单的商号。

让我们从资本家手里抢过贸易，于是我们就有了消费市场。资本家就再也不能**打工人的主意**了。

银行必须是订货和交换的中心商号。

但首先让我们在大的中心地点组织由工人协会和**国际**来保护和负责的商店。

自由和正义万岁！

F. 库勒里

卡塔尼亚（西西里）劳动者之子的来信

此信寄给布鲁塞尔的杜邦先生；由于地址不全，在邮递22天和在各个邮局停留之后才到我们这里。

民主协会：卡塔尼亚劳动者之子
（译文）

N⁰326. 内容：致国际工人代表大会祝词

1868 年 8 月 28 日于卡塔尼亚

工人兄弟们：

　　对过去和现有了清醒认识的人正在摒弃不管在什么名称和伪善掩盖下的奴隶制，谴责使当前各个机构没有任何价值的个人主义的、使人道德败坏的、不完善的制度，在这个时候，工人们应该高兴地赞成召开旨在组织与帝王、教士和资本家专制进行斗争，最终使人类复兴，给所有人带来幸福，用以代替迄今他们被迫忍受的苦难和饥饿的各种会议，并视之为更美好未来的曙光。

　　在布鲁塞尔集会的工人兄弟们，请接受我们的敬意，接受我们力争为无产者的解放，为把人类团结在民主旗帜下做准备而贡献力量的诚意和诺言，这样，我们现在和将来永远和你们在一起。

书记：**文森特·帕里西**
主席：**萨尔瓦托雷·奈尔托纳**

　　此函附有劳动者之子 1868 年 8 月 27 日会议一致通过的派**萨韦里奥·弗里希亚**博士出席代表大会的决议的摘要，如果他本人不能到会，他有权让另一名本协会的会员代替他。

热那亚代表大会的电报（译文）

9月6日于热那亚

致国际协会代表大会

利古里亚工人代表大会向布鲁塞尔代表大会的成员致以兄弟般的敬意。希望双方都作出同样有益于工人阶级的决议。

卡雷萨·斯坦帕

美国的来信（译文）

全国劳工同盟总部

1868年8月1日于华盛顿

致布鲁塞尔国际工人代表大会

工人朋友们：

根据其章程，全国劳工同盟下次年度代表大会将于9月第三个星期日（9月21日）在纽约召开，上午11点开始。恳切请你们派代表出席这次重要的工人大会，召开这次大会是为了确定社会改革和推广已经完成的符合劳动群众利益的改革。本同盟希望各个工人组织之间建立相互关系，以便工人们共同努力保护他们自己，同资本家践踏工人权利的做法进行斗争，支持可能改善工人处境、使他们在进步和知识道路上前进的立法。

尽管今年由于我们联系过程中意想不到的延误，我们未能派代表出席国际工人协会代表大会，我们还是希望看到在美国工人代表大会上有旧大陆工人的代表。

致以兄弟般的敬意。

代表美国全国劳工同盟：

副主席：威廉·杰瑟普

书记：吉布森

阿姆斯特丹的来信（译文）

致国际协会通讯书记

1868年8月29日于阿姆斯特丹

先生：

正如你们从随函寄去的报纸上看到的，我们这里从7月份开始创办了名为《阿姆斯特丹人民报》的周报，用来介绍工人阶级的愿望和需要。

你们号召参加布鲁塞尔工人代表大会使我们感到非常高兴；只有用这些手段才能改善工人的处境。

我们和一些工人协会，特别是在这个地区家喻户晓的印刷工、油漆工和木工协会，都会特别高兴收到你们讨论的报告，以便在我们国家进行宣传。我们将可以用这个方法支持你们的努力，更直接地捍卫荷兰工人的权利。

Ed. 博尔丁

奥地利的来信（译文）

1868年9月7日于维也纳

致布鲁塞尔国际工人协会通讯书记

先生：

我以我的会友们的名义，同时也是我的情感促使我在国际工人协会代表大会之际给你们寄去如下几行字：

奥地利的工人们极其热情地关注国际协会的努力，他们一贯公开表示支持这些努力，如果未受到奥地利法律制止，他们很愿意正式加入你们伟大的联盟。我说到奥地利工人的这些情况，当然说的只是迄今积极参加工人运动的那些人。尽管如此，他们的人数非常多，多到数以千计了。

如同在奥地利国家政治生活中的普遍情况那样，维也纳也居于工人运动之首，但许多外省城市也有它们的工人协会，具有一些非常明显的社会主义倾向。然而敌人和漠不关心的人还是依旧比与我们政治主张相同者多。因为整个新闻界在工人的敌人的掌控之中，在整个奥地利只有一家报纸——维也纳的《人民总汇报》——毫不保留地表示赞成社会主义的思想观点。尽管有人或者公开地、或者有时打着虚伪的友谊的幌子对我们进行攻击，我们的事业还是一天天地取得新的进展，我们的思想观点逐渐得到传播。

如果各个国家的法律允许工人加入，国际工人协会将在会员方面有很大发展。但是在我看来，比实际会员人数更重要的是，你们知道处处都有共同事业的支持者和同情者。从你们的维也纳朋友们这方面让你们确信这一点，这就是我请你们公开这几行字的目的。

衷心祝愿代表大会的努力获得成功并与大会成员真诚地紧紧握手！我作为兄弟和民主社会主义者向你们致敬！

代表各个工人协会
维也纳《人民总汇报》主编　威廉·安格尔施坦
致在布鲁塞尔召开大会的国际协会的代表们

兄弟们：

我们在奥地利（这个国家仅仅在几个月之前才有了很少的一点点结社和集会的权利）已经做出的巨大努力最终使我们建立了一个不仅强大而且甚至是在奥地利组织的唯一的党，可以说这用去了我们所有的力量，使得我们至少在此刻不能参加外部的战斗。因此我们很遗憾不能派代表出席目前在布鲁塞尔召开的代表大会，同你们一起就我们的共同利益进行磋商。不过，我们在思想上和你们团结在一起，因为你们的原则也是我们的原则，我们为这些原则的胜利贡献我们所有的力量。我们也相信可以向你们保证，这些天举行斐迪南·拉萨尔纪念会的奥地利，特别是维也纳，约1万名百姓面对欧洲民主的旗帜，面对红旗发誓，我们说，奥地利在为自由和人权的战斗中肯定不会落后。

我们在表示希望你们的磋商取得圆满成果的同时，代表我们党向你们致敬，同你们握手。

1868年9月3日于维也纳。

社会民主党委员会
主席：伊波利特·坦辛斯基博士
副主席：J.梅塔尔博士　弗兰茨·费舍

纽伦堡代表大会的来信（译文）

1868年9月7日

致布鲁塞尔国际代表大会

在纽伦堡召开的德国各个工人协会代表大会向你们致以兄弟般的敬意。你们的纲领就是我们代表大会的纲领。兄弟们，前进，我们跟着你们，我们将一起战胜我们的共同敌人资本家。

我们代表大会表决通过了5万名德国工人加入你们伟大的协会。为了表示联合，我们代表大会派朋友弗里德里希·布特到你们那里做我们的全权代表。

H. 博姆

C. 布尔

主席　基尔希纳博士

荷尔斯泰因的来信（译文）

1868年9月5日于新明斯特

贝克尔先生：

很抱歉不能参加代表大会各项工作的发言和活动，只有我们的心带着更多的友谊之情飞向你们。我们希望你们引起青年欧洲关注的努力获得圆满成功。

代表拉萨尔派社会民主主义者

施洛伊斯贝格·F. 皮茨

不伦瑞克的电报（译文）

致布鲁塞尔国际协会代表大会主席

1868年9月6日于沃尔芬比特尔

在沃尔芬比特尔集会庆祝他们党创建周年纪念日的不伦瑞克的许多社会民主党人向在布鲁塞尔召开的国际代表大会致敬，支持在汉堡召开的全体大会作出的同各国所有社会民主工人协会一起前进的决议。

以他们的名义：**施皮尔**

匈牙利来电（译文）

1868年9月7日于佩斯

致布鲁塞尔国际代表大会

光荣属于你们，无产阶级的勇敢捍卫者！为劳动大众的权利无情地进行斗争吧！我们和你们站在一起。

佩斯工人协会

代表大会代表的完整名单

英　国

鲁克拉夫特，椅子制造工，总委员会和伦敦椅子制造工人联合会代表。

肖，建筑油漆工，总委员会和伦敦油漆工人联合会代表。

格·埃卡留斯，裁缝，总委员会和伦敦缝纫工人联合会代表。

海·荣克，钟表工，伦敦总委员会代表。

考埃尔·斯特普尼，《社会经济学家》编辑，改革同盟代表。

科恩，雪茄烟工人，伦敦雪茄烟工人联合会代表。

菲·马滕斯，伦敦法国人支部代表。

弗·列斯纳，裁缝，英国德国人支部代表。

弗雷德里克·迪安，锻工，赫尔锻工代表。

老约翰·福斯特，木工，赫尔各合作社代表。

小约翰·福斯特，机械工人，赫尔各合作社代表。

德　国

克莱因，刀剪工，索林根钢铁制品工人协会（生产协会）代表。

莫泽斯·赫斯，伯林《社会民主党人》撰稿人，科隆支部代表。

菲·贝克尔，扫帚制作工，德国革命军原上校，德国人支部联合会中央委员会代表。

舍佩勒，木工，美因茨支部代表。

弗·布特，纽伦堡代表大会派出的代表。

法　国

亚历山大·勒莫尼耶，裁缝，马赛支部代表。

昂利·托伦，雕刻工，巴黎天平制造工协会代表。

缪拉，机械工人，巴黎机械工人协会代表。

阿尔伯·泰斯，巴黎青铜艺术品制造工协会代表。

爱德华·鲁塞尔，白铁工，巴黎白铁工、车工、起钉工协会代表。

古斯塔夫·杜朗，首饰工，巴黎首饰工协会代表。

路易·潘迪，木工，房屋粉刷工，巴黎建筑工人工会联合会代表。

加布里埃尔·安塞尔，瓷器工，巴黎陶瓷协会代表。

阿尔丰斯·德拉库尔，装订工，巴黎精装书装订工协会（国际支部）代表。

伊雷内·多蒂耶，鞍具制造工，巴黎鞍具制造工—马具皮件工协会代表。

埃米尔·多斯堡，印染工，巴黎布料印染工协会代表。

弗拉奥，大理石工，巴黎大理石工协会代表。

欧仁·塔尔塔雷，细木工，巴黎工人展览委员会代表。

昂利，机械工人，巴黎工人展览委员会主席，巴黎阀门制造工协会代表。

艾梅·格里南，织布工，里昂支部代表。

阿尔伯·里沙尔，织布工，里昂支部和索恩河畔讷维尔支部代表。

埃米尔·奥布里，石印工，鲁昂支部代表。

沙·龙格，记者，卡昂支部和孔代叙努瓦罗支部代表。

瑞　士

梅米约，表壳装配工，
格拉利亚，同上，
基内，石匠，
佩龙，搪瓷彩绘工，
}日内瓦和卡鲁日24个支部联合在一起的代表。

卡塔兰，思想和个人解放基金协会代表。
赫斯[①]，巴塞尔支部代表（受委托）。
弗里茨·罗伯尔，教师，拉绍德丰、勒洛克勒、圣伊米耶山谷、比安、穆尔滕、穆捷-格兰德瓦尔等支部代表。
于贝尔，壁纸工人代表。

意大利

欧仁·杜邦，弦乐器制作工，总委员会委员，那不勒斯工人协会代表。

注：卡塔尼亚（西西里）的代表萨韦里奥·弗里希亚博士因没有收到明确的通知而未及时到会。

西班牙

萨罗·马加利安，机械工人，伊比利亚半岛军团和卡泰罗尼亚各工人协会代表。

[①] 即德国科隆支部代表赫斯，他同时被瑞士巴塞尔支部委托为代表。——编者注

比利时

欧仁·安斯，教师，⎫
德·布里斯梅，印刷工人，⎬ 布鲁塞尔联合会，国际布鲁塞尔支部代表。

蒂克，建筑油漆工，布鲁塞尔油漆工协会代表。

瓦尔泰尔·勒普尔克，煤矿工人，瑟兰矿工协会代表。

莫德斯特，煤矿工人，⎫
诺埃尔·昂比兹，煤矿工人，⎬ 马谢诺蓬支部和桑布尔河畔蒙索支部代表。

马克西米利安·马尔让，煤矿工人，沙勒罗瓦支部代表。

卡西安·马雷夏尔，首饰工，列日支部代表。

阿·埃尔曼，雕刻工，蒙特涅支部代表。

J.-B.路易，裁缝，乌布瓦支部代表。

约瑟夫·罗曼，煤矿工人，蒙蒂尼支部代表。

埃尔斯巴赫，教师，布鲁塞尔工人互助教育同盟代表。

德巴普，排字工人，竞争俱乐部，工人社会主义研究与宣传协会代表。

范斯查弗廷根，织机综框维修工，根特织机综框维修工协会代表。

波特尔斯伯格，裁缝，根特工人联合会和裁缝协会代表。

Fr.范登贝格，排字工人，布鲁日支部代表。

J.塞拉纳，织布工，根特织布工协会代表。

埃伯哈德，裁缝，布鲁塞尔裁缝协会代表。

尼古拉·杜布瓦，玻璃厂工人，当普雷米支部代表。

马克西米利安·特里科，煤矿工人，日利支部代表。

格雷戈里·保罗，煤矿工人，沙特利诺支部代表。
菲·克楠，鞋匠，人民联盟、国际安特卫普支部代表。
拉巴尔，金属刻版工，人民联盟、国际安特卫普支部代表。
斯佩尔，钟表工，联合会，即布鲁塞尔铁铜加工工人联合会代表。
弗朗索瓦·埃勒曼，木工，布鲁塞尔木工协会代表。
布雷登霍斯特，木工，安特卫普木工协会代表。
卡马尔特，鞋匠，布鲁塞尔鞋匠代表。
查·梅滕斯，印染工，布鲁塞尔轻革矾鞣工人和皮革印染工人协会代表。
雅克·马埃斯，织带工，织带工人协会会员，"布鲁塞尔工人紧急集合号"代表。
卡米耶·斯坦德尔，手套工，手套工人协会会员，"布鲁塞尔工人紧急集合号"代表。
奥诺雷·萨扬，布鲁塞尔协商俱乐部代表。
阿德里安·托德尔，印刷工人，布鲁塞尔印刷—排版工人协会代表。
埃内斯特·普兰松，大理石工，布鲁塞尔大理石工保护联盟代表。
莱昂·封丹，记者，唯理主义互助会"团结者"代表。
让·佩列林，鞋匠，唯理主义协会"解放"代表。
普罗斯珀·福格莱，流动乐师，"自由思想者"协会代表。
J.-B. 弗雷尔，煤矿工人，"获得解放者"、瑞梅支部代表。
路易·斯沃尔夫，煤矿工人，"获得解放者"、瑞梅支部代表。
H.-I. 勒克莱尔，织布工，佩平斯特支部（无产者联盟）代表。
爱德华·拉勒芒，织布工，昂西瓦勒支部代表。
皮·弗吕兹，织布工，韦尔维耶自由工人协会代表。
沙·德瓦尔维尔，煤矿工人，马西内尔支部代表。

欧仁·斯滕斯，旅行推销员，战斗民主协会"人民"代表。
查·克兰绍夫，批发商，消费合作社"蜂房"代表。
洛朗·韦里肯，面包工，消费合作社"蚂蚁"代表。
尼古拉·库隆，裁缝，布鲁塞尔人民俱乐部代表。
莱奥波德·弗尔赫根，火车司机，卢森堡铁路火车司机协会代表。
安德烈·拉隆代尔，织布工，奥迪蒙－莱韦尔维耶自由工人协会代表代表。
德布鲁克，织布工，迪松自由工人协会代表。
阿道夫·泰尔林克，小学教师，根特支部代表。
昂格勒贝，测量员，（布拉邦特）佩吕韦尔兹农业劳动者支部代表。
德捷，机械工人，⎱日利自由工人协会代表。
莫里佐，煤矿工人，⎰
巴斯坦，玻璃工人，（瑞梅）古瓦－斯塔尔玻璃工人代表。
路易·马雷纳，种植者，（卢森堡省）瓦尔米封丹种植者代表。
约瑟夫·昂利，种植者，（那慕尔省）帕蒂尼亚农村人俱乐部代表。

注：比利时各支部和比利时各工人协会的许多代表只能参加9月6日（星期日）、7日（星期一）和13日（星期日）的会议。

更正和补充

对代表的姓名和职衔的更正，见上面总名单。

第26页，安斯的预见得到证实，在每晚公开会议期间，马戏团剧场的大厅总是挤得满满的。

（书记们的笔记）

第 56 页，不是"工人"，而是"狙击手"。

第 57 页，不是"鲁贝"，而是"皮托"。

第 60 页，不是"无利息"，而是"付利息"。

第 71 页，删除"介入"。

第 107 页，倒数第 5 行，以"不"开始，以"教育"结束，应放在倒数第 8 行，在"义务的"一词之后。

第 157 页，不是"各个，支部"，而是"各个支部"。

第 158 页，不是"生产"而是"生产者"。

第 221 页，把倒数第 2 行和第 1 行改为："蒲鲁东作为摧毁者对革命是有巨大帮助的，但他只不过是一个平庸的组织者，有名的 1848 年流产的人民银行的见证者。"

第 234 页，伦敦总委员会委员名单补充如下：

罗夫人

詹姆斯·巴克利

在关于合作的报告中：第 238 页，倒数第 10 行，不是"把他们抛向"，而是"跻身于"。

同一页倒数第 7 行，是"其合法的所有者"，而不是"它的合法所有者"。

同一页倒数第 1 行，不是"它们的"，而是"由于它们"。

马克思、恩格斯关于第一国际布鲁塞尔代表大会的通信

卡·马克思致弗·恩格斯

(1868年6月20日)

1868年6月20日 [于伦敦]

……本星期二国际举行了会议。当时我已得到一些文件,说明撤销关于代表大会的决议势在必行。① 第一,司法大臣巴拉宣布,代表大会**不得在布鲁塞尔**举行。第二,布鲁塞尔委员会和韦尔维耶委员会发表宣

---

① 在国际1867年洛桑代表大会上曾确定1868年度全协会代表大会的地点为布鲁塞尔。但是,鉴于比利时下院将1835年规定任何一个外国人都可能因政治嫌疑罪而被驱逐出境的外侨法有效期延长,马克思便在1868年5月25日的总委员会会议上提出不在布鲁塞尔召开代表大会的问题。马克思起草的关于代表大会改在伦敦召开的决议全文(见《马克思恩格斯全集》中文第1版第16卷351页),在6月2日的总委员会会议上宣读过。比利时司法大臣茹尔·巴拉1868年5月16日在下院要求议员不许代表大会在布鲁塞尔召开的声明、国际布鲁塞尔支部对这一声明提出的抗议(载于1868年5月24日《人民论坛报》第5号),以及支部领导人德巴普和万丹胡亭的信,促使马克思在1868年6月16日总委员会会议上提出了新的决议,根据这个决议,应届代表大会的召开地点仍在布鲁塞尔。——编者注

言向司法大臣进行挑战。**第三**，德巴普和万丹胡亭来信说，如果改变代表大会的开会地点，我们就会毁掉比利时的组织。这将被认为是对政府的让步等等。

至于目前在这里的韦济尼埃和皮阿等人的卑鄙阴谋，我就不用说了。他们当然散布了谣言，说我们似乎是在按波拿巴的指令行事。

他们以为最近这次会议会大吵大闹，因而给我们派来了旁听者。当我宣读了文件等等，并根据这些文件撤回了我的决议时，他们大失所望。我是这样把事情扭转过来的：外侨法并不是直接针对国际的。它具有**普遍的**性质。因此，如果国际在这样的立法下选择布鲁塞尔作为自己的会议地点，就是对比利时政府**让步**。现在情况相反。现在是比利时政府直接威胁我们并向我们挑衅，如果这时我们把代表大会从布鲁塞尔迁走等等，我们就是对它让步。同时，我对那些攻击我的决议的人（奥哲尔等）在他们不了解情况变化时所使用的英雄腔，讲了几句很轻蔑的玩笑话。我们可能遇到的唯一危险，就是廉价殉道和成为笑柄。在我发言的时候，夫人几次叫嚷"听呀，听呀！"并敲桌子表示赞成。无论如何我做到了使奥哲尔等成为受人嘲笑的对象，使撤销决议不能被说成是他们的胜利。……

(《马克思恩格斯全集》中文第1版
第32卷第94—95页)

卡·马克思致弗·恩格斯

（1868年8月29日）

1868年8月29日于伦敦

……杜邦接到从那不勒斯寄来的当地支部的委托书。① 正如我们从意大利的报告中看到的，自门塔纳会战以后②，那里国内出现了全面的反动，特别是工人的集会结社权几乎被取消了。

在巴黎，好在我们的一些老人正在**坐牢**。那里的委员会将派一名代表去布鲁塞尔，而各个工会团体派八九名代表。③ 我们的人从监狱里给我们来信说，必须使这些工会团体的代表"在政治上名誉扫地"，好切断他们的一切退路。巴黎的警察局采取什么手段，可看下述事实：一位

---

① 1868年，那不勒斯的国际会员通过总委员会委员杜邦同国际工人协会保持了联系。他们派他作为自己的代表出席国际工人协会布鲁塞尔代表大会。

国际那不勒斯支部终于在1869年建立起来。这是国际工人协会在意大利的第一个人数相当多的支部，成员中有许多工人。这个支部受巴枯宁主义者很深的影响。1871年初这个支部瓦解了。但是这个支部在得到恩格斯指示的卡菲埃罗帮助下进行了改组，并同总委员会建立了经常的联系。卡菲埃罗经常向支部成员介绍恩格斯的通讯和国际的文件。支部很快就起了意大利中央支部的作用，但在1871年8月被警察破坏了。——编者注

② 马克思指国际意大利支部关于国内形势的报告。特别是1868年8月18日在总委员会会议上曾宣读了一封信，其中谈到在"波伦亚及其近郊已被禁止开会，工人团体的负责人已被关进监狱"。

1867年11月3日，法国军队协同罗马教皇的雇佣卫队在门塔纳附近击败了再次进军罗马的加里波第军队；加里波第进军罗马的目的是要把罗马从法国占领下解放出来，使它归属意大利国家。——编者注

③ 由于国际支部巴黎理事会的理事被捕，派代表参加布鲁塞尔代表大会的主要是加入国际工人协会的法国各工会团体。出席代表大会的法国各工会团体的代表有十余人；其中有机械工人、白铁工人、起重工人、印刷工人、装订工人、彩画匠、大理石匠、铜匠等的代表。——编者注

先生冒充从伦敦来的"欧仁·杜邦",跑到一些狱中人的妻子那里去探听情况。他原来是个警探,不过他的这场滑稽剧到处碰壁。

埃卡留斯作为我们的代表今天已前往纽伦堡。① 他从那里去布鲁塞尔。他在这两个地方都将给《泰晤士报》写通讯。

皮阿先生和韦济尼埃先生领导下的所谓法国人支部派一个代表去布鲁塞尔,为的是——说来可怕——控告我们!

顺便说一下,如果穆尔还在曼彻斯特,请告诉他,最好在**星期二以前**他能把应向国际工人协会交纳的会费交给我。我们在布鲁塞尔的代表很少,现在要把我们所能筹到的每一先令用于向那里增派一名代表。

下星期二是今年代表大会之前我们的最后一次会议。②

祝好。

你的 卡·马

(《马克思恩格斯全集》中文第1版
第32卷第136页)

---

① 1868年7月23日,倍倍尔以德国工人协会联合会名义邀请国际总委员会出席纽伦堡代表大会,邀请书中写道:"列入议事日程的重要问题当中,……纲领问题占主要地位。我们……拟建议代表大会接受国际工人协会的纲领,……并建议该组织加入国际工人协会"。

倍倍尔领导的联合会的纽伦堡代表大会,于1868年9月5日至7日举行。总委员会派埃卡留斯为正式代表,除他之外,还有国际的几个代表出席了这次代表大会。代表大会以多数票(六十九票对四十六票)通过了关于加入国际工人协会的决议,并通过了承认它的基本原则的纲领。在代表大会上选出了一个由十六名委员组成的委员会负责实地执行这一决议;这十六人于1868年9月22日由总委员会批准组成国际工人协会在德国的执行委员会。纽伦堡代表大会还通过了关于组织工会的决议,并听取了李卜克内西关于军备问题的报告,他在报告中要求废除现有的军队。——编者注

② 布鲁塞尔代表大会前的国际总委员会最后一次会议于1868年9月1日举行。在这次会议上除了讨论其他问题以外,还听取并一致批准了马克思起草的总委员会向布鲁塞尔代表大会的报告。——编者注

卡·马克思致弗·恩格斯

（1868年9月9日）

1868年9月9日于伦敦

……随信寄去载有论述**国际工人代表大会**①文章的《泰晤士报》和两号《每日新闻》。两号《每日新闻》你要**尽快**寄回。

你从《**泰晤士报**》的第一篇社论中可以看出，我们只把我们的报告连同简短的附信寄给该报的做法是何等正确。②

匆匆草此。

祝好。

你的 卡·马·

（《马克思恩格斯全集》中文第1版
第32卷第138页）

---

① 即国际工人协会布鲁塞尔代表大会。——编者注
② 指1868年9月9日的《泰晤士报》，在这号报纸上发表了埃卡留斯关于布鲁塞尔代表大会的第一篇通讯，标题为《国际工人代表大会（International Working Men's congress）》其中包括马克思所写的《国际工人协会总委员会第四年度报告》全文。这号报纸的社论也专门论述了国际布鲁塞尔代表大会。以后的各篇通讯发表在1868年9月11、14、15和17日的《泰晤士报》上。——编者注

卡·马克思致格奥尔格·埃卡留斯和弗里德里希·列斯纳

（1868年9月10日）

1868年9月10日①于伦敦

亲爱的埃卡留斯和列斯纳：

首先我要感谢列斯纳寄来的长而有趣的信。

你们不应当让代表大会拖过这个星期。到目前为止——就英国的情形来看——还没有发生什么丢脸的事情。

如果比利时人和法国人又要把一大堆新问题列入议事日程，那么你们就该使他们明白，这样做是不行的，因为：

（1）德国代表的人数很少，因为他们的代表大会②差不多同时在德国举行；

（2）英国由于正在进行争取选举权的运动，几乎根本没有代表出席；

（3）瑞士德语区人还根本没有代表出席，他们刚刚参加进来，而早已存在的支部在日内瓦罢工时期已经把自己的资金用光了；

（4）现在只用法语进行讨论是片面的；

（5）因此，应当避免**在一般理论问题上**作出**决议**，因为这只能引起非比利时人和非法国人在以后提出抗议。

当然，公众最关心的是战争问题。长篇的演说和华丽的辞藻在这里不会有什么害处。在这个问题上作出的决议应当直截了当地说明：工人阶级还没有充分地组织起来，还不能对事变进程起某种决定性作用，但

---

① 原稿为："8月10日"。——编者注
② 指德国工人协会联合会纽伦堡代表大会和拉萨尔派在柏林举行的工人代表大会。——编者注

是，代表大会以工人阶级的名义宣布反对战争，并揭发战争的罪魁祸首；法国和德国之间的战争是一场内战，它对这两个国家来说是毁灭性的，对整个欧洲来说也是毁灭性的。认为战争只会对俄国政府有利，这种看法未必会被法国和比利时的先生们所接受。①

问候友人贝克尔。

卡·马克思

如果有人提出互助信贷的问题，那么埃卡留斯应当直截了当地声明：英国、德国和美国的工人与这种蒲鲁东的教条毫不相干，他们认为信贷问题是次要问题。

代表大会的决议必须用电报发给伦敦各报。但愿不发生丢脸的事！

卡·马·

(《马克思恩格斯全集》中文第 1 版
第 32 卷第 546—547 页)

卡·马克思致弗·恩格斯
（1868 年 9 月 12 日）

1868 年 9 月 12 日于伦敦

亲爱的弗雷德：

代表大会好在今天要闭幕了，据我们得到的消息，在星期四以前它

---

① 见《马克思恩格斯全集》中文第 1 版第 32 卷第 142—143 页。——编者注

还没有怎么败坏自己的名誉。但仍然要时刻担心发生丢脸的事，因为比利时人占绝大多数。托伦先生和其他巴黎人想把总委员会迁往布鲁塞尔。他们对伦敦十分忌妒。在日内瓦（1866年）和洛桑（1867年）发表过教条式演说反对工联等的蒲鲁东派的"勇敢的比利时人"和法国人①，现在是它们最狂热的拥护者，这是一大进步。"勇敢的比利时人"尽管爱说大话，但对什么也不关心。例如，《每日新闻》通讯员在偶然碰上荣克和斯特普尼之前，就白费了三天工夫去找我们的临时会议大厅。事实上，会议厅事先并没有租下来，而"勇敢的比利时人"却要伦敦总委员会负担费用（包括他们的二百五十个与会者的费用），但他们和法国人尚欠伦敦总委员会约三千法郎。现在这笔费用将靠代表们的私人捐款来抵补。

……

顺便说一下，我们把"罪犯"一词改为"蒙难者"②，这是很恰当的。

派肖去是用穆尔的钱③，肖回来后，穆尔就会得到收据。

祝好。

你的 **卡·马·**

（《马克思恩格斯全集》中文第1版
第32卷第138—139页）

---

① 马克思指比利时联合会和法国蒲鲁东主义者在第一国际日内瓦代表大会和洛桑代表大会上反对工会的言论。——编者注
② 看来是指马克思的著作《国际工人协会总委员会第四年度报告》中编辑的改动。——编者注
③ 见马克思致恩格斯（1868年8月29日）。——编者注

弗·恩格斯致卡·马克思

（1868年9月16日）

1868年9月16日于曼彻斯特

……《泰晤士报》刊载的埃卡留斯的报告提到的事实，对你很有利，摩里先生会注意的。① 这里的报纸也都刊登了这个报告的相当完整的摘录（但大部分摘自《每日新闻》）。

代表大会开得还比较好。公开谈琐事，悄悄办正事，这种方法证明是很出色的。这样，总委员会仍然设在伦敦，蒲鲁东主义者又该对**他们**是蒲鲁东主义者，他们之外再无别人这样的定论感到心满意足了。

谈到劳埃德等等的那一号《未来报》曾两次提到你，这也应该寄给迈斯纳。如果你愿意，这一切我都可以办到。

莫泽斯·赫斯使我很开心。②

……

（《马克思恩格斯全集》中文第1版
第32卷第140—141页）

---

① 见《马克思恩格斯全集》中文第1版第127页。——编者注

② 这里指莫·赫斯1868年9月11日在国际工人协会布鲁塞尔代表大会会议上的演说（见本卷第174页）。赫斯在反对蒲鲁东主义者的"无息信贷"论时，引证了马克思在《哲学的贫困。答蒲鲁东先生的〈贫困的哲学〉》中对这种理论的批判。——编者注

卡·马克思致弗·恩格斯

（1868年9月16日）

1868年9月16日于伦敦

亲爱的恩格斯：十英镑已收到，谢谢。在信末我将详细谈钱的问题。现在先谈"一般问题"。

把报告只寄给《泰晤士报》的策略证明是正确的。除了大为不满的勒维[1]外，已迫使伦敦的所有报纸说了话。埃卡留斯从纽伦堡寄来的通讯，《泰晤士报》没有采用。一收到我的报告[2]它就接受了。昨天的《晨报》刊登了一篇拥护**国际**、反对《泰晤士报》的社论（这使布林德很伤心）。《星报》宣称代表大会获得"**成功**"。起初攻击过我们的《旗帜报》也在昨天的社论中向工人阶级匍匐献媚了。它踢了资本家几脚，现在甚至还会在土地问题上装腔作势一番。《辩论日报》感到遗憾的是，英国人、德国人和比利时人，正如他们关于土地所有制的决议所表明的，是属于"共产主义派"的，而另一方面，法国人却总是重复"蒲鲁东的可笑的演说词"。

大家对埃卡留斯很不满，下星期二将爆发一场对他有益的风暴。[3]对他的谴责有以下几点：

他几乎根本没有参加代表大会，而后来在《泰晤士报》上却把自己描绘成代表大会的领导者。

---

[1] 指勒维编辑的《每日电讯》。——编者注
[2] 卡·马克思《国际工人协会总委员会第四年度报告》。——编者注
[3] 由于埃卡留斯长期患病，在总委员会的会议上没有讨论埃卡留斯给《泰晤士报》写的通讯稿的问题。——编者注

在这些通讯中，他把**总委员会的建议**当作私有财产而攫为己有，把这些建议所赢得的掌声也记在自己名下。他千方百计避而不谈**别人的演**说，而且为了讨好《泰晤士报》编辑部，竟**歪曲**了杜邦的闭幕词。此外，列斯纳抱怨说，他（列斯纳）引用了我的书，埃卡留斯在《泰晤士报》上对这一点却只字未提①，关于该书的决议②，也只是在强大的压力下才写进了他的通讯，最后他还歪曲了德国人关于战争的**决议**③。他说欧洲战争将是一场内战，而不按德国人的决议说"法国和德国之间的战争将是一场**有利于俄国的**内战"。他把有利于俄国这一点完全删去了，然而他却把比利时**人用罢工**反对战争的荒谬主张强加于德国人和英国人。

另一方面，写通讯又是他的功劳。总而言之，将向他宣布，他今后只担任**记者**，总委员会给他路费，《泰晤士报》给他稿费。但是他**再也**不会被委派为**代表**了。这样一来，各种职务之间的矛盾也就消除了。

列斯纳说，虽然出席代表大会的几乎全是比利时人（加上法国

---

① 列斯纳差不多每天都向马克思报告关于国际的布鲁塞尔代表大会的进程，他在1868年9月11日的信中写道："星期三讨论了关于机器的问题，我发了言，并且提到了你的书，宣读了其中的一些段落……《每日新闻》对此作了一些报道。该报记者找过我，问过书名和我宣读的章节。宣读《资本论》的引文博得了掌声。而朋友埃卡留斯却认为在他给《泰晤士报》写的报道中提到这一点是不值得或者没有好处的。"——编者注

② 见本卷第268页，参见《马克思恩格斯全集》中文第1版第32卷第736页。——编者注

③ 布鲁塞尔代表大会上提出的德国人关于战争的决议，全文刊载在代表大会的记录中——见1868年9月22日《比利时人民报》（Le Peuple belge）附刊（见本卷第231—232页）和1868年10月《先驱》杂志第10期。马克思提到的决议的不完全和不准确的文本，发表在埃卡留斯1868年9月17日给《泰晤士报》写的通讯中。——编者注

人），我们的代表很少，但是却取得了这么多的成就，原因是比利时工人不顾他们布鲁塞尔的**首领们**的反对，在一切决定性问题上都支持了伦敦。据说，莫泽斯发表了一篇最精彩的反蒲鲁东主义者的演说。① 托伦非常气愤，所以没有出席宴会。不但决定中央委员会仍旧留在这里，而且批准了经过我们**清洗**的中央委员会委员的名单。韦济尼埃被责令在一个月内向布鲁塞尔委员会②提出他怀疑托伦的证据。代表大会已经决定，如果他的证据**站不住脚**（这些证据是站不住脚的），就要把他作为诽谤者**开除**出组织。法国人支部的一个代表提出了一份对总委员会的控诉书，其中还包含一个小小的要求：总委员会的法国委员由这个支部指派。为此，大会决定转入讨论原定议程上的问题（和我们在总委员会中处理这些家伙的控诉的做法完全一样）。

……

(《马克思恩格斯全集》中文第 1 版
第 32 卷第 141—143 页)

---

① 这里指莫·赫斯 1868 年 9 月 11 日在国际工人协会布鲁塞尔代表大会会议上的演说（见本卷第 174 页）。赫斯在反对蒲鲁东主义者的"无息信贷"论时，引证了马克思在《哲学的贫困。答蒲鲁东先生的〈贫困的哲学〉》中对这种理论的批判。——编者注

② 国际工人协会布鲁塞尔代表大会选举了一个专门委员会来调查韦济尼埃对国际的一些委员提出的指责。1868 年 11 月 3 日在总委员会会议上宣读了布鲁塞尔来信，该委员会在信中宣布，韦济尼埃没有为这种指责提出任何证据，委员会也没有发现丝毫根据。委员会委员表示同意代表大会关于把韦济尼埃作为诽谤者开除出国际的决议。——编者注

卡·马克思致弗·恩格斯

（1868 年 9 月 19 日）

1868 年 9 月 19 日于伦敦

……《**国民舆论报**》关于布鲁塞尔代表大会的报道还谈到：

"我在这里必须提到伦敦的委员会所起草的协会的总报告。**提到**，这是我能够使用的唯一字眼，因为我对法律不很熟悉，不能挑出和删去这个文件中可能出现的那些触犯法国法律的词句。"

接着是谈到有关"法国政府"的段落。

"那里批评有时是尖锐的，而且常常带有讽刺性。我再说一遍，我不想充当法官，但我必须承认，听众不像你们的通讯员那样胆小，他们对我没有引用的一切地方，都报以暴风雨般的掌声。"

法国来的记者有十二名。

《**解放报**》和《**布鲁塞尔报**》攻击代表大会的方式同二十年前攻击我们时一模一样。

有一个俄国人，是新闻记者。他说，他将把载有代表大会材料的俄国报纸寄给总委员会。

（《马克思恩格斯全集》中文第 1 版
第 32 卷第 149 页）

第一国际第四次代表大会

(1869年9月6—11日于巴塞尔)

关于召开代表大会的通知

一①

国际工人协会第四次年度代表大会将于1869年9月6日（星期一）在巴塞尔（瑞士）召开。代表大会将讨论下列问题：

（1）关于土地所有制问题；
（2）继承权；
（3）工人阶级在多大程度上可以立即利用信贷；
（4）关于综合教育问题；
（5）工会对工人阶级解放的作用。

议事日程：（1）审查代表资格；（2）选举主席团；（3）总委员会的总结报告，以及各支部和分部的总结报告；（4）讨论列入议程的各项问题；（5）决定下一年度总委员会的驻在地；（6）选举总委员会委员；（7）决定下次代表大会的时间和地点。

附注：对工人阶级状况的统计研究仍继续进行，请寄材料。

根据总委员会的委托：
主席：欧仁·杜邦
司库：考埃尔·斯特普尼
总书记：约·格奥尔格·埃卡留斯
1869年6月22日于伦敦海－霍尔本街256号

---

① 1869年在伦敦出版的传单《国际工人协会第四次代表大会》。——编者注

二①

（一）9月4日（星期六）和5日（星期日），巴塞尔支部的成员（帽上有白色徽记）将在车站上欢迎各国代表。

（二）星期六晚上八点钟将在国民咖啡馆举行各国代表同巴塞尔支部成员的非正式会见。

（三）星期日上午将举行隆重的开幕式。各国代表和巴塞尔支部的成员将于二时整在代表大会的会场和入口处集合。然后一起去开庆祝会，地点将根据天气情况，稍后再定。大会程序如下：

1. 唱歌；
2. 巴塞尔联合会主席致欢迎词；
3. 各国代表讲话；
4. 返回代表大会会场，同参加庆祝会的各地方支部告别；
5. 举行晚会。

（四）从6日（星期一）开始到11日举行代表大会会议，其中有一天下午休会，参观城市名胜古迹。

（五）在整个代表大会举行期间，每天将在代表大会会场中举行晚会。

（六）9月11日（星期六）晚上将举行代表大会隆重的闭幕式，闭幕后将举行聚餐。

（七）9月12日（星期日）午后将到阿尔列斯海姆游览。

代表巴塞尔城和巴塞尔州各联合会支部委员会：

主席：布吕安
副主席：弗洛姆莱
书记：克利盖尔

1869年8月15日于巴塞尔

---

① 《国际报》1869年8月29日第33号。——编者注

1869年9月在巴塞尔举行的第四次国际代表大会的报告[*]

引 言

国际工人协会根据去年在布鲁塞尔召开的代表大会通过的决议,今年在巴塞尔举行第四次国际代表大会。第四次代表大会和以前历次代表大会一样,为期8天,从9月5日(星期日)至12日(星期日)。[①]

9月5日差不多一整天专门用于大会的开幕,由巴塞尔支部的会员接待与会代表。尽管如此,这一天抵达的人数众多的代表开了一次会,在会上任命了负责审核代表委托书的临时委员会。第二天,该委员会已经最终被确定下来,其中增加了几位新委员。

因此,9月5日星期日下午2时,大部分代表与巴塞尔城区和郊区各支部会员在国民咖啡馆集合。根据瑞士习俗,他们从那里开始在城里游行,乐队前导,旗帜招展。约2000人组成的游行队伍在一家啤酒厂门前停步,在大花园里,每个人都围着桌子就座,格吕特利合唱团和乐队一起欢迎各国工人代表光临。

---

[*] 布鲁塞尔德西雷·布里斯梅印刷厂,亚历克西安大街13号,1869年。
我们根据保存在巴黎社会博物馆的版本出版这份报告。

[①] 从随后的报告中可以看出,9月5日和12日两天都未用于举行会议,因此大会的正式会期为9月6—11日。——编者注

当大家坐定，歌声结束时，巴塞尔城区和郊区联合支部主席布吕安公民用德语讲话，欢迎各位代表。下面是布吕安公民讲话的译文：

工人兄弟们：

首先，请允许我衷心地欢迎各位工人阶级的代表。我们本来希望在教堂里招待大家，但是这个城市的教堂不对前来宣读工人解放这个确实是福音真理的使者们开放。公民们，想到人类子孙集会讨论人类利益的任何地方都是神圣的，我们就应该感到安慰。

当这个地方汇集着在其行列里无一例外地接纳所有人的、伟大的工人协会的代表们，它就无比神圣。是啊！的确是，现在协会只包括英国、德国、瑞士和美国的精英，我们只是组成了工人大军的先锋队。很多人只要听到**国际**这个字眼还心惊胆战，很多人害怕。而这些过分的恐惧很快会消失，协会将包容全世界的工人。

我们要说，如果不是我们协会的历史，那工人的历史还是什么；工人的历史过去就是受奴役的历史，现在是斗争，将来是胜利。凡是伤害工人地方，就都给我们协会造成伤害。无论是在博里纳日还是在卢瓦尔河流域，对工人的打击都伤害到我们。我们对维也纳的工人们说："在断头台周围联合起来"，我们把这话看做是对我们自己说的，普劳尔的可怕不幸使我们内心感到万分悲痛。

而且我们还可以说，鼓动工人的运动就是我们的运动，在所有被压迫者联合起来的地方，我们的思想都激励着他们，就像不久前伟大的德国社会党开会时人们可以看出的那样。

人们知道我们是谁，我们不隐瞒我们想要什么。不，我们不接受像现在这样组成的社会，这个把所有财富、一切利益统统交给某些享有特权者、让他们有权随意支配的社会；这个使工人沦为奴隶、被迫廉价出卖劳动及其生命本身的社会；这个从未像一家的慈父所做的那样，能保证每个子女生存的社会；这个日夜辛勤工作的人们难得有一块面包，而剥削者可以随心所欲地独揽和积聚财富，他们不仅丝毫不生产，而且随意阻碍生产的社会。

不，我们不能承认一个用供需的消长衡量劳动的方式来调节劳动的社会；一个幸福者极少，贫苦者如此众多的社会。这个社会不是产生于人类本身。人们常常把这个社会比做人间地狱，这个词恰如其分。因为我们的父辈给我们留下的传统，他们给人类生活定形而使社会成为一群魔鬼和受苦的人。受苦的人觉得无辜，抱怨自己不是魔鬼，抱怨不能轮到他们折磨别人。而我们要从更高的角度考虑问题。我们要人与人之间的平等，我们要人与人之间的团结与和谐——那么多世纪的努力迄今尚未使我们得到的和谐。今天，令人痛心的是看到所有社会关系都以最强者的权利为基础，法律认可这样的霸占并使之神圣化。因此，产生的后果是什么？后果是处在铁砧上的人们争取变成铁锤。

而在这种令人痛心的情况之中，我们的心开始预感到一个崭新的世界将要形成，一个新社会将从旧社会的废墟中产生，这个社会相当强大，相当辉煌，足以使所有人幸福。

最初的几步已经迈出，贵族的专制，教士的专制已经被粉碎，全体贵族的特权，全体教士的特权已经消失。现在，资产阶级的特权必须和其他特权一样消失，所有的人必须劳动。我们梦想的自由社会将懂得合作利用任何劳动成果。因为这个社会只由劳动者组成，将能自给自足和自我管理，绝不允许人们违背良心，但能满足各种必须有宗教感的心愿。

那时候，和平是永久的，各国人民组成统一的大家庭，分散在众多在无限宇宙空间运行的星球中的一个星球上。那时候，就达到了所有勇敢的人们追求的这个目标，这是所有精英们向往的目标。伟大的革新是人类真正的荣耀，将导致人类充分的全面发展。

工人兄弟们……我在做梦吗？那么大家就和我一起做梦……我这样说话，是不是失去了理智，应该把我关进精神病院？不是的。证明我不是在做梦、我没有发疯的，是国际协会本身的存在，是这个协会积极干预涉及工人福利的一切。

我们要努力，我们要为建立人民共和国①（Volksstaat）不懈地努力，因为人民首先必须掌握政府。那时候，只有依靠人民，依靠人民的活动，依靠人民智慧，依靠人民的道德来建立一个正如人民所想的，与人民利益一致的，摒弃偏见的世界。这些偏见是日益坍塌和崩毁的大山。

还不知道我们是否能在短期内实现设想的改革，是否可以通过和平方式实现这些改革。可惜呀，本世纪人们的头脑似乎还不十分清醒，足以从现在起就可以宣告解放。所有工人以及生活在工人阶层之外的人根本不想了解这项事业的光辉壮丽。但是贫穷——大势所趋——将用它们的铁臂紧紧抱住我们。贫穷、渴望，必将创建新社会。请让资本积聚在若干有特权的人的手里吧，动乱的起因就是资本有一点利息。让那些看不到人之间的其他差别，只看到人之间的财产富差别，既不考虑才干也不考虑价值观的人和他们的偏见一起留下来吧，大势所趋必将左右他们。

我们不指望从大资本家那里得到任何东西，我们不攻击人，我们反对的是社会现在的政体产生的原则和制度。

公民们，过去毫无自信精神和坚强意志，就一事无成。我知道，这种精神使人内心激动，这就是为什么当前的运动必然会成功。因此，我

---

① 布吕安的原文是"人民国家"（Volksstaat），该法文译文译为"人民共和国"（république populaire）。——编者注

向为伟大的"解放日"做准备工作的各位致敬；欢迎大家，不管从哪里来，我们的目标是一致的；各位都想到达这个希望之乡。这是人类能够要求得到的唯一的希望之乡。

在这个经常被大会掌声打断的讲话之后，安斯、里沙尔两位公民以法语代表的名义，埃卡留斯、阿普尔加思两位公民以英国人的名义，贝克尔公民以德国人的名义，以及瑞士各支部的几位会员相继发言。他们都强调必须解决社会问题，解决消灭阶级和解放工人的问题。其中好几位发言人甚至详细说明了他们所代表的特殊群体对这一问题的各种论据的看法。

在这个隆重的仪式之后，人们又重新组成队伍，朝着国民咖啡馆走去，在那里举行代表大会的正式会议。

在转入本报告的完全正式的部分之前，让我们再说一下，每天晚上的会议后，或在行政会议进行中，几位代表或就社会科学的某几点，或就工人阶级在他们各自国家的发展情况举行了报告会。主要是巴塞尔及其周围各支部的会员组成的观众，每天晚上都挤在与大会会场毗邻的大厅参加晚会，音乐、德语合唱和民主歌曲使这些晚会气氛十分活跃。公民埃卡留斯、列斯纳、贝克尔、格罗伊利希、施塔克、施皮尔、诺马耶、坎什、巴枯宁、安斯、德雷尔、巴斯坦、布里斯梅、卡波鲁索、法尔加-佩利塞尔、德巴普、詹姆斯·吉约姆、里廷豪森，等等，就是这些真正的社会主义集会的会议演说者。

我们还要补充的是，9月12日（星期日），大会以宴会闭幕，在宴会上所有国家（还有俄罗斯，尽管没有派专门代表出席大会）的国际工人协会的成员都为工人的解放、为自由、为社会革命、为国际工人协会等等举杯。

代表名单

美 国

卡梅伦，美国全国劳工同盟和费城工人大会的代表（在芝加哥《工人辩护士报》工作）。

英 国

阿普尔加思，木工，伦敦总委员会和英国粗木工和细木工总联合会代表（伦敦，东南区，斯坦福大街113号）。
鲁克拉夫特，制椅工，总委员会和伦敦制椅工联合会代表（伦敦，伊斯灵顿区，圣詹姆斯大街13号）。
斯特普尼，考埃尔，总委员会代表，《社会经济学家》编辑（伦敦，皮卡迪利区，博尔顿大街9号）。
荣克，海尔曼，钟表工，伦敦总委员会代表（伦敦，东中央区，克拉肯韦尔区，北安普敦广场，下查尔斯大街4号）。
埃卡留斯，格奥尔格，总委员会和伦敦裁缝联合会代表，裁缝（伦敦，西南区，大教堂街10号）。
列斯纳，弗里德里希，裁缝，伦敦总委员会和英国德国人支部代表（伦敦，西中央区，高尔大街，弗兰西斯路4号）。

法 国

奥布里，埃米尔，石印工，鲁昂区工人联合会代表（鲁昂，友谊大街12号)。

克勒索,纺纱工,里昂区纺纱工协会代表(索特维尔-莱鲁昂,卡勒富尔大街110号)。

皮耶东,织布工,埃尔伯夫工人经济研究俱乐部代表(埃尔伯夫,诺伊堡大街71号)。

瓦尔兰,装订工,巴黎精装书装订工支部代表(巴黎,多菲内大街33号)。

朗德兰,青铜镶嵌工,巴黎青铜艺术品制造工代表(巴黎,贝莱姆大街12号)。

多斯堡,布料印染工,圣但尼布料印染工互助信用社代表(圣但尼,和平街58号)。

杜朗,首饰工,巴黎珠宝业互济互助会代表(巴黎附近的贝尔维尔,朗波诺大街15号)。

鲁塞尔,白铁工,巴黎白铁工抵抗协会代表(巴黎,韦尔-布瓦大街22号)。

弗拉奥,大理石工,巴黎大理石工工会代表(梅尼蒙唐大街61号)。

缪拉,机械工人,巴黎机械工人工会代表(巴黎,圣莫尔大街200号)。

潘迪,木工,巴黎木工工会代表(福布尔-迪-唐普勒大街17号)。

莫兰,镀金工,巴黎实证主义无产者小组代表(巴黎,圣-塞巴斯蒂安胡同8号)。

弗朗坎,石印工,石印工抵抗协会代表(巴黎,拉韦尔利大街42号)。

J. A. 朗格卢瓦,记者,巴黎金属车工工会代表(巴黎,芒萨尔大街8号)。

德雷尔,鞋匠,巴黎职业鞋匠工会代表(蒙马特尔,克利尼昂布尔大街17号)。

舍马莱,制图师,巴黎国际会员代表(巴黎,瓦万大街10号)。

弗吕内奥,木工,巴黎木工自由协会代表(巴黎,沙朗东大街154号)。

塔尔塔雷,细木工,巴黎大理石工代表(福布尔-圣-安托万大街232号)。

布尔索,青铜器制造工,里昂青铜器制造工和铸工协会代表(里昂,埃奈城根大街24号)。

乌捷,细木工,里昂细木工协会代表(里昂,圣埃莱娜大街55号)。

阿尔伯·里沙尔,织布工,里昂缫丝工、织布工同业公会代表(里昂,凯德塞兰20号)。

帕利克斯,裁缝,里昂缫丝工、裁缝同业公会代表(库尔-于东大街)。

Ch. 莫尼埃,制帽工,圣桑福里安德奥宗支部代表(伊泽尔,圣桑福里安,孟德斯鸠大街53号)。

巴枯宁,记者,里昂缫丝工代表(日内瓦,蒙布里昂大街125号)。

富罗,木工,马赛木工、石匠、瓦工、篾工等协会的代表(马赛,纳瓦林大街15号)。

托伦,雕刻工,马赛面包师协会代表。

布代,法兰绒作坊主,利摩日支部代表。

比利时

安斯,教师,比利时各支部总委员会代表(布鲁塞尔,大广场天鹅旅馆)。

罗班，教师，列日支部代表（现居日内瓦，蒙布里昂大街 E.43 号）。

巴斯坦，织布工，韦德尔河谷联合会代表（内松沃-莱韦尔维耶）。

布里斯梅，印刷工，布鲁塞尔支部代表（布鲁塞尔，亚历克西埃大街 13 号）。

德巴普，印刷校对员，沙勒罗瓦矿区各支部、东部联合会代表（布鲁塞尔，特雷-纳夫大街 47 号）。

德 国

施皮尔，小学教师，不伦瑞克国际代表（不伦瑞克，沃尔芬比特尔）。

里廷豪森，记者，科隆及索林根各支部代表（科隆，格德翁大街 36 号）。

李卜克内西，《民主周报》编辑，爱森纳赫代表大会代表（莱比锡，布劳大街 11 号）。

赫斯，记者，柏林支部代表（现居巴黎，库塞尔大街 50 号）。

扬纳施，社会经济学教授，马格德堡支部代表（巴塞尔，格伦扎舍大街费舍花园）。

贝克尔，扫帚制作工，德国人支部联合会中央委员会代表（日内瓦，普雷-勒韦克大街 33 号）。

克里格，记者，德累斯顿支部代表。

白拉克，不伦瑞克支部代表。

谢勒尔，大学生，巴门-埃尔伯费尔德支部代表。

布格尔，鞣革工，巴登大公国勒拉赫支部代表。

巴斯坦，织布工，韦尔维耶德语支部代表（受委托）。

列斯纳，裁缝，英国德国人支部部代表（受委托）。

奥地利

诺马耶，《维也纳新城周报》编辑，维也纳新城支部和波希米亚各支部代表（维也纳新城，中央广场 387 号）。

奥伯温德，记者，维也纳支部代表。

瑞　士

培列，雕刻工，日内瓦钟表、首饰及八音盒制造厂各支部代表（日内瓦，桑德里耶大街 14 号）。

格罗斯兰，箱盒装配工，国际日内瓦各支部代表（卡鲁日，卡罗琳大街 23 号）。

戈克，《邮报》编辑，瑞士各德国工人协会代表（日内瓦，勃朗峰大街 25 号）。

亨格，雕刻工，国际日内瓦各支部代表（日内瓦，昂特勒波大街 14 号）。

布罗塞，锁匠，日内瓦各支部代表（日内瓦，努韦勒-图尔-迈特莱斯大街）。

弗里茨·罗伯尔，教师，拉绍德封支部代表（居住在拉绍德封）。

弗洛凯，箱盒装配工，勒洛克勒中央支部代表（纳沙泰尔州，勒洛克勒市，克莱日大街）。

雅耶，皮革整理工，洛桑支部代表（洛桑，普雷大街 44 号）。

施维茨格贝尔，雕刻工，库特拉里区各支部代表（居住在伯尔尼汝拉山区松维利耶）。

詹姆斯·吉约姆，教师，勒洛克勒支部和雕刻工协会代表（居住在纳沙泰尔）。

戈尔热，钟表工，穆捷-格兰德瓦尔支部代表（居住在穆捷-格兰德瓦尔）。

马蒂诺，排字工，纳沙泰尔支部代表（居住在纳沙泰尔附近的马耶，吉约姆家）。

毕尔克利，苏黎世消费合作社社长和代表（苏黎世消费合作社）。

格罗伊利希，书籍装订工，苏黎世支部代表（苏黎世，新明斯特）。

埃施巴赫，机械工人，苏黎世冶金工人代表。

弗雷，制造厂工人及巴塞尔共和国大会议成员，吕泽尔弗吕代表。

布吕安，记者，巴塞尔共和国大会议成员，巴塞尔城区和郊区联合支部代表（巴塞尔，雅尔丹大街63号）。

博尼，批发商，巴塞尔城区支部代表（巴塞尔，赫特大街8号）。

莱辛格，裁缝，巴塞尔工人协会代表（巴塞尔，坎内旅馆）。

霍莱特，锁匠，同上。

施塔克，印染工，巴塞尔鞋匠支部代表。

科兰，商人，巴塞尔支部代表（巴塞尔，弗赖恩大街）。

坎什，织带工，巴塞尔织带工人支部代表（巴塞尔，圣奥班大街）。

古特-盖罗尔特，裁缝，洛桑及巴塞尔裁缝支部代表（巴塞尔，克罗门大街10号）。

意大利

卡波鲁索，裁缝，那不勒斯国际中央支部代表（那不勒斯，托莱多港二街 10 号）。

巴枯宁，那不勒斯机械工人支部代表（受委托）。

亨格，日内瓦意大利人支部代表（受委托）。

西班牙

法尔加-佩利塞尔，印刷工人，加入国际的卡泰罗尼亚工人协会联合会中央代表（巴塞罗那，卡德斯大街 22 号）。

森蒂尼翁，医生，国际巴塞罗那支部和社会主义民主同盟的代表（巴塞罗那，梅卡德尔）。

注：其他两名代表未能到巴塞尔参加大会工作，即：

法奈利，意大利佛罗伦萨各工人团体代表（该代表因在前往巴塞尔途中生病未能出席大会，只是委托书到了）。

巴尔策，美国圣弗朗西斯科德国人支部代表（没想到路上被耽搁，以致 9 月 18 日才抵达巴塞尔）。

9月6日——第一次公开会议

会议于 10 点开始，巴塞尔支部主席布吕安公民首先讲话。

为便于在大会上确认委托书，前一天受委托接收和审查代表委托书的委员会介绍了处理结果，提出代表递交的 61 份委托书有效。

安斯介绍关于接纳巴黎实证主义无产者小组代表莫兰公民的几点意见。他要求大会确定代表参与大会工作的条件，即他们代表被正式接纳的国际支部或同业行会，或非同业工人协会，因此提出他的建议：

1. 只有直接加入国际的协会或表示愿意加入，但其国家法律制止加入国际的工人协会的代表才有权参加讨论和表决。

2. 不符合这些条件的协会的代表只有权参加讨论而无权表决；本条规定只适用于公开的大会。

在讨论过所有人事问题之后，大会表示希望就此作出最终决议，以便将来不再经常重复讨论这个同样的问题。

安斯的建议被移交给委托书审查委员会，大会委托该委员会研究这个问题并于第二天在行政会上提出结论。

然后审查莫兰的委托书是否有效。

巴黎的代表们提请注意，莫兰是国际的一位老会员；是被判入狱3年的上届理事会的9名理事之一；他们证明出具委托书的小组确实是一个工人小组，其中有好几位国际的老会员。

代表大会一致同意莫兰作为代表。

代表大会也同意本届大会接纳的代表将有同样的发言和表决权。有待作出的决议应只对以后的大会有效。

委托书审查结束之后，大会开始选举主席团，其组成人员如下：

主席：荣克；

副主席：布吕安，布里斯梅；

法语书记：奥布里，罗伯尔，瓦尔兰；

德语书记：赫斯，李卜克内西，施皮尔；

英语书记：埃卡留斯；

西班牙语书记：法尔加-佩利塞尔，森蒂尼翁。

在会议过程中，主席传达了一份巴塞罗那（伊比利亚半岛军团）发来的电报和一份莱比锡发来的电报，两个城市的工人通过电报向大会成员表示同情。

关于各种函电，**罗班**要求任命一个由三人组成的委员会，负责接收发给大会的所有函电，如电报、信件、申请书、祝词等，浏览这些函电,并在会议开始时传达,以免打断讨论,便于工作。

德巴普要求,该小组的组成,必须使国际内使用的各种语言都有一名代表。

会议经过讨论,采纳了德巴普的建议。

被任命为该委员会成员的是:德巴普、阿普尔加思、贝克尔、森蒂尼翁。

12点散会。

9月6日——第二次公开会议

讨论和接受了如下建议:

1. 每次会议开始和结束都要点名。
2. 每位发言人就一个问题只能发言两次;发言人有10分钟论述其想法,5分钟回答问题。
3. 关于提到大会议事日程上的主要问题的决议须通过记名投票。
4. 书记负责记录就这个或那个问题表决的代表姓名。
5. 每天开两次会议:第一次会议上午9点到12点;第二次会议下午2点到晚6点;在第一次会议上,大会处理行政事务;第二次会上讨论和表决通过议事日程上的问题。
6. 任命与付诸研究的问题相应的委员会,每位成员都挑选他愿意参加的委员会。
7. 代表大会首先处理伦敦总委员会提到议程上的5个问题①,其他任何问题都放在此后讨论。

---

① 总委员会于1869年6月22日通过的巴塞尔代表大会议程见本书第6卷第138页,亦可参见《马克思恩格斯全集》中文第1版第16卷第647页。——编者注

8. 代表大会同意在讨论前 5 个问题之后紧接着讨论人民行使直接立法权的问题。

每项建议都必须用三种语言书面提出。

下面是各个委员会的组成情况：
1. 土地所有制问题：

里廷豪森（科隆）；克勒索（鲁昂）；朗格卢瓦（巴黎）；科兰（巴塞尔）；坎什（巴塞尔）；缪拉（巴黎）；瓦尔兰（巴黎）；列斯纳（伦敦）；德巴普（布鲁塞尔）；赫斯（柏林）；皮耶东（埃尔伯夫）；扬纳施（马格德堡）；贝克尔（日内瓦）；森蒂尼翁（巴塞罗那）。

2. 继承权问题：

德雷尔（巴黎）；里沙尔（里昂）；布里斯梅（布鲁塞尔）；吉约姆（勒洛克勒）；巴枯宁（里昂和那不勒斯）；亨格（日内瓦）；德巴普（布鲁塞尔）；李卜克内西（爱森纳赫）；赫斯（柏林）；贝克尔（日内瓦）；法尔加-佩利塞尔（巴塞罗那）。

3. 互助信贷：

施维茨格贝尔（圣伊米耶）；多斯堡（巴黎）；古特-盖罗尔特（洛桑）；弗洛凯（勒洛克勒）；埃卡留斯（伦敦）；舍马莱（巴黎）；施塔克（巴塞尔）；森蒂尼翁（巴塞罗那）。

4. 综合教育：

鲁克拉夫特（伦敦）；巴斯坦（韦尔维耶）；布昌安（巴塞尔）；罗伯尔（拉绍德封）；莫兰（巴黎）；杜朗（巴黎）；罗班（列日）；考埃尔·斯特普尼（伦敦）；戈克（日内瓦）；列斯纳（伦敦）；诺马耶（维也纳新城）；阿普尔加思（伦敦）；赫斯（柏林）；森蒂尼翁（巴塞罗那）；施皮尔（不伦瑞克）；朗德兰（巴黎）；博尼（巴塞尔）；格罗斯兰（日内瓦）。

5. 抵抗团体对工人解放的作用：

安斯（布鲁塞尔）；施维茨格贝尔（圣伊米耶）；弗朗坎（巴黎）；弗拉奥（巴黎）；奥布里（鲁昂）；乌捷（里昂）；富罗（马赛）；布尔索（里昂）；弗洛凯（勒洛克勒）；培列（日内瓦）；鲁塞尔（巴黎）；考埃尔·斯特普尼（伦敦）；阿普尔加思（伦敦）；舍马莱（巴黎）；雅耶（洛桑）；布罗塞（日内瓦）；潘迪（巴黎）；李卜克内西（爱森纳赫）；法尔加-佩利塞尔（巴塞罗那）。

关于点名的讨论可以用几句话概括。舍马莱本想进行最严格的核对：比如，讨论每个新问题的时候，就要点名。罗班、安斯反对这个想法。他们认为每次会议开始和结束时点一次名就够了。埃卡留斯建议坚持前几次大会采取的方式，即在出席人名单上签到。

至于给每位发言人论述其想法及建议的时间问题，一些人希望给论述重要问题的发言人 20 分钟；另一些人则认为，不管怎么样，发言人要回答问题就有发言权；最后，有些人要求严格限制在 10 分钟之内，因为不想让人欣赏自己演说天才的人在 10 分钟之内有充分论述其观点的时间。

大会同意在表决重要问题时点名；但是就确定用什么方法，由谁核对、记录这些表决展开讨论。罗班建议成立 5 人组成的委员会。罗伯尔提出书记可以负责这项工作，大会对此表示满意。

埃卡留斯要求改变会议时间；去年在布鲁塞尔，每天明显地安排过满。另外，在晚上的公开会议上不能作出任何决定，只有在第二天上午的会议上，经过往往很长时间新的讨论之后才表决。他认为，最好在下午的会议上作决定。缪拉不反对埃克留斯的建议，但他提醒说，在布鲁塞尔，在上午的会议上没有重新讨论问题，仅仅草拟各种建议。布里斯梅坚持去年采用的开会时间，即晚7点至11点。这样工人们可以来得多，这肯定是一种极好的宣传手段。根据埃卡留斯、列斯纳、安斯的意见，大会取消了晚上的会议，代之以下午2点至6点的会议，如果讨论需要，可是超过这个时间。事实上，大家公认的是，给公众留的席位很有限，众多的工人不能出席会议。此外，在巴塞尔支部采取措施之后，可以在每天晚上工人和大会成员的自由集会上进行宣传。

潘迪提出讨论公布今天开幕的大会报告。这一问题的讨论交给第二天的行政会议。无论如何，巴塞尔支部已经做出安排，以便尽早有一个详细的报告。有两位速记员参加会议，根据大会各位书记给他们的指示，即将有一份德语报告。

关于总委员会提到议程上的5个问题的讨论顺序，戈克报告说还有苏黎世的毕尔克利提出的、得到瑞士和德国的几个支部支持的第6个问题，即由人民进行人民的直接立法，他把这个问题看得非常重要。

罗班原来不知道这第6个问题；他不想对这个问题是否适合当前讨论提出看法，他认为无论如何大会应讨论总委员会提出的前5个问题；然后，如果时间允许，把毕尔克利的问题作为个人而不是总委员会提出讨论的问题加以研究。

施维茨格贝尔：尽管原则上完全反对那些认为通过人民直接代表制可以最终解放工人的想法，如果苏黎世支部正式要求把这个问题列入我们的议事日程，就不应该拒绝。

布吕安：我不理解有人会反对戈克刚刚提出的正当要求。虽然英国和法国的报纸只刊登了总委员会提出的5个问题，但德国的报纸一直添加刊登第6个问题。他说，我们瑞士人和德国人考虑问题的方法与法国人和比利时人考虑问题的方法不同。我们认为第6个问题是所有问题当中最重要的，其后才是另外5个问题。为什么？因为我们认为国家不是资产阶级的机构，而是人民的，人民直接代表的，如果国家是人民的，人民就可以决定其想做的事，并达到国际的目标。其他国家的代表可以拒绝讨论这个问题，因为他们在自己的国家还没有办法达到这种代表制，但是他们不应该拒绝拥有这些手段的瑞士人认为如此重要的讨论。

巴枯宁反对把第6个问题插入议事日程。我们是一个国际协会，协会根据其决议表明，政治和社会问题有密切联系，但是协会的名称本身就表明，政治问题是国际的而非国家的问题。

里廷豪森：你们将长期从事重大的社会改革，你们认为，这对结束工人阶层极坏的处境来说是必需的。那么，考虑执行你们应该用来完成这些改革的手段就没那么必要吗？我想对你们当中的许多人说，你们想通过**革命**达到你们的目的。那好，公民们，革命没有做出任何实际的事。如果革命之后，你们不能通过立法提出你们的要求，革命就会像1848年的革命一样悲惨地终结。你们将成为最残暴的反动势力的牺牲品，将重新受到若干年的压迫，蒙受耻辱。

民主国家为实现其理想，应该使用的实行民主的手段是什么呢？由一个人立法产生的作用只能有利于这个人及其家族；由一个被称之为代表的资产阶级集团立法，只能为资产阶级服务；人民只有通过直接立法才能对自身利益负起责任，才能使其利益得到承认，才能伸张社会正义。因此我坚持要求你们把人民直接立法的问题列入本次大会的议事日程；从今天起就像为你们列入议程的其他5个问题那样，也为这个问题选出一个委员会。

缪拉要求跟着议事日程走，不讨论这个问题。

罗伯尔反对布吕安的断言。他说不是所有瑞士人都同意现在应该讨论第6个问题的意见，其中有些人只是偶然听说过这个问题。另一方面，他认为不应拒绝讨论这个问题，就像对待任何可能提出的问题一样，当然，首先要讨论总委员会提出的5个问题，然后再讨论其他问题。

安斯：既然现在有人不仅对是否应该讨论第六个问题提出异议，而且对问题本身提出异议，我想给巴枯宁的发言补充几句话。我不明白国际各个支部迫不及待进入政府的举动。据说，人们可以通过代表制或直接立法改变我们的敌人资产阶级组成的现政府。为此，有人想进入这些政府，想通过说服，依仗人数，通过新的法律建立新国家。朋友们，我们不要采取他们的做法，因为在比利时，或在法国和其他地方，我们或许可以采取这个做法：我们宁可让这些政府腐朽堕落，而不要用我们的道德观念来支持这些政府。下面就是为什么：国际现在是，而且必须是国中之国，国际要让这些国家随意发展下去，直到我们这个国家变得最强大。到那时候，在这些国家的废墟上，我们建立我们完全准备好的、完全成熟的、如同在我们每个支部都已经存在的国家。滚开，让我坐在那儿，将来就是这样的问题。

根据某些人的看法，在比利时没有挽救我们的普选的这种可能，我们为此感到高兴。今天我们不要求普选，而我们将来要取消普选，这是为了不和任何人一起参加普选。

李卜克内西：拒绝讨论这个问题是反动的；国际不是在其最初的决定中说政治也是其所管的范围吗？那为什么不管这个问题呢？所有德国的报纸都公布了这个问题，所有德国的纲领都包含了这个问题，德国的代表要求讨论这个问题。虽然对于可以讨论社会问题，而不能讨论政治问题的巴黎、柏林或布鲁塞尔来说，这个问题不重要，但是对于没有这种区分的其他国家来说，这个问题是重要的。

缪拉和德雷尔表示他们不过问把第6个问题插入议程，但这个问题要放在其他问题之后。

施塔克强调讨论这个问题的必要性，他还提到德国报纸已经公布了这个问题，瑞士人也想讨论。

施维茨格贝尔表示，作为瑞士一个支部的代表，他根本不愿意讨论这个问题，他那个支部也不愿意讨论，特别是因为这个问题和其他问题一样，没有在支部里研究过。

罗班的意见是，让那些想开会讨论这第 6 个问题的人去讨论，而朗格卢瓦则建议，晚上开一次特别会议，每个人都可以自由参加。罗伯尔和戈克提出的第 7 项、第 8 项（见上文）决议经**荣克**宣读后，被一致同意。

6 点 15 分散会。

从本次会议开始，由于行政问题在内部会议上研究，考虑到布鲁塞尔大会的一些先例，我们认为没必要全文转载这些会议记录。因此我们继续以公开会议的报告的形式转载，我们随后通报行政会议作出的决定。

9 月 7 日——第三次公开会议

会议于 2 点 25 分开始，荣克主持会议。

点名发现，57 位成员出席，6 名缺席，其中 2 人生病。

舍马莱要求，根据行业公会的动议，大会委派几位成员作为代表了解病人的情况。

里沙尔在大会上宣布，莫尼埃病情好转，刚刚来开会。

里廷豪森也提供了他头天晚上看到的奥伯温德的情况，他的健康稍有好转，但是他认为这位代表不能参加大会的审议。

罗伯尔宣读总委员会的法文报告：

总委员会的报告①

公民们:

各个支部的代表将向你们详细报告我们协会在他们国家取得的成就。你们的总委员会的报告主要是谈一谈资本和劳动之间的游击战——我们指的是过去一年中震荡欧洲大陆的罢工。关于这些罢工,有人说不是工人的贫困引起的,也不是资本家的横暴引起的,而是我们协会的阴谋诡计引起的。

在我们上一次代表大会闭幕后,过了几个星期就在巴塞尔爆发了织带工人和染丝工人的值得纪念的罢工。巴塞尔直到今天,一直保持着中世纪城市的许多特点,如它的地方传统,狭隘的偏见,妄自尊大的豪绅,雇主和工人之间的宗法关系。几年之前,有一个巴塞尔的厂主就曾向英国大使馆的秘书吹嘘说:

"在我们这里业主和工人之间的相互关系比在英国好得多","在瑞士,一个工人如果为了更高的工资而离开他的好业主,他的同事就会看不起他","我们比英国优越的地方主要在于工作时间长和工资低"。

由此可见,那些由于现代影响而改变了自己形式的宗法制度就表现在:业主好而工资却很糟,工人有中世纪附庸的情感,同时却作为现代雇佣奴隶遭受剥削。

这种宗法制度,也可以根据瑞士当局对工厂童工劳动和初等国民学校状况的调查材料来判断。材料上写道:

---

① 即"总委员会向国际工人协会第四次年度代表大会的报告",此处按《马克思恩格斯全集》中文第1版第16卷第417—432页刊出。——编者注

"巴塞尔的学校里的空气比任何地方都污浊，如果说在露天空气中只有万分之四的碳酸气，在室内碳酸气一般也不超过万分之十，那么在巴塞尔的普通学校里，碳酸气的数量在上午是万分之二十到八十一，在下午是万分之五十三到九十四。"

关于这一点，巴塞尔大会议的议员图尔恩埃森先生无动于衷地说：

"没有什么可怕的！长辈们也在像现在这样坏的校舍里读过书，可是他们也没有怎么样。"

现在就会理解到，为什么巴塞尔工人的经济斗争的爆发标志着瑞士社会历史的一个时代。再没有什么东西能比这个运动的起点更具有代表性了！按照旧的风俗，巴塞尔的工人在米迦勒节比平日提早四分之一个工作日下工。可是在1868年11月9日，当德巴里父子织带工厂中的工人要求习惯上的优待时，有一个厂主就用粗暴的声调和命令的手势向他们宣布：

"谁要是离开工厂而不继续工作，就立刻并且永远解雇他。"

经过几次无效的抗议之后，172个织工中有104人离开了工厂，可是他们并不相信自己当真会被解雇，因为根据双方的书面协定，离开工作或者解雇，都应当在两星期前通知对方。第二天早晨他们来上工时，发现工厂已经被宪兵包围，并且不许闹事者走近它。那些头一天没有提前下工的织工现在也拒绝上工。总的口号是："全体上工，不然谁也不上工。"

这样出其不意被解雇的织工和他们的家属一起，立刻从他们租自己厂主的房屋里被赶了出去。不仅如此，厂主们还写信通知肉商、面包商和食品杂货店主，请求他们不赊给闹事者任何食品。这样展开的斗争从

1868年11月9日延续到1869年春天。我们的报告的篇幅不允许我们更详尽地叙述这件事。这里只再指出一点：由于资本主义专横制度的凶恶表现——残酷的同盟歇业——而发生的这场斗争，演成了一系列的罢工，这些罢工由于有时取得妥协和厂主们一再破坏这种妥协而时断时续；当巴塞尔的崇高可敬的大会议枉然企图用军事措施和类似戒严的手段来恫吓工人的时候，斗争达到了高度紧张的状态。

在这场斗争进行的时候，**国际工人协会**支援了工人。按照企业主的说法，这个团体第一次把现代的反抗精神送到了善良而古老的帝国城市巴塞尔。因此，他们最关心的事情就是把这位不速之客重新从巴塞尔赶出去。他们企图迫使自己的下属退出协会，以此作为媾和条件，但是白费力气。由于在反对国际的战争中遭到接二连三的失败，他们便企图采取荒唐的手段来发泄自己的愤恨。这些共和主义者同时又是在巴登边界上离巴塞尔不远的一个小地方寥拉赫的一些大工厂的所有者，他们驱使当地的地方长官①解散了那里的国际支部；可是这个措施很快就被巴登政府废除了。当奥格斯堡的《总汇报》大胆地刊登了关于巴塞尔事件的公正报道时②，这些"可敬的先生"就在愚蠢可笑的信中以停止订阅该报相威胁。他们特地派了一个代理人到伦敦，这个人的奇妙的使命是查明国际的主要存款的数额。如果这些正统的基督徒生活在基督教萌芽的时代，那他们首先会去看看使徒保罗在罗马的活期存款了。

由于他们这些野蛮而愚蠢的行为，日内瓦的资本家曾好好讥笑了他们一顿。但是过了几个月，粗野的巴塞尔老憨就加倍地报答了日内瓦雅士们的恭维。

3月里在日内瓦爆发了两次罢工——建筑工人的罢工和排字工人的

---

① 英文版中不是"地方长官"，而是"大公国的官员"。——编者注
② 1869年1月9日和13日《总汇报》第9号和13号。——编者注

罢工；这两个工人团体都建立了国际的支部。建筑工人的罢工是由于业主们破坏了一年前同工人们郑重签订的合同而引起的。排字工人的罢工只不过是已经延续了十年的冲突的结尾，工人曾试图在先后成立的五个委员会中使这种冲突得到和解，但总是徒劳无益。如同在巴塞尔一样，业主们立即把同自己工人的局部冲突变为国家权力对**国际工人协会**的十字军征讨。

日内瓦的政务会议派警察到火车站去迎接业主们从远处运来的工人，使他们不能同罢工者有任何接触。它纵容日内瓦的带着左轮手枪的 jeunesse dorée① 在大街上和其他公共场所袭击工人和女工。它以各种借口唆使它的警察局的雇佣刽子手去迫害工人，例如在5月24日，它就在日内瓦以较小规模重演了在巴黎演过的被拉斯拜尔痛斥为"Les orgies infernales des casse-têtes"② 的场面。

当日内瓦的工人在公开的集会上通过致政务会议的呼吁书，要它对这些"残暴的警察逞凶"进行调查时，政务会议粗暴地拒绝了他们的请求。有人显然是想逼使日内瓦工人起义，然后再用武力来镇压这次起义，把**国际**从瑞士土地上清除掉，使无产者屈服于和十二月二日制度相似的制度。由于我们的瑞士联合会委员会的坚决行动和遏止作用，计划遭到了破坏。③ 业主们终于被迫让步。

---

① 英文版中在 "jeunesse dorée"（"花花公子"）这个词后面补充有："La jeune Suisse"（"青年瑞士"——这里指的是沙文主义的青年组织"青年日内瓦"["La jeune Genève"]）的有前途的二流子。——编者注

② "Les orgies infernales des casse-têtes"（"残暴的警察逞凶"）——摘自立法团的议员拉斯拜尔在1869年7月8日的会议上的发言，他在发言中抗议波拿巴警察当局在巴黎选举时的暴行。——编者注

③ 马克思所叙述的事实曾公布在1869年5月29日《平等报》第19号上。由于日内瓦的建筑工人和印刷工人的罢工，1869年春天罗曼语区联合会委员会和日内瓦的国际支部进行了巨大的工作。——编者注

现在请仔细听一听日内瓦的资本家及其报界的狐群狗党对**国际**的一些责难吧！他们在公开的集会上通过了致政务会议的呼吁书，其中有这样一句话：

"他们听从伦敦和巴黎的命令，正在破坏日内瓦州，他们想要消灭这里的一切工业和一切劳动。"

一家瑞士报纸断言，**国际**的领袖们是

"拿破仑皇帝的密探，他们在适当的时机就会作为社会起诉人来反对我们小小的瑞士"。

说这种话的正是那些热衷于把十二月二日制度移植到瑞士国土上的先生们，正是那些在日内瓦和其他瑞士城市掌握大权的金融巨头们，全欧洲都知道，他们早已从瑞士共和国的公民变成"Crédit Mobilier"① 和其他**国际性欺诈组织**的仆从了！

比利时政府在4月间为了对付瑟兰的搅铁工人和博里纳日的采煤工人的罢工而制造的几次惨案，已在总委员会致欧洲和美国工人的呼吁书中得到了详细的说明。② 我们认为发出这样的呼吁书是非常必要的，这特别因为在比利时这个典范的立宪国家里，这样大批地屠杀工人并不是偶然事件，而是成为一种常规了。在演了恐怖的战争悲剧之后，紧跟着

---

① "Crédit Mobilier"（"动产信用公司"），全称"Société générale du Crédit Mobilier"，是法国的一家大股份银行，创办于1852年。它的收入的主要来源是用它所开办的股份公司的有价证券在交易所进行投机。Crédit Mobilier 同第二帝国的政府官员有密切的联系。1867年该银行破产，1871年停业。马克思在《纽约每日论坛报》上发表的许多文章中揭示了"Crédit Mobilier"的真正本质（见《马克思恩格斯全集》中文第1版第12卷第23—40、218—227、313—317页）。——编者注

② 《马克思恩格斯全集》中文第1版第16卷第395—400页。——编者注

就是法院的滑稽剧。在对我们设在布鲁塞尔的比利时总委员会进行搜查的时候（委员会的房舍被警察毁坏得很厉害，有一部分委员披捕），法院侦查员发现了一个工人的一封信，信中请求送来"五百**国际**"；他立即断定，向出事的地方一定派去了五百名工人战斗队。其实这"五百**国际**"只不过是五百份布鲁塞尔委员会的机关刊物"国际报"。后来他搜查出①一封打给巴黎的电报，电报要求一些"火药"。经过长时间的侦查，在布鲁塞尔终于发现了这种危险物。原来它是用来消灭昆虫的药粉②。最后，比利时警察当局十分得意的是它自认为发现了那个很难找到、而又闹得大陆上的资本家不得安宁的宝库，这个宝库的大部分据说是藏在伦敦，协会在大陆上的一切主要分部都依靠这个宝库供给经费。比利时的侦查员认为，这个宝库被藏在一个保险箱里，而这个保险箱被藏在一个僻静的地方。他的密探们猛攻箱子，砸毁锁一看，发现里面是几块煤炭。也许，国际的纯金经过警察的手一摸，就马上变成了煤炭。

1868年12月在法国各棉纺织区爆发的罢工中，最有名的是**索特维尔-莱鲁昂**的罢工。在这以前不久，索姆省的厂主们在亚眠聚会，目的是要解决这样一个问题：他们怎样才能在英国市场上更廉价地出售（undersell）自己的商品，从而打败他们的英国竞争者。全体同意，除了保护关税政策以外，正是较低的工资水平使法国至今不受英国棉织品的侵犯；由此他们自然地得出结论说，如果在法国把工资降得更低一些，就会使法国的棉织品充斥英国。他们丝毫也不怀疑，法国的棉纺织工人会自豪地承担起他们的业主以极大的爱国主义精神决定在拉芒什海峡对岸进行的那场侵略战争的费用。此后不久就传出消息说，**鲁昂及其**

---

① 原文是"stiebert"，这个词来自"Stieber"——"警犬"，"密探"；暗指普鲁士警察局长施梯伯（Stieber）。——编者注

② "pulwer"一词有"火药"和"药粉"两个意思。——编者注

近郊的厂主们在秘密会议上已经商量好要实行这样的政策。紧接着在**索特维尔-莱鲁昂**突然宣布要大大地降低工资，于是诺曼底的纺织工人第一次起来反抗资本的进攻了。他们是在时局的影响下行动起来的。在这以前，他们既没有工会，也没有任何的反抗手段。贫困迫使他们向国际的鲁昂委员会请求援助，委员会立即使他们得到了鲁昂及其近郊的工人和巴黎工人的一些支援。大约在12月底，鲁昂委员会向总委员会发出呼吁，这正是英国棉纺织区极端困难的时期，伦敦空前贫困，一切工业部门都处于普遍停滞状态。这种情况在英国一直延续到现在。尽管情况极度不利，总委员会认为，鲁昂冲突的特殊性定会促使英国工人鼓起自己的一切力量。这是一个非常适当的时机来向资本家表明，他们通过降低工资的办法时而在这个国家时而在那个国家进行的国际工业战争，最终将因工人阶级的国际团结而无法继续进行。英国工人响应我们的号召，立即为鲁昂募集了第一批捐款，工联伦敦理事会决定在首都同总委员会一起召开一次 monstre meeting〔大规模的群众集会〕来声援诺曼底的工人弟兄。这些措施后来由于得到索特维尔的罢工突然停止的消息而中断。

这场经济斗争虽然失败了，可是它的精神影响却使这种失败得到了广泛的补偿。这场斗争把诺曼底的棉纺织工人吸引到了革命的劳动大军的队伍中来；它使鲁昂、埃尔伯夫、达尔内塔勒和其他地方成立了工会，并且重新巩固了英国工人阶级和法国工人阶级之间的兄弟联盟。1868年冬季和1869年春季，我们在法国的宣传工作陷入了瘫痪状态，这是因为1868年我们的巴黎委员会被迫解散、警察在各省无端寻衅以及法国的议会大选成了注意的中心。

选举刚一结束，就在卢瓦尔的采矿工业区、在里昂和其他许多地方爆发了许多起罢工。在资本家和工人之间的这场斗争中暴露出来的经济事实面前，那些把第二帝国庇护下的工人阶级描绘成一片繁荣景象的鲜艳诱人图景已经烟消云散。工人提出的要求是那样的微薄和那样的无可争辩，以至于在受到一些有时是蛮横无理的抗拒之后，不得不全被接受下来。这些罢工的唯一的奇怪的特点是在表面的平静之后突然爆发，而且是那样迅速地一个紧跟着一个。可是这一切现象的原因是简单而明显的。在选举时工人在反对全体人民的暴君的斗争中成功地试用了自己的力量。当然，他们决心在选举后试用自己的力量去反对他们自己的暴君。

选举促进了精神力量的觉醒。一家靠伪造事实领取报酬的政府报纸很自然地把一切事件都说成是受了伦敦总委员会的秘密指示，似乎总委员会派了自己的密使到处奔波，为了向早先完全满意自己命运的法国工人揭示一个秘密：工作过度，报酬低微，受到粗暴对待——全是些不愉快的事情。在伦敦出版的一家法国警察小报《国际报》①，就曾经在8月3日那一号上大发慈悲地向世界揭示我们的有害活动的秘密动机。

  上面写道："最奇怪的是硬要在贫困还远远没有被人感觉到的那样一些国家中发动罢工。这些突然的爆发对于法国的一些首先应该担心战争的邻国来说是再适时不过的了，这些爆发迫使许多人寻思：这些罢工是不是按照某个善于博得这个万能协会的好感的外国的马基雅弗利的要求进行的呢？"

正当这家法国警察小报指责我们，说我们为了使俾斯麦伯爵摆脱外部战争而利用罢工给法国政府制造内部困难的时候，一家莱茵普鲁士报纸、工厂主的机关报却指责我们说，我们用罢工震撼北德意志联邦②

---

① 《国际报》(*L' International*) 是1863年至1871年在伦敦用法文出版的不大的日报；法国政府的半官方报纸。——编者注

② 以普鲁士为首的北德意志联邦是根据普鲁士首相俾斯麦的建议在1867年成立的，它包括19个邦以及北德意志和中德意志的3个自由市。联邦的建立是德意志在普鲁士领导下重新统一的一个决定性阶段。——编者注

的基础，目的是要使德国的工业瘫痪，以利于外国的工厂主。

国际和法国罢工的关系可以用两个典型的事件来说明。关于第一个事件，即在**圣艾蒂安**发生的罢工以及随后在里卡马里发生的大屠杀，甚至法国政府自己也已经不敢说**国际**和这些罢工有任何关系了。

至于说里昂事件，那**并不是国际把工人推向罢工**，相反，却是罢工把工人推向国际的队伍。

圣艾蒂安、里沃-德日耶和**菲尔米尼**的矿工镇静而坚决地要求矿业公司的经理修改工资条例，缩短长达 12 小时的井下繁重劳动的工作日。由于和平解决纠纷的意图没有收到成效，他们才在 6 月 11 日举行了罢工。当然，对于他们来说，最迫切的问题就是保证自己得到那些还在继续工作的同志的支援。为了阻止这一点，各矿业公司的经理向卢瓦尔省省长要求派遣军队，并且得到了满足。6 月 12 日罢工者发现矿井上加强了武装戒备。矿业公司为了保证政府派来的士兵对它们尽心竭力，每天付给每个士兵 1 法郎的报酬。士兵为了表达他们对公司的感谢，拘捕了将近 60 个企图偷偷溜到矿井上的同伴那儿去的矿工。被拘捕的矿工在当天下午就被第四基干团的 150 名士兵押送去圣艾蒂安。在这些勇士出发之前，多利安公司的一个工程师分发给他们 60 瓶酒，并且恳切地嘱咐他们一路上要机警地监视被捕者；他说，这些矿工都是些未开化的野人和逃亡的苦役犯。酒和这样一番训导准备好了一场流血冲突。在队伍后面紧跟着一群矿工和他们的妻儿，他们在里卡马里附近的蒙塞勒高地的一条狭谷把队伍包围起来，要求释放被捕者。士兵拒绝他们的要求，于是石块向士兵投来；这时士兵预先没有警告就突然向人群的最稠密处乱放起枪来，打死了 15 人，其中有两个妇女和一个吃奶的婴儿，许多人受了重伤。受伤者忍受了极大的痛苦，他们之中有一个 12 岁的贫苦的女孩**燕妮·珀蒂**；她的名字将永远留在工人阶级蒙难者的历史上。她是被从后面来的两颗子弹打伤的：一颗子弹打在腿上，另一颗穿过了背部，打断了胳膊，从右肩穿出来。"Les chassepots avaient encore fait merveille"①。

可是，这一次政府很快就意识到，它不仅犯下了罪行，而且大大失策了。资产阶级并不欢迎它这样的社会救主。**圣艾蒂安**的整个市议会提出辞职，它在自己的声明中指出大兵们的残无人道，并且坚决要求军队撤出这个城市。法国报刊掀起一阵极大的喧嚷。甚至那些保守的报纸，如《总汇通报》②，也为蒙难者征集捐款。政府不得不把这个可恨的团从**圣艾蒂安**调走。

在这样的困难情势下，突然想出了一条妙计：用**国际工人协会**作为替罪的羔羊来祭奠公愤。在审讯的时候，起诉书把这些所谓的造反者分成十类，而且非常精细地勾画出罪行的不同程度。第一类涂着最浓的色彩，包括5个工人，他们特别被怀疑是听从了外来的，即**国际**的秘密指令。罪证当然是多得很，关于这一点可以用一家法国司法报上的一小段话来说明：

"对见证人的讯问没有能够**确凿**地证明国际协会参与此事。见证人**仅仅**证实有几个身穿白短衫头戴便帽的**陌生人**站在暴徒的最前列。但是**这些陌生人一个也没有被捉住，而且也没有一个坐在被告席上**。有一个见证人被问道：你相信国际协会干与此事吗？他回答道：'我相信，但是我没有任何证据。'"

在里卡马里大屠杀以后，里昂的缫丝工（其中大部分是妇女）很快就开始了一系列的经济战斗。贫困迫使他们向国际请求援助，国际主

---

① "Les chassepots avaient encore fait merveille"（"沙斯波式步枪又一次发挥了威力"）——这里指的是沙斯波改进了的枪，1866年用这种枪装备了法国军队。——编者注

② 《总汇通报》（*Le Moniteur universel*）是法国的一家日报，1789年至1901年在巴黎出版；从1799年至1869年是政府的正式机关报。——编者注

要是通过自己在法国和瑞士的会员帮助他们取得了胜利。想以警察手段恫吓他们的一切尝试都没有用，他们公开宣布要加入我们的协会，并且向总委员会按章交纳会费后正式地加入了协会。在里昂，也像以前在鲁昂一样，**女工**起了崇高的卓越的作用。

里昂的其他工业部门都纷纷仿效缫丝工的榜样。因此，在数星期之内，我们的协会就在这些英雄的居民中找到了一万多个新的同道者，早在三十多年前，这些英雄的居民就在自己的旗帜上写上了现代无产阶级的口号："Vivre en travaillant ou mourir en combattant!"（"不能劳动而生，勿宁战斗而死！"）①

可是法国政府继续吹毛求疵地迫害**国际**。在马赛它禁止我们的会员集会选举出席巴塞尔代表大会的代表。在其他城市也重演了这种卑鄙的勾当，但是欧洲以及其他地方的工人终于开始懂得，夺取自己的天赋权利的最可靠办法是：不待他人的许可，每人奋不顾身地自动来行使这种权利。

奥地利的工人，特别是维也纳的工人，虽然是在1866年事件②以后才参加到运动中来，但是他们已经占据了有利的地位。他们很快就团结在社会主义和**国际**的旗帜下，现在他们通过自己派往不久前召开的爱森纳赫代表大会③的代表集体参加了国际。在奥地利，自由资产阶级比在任何地方都更明显地表现了它的利己的本能、智慧的贫乏和对工人阶级

---

① "Vivre en travaillant ou mourir en combattant!"（"不能劳动而生，勿宁战斗而死！"）——这是1831年起义的里昂织工的口号。——编者注

② 指奥地利在1866年普奥战争中的失败。——编者注

③ 1869年8月7—9日在爱森纳赫举行了德意志、奥地利和瑞士的社会民主主义者的全德代表大会，会上成立了德国社会民主工党。大会通过的纲领的第二部分第六点中说："鉴于工人的解放既不是一个地方的任务，也不是一个国家的任务，而是涉及一切具有现代社会的国家的社会任务，社会民主工党认为自己是——只要结社法允许——国际工人协会的一个分支，并参与它的活动。"——编者注

的切齿痛恨。它的内阁眼看着种族纠纷和民族纠纷使帝国陷于分裂并使帝国的存在受到威胁,却仍然对唯一宣布一切种族和民族团结起来的工人进行迫害。资产阶级并不是以自己的英勇而只是由于奥军的失败才取得了新的地位①,它自己也明明知道,它未必能够保住既得的东西,使之不受王朝、贵族和教会的侵犯;但是,这个资产阶级却不惜耗费自己的精力,卑鄙地企图剥夺工人阶级的结社、集会和出版自由的权利。

在奥地利,也像在欧洲大陆的所有其他国家一样,**国际**代替了升天了的"**赤色幽灵**"。当7月13日在摩拉维亚的棉纺织业中心布吕恩对工人进行小规模的屠杀时,这一事件被归咎于**国际**的暗中唆使,说它的代理人戴着隐身帽藏在幕后。当维也纳人民的某些领导人到法庭受审时;检察官辱骂他们是外国的代理人。这位检察官知识渊博的程度可以用他犯的一个小小差错来说明:他连伯尔尼的**资产阶级的和平和自由同盟**和**无产阶级**的**国际**都分不清。

如果说工人运动在息斯莱塔尼亚的奥地利②遭到的是这样一种迫害,那么它在**匈牙利**遭到的却是公开的而且是蛮横无理的戕害。关于这件事,总委员会收到了来自佩斯和普雷斯堡的最可靠的消息。举一个例子就足以说明当局对匈牙利工人的态度。

匈牙利王国内务大臣冯·文克海姆先生凑巧随匈牙利代表团到了维

---

① 在1866年军事失败后政治危机加剧了的情况下,以及民族解放运动高涨的情况下,奥地利的反动统治集团一方面不得不同匈牙利缔结协定建立二元帝国——奥匈帝国,另一方面又不得不向资产阶级作一系列的政治让步。1867年通过的宪法扩大了代议机构——帝国议会的权力,建立了内阁责任制,实行了普遍义务兵役制和中央集权制;政府成员除了贵族的代表外,也包括了资产阶级自由派。——编者注

② 息斯莱塔尼亚的奥地利,或息斯莱塔尼亚——奥匈帝国的一部分,包括奥地利本部、捷克、摩拉维亚、加利西亚、布柯维纳等地。特兰斯莱塔尼亚就是匈牙利王国,包括特兰西瓦尼亚、克罗地亚、斯拉窝尼亚等地。(这两部分的名称来自它们的分界河莱塔河。)——编者注

也纳。在几天以前，**普雷斯堡**的工人派了一个工人小组，其中包括著名的鼓动家涅姆契克，到维也纳去向内务大臣先生诉苦，因为他们在很长时期内被禁止举行集会，甚至为了募款成立患病职工补助会而举行游艺会也遭到禁止。费了许多周折，总算见到了这位高贵的大臣，然而，当工人走进大臣的办公室的时候，他们受到了这位大臣极不礼貌的接待。

大臣一边吸着雪茄烟一边问道："你们是工人吗？你们是在勤勤恳恳地工作吗？不要多管闲事。不要搞什么同盟；如果你们硬要过问政治，我们会采取适当的手段对付你们。我不能为你们做任何事情，工人要发牢骚就尽量地发吧！"

那么，是不是仍旧让当局为所欲为呢？大臣在回答这个问题时说：

"是的，这由我负责。"

经过了长时间的但是毫无结果的辩论，工人离开了大臣，并在临走时向他声明说：

"因为国家大事影响到工人的状况，工人当然要过问政治，而且一定要过问政治。"

在**普鲁士**和德国的其他地方，去年一年最值得庆贺的就是在全国组织了工会。在不久前召开的爱森纳赫代表大会上，代表着德国本部、奥地利和瑞士的15万多名德国工人的代表们成立了新的社会民主党，它的纲领逐字逐句地采纳了我们章程的基本原则。因为法律禁止他们成立合法的国际协会支部，他们决定请求总委员会发给个人会员卡。①

---

① 英文版中紧接着还有这样一句话："全德工人联合会在自己的巴门代表大会上也确认它同意我们协会的原则，同时宣称，普鲁士法律禁止它加入我们的协会。"——编者注

在那不勒斯、西班牙和荷兰成立了协会的新支部。在巴塞罗纳和阿姆斯特丹出版了我们协会的机关周刊。①

比利时政府在瑟兰和弗拉默里的光荣战场上搜集来的桂冠，看来使列强有点不能安宁。因此毫不奇怪，在这一年连英国也能夸耀它对工人的屠杀了。登比郡的莫尔德附近的利斯伍德大矿井的威尔士矿工，突然接到了矿井主管人关于降低工资的通知，这个主管人是他们早就痛恨的穷凶极恶的暴君。他们把附近矿井上的人们召集起来，把主管人赶出家门，并且把他的家具都运到附近的火车站去。这些不幸的人像孩子一样天真地以为，这样就能够永远不再受他的压迫了。② 5月28日有两个主犯将在国王陛下的第四步兵团的警戒下由警察押送到莫尔德的法庭。一群矿工企图在中途把被捕者解救出来，但是遇到了警察和士兵的抵抗，于是就纷纷向他们投掷石块；士兵不预先警告就用他们的后装枪③射出雨点般的枪弹来回击雨点般的石块。5人被打死，其中有两个妇女和一个小孩，很多人受伤。到这时为止，莫尔德的大屠杀和里卡马里的大屠杀有许多共同之处，但是往后这种相似之处就消失了。在法国，士兵只对自己的指挥官负责。在英国，他们必须在陪审员面前受侦查员的诘问；但是这个侦查员是一个耳聋和有些糊涂的老头子，他必须通过助听筒来听取见证人的供词，而威尔士的陪审员们则是一个冷酷无情的、充满偏见的阶级法庭。他们认为这次大屠杀是"在可以原谅的情况下进行

---

① 巴塞罗纳支部的周刊，后来是国际联合会的周刊，叫《联盟》(La Federacion)，1869年8月至1873年用西班牙文出版。
国际荷兰中央支部的周刊从1869年起是《工人报》(De Werkman)，1868年至1874年在阿姆斯特丹出版。——编者注

② 英文版中紧接着还有这样一句话："自然，法院就对这些暴动者开始进行侦讯，但是他们之中有一个被成千的人群解救出来，并被带出了这个城市。"——编者注

③ 英文版加有："（斯奈德式步枪）"。——编者注

的杀人行为"。在法国，暴动者被判处3个月到18个月的徒刑，而且在判决后很快就被赦免。在英国，他们却被判处了10年的苦役。

在法国，一切报刊都一致愤怒地谴责士兵。在英国，报刊却热烈地赞许士兵，并且对受害者表示不满。然而英国工人的收获很大，他们摆脱了一个大的而且是危险的幻想。在这以前他们以为，由于有了骚扰取缔令①的手续，以及由于军队受民政当局的管辖，他们的生命或多或少会得到保护。现在他们长了见识。内务大臣自由党人**普鲁斯**先生在下院宣布：第一，任何官员，任何猎狐爱好者或神甫，都有权不预先宣读骚扰取缔令就命令军队向人群开枪，只要他认为这是一群暴动者；第二，士兵有权借口自卫而首先开枪射击。自由党人大臣忘记补充一句：在这种情况下，为了保卫自己不受士兵的袭击，每个人都应该由国家用后装枪武装起来。

8月30日在伯明翰举行的工联代表大会上通过了如下的决议：

"鉴于地方工人组织几乎到处都让位给全国范围的组织；自由贸易原则的推广在资本家之间引起了如此激烈的竞争，在这样的竞争下，工人的利益完全被忽视，并且被当做国际竞争的疯狂斗争的牺牲品；工人组织应当日益扩大并成为国际性的组织；而且鉴于**国际工人协会**的宗旨在于保卫工人阶级到处**都相同**的共同利益，本届大会热烈地建议联合王国的工人，特别是所有工人组织，支持这个协会，并且恳切地希望它们加入协会。大会还相信，国际的原则的实现将导致各国人民之间的持久和平。"②

---

① 骚扰取缔令（Riot act）于1715年生效，禁止12人以上的一切"骚扰性集会"。遇到这样的情况，当局有责任提出特别警告，如果集会者在一小时内不散去，则使用武力。——编者注

② 这项决议是在伯明翰召开的英国工联第二次代表大会上，根据以代表身份出席大会的国际总委员会委员克里默的建议通过的，发表在1869年9月4日《蜂房报》第412号上。大会从1869年8月23日开到28日，会上通过决议：力争在联合王国实行八小时工作制；在下次大会上详细讨论土地问题。——编者注

今年5月，美国和英国之间看来要不可避免地爆发战争。因此，我们的总委员会曾寄给美国全国劳工同盟主席西尔维斯先生一封公开信，呼吁美国工人在统治阶级叫嚣战争的时候要维护和平。①

由于为我们的共同事业而斗争的英勇战士西尔维斯先生突然逝世，我们认为，为了表示对他的尊敬和怀念，最好在结束我们的报告时把他的复信引在这里：

"1869年5月26日于费拉德尔菲亚

昨天收到了你们5月12日的公开信。对我来说，收到大洋对岸我们的工人同志的祝贺是极大的幸福。我们的事业是共同的事业。贫富之间正在进行着战争。劳动到处都同样地受到压迫，而资本在世界的任何角落都同样是暴君。正因为这样，我说我们的事业是共同的事业。我以美国工人阶级的名义向你们，并通过你们向你们所代表的一切人，向欧洲的全体被侮辱和被剥削的男女劳动者伸出同志的手。把你们所从事的有益的事业向前推进，直到你们的努力获得完全的胜利。这就是我们的心愿。由于上一次的战争，在我们这里形成了世界上最卑鄙的金融贵族。这种金融权势在迅速吞食人民的有生力量。我们已向它宣战，并且打算战胜它。如果有可能，我们想通过选举投票箱获得胜利；如果不可能，就采取更强硬的手段。在万不得已的时候，往往必须流一点血。"

受总委员会的委托：
执行主席：罗伯特·阿普尔加思
财务委员：考埃尔·斯特普尼
总书记：约·格奥尔格·埃卡留斯

1869年9月1日于伦敦
通讯处：西中央区海-霍尔本街256号

---

① 见《马克思恩格斯全集》中文第1版第16卷第401—403页。——编者注

报告在宣读过程中经常被掌声打断。

缪拉指出报告里一个不确切的地方：正如其中所说的那样，在抗议和市议会辞职后……并没有撤离圣艾蒂安，而且指挥部队在里卡马里进行屠杀的戈瑟朗上尉于8月15日获得勋章。

安斯宣读比利时总委员会的报告：

比利时总委员会的报告

一、宣传

在9月举行的代表大会之后，会议代表立即被赋予了一项新任务。这就是在博里纳日（蒙斯附近）做那些已为沙勒罗瓦矿区所做的事。于是我们组织了许多次会议，一切都似乎预示着辉煌的成就。

不幸的是，第一个把我们叫到那里去的人——库德鲁瓦——仅仅出于自私的动机。他诡计多端，非常虚伪，混进各个支部，特别是极力拉拢各个委员会。然后他采取断然措施，在1月把各个委员会召集起来开了一次会。在这次会上，他们互相投票通过他们的报酬问题。按人头每人每年交1.2法郎，仅仅1万个人就是12000法郎，这只是作为报酬。

面对这种行为，必须决裂。热马普、屈埃斯木、戈兰支部依然忠于我们。其他支部的委员会追随库德鲁瓦。我们说**委员会**，因为他们故意不召开全体大会让人赞成他们的办法。在大多数持不同意见的支部里，会员们在由总委员会召开的会议上一致谴责这些诡计；而委员会不想放弃他们的待遇，就利用会员缺乏经验来继续任职，威胁工人说，如果把他们免职，就不交出证件和支部的经费。然而在3月份，弗拉默里支部脱离了库德鲁瓦。

今天，库德鲁瓦露出真相。他不承认国际协会，公然承认他依附于政府。最近他在一次会上宣读了雅马尔大臣表示同意的信。因此工人们全部脱离了他。在帕蒂拉日和卡尔尼翁，他们决定任命新的委员会；在其他地方，他只剩下自己的几个委员会，这些委员会也必将被替换。从这一切当中，博里纳日的煤矿工人仅仅得到一个极好的教训，他们损失了很多钱，因为那些人再也没有还过分文。

这促使我们说起在布鲁塞尔支部内发生的一件事。这个支部的几位会员，也是"人民"协会的会员，因为他们使用不怎么正当的手段盗窃上述协会的机关报《人民论坛报》而受到严厉斥责。为了复仇，他们没有想出任何更好的办法，只能与库德鲁瓦联合，帮助他实现不太光彩的计划。这事件导致5名会员被开除。几个不满者与那些决心唱对台戏的人联合起来，在布鲁塞尔建立了违纪之徒的支部，或还有另一种叫法"革命的分部"。他们尽管尽一切努力，连一个外地支部也没能争取到。然而，这还是促使我们向5月16日的比利时代表大会提出这个问题：在比利时联合会之外，可以在比利时存在一个国际支部吗？对这个问题，除了两票，代表们一致予以否定的答复，并决定比利时代表把这个决定通报巴塞尔代表大会。

将近3月，轮到中部（在蒙斯和沙勒罗瓦之间）矿区向我们提出要求。在很短时间里，那里建立了约十个支部，其中有几个已经有很大影响。在比利时这部分地区的宣传的突出之处是，剥削阶级进行激烈的反抗，甚至不止一次动手打人。当局和警方带领几群闹事者。乌当戈尼的市长德费不仅用生鸡蛋当投掷物，而且大发雷霆，口出狂言，威胁要杀害一名代表。自不待言，这位先生没有受到司法机关的追究。

在此期间，沙勒罗瓦矿区继续多次举行集会。地方支部多达42个。离市中心比较远的几个支部从此以后就不存在了，因为人们势必顾及不到这些支部，但是在这些地方还有相当多的优秀分子，一有机会足可以重建这些支部。

在组织埃诺的各个支部期间，列日和韦尔维耶各个支部的积极宣传震惊了列日省。韦尔维耶这座城市周围有15个支部，连同正在组建的支部，列日周围也可以有同样多的支部。

韦德尔的联合会有每月出两次的《米拉波报》。

在那慕尔省，除了几个煤矿村，那慕尔和迪南有一些正在组建中的支部。

自上次代表大会以来，布鲁塞尔新增工会如下：

瓦工工会、挖土工工会、织布工工会、木工工会、皮革染色工工会、机械工人工会等。在滑铁卢建立一个支部。

大理石工在在他们抵抗团体内建立了生产合作社。

布拉班特省的几个地方也建立了一些支部，特别是在布拉班特弗拉芒语区的沃吕韦-圣皮埃尔和科凯尔贝格，在布拉班特瓦隆语区的乌丹-勒瓦尔、滑铁卢、勒谢诺，召开了好几次会议。

* * *

弗拉芒语区的省份不如瓦隆语区的省份发展快。这主要是因为难以同时在各处都做出努力。安特卫普发展显著，支部的一个最好的收获就是争取到拥有400名会员的卷烟工人协会。安特卫普支部有弗拉芒语《工人》周报。在根特，由一个工人协会联合会组成的工人同盟加入国际。

在布鲁日，好几个工人协会加入国际。

除了已建支部的地方，还有许多地方有我们的支持者，但是现在我们还不能去这些地方。

总之，列日省和埃诺省几乎全部属于国际，其他省份也在等待着我们。甚至一个国际的会员都没去过的地方，工人们也只是谈论国际，只对国际抱有希望。我们的力量已经与反动派的力量相抵，必将超过反动派的力量。

二、组织

直到上次代表大会，布鲁塞支部发挥了中央支部的作用。支部的数量不断增加，这种组织方式显示出许多缺陷。布鲁塞尔支部因为一心关注外省，不能管，也不管其本身的事，而且不经常管名声在外的比利时联合会的事。

1868年12月25日的布鲁塞尔代表大会通过选举一个由17名成员组成的任期1年的总委员会避免了这种困窘。这个总委员会获得的权限是进行宣传工作，处理内外支部之间的关系。大会决定创办《国际报》，报纸的编辑工作交给比利时。该委员会受各支部分别派一名代表组成的、每年举行两次会议的比利时代表大会的监督。

此外，各支部按工业区组成联合会。在沙勒罗瓦工业区起初有五个支部，现在减少为两个，其中心是日利和当普雷米。一个在博里纳日，中心是热马普；一个在韦德尔，中心是韦尔维耶；一个在列日工业区，中心是列日；中部不久也将组成联合会。有的支部每月开一次会，有的支部每季度开一次会。每个中心有一个常设的联合委员会。

此外，布鲁塞尔、列日、根特、安特卫普和布鲁日各个支部组成行业团体联合会。在这些地方，除了行政委员会之外，还设有各个工人联合会派代表组成的联合委员会。

虽然每个支部都可以自由地按照自己的方式组织起来，但是在所有的支部都时兴布鲁塞尔支部树立的民主榜样。各委员会不仅不设主席，而且其任务仅仅是执行全体会议的旨意。从行业团体委员会到所有的审议与协商都对全体委员公开。未经全体代表大会表决，各委员会不能采取任何措施，支取任何费用。这对工人来说确实是**自治**。

三、罢工

根特的织布工罢工。在全比利时各支部的帮助下，在车间逐一进行斗争几个月之后，各地工人最终都得到了他们要求的加薪。佩平斯特的纺纱工的罢工以工人和老板之间双方都妥协告终。

与此相反，奥迪蒙-莱韦尔维耶的纺纱工罢工没有成功；然而工人们宁愿到别处去找工作，也不同意回到他们老板的工厂。安特卫普的帆篷工罢工的结果是建立生产合作社。这个合作社虽然受到通过各种迫害进行的阻挠，但是勇敢地进行斗争，很有希望获得胜利。

四、瑟兰和博里纳日的罢工——起诉国际

当局对我们的成功感到不安，因为有结社权，不能阻止我们宣传，伺机对我们进行突然袭击，以为在瑟兰和博里纳日的罢工之时可以找到这个机会。尽管这个问题很重要，我们只是简短地加以论述，因为我们在《国际报》上已经详尽地说明了。令人难以忍受的苛求迫使科克里尔公司的搅铁工人开始罢工。一些我们理应认为是为了谋取私利的、阴险恶毒的建议促使矿工照办，而对于工人来说，这个时机选择得非常不好。

被匆忙派到现场的军队（根本就不需要他们前来协助），为了反击人们胡乱扔出的几块石头，就一连4天夜里血洗瑟兰的几条街。

同时在热马普的弗雷妮暴发了煤矿工人的罢工，罢工很快就扩展到整个博里纳日。在瑟兰动用的是刺刀，在弗拉默里是开枪射击。许多工人躲避到瓦姆树林里。军人包围树林，拿着刺刀在里面搜查。

在这种情况下，国际尽量劝告工人保持冷静，这并没有妨碍当局指

责他们受到国际怂恿而暴动。

4月17日，星期六，总委员会所有成员和总书记安斯的家受到搜查。安斯被捕，他曾在瑟兰和热马普召开会议，**让那些被很多暴行激怒的工人们平静下来**。星期一，克鲁瓦西耶在布鲁塞尔被捕，他头一天晚上在屈埃斯木和弗拉默里召开会议。同一天，斯普兰加尔正在瓦姆开会时被捕。这三个人的传票都有这项离奇的指控：**被告曾组织以侵犯人身和财产安全为目的的协会**；换言之，当局把他们看成是强盗。

在被羁押一个月之后，当局释放了他们，丝毫没有提出逮捕他们的可使人接受的理由。

总委员会的成员被逐个传讯到预审法官面前。结果什么问题都没有。我们的证件一直被扣在那些人手里。他们不能宣布我们有罪，又不乐意承认我们无罪。由于没有特别法，所以当局想利用检察院超出普通法的权力随心所欲地作出裁决，后来找不到给我们定罪的借口，就放弃起诉。

这些专制措施只能进一步激发国际会员的热情，同时向他们惊恐的敌人表明这个新兴的协会已经能够顶住所有的冲击。从此以后，这个协会不畏惧任何迫害，甚至不久将引起敌人的恐惧，使他们再也不敢对它进行迫害了。这个协会以丹东①的一句话作为座右铭："勇敢，勇敢，再勇敢。"

* * *

然后宣读在瑟兰和博里纳日罢工时比利时总委员会告矿工和搅铁工

---

① 若尔日·雅克·丹东（1759—1794），法国资产阶级政治家，山岳派领袖之一，和罗伯斯庇尔、马拉并称大革命三杰。——译者注

人书。这份《告工人书》赢得热烈的掌声。

比利时总委员会告矿工和搅铁工人书

朋友们：

历来工人的遭遇都是痛苦和贫困，历来都是人民哀叹，统治者欢乐；人民忍饥挨饿，剥削者饱食终日。

可是人生来就对一切都感到习惯，甚至习惯于最难熬的缺吃少穿。锁链继续沉重地压在他身上，但是他一声不吭地背负着，甚至不感到痛恨；这样他确实变成了奴隶，因为他不再感觉到受奴役的耻辱。

朋友们，很多工人当前被迫处于这种可怜的状态。就是这种漠然的态度使我们的专制者有力量。而现在，一直痛苦却默不作声的不幸者被逼到绝路，因而提出抗议。他们的统治者对如此大胆感到震惊：他们害怕这种自立精神在工人阶级当中传播。为了把这个怪物窒息在摇篮里，他们砍杀、射击、扫射。

可是当时发生了这些没有心肝的人未能预料到的情况。他们以为屠杀之后会非常寂静，并非如此，四面八方响起愤怒的叫喊声。人民心中的愤恨又被激起来了，人民站在那里，抖动着，准备摆脱锁链。

瑟兰的朋友们，连续三整夜，大兵们往往在没有任何挑衅的情况下进行砍杀和刺杀，这就促使我们发出这愤怒的吼声，当我们得知你们痛苦的程度时，我们觉得满腔仇恨，当然，如果有想法就有行动，那么我们就希望在第一时间内消灭那些要灭绝你们的野蛮人。

但是，朋友们，如果在如此合情理的愤慨之后加以思考，我们就有了一系列完全不同的想法。被逼到绝境的工人们曾多少次发誓要消灭他们的压迫者，而在短暂的胜利之后，又重新陷入比以往更加沉重的奴役！这是因为光摧毁还不够，还必须建设，而建设不是一朝一夕的事。

因此，朋友们，请把你们正当的愤怒暂时压一压，不要回击军队的挑衅。

请想想，你们的统治者巴不得看到你们用暴力回击暴力，好有借口进行更加血腥的镇压。

请想想，你们国家其他地方的兄弟们还不是都理解摆脱他们锁链的必要性，一系列连续不断的暴动只能导致一系列连续不断的失败。

请想想，即使当所有比利时工人都一致要使他们的事业获得胜利之时，只要在欧洲各个大国专制政府洋洋得意地端坐在其受害者的尸体之上，工人们就还不够强大。

总之，请想想，暴动会毫无结果。革命必须有准备，革命必须从胜利那一天起，就能逐渐用新事物的秩序替代混乱的旧秩序。

因此，朋友们，请镇静下来，坚持你们的合理要求，但是不要被卷入暴力。要懂得等待！你们的光明日子必将到来。

大批地加入国际工人协会吧：在那里，你们将了解到你们的权利，了解到为确立你们的权利而应采取的手段；在那里，你们将与全国各地和全世界的兄弟们联合起来。当所有工人把他们的力量都联合起来，并且了解他们要做的事情时，这一天，世界各地的工人们同时发出他们的声音，这声音将消灭邪恶，开始伸张正义。在这一天，我们就不必再对你们说：请冷静；我们将对你们高喊：向前进！

1869年4月13日于布鲁塞尔

比利时总委员会：

欧仁·安斯，阿尔丰斯·万丹胡亭，查·梅滕斯，塞·德巴普，P.卡莱瓦特，卡·斯坦德尔，H.莱里克，欧·斯滕斯，德·布里斯梅，吉·布拉瑟，德布鲁维尔，洛·韦里肯，保·罗班，J. A.德尔沃，H.德普朗克，泽比埃。

阿尔伯·里沙尔宣读马赛支部的报告：

呈送国际工人协会总委员会的关于马赛联络处的情况报告

公民们：

在漫长的12个月的沉睡之后，国际工人协会在它成功地使所有文明国家的工人群情激昂之时，在马赛苏醒了。

马赛联络处今年8月刚刚在这个城市设立，此时这个工人协会（正如我们对它了解的那样）的各项原则经过实践得以实现。联络处所当然地变成社会主义运动的发展中心。社会主义运动从今天起得到很大发展，有希望在不久的将来取得良好的结果。

刚刚在我们协会支持下组织起来的三个同业公会自发地赞成我们协会的原则。在我们照应这些组织的不多的几段时间里，我们吸收一些个人入会，这种事例必将大量增加。

这样，篓匠、椅子工、海员今后就都属于不久将变得独一无二的大家庭，因为这个大家庭将用同一条纽带使两类工人联合起来。没有必要突出水手入会的重要性。另外，他们寄送给我们的将提交给大会的文件材料，有一种我们不想掠美的独特的说服力。

我们希望，不久以后，以联合会的形式组织起来的马赛工人就将给国际工人协会寄来集体入会的申请书，从那时起，已建立的联系就牢不可破了。

致敬并致以友好的问候！

联络员
巴斯特利卡

同一位代表随后宣读了这个城市海员的致辞:

1869年9月2日于马赛

向巴塞尔国际代表大会各个工人同业协会的代表、法国海员联合会会员致敬并致以友好的问候。

公民兄弟们:

必将使全世界无产者(即各地人剥削人的受害者)联合起来的团结精神鼓舞着我们,因此我们以发自内心的赞同对你们的大会予以支持。

由于一些有损我们尊严的、那些因分裂我们而受益的人所巧妙地坚持的偏见,迄今我们都是有别于其他工人的另类。

然而,就像你们的遭遇一样,痛苦和贫困过去是现在依然是我们的遭遇。就像你们的纲领一样,**社会的要求**就是我们写在旗帜上的纲领!

现在,应该把我们分开的障碍视如草芥。从这天起,不再分水手和工人了,只有长期受骗的、正在追求实现正义这个共同目标的劳动者。

要有希望和勇气。

以法国海员联合会的名义。理事会成员。

(接下来是签名)

里沙尔随后口头报告里昂的运动情况。

一开始,国际协会很难发展,因为里昂人在政治方面过分革命了,没有认识到社会运动的重要性。但自从上次选举以来,几乎到处都出现了经济危机,在里昂这座城市,这场危机还更加彻底地显示出来,最后使里昂人看清了真相。面对这场从工人群众底层开始的、日益壮大的、行将震撼世界的运动，他们终于明白了革命应该不仅仅是政治的，而且应该同时是尤其应该是社会的。

因此，从此以后，国际协会取得了巨大进展，联合起来罢工的行业公会为了利用工人团结的优势与国际协会联系，并且成为国际协会的成员。

现在里昂有1万名国际的会员。

李卜克内西报告了德国社会主义运动的情况。德国社会党前领导人拉萨尔是很有能力、很有精力的人，尤其是非常可敬的人，但自从他去世以来，许多没有才干、其毅力也令人怀疑的人为了一己私利，试图控制运动。因此，近几年发生许多使德国社会党蒙受损失的斗争。汇报人详细讲述了这个问题。

最终，在上一次爱森纳赫代表大会上，在试图调和无效之后，分裂更加明显地表现出来：施韦泽的那个党的社会民主主义者认为，社会改革与俾斯麦政府可以兼容并蓄。

李卜克内西建议德国各个工人协会加入国际；但是面临不允许德国协会参加外国协会的法律障碍，爱森纳赫大会表决通过集体加入国际，然后给各个协会会员颁发个人会员证。

施维茨格贝尔宣读（瑞士）库特拉里支部的报告：

关于1868—1869年间库特拉里县支部发展的报告

库特拉里县国际支部于1868年9月1日最终由原来的圣伊米耶和松维利耶地方支部合并建立起来。这次合并之所以势在必行，主要是由于因为约20个地方的圣伊米耶山谷工人阶级的共同利益的需要，也是由于几个依然忠于国际的会员要有所作为就必须把他们的力量联合起来。

新支部开始发展缓慢，后来由于山谷地区的一个厂主弗朗西永先生严格禁止他的工人参加国际而得到强有力的推动。我们山区工人们的自主精神振奋起来了，从此，会员人数不断增加，我们支部现有会员104人。

我们尚未做出任何实际工作，也就是说，我们迄今尚未建立任何机构来直接改善工人的境遇，原因很简单，我们曾想研究这些机构名实相符的原则，然后建立合作社、信用社等等，以使我们建立的机构不至于成为反动派的代理者，而是研究将以什么为基础来组织未来社会的实用工具。我们即将建立一个信贷机构，一些人想以无偿为基础进行组织；另一些人（原则上）同意取消本金的利息，但想暂时保留这种利息，以便能很快形成巨额资本；讨论在继续，在下一次大会上将作出正式决定。

另外，我们支部还研究捐税问题，关于这个问题未能作出任何立即可行的决定；研究成年人教育问题：组织互教班，推迟到今年冬季创办大众图书馆。在此期间，每月定期召开全体会。至于全体会，除了涉及行政管理、与其他支部的关系之外，至少每次研究一个问题。

支部的会员们在创建行业公会和这些团体的联合会方面开展大规模的活动：鉴于在当前情况下使用的所有手段都无济于事，只有在以行业公会的形式组织起来的工人群众积极参与社会运动之时，社会清算的必要性才越来越明显。

我们支部委员会请求山谷地区联合会的中央委员会着手建立反抗基金，中央委员会刚刚决定在各支部全体代表大会上讨论这个问题，我们有望就这个问题作出切合实际的决议。我们也提请本次代表大会注意这个问题，并且非常希望大会讨论之后不仅在理论上予以肯定，而且提出国际反抗组织的基本原则。

我们希望巴塞尔代表大会根据工人群众的实际需要，明确肯定彻底改革社会组织的必要性，确定可以引导我们走向更加美好的未来的方针；而且还就一些可以得到即时的、切合实际的解决的问题，作出符合我们各个工人协会的合理期望的决议。

而我们将继续为总体事业提供我们微薄的协助。

以库特拉里县支部的名义，

代表　阿代马尔·施维茨格贝尔

帕利克斯宣读：

里昂缫丝工的报告

我来代表工人行业公会在大会上诉苦。从几个方面看，这家行业公会都令人感兴趣。首先，这个公会的大多数会员是妇女。正因为如此，我以这些不幸者的名义依次提出要求，首先要求全世界同情她们，其次要求全世界谴责她们的压迫者。

社会经济学上已经无可争议地证实，妇女因急需养家糊口而被迫从事劳动，仅仅由于这一情况就对男劳动力构成有害的竞争。一方面，由于当前的政治和社会组织，只能是这种情况。各国政府和资本家，即公共财富的分配者，存心要创造这个大杂烩，其中必然性似乎在起着最重要的作用，以致对于任何没有完全丧失理性或良心的个人来说，提出的问题是清楚的、尖锐的和迫切的。痛苦从何而来？所有人都知道。解决的办法是什么？所有人都犹豫要不要表态。这种情况与什么有关呢？与之有关的是，大多数资本家和理论家仅限于指出对工人生存有影响的反常现象，而他们当中几乎从未有任何人能找到切实的解决办法。这是什么原因呢？这是因为大部分人，姑且不说所有人，完全不知道与形成严格意义上的工人有关的各个因素的基本概念。

发现一种制度，好；实行这种制度，更好。然而，从第一位经济学家到最后一位经济学家所说的和所写的东西，迄今仅仅使被剥夺土地的不幸者隐约看到如此遥远、如此模糊的未来，以致有时使大多数人灰心丧气。

看到我代表她们发言的那些不幸的妇女们受剥削和奴役的状况，人们会想野蛮国家的残忍行径是否不比欧洲国家自豪地大肆吹嘘的骗人的、非人道的文明更可取！

1848年之前，在法国，不幸的妇女们屈从于这种造成大量伤亡的工业，在城市里每天工作16小时，每天挣1.25法郎。在农村，警方对那些老板贪婪敛财置若罔闻，妇女们每天工作17小时，优秀的女工每月赚18到25法郎。这还不够，在那些隐蔽的强迫人们从事艰苦劳动的场所里，凶暴的监工，或者说工头，为了讨好老板，还施展各种恶毒的诡计，找到办法使她们白干两小时劳动。都算在一起，这就使每个工作日达到18到19个小时！最可恶的事情是，人们过去遇到过，现在依然遇到9岁、10岁和11岁的女童工！……既然如此，还让人来对我们说，我们生活在自由政府的时期；还让人来对我们说，如此残忍地独吞千百万法郎的商人和工业家们个个是善良人！某个人在发怒时打了人，可能危害到被打者的健康或生命，他将被看成危害社会的坏蛋，被起诉、被判刑，这就是正义；而所有那些沉湎于令人侧目的奢侈生活、蓄意间接杀害成千上万生产者的吸血鬼们，因为是体面的公民而不受惩罚！看，哪有这样的道理？

1848年，爆发了一次罢工，让人们听到了正义的要求。经过几天的斗争，里昂工人的工作日缩短了两小时。这种新的情况一直持续到1869年7月初，即向老板提出新要求的时期。经过1个月或5周的斗争，罢工以减少两小时工作而告终。总之，工人最终获准每天只工作

10小时。至于每天的工资，还和罢工前差不多。

一些女工蹲了几天监狱，其他许多女工挨了几天饿，这就是为这次胜利付出的代价。

从物质方面很快看过这些悲惨妇女的状况之后，让我们再从精神方面看看。这些受苦受难的妇女在劳动一天之后，晚上只能爬上给她们当车间的顶楼，住进像狗窝一样的宿舍。在那里，她们有一张3个月、往往半年才换一次床上用品的极其简陋的床。至于附属设备，只有到不得不彻底换掉的时候才更换或者清洁一下。我用一个俗不可耐的说法，自然界的各种昆虫都栖息在这些臭气熏天的地方，使得女工们因整天工作而身体筋疲力尽之后，不得不让寄生虫能长期奢侈享受，在夜里让这些虱子、跳蚤、臭虫等寄生虫叮咬！

没有知识仍然是这个社会阶层固有的特性。在1000人当中，约有40人左右略识几个字，其中可能不到9人会签自己的名字！怎么能不是这样的情况呢，因为从八九岁开始，和她们一样愚笨的父母就已经把她们作为生产工具贱卖出去了，让那些在19世纪中期无耻贩卖"白奴"的、冷酷无情的人们任意摆布！因此，缺乏知识不久就使她们成为精神上和肉体上失去尊严的人。因此，缺乏教育的伤风败俗，不到适当年龄就过度劳动造成的肉体上的痛苦，对于她们所从事的工作性质来说工资所得不足，这就是把这些贫困的人变成社会上有各种邪恶情欲的人的玩弄对象的原因。其中一大部分人住在收容所，其他许多人因为杀婴被判刑，以至于人们可以把监狱和收容所看成是这些劳动受害者的退休收容所！

我们不像那些由于几个帝王高兴而任命的法官那样做。我们不说由于这样或那样的原因，我们不得不掩饰人类正义使我们必须揭露的令人痛心的事。而相反，我们大胆地在工人的会议上暴露所有的，至少可以说，在我们当前的混乱组织给大多数人造成的难以忍受的处境当中的可怕情况。

我们很希望能够把我们内心激增的义愤立即灌输到所有工人的血液里！

为了尽快根除这种情况，重要的不是知道这样的经济制度是否比另一种经济制度好，而是应该立即着手认真地、千方百计地安排计划，使我们有可能为任何一个行业公会提供直接的援助，帮助它摆脱剥削的枷锁。几乎所有的经济学家都竭尽全力要找到完全解决社会经济制度的办法，可惜没有一位经济学家考虑他那个制度的具体组织情况。然而经验使我们知道，人民无论如何都没有时间等待各国思想家们的幻想变成现实。贫困和饥饿使人变得急躁或使人困顿。巨额财富使人变得傲慢和自私，因此是有害的。找到解决这个问题的办法并不难，其他方面的改善可能自然地随之而来。

我还有一项紧迫的任务要完成：这就是以我所代表的行业公会的名义，向非常鲜明地表现出团结精神的各个友好的国际支部致以这个行业公会会员的兄弟般的感激之情。

1869年9月3日于里昂。

L. 帕利克斯

古特-盖罗尔特宣读洛桑裁缝总委员会的报告。
施皮尔发言补充李卜克内西关于德国社会主义运动的报告。
于贝尔·巴斯坦[①]宣读：

---

① 原文为巴斯坦·于贝尔，根据代表大会名单和下文改为：于贝尔·巴斯坦。——编者注

韦德尔河谷联合会的报告

朋友们：

去年，在国际工人协会布鲁塞尔代表大会上，我们的代表在他关于韦尔维耶支部状况的报告中说有 400 名成员。然而，前不久我们能够组成冠以韦德尔河谷支部联合会之名、集中了 21 个支部的联合会，至少有 6000 会员。作为与老板的对抗进行斗争的手段，我们努力的方向主要是组织各种行业公会、建立反抗基金；作为宣传手段，我们和以前一样组织集会：在本年内，我们组织了 90 次集会。在这里我应该赞扬各个支部之间非常融洽的关系，它们派出各类代表参加我们的集会；因为现在我们只能赞成用这种教育方式使工人了解他们迄今尚不知晓的自己的权利和尊严。

在我们的工业区爆发了好几次罢工，所有这几次罢工虽然没有像我们所希望的那样获得成功，但是有助于我们更好地集中起来，同时有助于使我们看到有办法消除平常折磨我们的痛苦。在这几次罢工中，没有发生像瑟兰和博里纳日那样的屠杀。

我们每月出版一次，发行量达到 4000 份的《米拉波报》今后将每月出版两次，保持原来的发行量。我们已经遭到两次起诉：由于工人们之间团结一致的声援，我们顶住了。

减少劳动时间的问题在各支部已经得到了研究。我们甚至尝试着部分付诸实施，试验非常成功。老板对此丝毫没有试图反对。

今年在韦尔维耶进行的劳资调解委员会换届选举，我们利用这次选举进行不断革命，目的是让我们的对手看到，在我们的法规里存在极其不公正之处，表明我们不再要这些使劳动阶级听任非劳动阶级摆布的奴性十足的法律。

为了做到这一步，我们还需要进行很多斗争，尤其要反对每天不断在报纸上长篇累牍地诽谤我们的资产阶级，反对曾经热情地投入事业、后来为了满足自己的私利背弃事业站到我们的剥削者一边的叛徒。由于有人偷走了联合会交给我的报告，我提出的只是我所能写出的报告。我给各位带来我们联合会的友好问候。

会址在韦尔维耶的韦德尔河谷联合会代表：

于贝尔·巴斯坦

戈克（日内瓦）报告瑞士各德国人协会的运动情况。这些协会于1833年前后开始建成，现在有58个。

报告人详细讲述了这些协会提供的许多方便，这些协会的宗旨是为会员提供优良食品，完成对他们的教育，使他们身心都得到休息。

来瑞士学习干活的德国工人在那里找到了比在他们君主制政府统治下更能全面发展的机会和可能性，尽管瑞士共和国还不是像我们所希望的那样有前途的共和国。

30年来，他们在暂居瑞士期间接受了瑞士的民主风尚与自由原则，然后又带回他们的国家。他们在自己的国家是活样板——习惯于自由生活的人。

这些协会的会员因为加入我们的协会，所以都成了宣传的助手，他们大大有助于把国际介绍到德国。

荣克主席感到遗憾的是，在本届工人代表大会上，有人来颂扬瑞士共和国，而在这个共和国，工人们比在其他许多国家更不幸；在我们所在的城市，就在巴塞尔，大部分工人还为菲薄的工资劳动12小时。

法尔加-佩利塞尔宣读巴塞罗那工人协会联合会的报告：

巴塞罗那工人协会联合会中央代表的报告

朋友们：

正如各位所知道的那样，在召开上一次国际代表大会之时，西班牙工人协会享有的自由不多，因此，没有多少生气。

人民利用军事政治运动，推翻了一直压迫工人有生力量的王权。①

自由的有益效果使得能反抗这种长期压迫的为数不多的协会在大范围内团结起来，具有强大的力量。首先，不仅在所有工人非常集中的地方，而且在工业不多的地方建立了各种类型的协会。这些协会需要有觉悟的领导，以建立融洽的关系，坚定地执行他们使每一个协会都获得新生和具有活力的原则。

地区组织应该能巧妙地行动，在很短时间内为国际协会做出显著的成绩。

在这方面，巴塞罗那是一个最重要的城市；因为目前在这里组织起来的行业公会总共有38个，有7081名会员。在巴塞罗那，制造业和工业的重要性因有为数非常众多的各类工厂而引人注目。这也使这座城市由于工人协会的发展而变成伊比利亚半岛最重要的地点。

在9月的**演变**之后（1868年10月）组建的工人协会联合会中央已经成功地组织了西班牙好几个地方的工人协会，而且使这些工人协会组成联合会，巴塞罗那的34个工人协会为伊比利亚的工人组织工作。中心具有联邦的形式，抛弃了只有一个主席的君主制形式，你们各位比我们更有知识，因为你们捍卫和传播最彻底的社会学原则，所以你们从事的工人运动将日益赢得人们的好感。

---

① 指把伊萨伯拉女王赶下台并建立塞拉诺元帅的自由制度的1868年革命。

在巴塞罗那，很多工人协会集中联合起来为同一个目的进行合作。我们在提交给大会的名录中，注明了所有这些协会会员的姓名、家庭住址、协会的制度和会员人数。在这份名录里，只要看到我们在西班牙有195个协会，25000名会员就够了。

《联盟》报的创刊已经使所有这些会员团结一致；报纸的宗旨是由工人进行改革，为工人进行改革；从各方面看，其意义都很重大。去年12月联合会中央举行了卡泰罗尼亚工人代表大会，还将举行另一次伊比利亚半岛工人代表大会。正因为如此，中央把一名工人派到制宪议会，把其他一些工人派到市议会，他们在这些会议上代表真正人的利益，即劳动和劳动者的利益。

为了达到可靠的组织效果，在马德里和巴塞罗那建立了一个由忠心耿耿的人组成的小核心。其宗旨就是国际的宗旨，虽然不公开挂国际之名，但是传播名副其实的真理、正义和道义原则，同时介绍国际协会赞成的重大理论和解决办法。效果大大增强，因为国际的优势和纯正的思想被我们的工人铭记在心。

从各方面看，西班牙目前的政治状况都是过渡性的。社会变革的时刻尚未到来：现在还没有同时行动；要做到使工人完全联合起来，肯定还要拖延一些时间。

因此，必须走我们上面已经指出的正道：科学而积极的宣传，必须摒弃一切私心。毋庸置疑，国际协会西班牙各个支部现在必须很谨慎地工作：必须防止在西班牙的国际依附某一个党或某一个派别。因为我们的革命既不是党的，也不是宗派的，而是社会革命。我们愿意和你们的学说保持一致，学习你们的献身精神，我们盼望整个工人的伊比利亚半岛加入国际的那一天（啊！伟大的一天！）。

如果你们想在伊比利亚联邦共和国的工业之都召开下一次国际代表大会，这个宣言就可以实现了。未来的事态发展可使你们确信有可能达到这一结果。届时，虽然这个联邦共和国未如期建立，但是，如果你们认为合适，我们相信有足够的自由可以在那里召开大会。

社会科学的根本原则，虽然正如你们设想的那样，受到神职人员、军国主义、资产阶级和贵族的排斥，但依然要在西班牙，尤其是在越来越欢迎这些原则的工人当中扎下很多根。

不用说，中央对本次代表大会议程的各个部分都很关心，虽然我们未能深入讨论这些问题，虽然我们最近的政治和工作方面的斗争致使我们没有时间讨论，我们将（在投票时）满怀信心地向你们表示我们的最终意见。

是的，我们卡泰罗尼亚的工人们完全接受国际的所有原则；不过，因为在我们那里当前的变革是重大的，为了取得彻底胜利，所以我们缓慢而稳妥地向你们和我们共同向往的目标前进。

关于工作，我们开始以十足的干劲进行战斗，我们完全确信，雇佣劳动是一种无耻的社会行为，劳动成果是所有人享受的财富，因此，所有人都应真正地通过合作从事劳动。为取得社会正义，我们无论如何都要准备好进行战斗。因此，我们要使我们这个阶级在道义、精神和物质方面获得新生。为的是解放我们这个阶级，取消特权阶级，使其进入广大的、出成果的和公正的劳动领域，从而在世界上建立平等。

在巴塞罗那，工厂的织布工、机械工人、纺纱工和短工都支持罢工，而西班牙和外国的资产阶级的报纸散布了很多有关这次罢工的谎言；我们现在应该看到，9月初罢工还在继续，尽管由工人和老板组成的混合委员会或仲裁委员会拟定了合约并签了字；只有工人的力量和联合会中央的工会支撑着罢工。为了战胜专制和垄断的资本家，各个工会互相帮助。

在我们卡泰罗尼亚的工人之间，我们认为不久在整个伊比利亚半岛的工人之间，在我们和你们之间，道义上和精神上的团结已经成为事实，已经达到这样的程度，即物质上的相互关联也会很快实现。

被认为是集合各个革命分子的手段的教育问题有了进展。以工人的身心发展为宗旨的机构——工人阶级协会——不久将产生显著的效果。至于综合教育，我们开始并将争取拥有巨大的精神力量资本，以便消除资产阶级神学家和资产阶级学者的不义行为。

朋友们：

在各种生活条件下，如果在世界的每一个地方，不管是哪个民族，都坚持不懈、团结互助、消灭国家，我们就将拥有和平和自由，因为所有的人应该拧成一股绳，各国人民都要组成自由工人协会的自由联合会。但这还不够，还需要经济平等，财产必须成为集体所有，因此需要取消继承权。

我们要懂得通过相互尊重确认人的不可侵犯和尊严：**爱他人甚于爱自己，爱人类甚于爱其他所有东西。**

让我们在国际上要求和确认社会的权利和义务：公正。

朋友们：

我以巴塞罗那整个伊比利亚半岛所有工人的名义：致敬，致以兄弟般的敬礼！我们的兄弟，我们被派到你们这里来，为的是向你们保证，西班牙对你们的运动并不是漠不关心，为的是研究如何把我们那里搞得更好，进一步合作，以保障工人的国际利益，得到我们应有的和所希望的补偿。民主社会共和国万岁！

R. 法尔加－佩利塞尔　　G. 森蒂尼翁

这个报告赢得了热烈的掌声。6点25分散会。

9月8日——第四次公开会议[1]

点名发现8人缺席,两人生病。

秘书们宣读前一天公开会议的会议记录,获得通过。

联络委员会成员**德巴普**介绍直至今天收到的电报和信函情况,他概述如下:

1. 由倍倍尔署名的电报,代表莱比锡民主社会主义工人向巴塞尔代表大会致敬。

2. 另一份由萨罗·马加利翁署名的电报,也代表伊比利亚工人大众向大会致敬。

委员会收到的信函如下:

3. 巴黎公民塔尔塔雷的来信,他和巴黎的大理石工弗拉奥同时被任命为代表,他因为目前得了重病不能参加大会。

4. 马赛公民巴斯特利卡的来信,介绍国际在这座城市的发展情况,他谈到约20个公会和马赛水手全部加入国际的情况。

5. 巴黎制帽工人的来信,对未能派代表出席代表大会表示遗憾;该信最后宣布加入国际。

6. (比利时)阿登山民小组的来信,表示非常赞同我们的事业,但是认为在我们古老的欧洲社会主义思想很难发展,建议向美洲大量移民。

7. 由阿尔莱署名的巴黎社会研究会的来信,宣布该研究会组成国际支部并随信寄来该研究会的章程。

---

[1] 原文写的是第六次公开会议。我们纠正了这个明显的差错。

8. 另一封公民马隆的信，他代表在巴黎成立的名为"工人团结"、有74名成员的团体宣布加入国际。

该团体正在为外省建立新的团体而积极工作，已经在鲁贝、里尔、图尔宽各建一个。

9. 巴黎织挂毯工人的来信，向大会表示敬意。

10. 公民德巴普说，委员会收到来自美国的长篇报告，可能需要翻译后再向大家介绍；他谈到另一封纽约德国工人联合会的信，祝愿国际取得胜利，表示美国的工人在为同样的目标而积极工作。

贝克尔发言向德语区代表通报刚刚听取到的委员会的工作情况。

主席宣布继续宣读报告。

日内瓦各钟表协会的代表**培列**宣读如下报告：

日内瓦箱盒装配工、首饰工、制套工、格状饰纹刻工、雕刻工、弹簧工、八音盒制作工等协会的报告

公民们：

我们不能给大家提供一份关于我们各支部的非常全面的报告，不过我们将向大家简要介绍这些支部组织的一般情况。这些协会大部分都很早就建立了；只有八音盒制作工人协会这一个除外，都属于日内瓦各支部和罗曼语区联合会这个群体。

我们估计这个群体有500会员，在这些支部里，会费很不相同，最低的是1法郎，最高的是1.5法郎；所有支部都是基于进行反抗而建立的。有4个支部参加了集体反抗基金会。

这些支部当中有6个给予疾病救济，仅一个支部，即雕刻工支部，给予失业救济。

平均工资差别很大，日平均工资箱盒装配工5.5法郎，首饰工4.5

法郎，制套工3法郎，格状饰纹刻工4.6法郎，雕刻工5.5法郎，弹簧工4法郎，八音盒制作工3.25法郎。

在首饰和钟表业，工作常常是临时的，由于持续时间长的失业现象，所以日平均工资还要大大减少。只有八音盒制作工没有失业现象。

在这些不同行业的工作性质不一样。箱盒装配工、弹簧工和格状饰纹刻工做月工，制套工和八音盒制作工做日工。近几年，在钟表和首饰业经历的长期的危机之后，这两个行业的工资降低了。

箱盒装配工和格状饰纹刻工在他们内部建立了退休基金。

最后我们告诉大家，罗曼语区的木工、粉刷油漆工和白铁工加入工厂4个支部的反抗基金会，我们希望其他支部来加入这个基金会，这个基金会在好几次罢工中都作出很大贡献。

好了，在结束报告时，我们向大家提出我们几个支部的几点愿望。

我们希望国际代表大会积极关注工人们真正的实际利益，希望巴塞尔代表大会充分注意讨论如下问题：各抵抗团体的作用，综合教育，信贷。

我们丝毫不反对研究和讨论社会的重大问题，但我们认为，土地所有制和取消继承权是各个支部尚未充分研究和讨论的问题，这些问题只有在非常遥远的将来才能得到解决。

我们认为，表决通过关于这两个问题的决议为时过早，我们希望代表大会再进行研究。

我们强烈要求人们更强有力地组织我们的协会，充分注意到在当前运动中最重要的问题——反抗基金会。组织有实力的反抗基金会将会使迄今对我们的原则还漠不关心的工人群众加入我们的协会。如果所有这些基金会都通过兄弟般的团结互助联合起来，我们就相信，我们可以更有把握地走向彻底解放，就能解决重大的社会问题。

我们希望把需要在历次代表大会上讨论的问题提前半年发给各个支

部,以便认真地研究。

代表
雕刻工**昂利·培列**

德巴普代表沙勒罗瓦矿区各个矿工协会概述了这些矿工协会支部的社会运动。他说在总委员会的报告之后,他只补充几句话,以便使大家了解比利时某些报纸的欺诈行为,这些报纸曾宣称在沙勒罗瓦矿区有一次罢工,然而根本没有这回事。他认为,资产阶级的这种战术只能有一个动机,那就是引起混乱。

布吕安介绍巴塞尔支部的工作情况,他说在总委员会报告之后,就不需要细说了。在巴塞尔的罢工爆发之时,该市的资产阶级分子以为这是一场革命,就是这一点说明了这些先生们在使这个城市动荡几周的经济冲突中的傲慢态度。布吕安补充说,然而,尽管罢工表面上的消极效果,但工人们在罢工中出了口气,心情稍微舒缓了;他说各类工人协会已经建立起来,从这以后还在继续成立,但是,他还不能把这些协会看成是国际的力量,他表示,在这次代表大会和平示威之后,这些协会将毫不犹豫地加入我们的国际协会。

罗班宣读列日支部的报告,可惜他不能把这个支部的工作情况全部转达给大会,因为在他途经法国来这里时法国警察窃走了主要文件。

列日矿区支部联合委员会的报告

朋友们:

在各个地方,工人阶级都觉醒了。

在各个地方,工人们都终于振奋起来了。他们觉得提出要求的时刻快到了,他们准备好进行最后的斗争,这种斗争将使他们最终拥有他们这么长时间都不了解的权利。

这次运动是普遍性的，必将势不可挡。

这是因为各国人民终于懂得了大家都是兄弟，一国人民从压迫邻国人民中得不到任何好处。

因此，当专制者妄图重新点燃旧有的仇恨之火时，当他们试图按照分而治之的古老格言到处散布不和时，无产者却与之相反，力争消除所有还可能使他们分裂的一切东西。

团体在形成，在相互接近，不久将最终联合起来，融为一体，再与其他团体联合，这样就能实现首先是某几个人的梦想，但是不久将是所有人的现实，即全世界的团结一致。

不久前，朋友们，那些敢于宣传工人团结的人曾被看做危险的狂人。

然而，请看：

昨天他们人数不多；今天数以千计，明天，噢！明天所有人都将站在社会正义与平等一边。

运动在扩展，渐渐壮大。我们曾经说过："这次运动是普遍性的"。过去似乎最反对社会重组学说的人，由于大势所趋也逐渐被迫承认没有这些学说就不可能有工人阶级的解放。

现在事实已经完全证明和证实，无论什么样的政治改革，都不能使人民摆脱多少世纪以来他们所忍受的悲惨处境。

对此还可能有怀疑的人，只要睁开眼看看就可以了。

今年对我们来说是多事之秋，是痛苦的，但是这些事件起码足以推翻所有诡辩，有人试图以此使不幸的无产者相信，他们的悲惨和劣势仅仅与政府的形式有关。

在同一年，正当和平时期，在他们只是行使写在他们骗人的宪法里的某项权力时，不仅在皇帝绝对专制的政府统治下，而且在主张自由的比利时和共和制的瑞士，他们的兄弟被机枪扫射，被屠杀，被用刺刀驱赶，难道他们没有看见吗？

传讯、起诉的不是杀害人民的凶手，而是被杀害的人民，人民因受到谋害而在监狱里遭受惩罚，他们没有看到吗？

尤其是一直到这些曾自认为是公民，而实质上是奴隶的不幸者受刑的时候，资本家的记者们还继续叫嚣，难道他们没有听见吗？

这种从列日到布鲁塞尔，从布鲁塞尔到巴黎，从巴黎到日内瓦，在谩骂和诽谤声中进行的可耻勾结、互相帮助和相互呼应，像是更好地向所有人表明，处处时时存在两个对立者——工人和资本家，从今以后，在他们之间必将爆发斗争，难道他们没有看见吗？

不过，朋友们，他们已经看到，虽然资产阶级到处都一样，拼命维护自己利益，给人民的解放制造障碍；但是人民也到处都一样，在同样的重压之下疲惫不堪，争取团结起来与敌人作斗争，与唯一的敌人——统治者——作斗争。

朋友们：

列日矿区各个支部的会员没有预料到使几百名工人惊慌失措、沉浸在悲痛之中的凄惨事件，因此没有意识到工人们在任何地方都应相互伸出友好的援助之手。

他们加入国际协会已经很久了，懂得**工人的解放是工人本身的事业**，不能指望从有钱的资产阶级那里得到什么。资产阶级只能在使人民处于最绝对屈从的地位同时，把最深重的负担压在他们身上，才过上异常富有和奢侈的生活。

到处给建立国际支部设置的障碍，老板为阻止工人结社而对他们施加的压力，经常散布的对我们的诽谤，在这方面我们都充分领教过了。

我们通过几个新近的实例看出我们的空论派政府如何对待工人的生命，沙勒罗瓦的屠杀引起恐怖的反响，对它的记忆尚未消失。

但是各地对这次血腥屠杀进行的强烈谴责，曾使我们希望在标榜自由和文明的国家里没有人再敢进行血腥的屠杀。

我们很快就知道了事与愿违。我们很快就看到，资产阶级对工人的仇恨是难以平息的，只能依靠顽强的斗争获得工人的解放。

朋友们，我们不想给你们描述瑟兰罢工和令人发指的大屠杀的悲惨历史。在比利时，看来大屠杀今后是任何工人示威游行不可避免的结果。

国际的各个机构已经都向你们通报了这些事实，另外列日支部的抗议，里兹-瑟兰支部本身公布的罢工简报（我们曾给你们寄送若干份），这些都是以我们今天所能做的方式，比较全面地给你们提供了这几个方面的情况。

我们只是想以列日矿区所有支部的名义，反对我们那里对尊重工人自由的理解方法。

我们来义正词严地戳穿有人经常散布的针对我们的诬陷之词，用我们的事例来向全世界无产者说明他们能指望从他们的老板和他们的政府那里得到什么。

我们来特别反对给我们的诚意设置的、被称之为联合自由的卑鄙圈套。朋友们，实际上，每次工人们要根据所谓的权利举行集会，他们就立即派常备军冲击和驱散集会，他们打算让我们享受什么权利和什么自由？

我们保有缄默的自由和我们饿死的权利！

可是我们忍受这种骇人听闻的情况已经时间太久了，我们认为应该很快把这种情况消除。

没有平等就没有自由，只要资产阶级独自占有构成暴力和权势的一切，即独自占有政府的权力以及工厂里不受监督的职权；只要资产阶级还垄断财产、资本和劳动工具，工人，不管人们给他什么所谓的权利，无论人们说什么，永远都不会有丝毫自由，总之，处于现代无产者的地位比他处于古代奴隶的地位更加悲惨。公正和自由只能存在于平等的人们之间，而在今天的工人和老板之间有什么平等？

我们瑟兰的兄弟们能通过自身体会到这种平等。

他们凭借自己孤单的力量，以和平的方式要求他们老板停止胡作非为，他们却看到老板们不满足于独占的劳动工具所有权使他们具备的优势，还要求助大量的常备军。

工人们单枪匹马，无依无靠。资本家——什么样的资本家！（一个是瑟兰的市长，其他是众议院议员，大臣，甚至还有王室成员）他们掌握着国家的所有权力，而他们用这些权力为他们的个人利益服务。

这次他们又是用刀枪解决经济问题。

朋友们，就是这个犹如章鱼的金融恶势力集团（《自由报》如是说）使我们窒息，紧紧缠着我们，用我们最纯净的血养肥了自己。

在我们那里，工人不指望从任何人那里得到什么，因为王子、大臣、议员、市长、法官，所有被认为代表正义的人都在工人的剥削者之列。

不管他转到哪方面，他看到的都是敌人。律师，即使他负责为工人进行辩护，也属于特权集团，这个集团几乎完全依附于工人要向其讨回公道的人们！

好吧，朋友们，要知道社会等级从上到下，不管我们的目光投向哪方面，我们遇到的都是头头和统治者。

因此，我们必须依靠我们工人，依靠我们自己来最终开创正义与平等的时代。

斗争可能是长期的！但是我们准备参加斗争，我们向你们致以兄弟般的敬礼。

列日矿区联合委员会

巴斯坦（韦尔维耶）证实罗班公民刚才说的情况，法国警察是从他那里窃取了本应交给大会的文件。盗窃文件的事发生在蒂永维尔附近。

里沙尔（里昂）代表那不勒斯公民卡波鲁索传达那不勒斯支部的报告。尽管有十分类似法国和英国资产阶级的资产阶级贵族政治的影响，然而该支部毕竟建立了。

国际工人协会那不勒斯支部

在意大利南部经济形势和社会主义思想发展的影响下，去年1月，终于在那不勒斯建立了国际的一个支部。在古老的各种君主和修道士的卑劣言行的汇集地，在这个被意大利中央集权论者的诺言所吸引的国家，一个完全和法国和英国资产阶级一样的资产阶级把每天工作15小时、挣两三个法郎的工人置于乞丐的境地，取代那不勒斯那些暗地里捅刀子的黑帮①的是在所有人看来十分贪婪的剥削者。那不勒斯支部已经有600名会员，他们组成分支部，在意大利南部积极进行宣传，这些地区所有不幸的群众都开始把目光转向这些会员，就像把目光转向真正自由的先驱者一样。

那不勒斯的工人们把他们所有的力量都集中在革命社会主义的阵地上，他们派代表参加本次代表大会，目的是在大会上与欧洲所有其他支部的代表结成全体联盟，这个联盟必须消灭所有的社会不公正，筹划并宣示人民的绝对经济主权。

代表

---

① 即那不勒斯的犯罪团伙。

缪拉（巴黎）简短地说明巴黎各个工人团体的情况，他说在巴黎支部被法国司法部门解散之后，国际的精神在所有工人团体传播开来；我们国际协会的各个小组重新建立起来；巴黎的各个团体，尽管同意我们的原则，只是因为想在他们之间建立联合会，所以实际上还没有加入国际。在上次选举的时候联合会已经建立起来了，未受到警方的干涉。正如他们最近发表的宣言所确认的那样，如果没有这些阻碍，他们早就会成批地加入国际了。

他谈到法国一家报纸《觉醒报》曾说是国际策划了巴塞罗那的罢工。还曾流传另外两种不太可能的说法。第一种说法把罢工归咎于伊萨伯拉的支持者，他认为巴塞罗那的工人非常拥护共和政体，因此这不会是真的；第二种说法认为只能是英国工厂主策划的，他更不相信，因为他知道西班牙的工人非常爱国，不可能这样做。

缪拉认为，他作为总委员会的代表，必须回击所有这些不应该由这些共和派报纸散布的诽谤之辞。他因此推断可能是波拿巴主义的喉舌干的，于是就这个问题写了一封可能反应有些强烈的信，随之而来的是粗暴的复信。可是，既然日内瓦的代表和巴塞罗那的代表都没有谈这件事，那就没有弄错。

法尔加-佩利塞尔（巴塞罗那）就缪拉所说的情况作了说明，由此可知巴塞罗那的罢工仅仅是当地工人的自发行动，没有受任何外国人指使。

贝克尔代表德语区中央委员会作关于日内瓦德国人支部的报告，为更好地突出委员会所作的努力，他最后说写了3600封信，出版了26种小册子。

格罗斯兰宣读日内瓦各支部的报告：

日内瓦各支部的报告

在布鲁塞尔大会之后,我们认识到在中央委员会内缺乏组织,因此每星期四召开一次会议,以便根据章程筹备新的组织。

此外,为组建消费协会开过几次会,由此产生的结果是建起一家合作面包店和两家食品杂货店;在同一时期(1868年秋季),在双方签订的、由建筑工人提出的合同里,老板们作出符合他们单方利益的解释,因此签约的各个协会宣布将举行一次新的罢工。如果它们不在工人们同意的每天劳动的工时数方面,而仅仅在完成一个工作日的方法方面作出让步,这次罢工是可以避免的。我们应该建议工人们让步,因为我们认为已经看出老板们的诡计,他们还在考虑如何对合同提出异议。不管怎么样,在冬季避免了这次罢工。而在1869年春季,老板们(至少是3个主要的大型工地)就拒绝执行1868年一致同意签署的合同。

我们重新开始罢工,许多资产阶级分子为保护老板利益出面维持秩序。

资产阶级分子召开了一次大会,在会上以个人自由和国家机构可能有危险为由要求政府镇压工人;他们为此提供了物质支援。

工人方面则求助于公众舆论,公众舆论揭露了很多傲慢无理之举,迫使老板们执行合同。

让我们回到正题上来:1869年1月1日、2日和3日在日内瓦召开了一次罗曼语区大会,这次大会使瑞士这个地区的所有协会组成联合会。

大会制订了联合会的章程,任命联合委员会,创办《平等报》,以取代辜负了各支部期望的《未来之声》。

春季,在建筑工人罢工的同时,爆发了印刷工人的罢工。在这次罢工中形成最令人遗憾的分歧。被称为萨拉逊分离主义者的工人离开了印刷工人支部，和老板组成协会（救助协会）。

从此，印刷工人协会分成两个阵营，出现了可悲的情况，好几个人退出，其余的人现在组成一个合作工场。

好几个支部已经加入反抗基金，其他支部由于不以他们意志为转移的情况，还来不及作出决定。至于其中的一个支部，我应该告诉大家，正在计划建立退休基金。

最后我们应该补充说，为上面提到的几次罢工，我们不得不向当局提出两次抗议。对第一次抗议的答复是拒绝受理，第二次的答复是尚待解决。鉴于总委员会的报告已几经提到，我们就不详细叙述罢工时出现的情景了。

他最后说，中央委员会让他完全自由地论述财产和继承问题，这与其他支部的同事们的做法相反。

布罗塞（日内瓦）反对说，他的同事和他受委托投票赞成集体所有制和取消遗产继承：17个支部授予了他们这个权力。

坎什代表巴塞尔饰带工宣读一项报告。

弗拉奥（巴黎）宣读巴黎大理石工的报告：

巴黎大理石工协会的报告

公民们：

巴黎大理石工特意派代表出席代表大会。

1. 因为大理石工工会刚刚受到**半合法**反抗的双重考验，我有意使用这个字眼，因为你们不知道在法国结社自由的翅膀还没有长出来。

2. 因为他们将面临重新开始的第三个考验，因为他们需要让各国的兄弟们了解他们已经着手从事的任务的细节，以便加强我们之间的联系，这必将使我们联合起来捍卫我们在国际上的利益和行业的利益。

我们以对公平和正义的信念使我们具有的全部智慧支持斗争，这种斗争取得了出乎我们意料的成功；我们成长得很快，然而我们很年轻，我们的工会还没有牙齿：我们的工会没有钱。但是从大理石工为自己选出的行会理事以及各行各业代表的语气可以知道，在他们中间产生了互相团结的思想意识。

在15天中，新的请愿者已经成为主角，他们准备为了他们的合法要求获得胜利而牺牲一切。一切都进展顺利，然而，在他们正进行和平斗争的情况下，在没有做出任何侵犯个体工人自由的行动的情况下，在我们已经没有任何和解办法使我们老板作出一些合情合理的让步之后才决定停止工作的情况下，我们遭遇非法的暴行。

负责这一可鄙差事的警察们恣意扣押我们的账本、我们的证件，搜查我们的住所，查找我们的私人信件，抄走其中的一半。

他们使我们处于极端困难的境地，不是因为他们扣押了我们的钱柜（在会址里没有钱柜，钱安全地存放在所有会员的兜里，会员们都尽了自己的责任），而是因为他们使协会理事们处于很难让人信任的处境，难以询问或汇报情况。

当人们想到那些反对我们的人为了分裂工人习惯于在他们当中散布的诽谤谣言时，人们看出警方的这个措施是使我们很快失去对我们同事信任的一招。

工厂主们耀武扬威，到处散布谣言说不久将逮捕我们，所有这一切都发生在我们第二次罢工期间！

看吧！公民们，道义上的团结一致与枪杆子不同，产生了奇迹，我们要相互理解，协调一致。巴黎的各个工会、互助基金会翻腾起来了，都是因为大理石工工会受到打击。在一个月内，所有报纸都发表抗议，政府不得不接受。政府曾承诺不介入老板和工人之间可能出现的争端，工人们要求对其承诺的有效性做出交代。政府应使每个人都有捍卫其利益的完全彻底的自由，却用查封的办法打击工会！

政府长期以来只对老板宽容，不敢不对他们宽容。政府本应宽容**有权结社的**工人们，让得到宽容的工人们敢于为所有人的利益，以坚定的意志改造政府。

我们进行过斗争，在斗争期间，我们大理石行业的兄弟们由于有很多进行声援的团体提供经费而不断受到鼓舞。

在巴黎理事会受到打击之时，国际工人协会的事业心没有消失。

当局对宣传提倡自由、和平、理智、科学和正义的革新者加以约束，有时把他们杀害，尽管有各种压制，但他们的思想使未来的各国人民具有活力，启迪了他们。

我们得益于过去的教训，得到团结一致的精神在道义上的支持，我们不担忧当前的危险，断然向多年来剥削我们的老板提出了我们的条件。

下面就简要叙述我们不满的原因，对此我们请全世界，特别是我们最近的邻国比利时的大理石工们予以兄弟般的关注。

在巴黎，半年前大理石工和抛光工一天挣5.5到4.5法郎，工作10小时。普遍是干几件活要加班加点，总而言之，星期日都要工作。

经过两个月的抵制，现在我们原则上在我们行业的大理石壁炉和家具这两个专业取得如下结果：

1. 取消加班加点和星期日的工作。
2. 普及计日工。
3. 大理石工每天增加1法郎，抛光工每天增加1.5法郎。

总互助基金会持不同意见者的人数过去就极少，不少过去曾经拒绝帮助前两次罢工的人现在都报名要维护从事大钟制造安装的大理石工的利益。

公民们，大家将注意到，关于使我们下决心要求减少工作时间的原因，我没有给大家提供任何细节。去年在上次布鲁塞尔代表大会上，人们已经审慎地研究了这些原因，全世界都非常理解，我没有必要在这上面花时间了。

因此我仅限于用以下4点概括每天延长工作时间产生的问题：

1. 所有力求独揽工作的工人之间继续对立。
2. 一些人工作很多，大多数人失业。
3. 所有人都贫困，经常为满足最迫切的需要担忧，使**资本剥削人**的手段简易了。
4. 工人们受到肉体和精神束缚，完全没有知识，没有受教育、与家人团聚的必要时间。

我们只是尚待考虑我们行业的第三个专业——从事大钟制造安装的大理石工的专业，这里出现了新的困难，读一下大理石工工会在上次会议上作出的决定，可以使大家比较容易认识到我们有待解决的问题是普遍关心的问题，这个问题还没有在工人的代表大会上讨论过。

致巴黎大理石工

公民们：

巴黎大理石工工会将要讨论大理石工—大钟制造安装工人的要求，建议全体大会通过如下决议：

鉴于大多数大钟抛光工在家里进行来料加工，许多妇女在家里受雇做这种工作；

鉴于现在事实上不可能迫使老板和工人取消在家里加工并即刻代之以在车间做计日工；

鉴于这即使是可行的，但没有理由剥夺妇女们长期从事这一行业所得的收入；

鉴于来料加工的问题具有很大的重要性并且引起严重困难，关系到许多使用大量加工者的行业；

鉴于加工工人不可能受到为使集体要求取得结果所需要的同行的监督，因为他们是在家里完全自由地工作，往往由自己负责制作他们以适合自己的价格提供或销售的物品；

鉴于来料加工工人进车间得以实现必须具备这样两个条件，即在他们之间建立的紧密的互助关系足以使他们自愿放弃自己的工作方式，他们的老板拥有接纳他们的车间；

鉴于这两个条件远没有确立，事实尚未证明大多数在家自由干活的工人进车间对保证工人普遍团结互助是完全必要的；

鉴于工会有义务不抛弃任何一部分曾经为捍卫共同利益出过力的工人，8月22日全体大会决定研究取消大理石手工艺来料加工；

另外，鉴于少数抛光工受雇在车间劳动；

由于这些原因和其他有待详述的原因：

工会声明，现在不可能取消来料加工和使从事来料加工的工人进车间，就这个问题同老板进行谈判可能不合时宜，完全违背集体的利益。

工会决定，从即日起展开调查，研究为建立互助关系和组织监督大理石加工业的男女工人工作需要采用的方法。为此，工会请其他职业的工人仿照本工会的做法，为其提供所有与解决这个问题有关的情况。

此外，工会决定，由于大理石工和抛光工的工资与其基本需要不相称，应该征求全体大会的意见，以便知道是否急需采取直接措施，以争取巴黎大理石加工工业另外两个专业的老板同意增加工资。

这些决议被一致通过。

公民们：

如果我过多地占用了你们一些时间，让你们关注我们的个别行业的利益，请原谅，但我过去认为，现在依然认为，这是给一个团体提供了前所未有的好机会，在更能起作用的工人代表大会上陈述自己的困境。

我们行动的成功取决于国际团结一致的帮助，国际的代表就在这里聚会，就是在这里我应该求助于比利时的兄弟们。我应该对比利时的大理石工们说：我们在巴黎通过联合战胜了剥削，请不要充当那种可能被用来摧毁我们已经建立起的东西的工具。

在社会上孤立的人要失败，在人类当中孤立的民族是衰微的民族。

你们知道资本家的力量。你们知道比利时大理石手工艺方面的生产潜力，你们知道比利时工人工资不高，运输工具方便，总之，在很多情况下，如果老板们能把产品或工人从比利时拉过去，他们就会否认向我们作出的让步了。

贸易竞争造成的贫困是无法估量的，只有工人的眼泪可以使人了解贫困到什么程度。

应该由你们，大理石工兄弟们，由可以自由加入国际协会的你们，要求与我们工资相当的工资，以便使富有的剥削者——法国的大理石制品制造商——贪婪的图谋成为泡影。

我们的同行选择我，就是要证明民族思想已经消失，因为同行们坚持要让一个被他们选举为他们工会主席的外国人在大会上代表他们。

我认为，公民们，我的任务已经完成。我没有讲话的习惯，我到这里来是寻求光明；而我一心想对大家说的，就是我们的同行们凝望着各位，他们焦急地企盼着大会的决议。

人们之所以把实际问题交给我，是因为指望我与同事们研究一些社会经济问题。

大理石工从来没有认为，团结的目的只是要提高工资，使用的手段只是罢工。他们知道并将体验到，只有生产力量的联合才使我们得到解放，同时保证每个人得到其合理的劳动报酬。

我最后以他们的名义对各国工人代表们说，法国工人虽然不能公开地加入你们的行列为要求所有社会和政治自由进行战斗，但他们与你们心连心。

他们对国际工人协会抱有信心和希望，对不顾各种压力、仍举着国际工人协会大旗的人们具有的勇气和献身精神无限钦佩。

总之，他们指望着全世界工人的团结一致，不经过暴力革命进行社会变革。

9月9日——上午的公开会议

瓦尔兰发言补充缪拉讲述的有关国际巴黎支部的情况。他突出说明，从有利于国际的宣传工作的角度看，当局用暴力解散巴黎支部产生了非常有利的效果。在被取缔之前，许多工人从来不关心我们的协会；从那刻起，如果还有可能加入协会，他们都来申请加入。对于所有工人来说，国际继续存在，因为国际的思想在传播，并继续使这一思想不仅在群众当中，而且在惶惑不安的资产阶级的心目中永远延续下去。巴黎支部的全体成员为传播各项原则做了他们所能做的事，同时显示了国际的团结一致；尽管有障碍，他们还是在各地竭力使各个工人协会之间建立联系，当工人们来找他们时，他们确实不再是被根据法律撤销的、对工人利益负责的巴黎支部，而是该支部的前委员们。

两个研究会——**社会研究会**和**工人研究会**得以建立。二者都刚刚给国际寄来入会申请。

他讲述了各个同业公会为帮助国际掀起的运动而做出的努力，完全确定这样做的意图是获准直接加入国际。石印工人协会已经表决通过加入国际，他所代表的书籍装订工人协会不再是唯一整体入会的了。

他补充说，很可能从巴塞尔回去之后，代表们会引导其他行业公会也整体入会。他最后说，国际协会在巴黎并没有消亡，相反，在巴黎比以往任何时候都更富有生命力。

诺马耶（奥地利维也纳）报告这个国家的工人运动情况。他说，社会主义之所以难以在奥地利产生，其原因在于打击所有这类活动的政府。运动的起源是柏林发行的、在奥地利工人当中引起轰动的小册子。

从这本小册子发行起，工人协会开始在奥地利组织起来，这些工人协会很快得出结论，工人的问题只能在**国际内**解决。所有维也纳的工人协会都举起红旗，他们的对立面称之为**红色兄弟**。在当前的形势下，他们不能正式加入国际，但他们希望不久就变得相当强大，能在政府的眼皮底下加入国际。

属于奥地利的斯拉夫民众似乎沉湎于他们的种族和国籍问题，诺马耶要求巴枯宁利用他的影响来促使斯拉夫工人参加社会主义运动。

巴枯宁回答说，他很高兴听到诺马耶所说的情况。他说将利用他的微弱影响不仅使捷克人，而且使受俄罗斯专制者束缚的泛斯拉夫主义赞成伟大的国际工人协会的原则。

掌声淹没了这些讲话。

弗洛凯宣读下列报告：

勒洛克勒支部的报告

我只能提交一份很短的、必然是很不完全的报告。今年，勒洛克勒支部又增添了新的活力，我们把各个职业团体聚集在中央支部周围，根据罗曼语区联合会的章程，组成了一个地方联合委员会，负责地方协会之间的沟通，与设在日内瓦的罗曼语区联合委员会联系。另外，我们还创立了反抗基金，它在近几次罢工期间开始发挥作用。

我们地方委员会同意拉绍德封和库特拉里（伯尔尼汝拉）县支部的意见，希望学习我们比利时朋友的榜样。我们组织了一些已经取得良好的效果的集会；在这些集会上，我们最后与某些假社会主义者在瑞士宣扬的资产阶级和国家的政策决裂，如果人们不注意，这种政策在我们那里恐怕会成为国际的真正危险，某些野心家竭力改变国际的真正宗旨，用以为政客和政府服务。我们不相信修改宪法可以有效地解决社会问题，因此我们不与瑞士德语区的某些社会主义者联合，他们把人民的直接立法说成是万灵药。我们反对有人美其名曰社会主义国家和人民政府的国家和人民政府，我们，我们只有在革命造成的无政府状态中才能得救。

你们通过报纸得知雕刻工和格状饰纹刻工罢工的方式，老板散布工人宣布罢工是为了大吃大喝的谣言，工人们的模范行为戳穿了这种诽谤；由于我们外部兄弟，特别是日内瓦兄弟的支持，经过 17 天的斗争，老板们不得不接受他们起初拒绝的条件。一切都使人相信事情并没有到此为止，雕刻工和格状饰纹刻工罢工仅仅是有利于国际的一场风潮的开始。

我们也应当再提一下，我们 1866 年建立的互助信贷基金一直发挥着很好的作用。

1869 年 9 月 4 日于勒洛克勒

伦敦木工代表阿普尔加思发言通报工会的工作情况。

他说，尽管英国还没有民众社会发展和解放所必需的自由，工人们还是利用可能利用的现有自由去做他们所能做的一切事。他讲述了他担任书记的这家工会的历史，他说工会自从 1860 年建立以来，已经向生病的或没有工作的会员发放总额为 75 万法郎的钱款，除此之外，还有存入英国银行的一笔 42.5 万法郎的现金。

很多工会同时是反抗和互助协会，救济因年老或事故使其不能工作的工人。有的每周发放10法郎，有的一次性发放一笔可达2500法郎的钱款。

他说，对英国各类工人进行调查一事，归功于有组织的工人协会的坚决要求。在这次调查之后，英国法律才允许被他们的书记诈骗的工会会员向法院起诉这些书记。

因此，政府抱着使工人协会受到损害的目的开始进行这次调查，最终不得不承认这些工人协会，这是因为工人协会拥有80万会员，虽然被剥夺了表决权，但并不因此就不构成对政府的强大压力；如果政府表示顽抗，工人协会过些时候完全可以要求政府给其让位。

过去在英国，工人协会曾经受到所有其他阶级的蔑视，而今天情况不同了：自由党人、年轻的议员们本身都讨好和有求于工人协会，而现在要避开的暗礁正是答应他们的恳求。

他又提起英国工人参加的上一次选举改革运动，揭露打算为派英国工人参加议会而努力的劳工代表同盟。

他最后自告奋勇给他这个行业的全体工人详述了有关他那个协会的组织情况。他指出在同一个行业公会的各个协会之间建立经常关系的好处，他表示英国工人准备与他们欧洲其他地方的同行们建立联系。任何国家之间的竞争都应该一笔勾销。人们应该只看到各地工人都互相伸出友好之手。

7点散会。

9月9日（星期四）——下午的公开会议

2点荣克主持开会。

负责处理函电的委员会①报告9月8日这一天收到的信件情况。

---

① 即前面所说的联络委员会。——编者注

该委员会收到在维也纳新城举行的工人会议和波希米亚的赖兴贝格社会民主党人发来的电报,允诺在伟大的社会改革事业中进行合作。

索恩河畔讷维尔织物印染工的信,表示无保留地赞同国际;一个"**死心塌地的**"社会主义者小组的来信,表示对警方和司法当局的迫害致使他们不能派代表出席大会感到遗憾;德国社会民主党执行委员会的来信,致以兄弟般的敬意和良好祝愿;不伦瑞克社会民主同盟的9名成员、沃尔芬比特尔社会民主协会的来信,向大会表示祝贺。

议事日程回到土地所有制问题。德巴普和里廷豪森是该委员会的报告人。

下面是土地所有制委员会提出的决议:

1. 大会宣布,社会有权废除土地个人所有制,使土地归集体所有。
2. 大会还宣布,现在有必要使土地归集体所有。

关于社会组织农业劳动的方式,在委员会里出现两种意见。

多数派主张土地由联合在一起的市镇耕种和经营,多数派由贝克尔、科兰、扬纳施、里廷豪森、列斯纳、鲁克拉夫特、森蒂尼翁、瓦尔兰等组成。

少数派认为,社会应把土地给个体农业经营者占用或者最好是让向集体交租的农业协会占用。少数派由皮耶东、朗格卢瓦、缪拉、克勒索、德巴普等组成。赫斯要求无条件肯定布鲁塞尔代表大会的决议。

里廷豪森在就问题本身发言之前表示,在德巴普和他之间有误会,他曾经以为德巴普可能有一份少数派的书面报告,而他代表多数派准备了一份书面报告。大会表示不接受他这份出自多数派的报告,但里廷豪森可以以他个人的名义提出这份报告。

两项建议被提出。得到埃卡留斯支持的第一项建议为:由于去年在布鲁塞尔代表大会上有的发言人表示没有时间详细叙述他们要说的全部内容，所以要求首先听取他们的意见。第二项建议是施皮尔提出的，要求宣读各个支部提交的报告，然后进行讨论。

第二项建议获得通过。

里廷豪森宣读他的报告，里沙尔宣读里昂支部的报告，德巴普宣读布鲁塞尔支部的报告，奥布里宣读鲁昂支部的报告，亨格宣读日内瓦支部的报告（讨论之后公布这几份报告）。

开始讨论。

舍马莱（巴黎）：规定给我的 10 分钟甚至不够我择要宣读提交给你们的那些报告。

因此我立即开始讨论。你们要求工人成为其整套工具的所有者，也就是说，能在偿还原料费的情况下独享其劳动产品。

然而，据说个人所有制允许超过付出的劳动的提成。那么你们曾试图取消捐税、地租吗？你们有必要给我们提供执行你们集体主义原则的实例。

工人是工具拥有者的奴隶，耕种者因为依赖于集体就不是集体的奴隶吗？

我们的口号是：工具属于使用者，原料属于加工原料并且使之有价值者，那么耕种者就可能单独被排斥在这原则之外吗？我们希望实现通过对等服务和互助保障、由于提倡自由而导致平等的社会。你们还缺少什么呢？

斯特普尼认为布鲁塞尔大会的结论是正确无误的。集体的认识总是胜过个人的认识，面对集体的利益，就不应有个人利益。为了证明个人主义并非人的本性所固有的，他举出贫穷的印第安人提供的集体主义的例子。在威斯康星州，他看到一个传教士建立的机构，奥奈达部族的 1000 名印第安人在那里工作。他们每个人得到一份土地。但他们不是个人耕种，而是更愿意把他们的力量联合起来共同耕种。为了证明他们的行动出自他们本身的想法，他补充说，证据就是在8年当中，这些人当中只有5人皈依基督教。

戈克：土地所有权只属于全社会，而不属于某个人。原来有一些人强占了土地，用暴力胁迫奴隶为他们耕种土地。由此产生了不平等。一方面是剥削者，另一方面是劳动者。在开化之后，奴隶制被看成不公正的制度，于是人们采取同样非常不公正的农奴制。今天，应该取消雇佣劳动制和老板的权力，取消它们就将导致土地集体所有制和取消继承权。剩下的就是组织运筹了：这是人民的事，人民通过直接立法才能获得成功。

鲁克拉夫特：如果巴塞尔代表大会要最终作出某些对社会有益的决议，就必须研究社会重组。如果我们在这里开会只是为了好歹改良目前的各种制度，我们就做不了什么好事。

我的看法是，如果土地依然归个人所有，不管社会由于减少工时或由于提高工资发生什么变化，什么都不会持久、永恒。因此我主张土地集体所有。至于社会将要采取的组织农业劳动的方式，我不同意由个体分散劳动的想法，我要求，此事由国家负责。我在经过法国的时候看到大片耕种很好的土地，而在这旁边，有一块围起来的小块土地，里面只有一头由孩子看管的牛在吃草，我捉摸，从农业的角度看，或从个人的物质福利的角度看，又或从个人的角度看，这种把土地分成小块的方法是否合适。

使土地成为国家所有，我们很快就重新获得原材料，即只需要我们劳动就能为我们充分提供必需品的全部财富的所有权。由议会、国家委员会领导这些土地的耕种，有聪明才智的人专心改进农业机器，而不是发明摧毁他们同类人的武器。为此，工人阶级必须首先夺取政治权力，把议会改造成工人的议会，工人议会要成为国家的中央委员会，任命农业部长和其他负责监管土地种植的人员。

直到现在,国家仅限于设法毁灭人的生命;现在应该赶快考虑保证所有人的生命和幸福了。

9月10日——上午的公开会议

会议于9点30分开始。

点名发现7人缺席,2人生病。

议事日程要求继续讨论土地所有制问题。

托伦:公民们,用10分钟不可能反驳德巴普公民在长篇报告里陈述的所有论点。因此我就直截了当地谈问题,首先有一个声明:我认为在没有农业代表在场的情况下,我们无权决定土地集体所有。

你将同意我的意见,社会由**个人**组成,**集体**是个抽象的东西,与人无相似之处的东西,某种人们强加给我们的、陌生的、但必须接受的东西。相反,个人是存在的。个人在人类活动的各个领域表现出来,只要从宗教、政治和经济这三个角度考察个人就足以相信,在所有倾向当中,虚假的倾向就是与个人表现相反的倾向;你处处可以看出每个人都有这样的欲望,即想当自己的王,做一个自由和独立的人。

当一个人为公共服务组织作出他的贡献时,当他实践社会对他要求的所有保证时,我认为集体无权把手伸向他的劳动产品。这就是人的自由问题。

然后发言人转入所有制的本题,他指责多数派把结果当成原因,把人类贫困的原因归咎于拥有权。应该从取消租金、房租等(代之以销售合同和重新组织的信贷)角度看这个问题。现在让我们考虑,例如智力,集体高于还是低于个人。好啦!如果不是那些由于他们的知识和才干而超出于集体之上的**个人**，是谁实现了所有使人类引以为自豪的巨大进步，而集体则往往以喊叫和嘲笑困扰他们。哥伦布、斯蒂芬逊、伽利略和其他许多人都是个人的努力超过集体努力的证据。

集体还有另外一个危险，集体妨碍分工，分工是繁荣的第一因素。所有制问题属于科学范畴，唯独科学可以解决这个问题，我们所有的表决都无济于事。

总而言之，公民们，在集体主义要求我们实行的所有制度当中，没有一个摆脱了等级制度的和专制的组织。只要这些制度与自由和平等不能谐调，我就依然主张个体农民的繁荣昌盛。发言人最后提出如下决议：

"鉴于集体无权侵犯组成集体的个人所拥有的天赋权利；

因此，集体的权利只能是保证每个人自由发挥其才能的互相保障的权利；

这些权利是人本身固有的，对任何人都是平等的；

专断管制或者源于使用与人无关的、超乎人类的抽象概念，或者源于不能从法律上解决和确定社会关系的观点。为了不受这种专断的管制，我们必须承认人有权把他的全部产品占为己有；

当他已经分担所有社会保障费用时，他除了把严格意义上的工业或农业工具看成是自己的之外，还把工匠或耕作者成为贸易—生产者、成为劳动产品的主人所必需的贷款或土地看成是自己的；某些需要集中好几个人的工业这一事实丝毫改变不了个人自由占有的事实。

大会宣布，为了实现工人的解放，必须把租约等等，总而言之，把所有租佃合同改为销售合同。

所有权在不断流动，它由于这个事实本身而不再被滥用，因此，当工人认为合适的时候，在自由签署的合同的保障下，将聚集在农业和工业中捍卫个人和团体的自由。"

里沙尔回应托伦和舍马莱说，他决定反对专制的和中央集权领导的共产主义，但是他对个人主义者们说，他们和集体主义者是完全一样的形而上学者，因为他们也表示赞成一种丝毫未经过试验的制度。他也希望工人拥有他们的劳动工具，但他认为土地是整个社会的劳动工具，如同过去几代人获得的社会财富一样。他不承认任何人有权异化自然的和过去几代人的集体成果。他希望每个人只要活着，就都能拥有自己的劳动成果。他认为，个人权利应该建立在社会权利之上。

他指责个人主义者没有抓住他的主要论点的实质，这些论点就是个人主义者对公正的概念理解得非常不充分，非常不合逻辑。因为他们不知道如何把社会权利和个人权利联系起来；再就是为了消除分配不均，即起点不平等的弊端，他们只有信贷。然而贷方和借方才是恰当的术语，我们决不接受一个债务人和债权人的社会；那时候人们可能享有的个人自由，就是对自由的否定本身；竞争就是社会战争。

如果通过集体所有制和废除继承权来维护社会权利，使社会权利成为经济互助契约的基础，自由和竞争还将继续存在，但在经过事情的必然结果和公正的考验之后似乎将得到净化，我们就无需再为平等担忧了。

朗格卢瓦首先提出书面决议，正文如下：

"关于土地所有制，大会发表如下声明：

土地既然不是人类的工业产品，就都属于所有人，在**法律**上，土地一直属于所有人。

这种共同的财产，这种共同的和不得转让的财产的各个部分只是在某些条件下才被转让给某些人。

历史可以证明，这些转让协议经常受到修改，将来还将受到修改，在每个国家，这些协议一旦被确认有悖于法律和总体利益，就**必须修改**。"

这些原则声明一发表，大会就这样提出了实际问题：

"不是在我们只能有一些模糊概念的遥远的将来,而是在**从明天起**的当前这个时期,共同财产的各个部分应该以什么样的新条件或经过修改的旧条件完全合理地转让?

出自这个政治或直接立法问题的一切,可能会使哲学家或空想家感兴趣;不仅仅在将来的世纪,而且在本世纪,追求工人解放的大会不能在这个问题上浪费时间。

大会声明,社会把所有其他人排除在外,只向某些人(个人或组成的团体)转让一部分共同的土地的耕种权之时,不会把任何有关地租的权利交给他们。换言之,大会声明,这些地租全部属于集体,这些地租或者是由于人口增长使农产品涨价产生的结果,或者是所有人齐心协力从事的各种田间劳动产生的结果。

虽然耕种者有权利,但只能是有权享有增值,这些增值始终受到由于自由竞争而化为乌有的危险,基本上是暂时性的,是他根据土地使用特许权,明智地采取主动,先于其竞争者完成了对土地的某种改良可以创造出来的。

大会认为,集体的权利和耕作者的权利被明显地区分开和事实上有保证之日,公益的征用权、组织长短期无息贷款和农耕者与工人之间的平等交换,就足以阻止任何过度的剥削,彻底取消今天使地主有可能游手好闲的所谓权利。"

提出这些结论之后,朗格卢瓦竭力使大会相信,如果还维持在布鲁塞尔没有让农村居民和他们的代表参与的情况下所作的决定,那么社会主义就会由于失去农村居民而冒风险,农村居民都将反对国际。我们将再次看到像1848年那样,农耕者成批地起来反对工人,完全摧毁了工人们取得的成果。

朗格卢瓦表示担心的是,那些声称宣传自由共产主义的人们尽管有这种愿望,但事情的必然结果势必把他们引向专制的共产主义。因为事情的最后结果就是公民鲁克拉夫特的制度。这就是作为土地集体所有者的国家把工人编成班，强制在工程师、监工的领导之下劳动，建立很强的劳动等级制度，总之让人按规定劳动。这种结果是那么值得向往，以至于为了得到这个结果必须牺牲每个人的行动自由和唯独能存在于人与人之间的平等吗？

发言人感到遗憾的是，由于没有时间，不能陈述有必要提出的支持其论点的所有论据。

布吕安说，土地不是人类的创造，完全是法律支配土地。在每个历史时期，都是国家作为有组织的社会权力机构制定与社会需要有关系的法律。在原始状态下，人类随意流浪。在后来的时间里，某些范围被固定下来，在这些范围内各个部族开始耕种土地，或者共同地，或暂时把土地分成几小块。继之而来的是战争和征服，剥夺了部分人的土地，使之成为奴隶。在古罗马，一小撮人逐渐强占了土地。封建制国家严格地按等级把土地分配给领主、自由人和农奴。现代国家解除了领主与农奴的固定关系，使土地成为肯定可以出售的商品。比小块种植更有收益的大规模农业对于小农场主所做的，就像大型工业对于小工厂主所做的那样。其结果是土地的占有逐渐集中到少数人手里；因此，必须进行新的改革。最高的准则是拯救人民，如果个人所有制与人民的需要相矛盾，就应该取消这种所有制，但唯一的条件是，这种措施必须体现人民自由表明的愿望，现在的土地所有者必须得到补偿。

巴枯宁说，没有农业代表出席，这不是对大会有权就所有制问题作出决定提出异议的理由。大会只是少数，但是在历史的各个时期，都是少数代表全人类的利益。1789年，少数中产阶级代表了法国和全世界的利益，导致了中产阶级的统治。巴贝夫①和他的支持者代表无产阶级

---

① 18世纪法国革命家，空想共产主义者，平等派运动的领袖。——译者注

反对资本家的统治。我们只是他们的继承者；我们这个不久将变成多数的少数代表了欧洲全体工人大众的利益。

与人们曾经说过的情况相反，集体是个人的基础。是社会造就个人，孤立的个人不可能学会说话和思考。有天才的人，伽利略、牛顿，等等，如果没有前几代人获得的成果，发明不了任何东西，也发现不了任何东西。有一个比伏尔泰更有智力的人，那就是整个世界。最伟大的天才，如果从5岁开始就生活在荒漠之中，也不会有任何成果。私有财产过去只不过是，现在依然只不过是把集体劳动成果占为个人所有。他在特殊情况下赞成土地集体所有制，在一般情况下，他赞成经过社会清算的集体财富。他说的社会清算的意思是取消政治和法律上的国家，这样的国家是少数人借以把其他所有人的劳动成果占为己有的必然后果和保证。任何生产劳动都首先是社会劳动：因为只有把过去几代人和现在这一代人的劳动结合起来才可能生产，因此从未有过可以被称之为个人劳动的劳动。他将投票赞成委员会大多数人的建议，他更愿意这么做的原因是，使各个市镇团结一致意味着社会彻底的重组，而少数人的建议必须以有国家为前提。

发言人要求摧毁所有民族和领土意义上的国家，在它们的废墟上建立千百万劳动者的国际性的国家，**国际**要起的作用就是建成这样的国家。

这时主席宣布美国全国劳工同盟的代表到了，片刻之后，他回来引荐芝加哥的卡梅伦。热烈掌声欢迎他入场，这是一件真正的大事。因为他代表着大洋彼岸的80万兄弟。

讨论在中断几分钟之后继续进行。

缪拉说，他或许可以放弃发言，因为托伦和朗格卢瓦根本没有提出论据。然而他要回应自以为比他公正的里沙尔公民，他的公正并不是里沙尔的公正。里沙尔认为，公正是**分配的**公正，起源于集体，这种公正只是一种理想，人们或许即刻把这种理想称为上帝。他说，我们的公正是集体的公正，它产生于人与人之间，或人与团体之间的关系并由此而发展。然后他对巴枯宁公民说：

"您说我们是大猩猩的后裔，这有可能，我对此一无所知。但是我怀疑为了这种转化是否曾征求集体的意见。很显然，我相信所有人都同意这一点，人用科学发展社会，而社会对人产生影响，就这样循环往复。"

他最后说，与里沙尔公民所说的相反，他认为从经济角度看，继承并不重要。如果使人地位平等，继承就使你恢复平等。从伦理和家庭角度看，继承是重要的：取消继承就使我们和牛一样了，而我们是人。

列斯纳认为布鲁塞尔代表大会已经解决了这个问题，但关于共产主义，他有必要提出几点看法。他不知道舍马莱和其他人用这个词的意思是什么。他说共产主义的意思是，任何一个孩子一来到世界上，都应该有权受到良好的教育，任何能劳动的人都应该拥有劳动工具，使他过上不愧是人的生活。因此，个人主义只能在不损害整个社会的情况下才能存在。

有人不愿意作出决议，担心冒犯农民。如果农民不知道他们自己的处境，就应该启发开导他们。必须向他们指出，变革对他们有利，因此他们没必要反对变革了。在英国，大规模耕种消灭了小地主。100年前，曾有25万地主，今天地主减少到3万，谁能说其他国家的农民不会遭遇同样的命运呢？大规模耕种比小规模耕种的好处大得非常多。但是今天的利润离开了原路进了极少数人的腰包。

他最后说，不能做任何违背人民大多数意志的事，而讨论这类问题，作出决议，让人民了解这些决议，使他们赞成这些决议，则是大会的义务。科学已经解决了问题，解决这个问题有利于集体所有制。

贝克尔：首先，我提请大家注意不利于我们会议正常进行的误会。根据我们国际协会的口号："没有无义务的权利，也没有无权利的义务"①，许多大会成员都理解给每个人10分钟发言的**权利**，就像是他有义务讲10分钟的话一样；有的成员甚至要要回他那两分钟，因为他只讲了8分钟。这样我们的讨论就没完了。

　　我还要给你们指出一个重大错误。很多成员似乎认为大会的任务是详细规定将来事态的发展过程及其结果。但历史势必按照事物的逻辑发展，在历史上，可以做的一切都做了。大会担负的任务只是清楚而准确地陈述原则及其所有后果，提出这些原则，根据形势落实这些原则。对于我们来说，难以想象在社会可能很好地组织起来的将来出现的情况。因为我们的思想和观点总是受到我们生活在其中的当今社会的影响。由于这些原因，我支持总委员会的建议。

　　塔尔塔雷：我认为社会有权废除个人所有制；如果集体所有制原则被采纳，必须找到实现这个变革的手段。把土地个人所有制作为征服的结果进行攻击的人们和把土地个人所有制作为智慧和劳动产物加以维护的人们之间正在展开争论；而在土地占所有者和非土地所有者之间正在展开更激烈的斗争。这场连续的和毁灭性的争执是取得政治权利的一大障碍。大会的目的是结束这种引起不安和造成不幸的状况。

　　如果按照巴枯宁的意见，事情就容易了：只要求助于人民，通过全民投票宣布拥有土地是所有人的天赋权利就可以了。但是私有制对人心的影响如此之大，以至于这样的做法可能有危险。

---

　　① 见"国际工人协会临时章程"，《马克思恩格斯全集》中文第2版第21卷第17页。——编者注

我和朗格卢瓦认为，由此可能引起新的六月起义。①

今天拿生活在王国和帝国或共和国的各国人民做社会清算的实验是不慎重的，因为在后者和前者看来，法律都承认有损于大多数人的财产特权。

可以在新征服的或购买的国家，在文明尚未用个人所有制原则使人变质的地方，拿忠实的人们进行一种新理论的试验。

所有权的改革是一个国际问题。

在殖民地一切都可以尝试，但是在欧洲，我重复说，进行试验不可能不保护受害者阶层。

使我提出采取实用手段这个问题并不是出于害怕，我敢于坚持己见。

因为时间已过，我建议由市镇或国家回购田产，应该由谁用交付租金（其中包括地产的分期摊还和回购）的方法负责集体田产的经营并不重要；

用按年分期付款的方法为集体回购；

因此我建议在大会的决议中加进如下结论：

国际代表大会在采纳集体所有制的原则之时宣布，以后历次代表大会经常研究进行社会清算的实际方法，社会清算必须保证世界上所有公民都享有每个人能自由使用天然的劳动工具——土地——所必需的那份

---

① 六月起义指1848年6月巴黎无产阶级的起义。二月革命后，无产阶级要求把革命推向前进，资产阶级共和派政府推行反对无产阶级的政策，6月22日颁布了封闭"国家工场"的挑衅性法令，激起巴黎工人的强烈反抗。6月23—26日，巴黎工人举行了大规模武装起义。经过四天英勇斗争，起义被资产阶级共和派政府残酷镇压下去。马克思论述这次起义时指出："这是分裂现代社会的两个阶级之间的第一次大规模的战斗。这是保存还是消灭资产阶级制度的斗争。"（见《马克思恩格斯文集》第2卷第101页）——编者注

地产。

安斯：我首先赞美这 10 分钟的规定，轮到我可以发言了。因为去年我曾投票赞成个人主义，所以我更要坚持就这个问题发言了，我今年是受委托和带着集体主义的意见来的。我认为，我的转变过程有助于弄清问题。

在布鲁塞尔支部重新讨论所有制问题的时候，我们想知道要求对个人有保障的个人主义者和要求对社会有保障的集体主义者是否有可能达成一致意见，这两种保障在同一种制度中是否有可能一致。

双方首先一致同意否认任何个人自由的绝对权利，承认面临目前的所有制显示出来的极大不公正，有必要进行事前清算。

然后，考虑到正义，我们必须肯定地说，两个耕种者以同样的劳动获得的产品相差很多是不可能的。因为不平等的原因是租金，所以租金应由集体扣除的做法得到承认。

而租金一被扣除，我承认，我就最终不知不觉地否定个人所有制了。土地丧失了任何交换价值，因为土地的价值只不过是地租的资本化。我现在就赞成集体主义了。集体主义者依然同意说个人应该有各种保障，耕种者一旦拥有土地，就不能在公正的情况下被剥夺土地。

还有一个问题，即必须结束把所有权变成无条件占有。直到当时，我都坚持主张土地的继承，但是讨论表明，由此最终可以有两个不同的、也都是危险的结果：或者土地的过分分割，或者大片的土地集中在同一个人手中，因此会再引来农业无产阶级，因为土地是有限的。消除这最后的隔阂之后，集体主义者和个人主义者的看法就一致了。

至于落实的办法，只有一个：就是实力必须得到维护。以为 1789 年国民议会宣布的改革是法律修改的产物，那就错了。在当时的当权者看来，制宪会议成员仅仅是人们讨厌又无耐的捣乱分子，不敢把他们赶走，决议之所以被执行了，那不是因为这些决议是法律，而是因为农民们凭借手中握有的长柄叉公布了这些决议,是因为农民凭借手中握有的长矛颁布了嘉奖令。

安斯最后说,一完成清算,集体主义者和共产主义者将协同前进:因为农业工人协会可以扩展到任何一个市镇,农业工人觉得这是件好事,共产主义者和其他人一样,将实验他们的理论,实验将决定好坏。

时间已到,不能继续讨论,把讨论推迟到下一次会议。

12 点散会。

9 月 10 号（星期五）——下午的第六次公开会议

荣克主持会议。

会议于两点开始。

点名发现有 6 人缺席,其中 2 人生病。

日程要求继续关于土地所有制的讨论。

埃卡留斯首先回应在他之前讲话的各位发言人,他说:如果按照他们的意见,因为没有农民代表在场,大会就无权就土地所有制问题作出决定,那么同样,任何一个团体要作出关于宗教的决定,就必须请红衣主教、主教或教皇参加这个团体的讨论;在关于信贷和银行的讨论中,就必须请银行家先生们发表意见。他针对表示畏惧任何一个国家的巴枯宁说,可能是他与法国人的关系把畏惧传染给他了（因为法国工人想到国家似乎总是看到有许多大炮的拿破仑出现）。埃卡留斯回应他说,工人阶级取得政权就能改造国家。

所有重大变革都是由土地所有制形式的变化开始的。自由地制度被封建制度取代,封建制度被现代私有制取代,新的大势所趋的社会变革将从废除土地个人所有制开始。

至于补偿，这要看情况。如果是和平地进行变革，现在的所有者将得到补偿。在伯明翰代表大会①上，这种补偿被确定为每英亩（40公亩）40英镑（1000法郎）。如果在林肯当选时奴隶主屈服了，他们将因为失去他们的奴隶而得到一笔补偿。他们的抗拒导致废除奴隶制，而没有补偿，国会在没有奴隶主在场的情况下废除奴隶制。最后，他只是引用了几个官方数字来回应维护小规模耕种的人。

这时发言人详细说明统计数字，他这样概括：英国的耕地平均每英亩产出32斗②，而法国的耕地只产出15斗，由此可见，英国的1900万英亩和法国的4000英亩产量同样多。

与英国的制度比较，如果小麦产量保持不变，法国失去可能有效地用于牧场的2100万英亩耕地。从两国的实验得出的结果是，耕作方式的差异造成产量的差异。

莫兰：我曾以为步入了安斯公民的后尘，他曾说他一跌再跌，最后跌入集体主义者的行列。

作为老共产主义者，我以同样的方式跌倒，不是倒在个人主义里，而是跌倒在中项里，距离为独立性而牺牲**合作**的个人主义和为合作而牺牲独立性的共产主义同样远。

我有一只脚在共产主义者阵营：我们是由于他们才提出这个无可争辩的原则的：财富本来就是社会的，应该由社会使用。在社会制度解体的各个时期，慨然助人者曾要求法律规定的合作弥补自愿合作之不足。

共产主义的解决办法，错误在于它事实上只承认政治措施的有效性，而完全不了解精神手段的作用。他们想用政治方法处理只能和只应

---

① 指1869年8月23—28日在伯明翰召开的英国工联第二次代表大会。——编者注

② 古代容量单位，约合12.5升。——译者注

该从精神上处理的事情。

另一方面，我把手伸向个人主义者，因为他们的学说曾经有阻止个人被集体吃掉的效果。因此必须承认当前形势的双重特点：对个人独立性的期望越来越大，人与人之间的联系不断增多，因而需要范围越来越大的合作。

为满足这两个似乎矛盾的条件，只要通过自主接受能规范我们个人、家庭和社会生活所有行为的义务，**使合作越来越自愿就够了**。

我同意托伦的意见，不应该就这个问题进行表决。我抱着很多积极的想法，提交给大会主席团如下声明：

"在这里集会的无产者郑重宣布，为了使社会制度获得承认，放弃利用任何形式的政府行动。他们声明，政府的行动仅限于保护所有人的自由，每种学说都应该只通过自由的阐述获得的完全自愿的赞同来取胜。"

弗吕内奥：看来工人不能探讨这个问题，但是我们听任持有文凭的文雅之士和科学巨擘摆布的时间太长了。让我们自己做我们自己的事吧，虽然我们可能非常笨拙，但我们决不会比他们代替我们做这些事做得更糟糕。

人的自然财产只能以劳动为基础：创造人的财富的应该是人的生产。土地不是人的劳动成果，土地只是在有自愿同意的契约之后才成为人的财产。土地所有权不是这样建立起来的，而是靠诡计、实力等建立起来的。而今天每个人都对5000年来有一个永久延续的社会等级感到愤慨，等级制只有在无产者事先联合起来和大势所趋的情况下才会终结。

我们必须用共产主义来达到这个目的吗？对农村人，那些了解我们所追求的人类目标，因此首先想到他们个人利益的人们来说，共产主义将是非常可怕的东西。

巴枯宁说，必须等着事变，即革命。得了！革命，我拒绝革命，不是因为我害怕街垒——如果是**法国人**，如果看到**法国**最热的鲜血流在街头，而使那些几个月后把我们送到卡宴①去的野心家上台；而是因为我们提防同样的陷阱，由于无产者不知情，进行革命只是为我们的敌人。我们必须找到过渡的办法，这个办法只能是回购：事实已经证明，用14年，通过承租，不仅利息，而且连本金都收回来了。我要求用这种方法，依据天赋权利、依据法制，使承租人变成直接的、理所当然的业主。

罗班：托伦说人类的进步是由个人，而不是由集体产生的结果。不管人们过去对这个问题的回答是什么，我都会说，正相反，伟大的人物是他们科学界产生的产物，而科学界本身则是社会环境的产物。

有人说，农民总是强烈表示反对集体。我回答说，从历史上看，在法国情况不是这样。二月革命②之后不久，农民之所以反抗，首先因为这是一场反对45生丁税的革命（讲话被打断，有人提出异议）。

罗班接着说：我是说，农民首先起来反对以维护资产阶级国家为目的的45生丁税，因此越来越延缓米拉波③所说的惨败。不久，农民就回到比较正确的思想上来了，原来国民议会是为反对新生的社会主义才限制选举权。

---

① 前法属圭亚那的首府。——译者注

② 二月革命指1848年2月爆发的法国资产阶级民主革命。代表金融资产阶级利益的"七月王朝"推行极端反动的政策，反对任何政治改革和经济改革，阻碍资本主义发展，加剧对无产阶级和农民的剥削，引起全国人民的不满；农业歉收和经济危机进一步加深了国内矛盾。1848年2月22—24日巴黎爆发革命，推翻了"七月王朝"，建立了资产阶级共和派的临时政府，宣布成立法兰西第二共和国。二月革命为欧洲1848—1849年革命拉开了序幕。无产阶级和小资产阶级积极参加了这次革命，但革命果实却落到了资产阶级手里。——编者注

③ 法国大革命初期著名的演说家和政治家。——译者注

1851年，农村起来反对假借社会主义之名的政变，如果今天还农民以自由并给他们充分的生活保证，农民就和我们站在一起。

虽然今天若干小地主想保留他们的小块土地，但他们希望取消大地产。同样，受这些小地主剥削的农场伙计要求小块土地和其他土地一样都回归集体所有。

格罗伊利希要求结束讨论。**托伦**和**布里斯梅**发言反对，**李卜克内西**发言赞同结束讨论。除两票反对，一致同意结束讨论。

埃卡留斯提议首先就去年布鲁塞尔代表大会上作出的决议进行表决；然后表决委员会的建议。这个提议得到**里廷豪森**的支持。**塔尔塔雷**声明他就这个建议投票的条件是明年研究进行社会清算的实际办法。

安斯要求就委员会的两项建议，而不是就布鲁塞尔代表大会的决议进行投票表决。他说他不能就代表大会的决议进行投票表决，因为这些决议是以农业的论据为基础的，他在农业方面是外行，他站在公正的立场看这些问题。

大会决定将表决委员会的建议：

1. 大会宣布，社会有权废除土地个人所有制，使土地归集体所有。

点名计票结果如下：
投票者：71人。
54票赞成。4票反对。13票弃权。
因此建议获得通过。
赞成者：
森蒂尼翁、法尔加-佩利塞尔、罗班、巴斯坦、德巴普、布里斯梅、瓦尔兰、罗伯尔、安斯、弗拉奥、弗朗坎、亨格、布罗塞、弗洛凯、雅耶、施维茨格贝尔、布尔索、乌捷、巴枯宁、卡波鲁索、戈克、里沙尔、帕利克斯、莫尼埃、富罗、德雷尔、里廷豪森、布吕安、坎什、埃卡留斯、考埃尔·斯特普尼、荣克、施皮尔、詹姆斯·吉约姆、列斯纳、诺马耶、科兰·贝尔纳、施塔克、莫泽斯·赫斯、贝克尔、扬纳施、莱辛格、古特·盖罗尔德、格罗伊利希、李卜克内西、克里格、谢勒尔、戈尔热、毕尔克利、马蒂诺、塔尔塔雷、布格尔、卡梅伦、弗雷。

反对者：

托伦、潘迪、舍马莱、弗吕内奥。

弃权者：

奥布里、朗德兰、多斯堡、杜朗、鲁塞尔、培列、缪拉、莫兰、格罗斯兰、克勒索、皮耶东、朗格卢瓦、博尼。

缺席者：

阿普尔加思、鲁克拉夫特、霍莱特、奥伯温德（生病）。

2. 大会还宣布，现在有必要使土地归集体所有。

点名票结果如下：

投票者：71人。

53票赞成。8票反对。10票弃权。

因此建议获得通过。

赞成者：

森蒂尼翁、法尔加-佩利塞尔、罗班、巴斯坦、德巴普、布里斯梅、瓦尔兰、罗伯尔、安斯、弗拉奥、弗朗坎、亨格、布罗塞、弗洛凯、雅耶、施维茨格贝尔、布尔索、乌捷、巴枯宁、卡波鲁索、戈克、里沙尔、帕利克斯、莫尼埃、富罗、德雷尔、里廷豪森、布吕安、坎什、埃卡留斯、考埃尔·斯特普尼、荣克、施皮尔、詹姆斯·吉约姆、列斯纳、诺马耶、科兰·贝尔纳、施塔克、莫泽斯·赫斯、贝克尔、扬纳施、莱辛格、古特-盖罗尔德、格罗伊利希、李卜克内西、克里格、谢勒尔、戈尔热、毕尔克利、马蒂诺、塔尔塔雷、布格尔、卡梅伦、弗雷。

反对者：

托伦、缪拉、潘迪、皮耶东、朗格卢瓦、舍马莱、博尼、弗吕内奥。

弃权者：

奥布里、朗德兰、多斯堡、杜朗、鲁塞尔、培列、弗拉奥、莫兰、格罗斯兰、克勒索。缺席者：

阿普尔加思、鲁克拉夫特、霍莱特、奥伯温德（生病）。

卡波鲁索提交关于集体所有制问题的建议：

建议国际各支部都为下次代表大会准备一份关于解决集体所有制问题的切实可行的方法的报告。

建议被采纳。

几位成员要求立即对委员会多数派和少数派的两种建议进行投票表决；其他人反应说表决卡波鲁索的建议妨碍了后来的任何表决。

巴枯宁和**罗伯尔**说卡波鲁索的建议只涉及实现集体所有制需要采用的实际手段，决议说的是集体所有制的组织方式。

德巴普、**瓦尔兰**提出把多数派和少数派的决定合并在一起的建议，在每个国家需要采用的最佳方式留待将来决定。他们后来收回自己的建议；根据朗德兰的建议，表决通过结束讨论。

关于所有制问题的报告

报告人里廷豪森

（这个报告未附入大会会议记录，因此我们不得不只提供我们掌握的报告摘要。）

委员会多数派成员**里廷豪森**宣读了一份关于土地所有制的报告。他追溯到所有权的起源，确认社会并非自愿地采用土地个人所有制。所有权首先是集体的所有权，只是由于暴力和强占才变成个人的所有权。由此造成社会的最大不幸。任何人都有无可争辩的获得土地的权利。人的劳动对象应该是原料，如果这种被称之为土地的劳动工具仅仅掌握在少数占有者的手里，那么大多数人就不可避免地受到少数人剥削。他们天天靠日常的劳动生活，因此不得不接受地主的条件，而地主则不用着急。想要一个劳动者受地主剥削的例子吗？在比利时，地租15年中增长了30％；而在同一时间内，工资只增长了9％。因此，只要个人所有制不废除，根本不可能改善劳动者的命运。集体所有制是唯一的重建公正的手段。

里廷豪斯解释说，委员会大多数之所以否决把土地交给个人或团体经营，那是因为他们认为，原来出现过的、导致形成封建贵族阶级的那种强占必然重新出现。如果使联合起来的市镇组织农业劳动，就可以避免这个危险。

里昂支部的报告

阿尔伯·里沙尔宣读如下报告:

土地所有制的一般构成是什么,应该是什么,这就是我们必须站在人类正义的角度,即站在社会发展的基本原则、合理的社会组织的唯一可能存在的基础这个角度来确定的。

我们认为,所有权现象对所有其他经济现象具有决定性的影响:它导致其他现象,先于其他现象,也就是说,与把所有权仅仅排在经济系列顺序第九位的蒲鲁东的看法相反,所有权是政治经济学的起点,因为它出现在分工之前,在机器之前,在竞争、垄断和其他社会制度的环节之前,这决不是一个可以轻率肯定的假设。

历史和旅行者的叙述为支持这种论点提供了许多证明。原始人甚至在没有任何可以称之为经济的活动出现之前,就把所有适合于满足他们需要的、大自然使他们唾手可得的东西归于自己。

没有必要说明各个等级是如何逐渐形成的,最初状态的农业和工业是如何出现的。

在各种障碍的包围之中,人类开始不自觉地寻找出路。

但必须特别指出的、历史、科学逻辑和简单的常识一致证明的是,直到那个时候还没有人们按照逻辑必定会这样命名的个人财产,因此,还没有经济组织。

比较有了知识,原始的愚昧和自私就消失了。继承权是这种愚昧和自私的最后产物,它使土地所有权异化,由于利益的对立而使战争状态长久化,为奴隶制准备条件,经济社会就在这个时候开始形成。

从那时起,我们就完全处在这个盛行蒲鲁东所说的追求实力的时期、科兰所说的社会对权力的实在性一无所知的时期。

几乎所有社会主义者都承认，这个时期是一个人类社会发展的必要阶段。人们对这个时期作出了各种适当的评论。没有必要指出导致日益增长的繁荣和日益加大的贫困的经济体制的矛盾性发展。另外我们认为，这些矛盾或二律背反只是表面上的。本身是好的，但强制权使其变坏了的经济体制，作为社会存在的基础和条件，从其效果看，必然基本上是矛盾的。

人民决不是以对所有社会二律背反的一般概括方式使物属权取代强制权，而是或多或少地逐步根除构成强制力的东西以及与其有连带关系的不公正和不平等。差不多一个世纪以来，在美洲和欧洲正在发展的革命运动继续积极地从事这项工作。只有在地地道道的特权（把土地转让给某些人而损害大多有人利益的首要原因）、所有不平等的根源（继承权）被消除之时，这项工作才完成。而用废除继承权的方法加以改革的土地所有制应该是什么样呢？土地及其附属建筑，还有商业和工业使用的大部分资本将属于社会集体所有。是不是说任何财产都应该基本上是集体的绝对共产主义是我们要达到的目标呢？那些用这种指责对我们施压的人只能表现出他们的无知和存心不良。

专制的和中央集权的共产主义，不管它是卡贝那样的宗教式的共产主义还是罗伯特·欧文那样的唯物主义的共产主义，对我们来说都与我们现在生活在其中的极端个人主义和具有排他性的制度一样引人反感。

虽然我们丝毫不希望对于某些个人来说，不正当的、极不公正的权利变成特权和舞弊的永不枯竭的源泉，但我们更不希望所谓的（幸亏不是现实的）社会权利取消了个人权利、并着脚跳过公正，在公正之外人们只能变得虚伪或变成丧失人性的人，这简直是使独立的社会成员淹没和毁灭在混乱的博爱之中。合理的社会只能以对科学论述的人类内在的正义理念确定的社会权利和个人权利的适度综合为基础。

不是因为我们要使人类陷入不可测的爱和博爱的深渊，我们才想要集体所有制。

更不是因为我们偏好大规模耕种甚于小规模耕种。而是因为我们把自然给予人类的原料——土地——的集体所有制、把作为过去历代人集体劳动的结果的社会财富的集体所有制，看成是废除所有特权、永远保证和维护真正的社会权利的方法，是因为只有社会权利的出现才可以使个人权利摆脱舞弊现象和人们给它蒙上的阴影。

个人权利的基础是社会权利本身，也就是说，精神和肉体发育手段的平等，**原始资本**分配的平等；个人权利从出生开始，到死才结束；个人权利的保障是最完全的自由，其经济标准是价值的构成，劳动是唯一合法的衡量价值的尺度。

只有到那时，个人权利因为有平等交换、自由结合、互助才可以阻止资本家为其利益而打破应存在于社会净收益和总收益之间的平衡，确定作为交易尺度的成本价格，使工资等于产品，总而言之，完成实现正义的事业。

由于个人所有制和继承权，相互关系遇到不可逾越的障碍。它首先使分配不平等，即一直存在于每个家庭人数之间的差异产生的必然结果长久化。它徒然试图通过信贷弥补这个根本上的不平等，只能使负债的劳动者和可能成为他们债主的其他人之间的区别越来越突出。因此对等关系，即相互关系，可能被它本身破坏。

继承权甚至可以把很大一部分地产集中于单独的一个人手里，尤其在地主的土地是最肥沃的情况下，什么都阻止不了他找到办法出租他的一部分或几部分地产。

尤其是由于条件较差的继承者有偏爱这种地位甚于社会债务人地位的自由，他这样做就更方便了。由此，到构成贵族阶级和消灭平等贸易就不遥远了，尤其是在人们认为由于土地个人所有制，对于农产品来说由劳动构成价值是绝对不可能的情况下。

实际上，谁将阻止这样的地主用名贵的酒、珍贵的木材、稀少而有用的矿物，甚或仅仅用良种植物换取某一数量的、体现的劳动量大得多的、他觉得可以为他创造特殊好处的产品呢？

相反地，有了集体所有制，所有这些弊病就都消失了。土地和社会财富的分配不再受私人意志，即继承权的左右。它是根据调和劳动者利益并使之结成连带关系的、劳动者相互同意的合同条款进行。集体所有制组织也同样，此外，在成为每个地区特征的地理、气候、地质等环境的影响下，这种组织在每个地区都可以有所不同。

因为各市镇和地区之间的关系以同样的方式得到解决，因为应该使各团体和各协会联合起来的团结一致同样使各市镇和地区联合起来，因为互助保险保证社会各个部分以及组成社会的各个成员免受人类和社会可能遇到的意外伤害，因为赋税只是个人向集体付出的社会资本的利息，所以政治性的国家再也没有理由存在了。

权威放纵强制力和私人意志，必须和这二者同时消失。真正的权利、起码的权利必须到处取而代之，是社会安宁与博爱必不可少的条件。

1869 年 8 月于里昂

布鲁塞尔支部的报告

塞萨尔·德巴普宣读如下报告：

布鲁塞尔支部去年在布鲁塞尔代表大会上提交了关于同一个问题的报告。我们在这份报告中证实了同样的社会必要性：过去需要建立个人土地所有制，今天需要土地归集体所有。然后我们从对眼下出现的经济现象的观察得出结论，当前的趋势进一步使集体占有土地的必要性日益迫切。这些趋势本身导致这样的变革。当我们从这些经济现象的自然演变的角度看问题时，我们曾说，在小地产的国家里，为什么遗产的分割把土地分成越来越小的小块，而这些分成小块的弊端为什么最终必将促使自耕农在他们之间以合作社的形式耕种土地，再把这些合作社的土地集中使用，不管怎么样，这些都把他们引向公共所有制，引向一种集体所有制；为什么还是在这些同样的国家，特别是在法国，一个全新的、具有很大重要性的现象，即土地动产化和在农业中实行匿名制，促使土地封建制度和农业雇工制度的重建；为什么由于雇佣劳动者变成合伙者，这个新的趋势也最终导致一种集体所有制；最后，为什么在大地产国家，尤其是在英国，统计数字使我们看出这些大地产越来越集中在为数不多的几个人手里，为什么这地主人数逐渐减少的结果是，在一定的时候，他们的人数将为零，这是由于地主家族没有任何后代，土地有朝一日在那里碰巧是国家集体所有的财产。

人们看到，我们在这份报告里特别指出由经济现象的自然发展产生的缓慢的、逐步的和连续的变化。

但必须承认，这种缓慢的、逐步的演变是经济学家看问题的观点，然而，不是任何知道经济规律根本就不是绝对的和不可改变的、人的干预可以改变这种情况的人都应以这种唯一的观点看问题。确实，历史告诉我们，人民多次集体干预（或者为了使自然演变的结果提前，或者为了使之突然停止）并彻底改变作为这种自然演变的出发点或对象的制度。人们就是给这些集体干预定名为**革命**。只考虑现象的自然演变会导致的结局，这样看问题也许显得过于简单化了。这可能不是在研究完整的社会科学，因为这可能在预见未来时忽视了整个一系列可能或甚至很可能出现的事件；这可能是在研究政治经济学，肯定不是研究真正的社会学。

面对使大脑兴奋的革新思想，尤其是面对工人群众非常渴望解放的情况，我们认为经济现象将没有时间缓慢演变，这是因为心理的演变、思想的发展、人民渴望的进步都大大超过物质的演变——事实的发展、社会制度的进步，因为后者只有在突然而强烈的震撼推动其前进的条件下才能赶上前者。劳动者将没有耐心等待必须持续几个世纪的缓慢而平稳的运动结果。他们说痛苦的时间够长的了，希望结束他们的长期痛苦。因此，极大的可能是，所有制不是由于事态绝对的必然进展，而是通过人们理智的、深思熟虑的干预发生变化；不是通过**演变**，而是通过**革命**发生变化。

在土地所有制组织当中引导这场革命的原则是什么？其次，进行这场变革的手段是什么？这就是我们应该给自己提出的、日后要力图解决的问题。

＊　＊　＊

为了确定应引导这场变革的原则，为了知道这场变革应朝哪个方向进行，必须很好地分析所有权这个词在我们思想中表达的概念。所有权的概念相当复杂，必须把它分解成它的基本概念。把它应用于土地，所有权主要包括如下四种权利：自由处置权，排他权，增益权，地租权。如果从所有权中去掉其中的一个权利，所有权还继续存在，但它是不完全的，受限制的；如果把四个权利都去掉，就没有所有权了。

自由处置权。这是罗马人所谓的使用和滥用权。它的意思是，有权使东西变坏甚至化为乌有。地主就是根据这个权利可以随意让他的土地荒废，把森林变成牧场，把田地变成欧石楠丛生地，把肥沃的土地变成荒漠。同样，他可以把他的地产分成小块，性地分成多少非常小的小块都可以。那么，这种对土地的自由处置权，我们无论如何也不承认个人有这个权利。这是不是说，我们承认社会集体有这个权利呢？总的说来，不承认。让我们来解释：在一定的时候，社会本身不能有权使耕地化为乌有，甚或不能使耕地荒废，因为这可能损害后代人的权利。因此，我们只能部分地为社会本身要求这种自由处置权。这样，社会可能有权决定这部分土地用于森林，另一部分土地用于农业。而只能让个人选择决定：在几大块土地当中，用于造林的土地，这块比较更适于某种树；用于农业的土地，这块比较适于种粮食，等等。

排他权。所有权的概念包含的意思是，关于土地，地主有权把其他人排斥在有关地产的任何合伙、对产权的任何分享之外。随着排他权而来的是垄断和独占的概念。我们也不能承认个人有这种排他权。我们只能承认社会集体有这种排他权，因为在集体手中这种排他权仅仅变成了土地的不可转让、不可个人占有，阻止恢复土地个人所有制。

个人只能对他自己的劳动产品有排他权，因为土地不是任何人的劳动产品，所以不能归个人所有。但在这方面我们预见到有人必然提出的反对意见。他们将对我们说，你们没有看到，这个原则不仅导致废除土地个人所有制，而且废除不管什么形式的，甚至动产的任何个人占有；人也不创造自己用来做小桌子的大理石，也不创造自己用来做椅子或柜子的木材。他不创造这些材料，他只是加工这些材料；因此人们承认，在任何事物中形式带来实质。对此，我们将回答说，如果实际证明原料随着形式、劳动产品的所有权包括原料的所有权，我们可以完全接受这个原则，但唯一的条件是原料依然是可以自由使用的，人人都能得到，不是任何人独占的财产。其结果是，为了使这个原则可以被接受，恰恰应该使土地——这个所有产品的原料——决不能被个人占有。动产只有在地产属于所有人的条件下才能依据正当的权利存在。蒲鲁东不仅在他的《所有制论文集》① 中，而且在他竭力为土地个人所有制进行辩护的

---

① 原文如此，应是指《什么是所有权》，该书分为《第一篇论文》和《第二篇论文》。——编者注

新作《所有权理论》中非常正确地指出这里必须确立的区别,请允许我们引用这本书里似乎有说服力的一页:

"这个形式包含内容的原则,"蒲鲁东说,"适用于被开垦的土地吗?人们完全证明了生产者有权得到他的产品,佃农有权得到他所创造的成果。人们同样证明了他有权从自己的消费中节省、形成资本,随心所欲地支配这些资本。但不能由此产生地产,这是超出生产者权利范围的新情况。他不创造大家共同所有的土地,人们还证明修整、松土、改良、开垦土地者有权得到报酬、得到补偿,我们将论证这种补偿不仅可以包括付给他的一笔钱,而且可以包括在一定时间内播种已开垦土地的特权。让我们一直说到底:我们将证明每耕种一年,必须进行一些改良,都给耕种者带来得到新补偿的权利。好吧!所有权并非总是在这方面。9年、12年或30年的土地租约可以把这一切都给佃农作为补偿,对于佃农来说,地主就代表公共财产。斯拉夫的公社土地制度也把这些都给佃农,权利得到满足,劳动得到补偿,所以就没有所有权了。罗马法和民法都很清楚地区分所有这些权利:使用权、用益权、居住权、经营权、拥有权。经济学家们怎么偏偏把这些权利与所有权混淆了呢?梯也尔的田园诗和小集团的各种各样的表白是什么意思?"

"社会经济学和法律一样,与这方面不沾边,完全存在于(个人)所有权之外:价值概念、工资、劳动、产品、交换、流通、购销、货币、赋税、人口理论、垄断、专利、版权、保险、公共服务、结社,等等。家庭和全体市民的关系更不需要个人所有权;地产可以归公社、归国家,于是地租变成捐税;耕种者变成所有者,他比佃农更好,比分成制佃农更自在;自由、个性都得到同样的保证。"

增益权。 还给我们证明人类始终把地产看成是完全特殊的一种财产的是,对于动产来说,形式所有权带来实质所有权,而对于土地来说却相反,实质所有权或者自然地,或者人为地,即或者通过**自然的劳动**

（如果允许使用这个隐喻），或者通过严格意义上的劳动，即人在土地上的所做的工作，带来附加的形式所有权。为了举出第二种情况的例子，例如在使河床受损的情况下形成的冲积地，根据增益权变成河边一个地主的地产，我们仅限于引用民法第 555 条第 3 段："如果地主更乐意保留这些农作物或建筑物（第三方用自己的材料建成的），他必须偿还材料价值和劳动力价值，而不考虑资产可以获得的或大或小的增值"。某个人，即地主，靠他根本未曾创造的价值而变富，就是在这两种情况下：在第一种情况下，价值的增加仅仅归因于自然力；在第二种情况下，价值的增加归因于与土地固有的效力相结合的劳动。于是我们说，这两种新的价值，为了不构成特权，只能属于所有人，属于社会；因为对于价值的增加大部分起源于某个人的劳动的第二种情况本身来说，理所当然地只需完全补偿这个人在材料和劳动方面的付出就可以了。

因此我们说，获得与土地相结合并混合在一起的东西之权利可以只属于社会。

地租。增益权和地租紧密地相互关联，因为在很多情况下，相互产生；增益往往使土地增值，对地主来说，这种增值构成地租。

不管地租的最初来源是什么，或者和李嘉图一样假设肥沃的土地起初被耕种过，租金逐步由种植欠肥沃的土地形成，租金体现起初种植的那些土地比后来开垦的土地有更大的自然肥力；或者和凯里一样假设最不肥沃的土地起初被耕种过，地租最初仅仅是强者从弱者、武士从耕作者那里预先扣除的贡赋，虽然在我们生活的时代，租金约略表明这种土地价值高于另一种土地的价值。

然而，不管地主和耕种者有区别，或二者没有区别，他都把租金装入腰包，利用土地价值的优势。如果地主自己不耕种他的土地，而是靠出租他的土地生活，这就是租金创造悠闲。如果相反，地主本身是他的土地的耕种者，他就成了有特权者，除了他的劳动报酬之外，享有地租，这种地租可以使他有可能压倒他的有很少或根本没有地租的竞争者。那么，这地租从何而来？是地主创造的吗？不是，地租来自于与地主完全无关的三个重要原因：第一，来自土地的自然肥力，形成的冲积地面积的增加，土地与风、阳光、河流等等相关的位置。第二，与土地相对于居民中心、运河、道路、铁路、工厂的位置以及其他文明效应有关。第三，过去历代人在这块土地上的劳动。正如人们所看到的那样，地租不是地主创造的，而完全是自然和社会创造的。地主有什么权利攫取他根本没有创造的地租呢？社会产出的两部分的地租，即因为邻近居民中心、运河等而产生的那部分和出自过去历代人劳动的部分，理所当然地属于社会；既然自然仅仅是不能出来要求它那份地租的抽象的东西，因此由于这土地比另一块土地有更大的肥力而产生的这部分地租也应该属于社会。所有的地租都应该归社会单独所有。

在这里，可能有人向我们提出异议说，通过劳动、施肥等改良土地的农民，也应有获得地租的某些权利。这种异议来源于混淆了**地租**和**增值**。**地租**表示这块土地与另一块土地的关系，**增值**和**减值**表示一块土地与其本身，但是在两个不同时刻上的关系。然而，为了使耕种者获得增值的权利得到满足，只需在租约到期时社会把这些增值偿还给耕种者就可以了，但条件是，这里和所有地方一样要有对等，即当因耕种者的过错而减值时，耕种者必须把这些减值偿还给社会。

一向有人对这种使某人有可能把自然和文明产生的地租占为己有的极端不公正提出强烈抗议。一些不太有社会主义嫌疑的经济学家们和社会改革者一起谴责这种流弊。"因为自然因素被人占为己有，"西尼耳说，"地主让土地使用者以地租的形式付给他土地使用费。地租不是对任何损失的报偿，而是被既不劳动也不提供贷款，而仅限于伸手接收社群的供品者收取。"加尔涅的观点更明确："地主的地租，"他说，"与付给工人的劳动报酬，或付给企业家提供贷款的利润有本质的区别，两者都是补偿，前者是辛苦的报酬，后者是节减和冒风险的报酬，地租不是毫无根据地被地主收取，而仅仅是根据承认和维持某些个人土地所有权……的**法律条文**被地主收取的。最坚定的革新者只得建议用集体所有制取代个人所有制。在我们看来，他们在人的权利方面完全言之有理，但只要他们不能证明较好的经济制度的优势，实际上他们就完全错了。"那好，经济学家先生，您承认我们在权利方面言之有理，即早已在理论上给我们一清二楚地证明了，新的土集体所有制不仅有利，而且变成一种必要：人们可以放弃有利的东西，但必须服从必要的东西。

至于我们，我们之所以要求全部收益复归集体，不仅仅是因为把收益归于个人是不公平的，而且是因为如果不这样，就不可能组织新社会，这有两个原因：

1. 只有地租归集体才使社会在不征收重税的情况下就可以组织必要的公共服务，如对所有人的综合教育，统一组织风险和意外伤害保险，等等。

2. 只有取消个人地租才可以使耕种者平等，使得产品到处都换成等价的产品。这里有两块土地，其面积相等，为其付出的劳动相等，前一块产出1000斗小麦，第二块地产出500斗。因此，第一块地有500斗的地租，显然，如果地租留在个人手中，第一个耕种者以付出1份劳动的代价转让他的产品，第二个耕种者则以付出2份劳动的代价转让他的产品；这就是需要同样劳动的两个产品，其中一个产品的价值比另一个产品多1倍，只有在另一个产品以少于需要付出的劳动代价卖出的条件下才能换取它作为劳动的价值。反之，如果把地租给集体，就恢复了平衡：因此我们两个耕种者就可以对等地交换他们的500斗小麦，一方丝毫没有减少另一方的价值；或者更合理的是，他们每个人都可以用有固定价值的农产品换取等值的，即曾为其付出同样劳动的工业产品。在布鲁塞尔代表大会上，集体主义和互助主义在国际内似乎是对立和对抗的，二者却是这样相辅相成的：土地集体所有制使产品平等交换、对等服务成为可能。

我们可以从所有这些论述中得出结论：从我们正在走向的新秩序的角度看，必须要求土地归社会集体所有，以便用既保障社会权利又保障耕种者权利的双重契约使个人或私人合作社仅仅是占用土地而已。

但是，正如人们看到的那样，我们为社会要求的这种集体所有制，已经不是完全的、完整的所有制。因为，在赋予社会土地独占权的同时（这个到了社会手中的**排他权**仅仅变成了土地的不可转让），在赋予社会**增值权**和**地租权**的同时，这些权利是所有权方面的三个标志，我们只是不完全地、有限地承认社会有**自由处置权**。例如，我们不承认社会和个人有权使耕地化为乌有，甚至让土地荒废，因为这样做可能是对我们后代的掠夺行为，社会同样既无权利也无能力改变永恒的物质法则，例如宣布今后物体在它们质量成反比或它们的距离平方成正比的情况下互相吸引，也无权损害永恒的公平法则。

因此我们为社会要求土地集体所有权，但这种所有权是相对的所有权，有条件的所有权，受到为后代作保障和为当代占用者作保障的双重限制的所有权。

* * *

在给耕种者所必要的保障中，我们认为应该提到下列保障，因为在非常广泛地讨论了集体权利之后，也力求确定个人权利才合情理：

1. 收获物和一般来说的土地产物的所有权，除了要根据可能同样适用于严格意义上的工业产品的平等交换法则进行交换的产品。我们已经看到土地所有权和个人劳动产品所有权之间的根本区别，我们没有必要回过头来再讲了。

2. 获得增值和收回改良土壤时在劳动力、肥料等方面开支的权利。这还是没有必要回过头来再讲了。

3. 在商定的范围内对作物种类和种植方式的选择权。通过把土地分成森林、牧场、耕地等等来保证总体利益之后，显然，要知道这块地更适于这种谷类，或者蔬菜，或者随便哪种水果，不会有比耕种者本身更好的鉴定者。此外，如果不这样，种植者在行动方面会随时受到约束。这就不是一个自由的和担当责任的人，而是名副其实的奴隶，比他的祖先——封建领地的农奴——的地位还要低下。

4. 有把握在相当长的一段时间里占用土地。要赞成这一条款，最好不过的是引用著名农学家德沙普塔尔的一段话：

"一个对推迟农业执行正确原则最起作用的原因，毫无疑义地是租期短。佃农因为几乎没有时间了解他从事经营的土地，所以漫无目的地耕种。他既不能对他的耕地进行任何开发，也不能确定适宜的轮作方法。他被迫放弃岩黄蓍、紫苜蓿这种最有利的人工牧场，因为他们在短时间内不能适当地安排使用土地以便收获这些饲料，也不能在土地出产牧草的整个期间里收割牧草。

今天已经完全证明，建立人工牧场和经过仔细分析的轮作应该形成农业的基础；今天公认的是，为了适用这两个改良土壤的重要手段并取得改良的成果，必须有12年到15年（或确切地说30年）的期限，租约起码要有这么长的有效期……在佃农看到自己限期3年的土地上，人们不会在改良土地上利用知识，也不会使用资金，经营将延续处在不良状态。"

5. 在他们的利益需要时，放弃租约的权利。因为不能迫使个人或农业合作社的成员继续耗资巨大的经营，或在他们要从事另一职业时迫使他们留下来从事农业。面对长期租约，尤其是终生租约，这种解除租约的权利是必然的。

* * *

现在我们到了最微妙的一点，但其各方面的情况可能将大大减少困难：这就是把个人土地所有权转让给社会的途径和手段的问题。如果我们能站在无产阶级和资产阶级当事者双方之间以协商方式进行社会清算的角度，我们就必须考虑不同的社会主义流派主张的使土地归集体所有的几种转变方法的有效性，它们主要是下列方法：

1. 路易·勃朗从1845年起在他的《劳动组织》一书中主张的依次回购土地；前期通过团体预算进行回购，然后社会获得的第一批土地的地租用于依次回购其他土地。

2. 从有待确定的时期开始用被看做按年交付的款额偿还的租佃，是蒲鲁东1848年在他的《19世纪革命的总观念》中提出的措施。

3. 无直系继承人的任何**无遗嘱**的遗产归集体所有，对任何有遗嘱的遗产征收25%的税，宣布土地一旦归集体所有就不得转让，是科兰、德波特尔、拉蒙·德拉萨格拉48年[①]之后提出的措施。

但是我们无权因此而撇开资产阶级分子和无产者过去各自所持的态度不谈，我们只要看到工人阶级的喉舌——社会主义者——早就提出的，资产阶级已经拒绝、现在依然坚持拒绝的和平办法就够了。然而，既然资本家和地主阶级都不愿意和解，劳动者比以往任何时候都更加坚决地维护他们的权利，迟早要进行**强行清算**，这是必不可免的。是的，强行的，因为无产阶级这方面有两种什么都抵挡不住的实力：人数上的实力和思想上的实力。

阶级的对抗，工人反对资本家的斗争，产生了抵抗团体或工会，这

---

① 指1848年。——译者注

些团体通过它们的联合会和它们联盟把无产阶级组织起来，最终建立一个国中之国，一个经济的、工人的国家，而不是政治的、资产阶级的国家。这个国家理所当然地由工人同业公会的代表体现出来，这些代表们在满足当前需要的同时，也形成了未来管理人员的雏形。因为随着今天孤立的新类型的劳动者组成协会，这些代表们将让新来者进入其行列。好了，鉴于这种情况，很可能有朝一日这个新国家将宣布解散旧国家，采取针对旧社会的制度，针对政治集权、司法制度、军队、宗教信仰、公共教育、银行、商业、工业组织、土地所有制等等的所有必要措施，以保证消灭特权和贫困，倡导平等和所有人的福利。不过，对于土地所有制，这个受劳动者委托进行社会清算和重组的国家完全可以发表一些下面这一类的短小声明：

1. 土地个人所有制已废除，土地属于社会集体，不得转让；
2. 租佃的耕种者今后将向国家缴纳他们在此之前向地主交纳的地租；这种地租将替代捐税，用于支付公共服务，如教育、保险、等等；
3. 作为过渡的措施，允许用个人劳动经营其土地的小地主在他们有生之年可以依然是这土地的所有者，不用交纳地租，等到这些小地主去世之时，他们这些土地的土地税将涨到按其他同样价值的土地的地租比例征收，这样一来，他们这些土地的土地税将转变成地租。从那时起，将取消征收这些土地的土地税，从这一天起就像纳租的土地不缴土地税一样；
4. 对于个体耕种者租约将是终生的；对于农业合作社，租约的期限将是……（比平均寿命更高的期限）；
5. 个体耕种者或农业合作社可以由于某些明确的特殊需要解除租约；
6. 租约属于个人；禁止转租；
7. 在租约起止之时，对土地进行评估；如果在租约终止时有增值，由社会进行偿付；如果有减值，由遗产进行偿付；如果遗产一无所有，社会就亏损；

8. 为简化地产管理起见，在每个市镇，地产管理都委托给由市镇所有成年居民直接选出的市镇议会（或市政府）；该议会主要是把小块地合并在一起，规定地产范围，以便制止分成小块。

10①. 国家会同耕作者任命的农业委员会负责开垦土地、植树造林、排水及灌溉等大型工程，与为实施这些大型总体工程而建立的农村劳动者公司合作。

组织起来的、正在取得胜利的无产阶级做好这些准备吧，对此提出所有形势必将需要的修改，对此逐一进行适时的改进；将要进行土地革命，将公正地建立土地所有制。

鲁昂支部的报告

埃米尔·奥布里宣读如下报告

朋友们：

鲁昂行政区工人联合会继续感到自豪的是加入了一个协会，该协会寻求切合实际的方法以改善我们所属阶级的物质和精神状况，同时严格尊重为其增添力量的各个团体的自主权。我们对联合会的信仰保证它一定发展，使我们大家掀起的社会运动具有迄今没有一个同类组织所具有的新特点；我们可以肯定，与过去在我们之前的社团相反，我们的协会一诞生就带着真正的自由，给财富的生产者带来有实效的、物质和精神方面的改善，因为它绝对尊重我们甚至过分公开表明的信仰。

---

① 原文如此，无第9条。——译者注

我们可以对我们的反对者说，无论他们会给我们设置什么样的障碍，我们都有把握克服。

形形色色的独裁政治的支持者，尽管他们惧怕我们的进步，他们还是承认迄今唯独我们能够赢得那些对进步有怀疑者本身的信任。

我们把这种进步归因于尊重并付诸实施我们永恒的口号：仅仅要求有自己的权利并且有与自己的权利相应的义务者尽其义务。

我们完全公正，因为我们在所有事物中都做到和要求平衡！

是的，朋友们，我们反复说，鲁昂支部因为属于你们而感到自豪。因此很高兴地向你们表达这种自豪的心情，表达方式就是派自己的代表出席这次特意从欧洲各国赶来的受资产阶级寡头之害的人们的会议，以寻求战胜当代恶魔工业、商业和金融垄断势力的有把握的方法。

伟大的协会要求我们介绍我们的想法，回答你们交给组成受资本剥削者大家庭的所有团体进行研究的问题，因此我们来给大家带来了我们的研究结果，参加讨论应由我们大家解决的、人类强烈要求解决的重大问题，社会美好的未来与安宁取决于这些问题的解决。这个社会迄今只让某些人有美好的未来与安宁而剥夺另一些人的美好未来与安宁。

现在我们进入本题，我们荣幸请大家评价下面就已研究过的问题作出的决议。

这些决议是在我们行政区首府组成我们联合会的各个行业公会委员会开会进行长时间讨论的产物，以忠实表达组成我们联合会的各个团体意见的论述为依据。

第一个问题
土地所有制

在介绍与我们去年发表的意见一致的决议之前，我们认为有必要简要介绍经济原则，这是我们联合会在考虑和解决理所当然地引起欧洲无产阶级关心的经济问题的方法上所提出的各种意见的基础。

16年的研究和经验使我们确信，在造成社会不平等及其带来的所有后果的各种原因当中，主要的、人们可以看做是衡量社会贫困标准的原因，足以断定就是某些工人协会坚持不想从他们的组织中根除掉的预先享有资本的做法；我们感到遗憾的是，某些朋友还认为，这种政治经济学的病毒，这种使社会肌体的肺痨持续不愈的资产阶级有害健康的继承物，是社会重建的手段；因为它延迟我们的解放，会产生可怕的矛盾，其后果对无产者的解放来说可能是致命的，所以我们对此更加感到遗憾。

忠于改革事业的公民之义务是不顾一切地同文明社会残忍的绦虫作斗争，就是它几个世纪以来破坏了已经非常缓慢的人类的解放工作。

在洛桑和布鲁塞尔，我们曾荣幸地说，新贵族阶级一向都是由寄生者从公共产品中先获取部分收益产生的，唯一能阻止新贵族阶级形成的办法在于产品相对价值的构成，我们补充说，能找到真正价值的条件只能是，所有的工人协会建立持久的关系以便最终确定每小时的劳动标准；也就是说，为了阻止人剥削人，工人剥削工人，全体劳动者必须为了计算他们每个人的平均能力而作出巨大的努力。这个真正的价值找到了，产品的价值就完全地确定了，就可以在永远不损害我们任何人的条件下进行交换，于是所有权就具有其真正的性质。

每个公民将成为其产品的唯一所有者，不致引起贪欲，丝毫不用担心看到所有者在损害其他生产者利益的情况下不正当地扩大他的财产，因为没有一个人将会以高出成本价交换或出售他的产品，成本价将真正体现为制造产品而付出的脑力和体力的数量。

请完全相信吧，亲爱的朋友们，所有经济和社会问题的解决就在于确定一小时劳动报酬的平均数，而不是在其他方面。其他问题是次要的，只有在人们能最终完全确定个人产品在总产品中的计量标准之日，所有权、自由、道德、团结一致，甚至博爱，以及所有这些社会权利的综合——公正，才变得名副其实。

讲了这些，我们终于可以发表有关**土地所有制**的意见了：

通过前面的内容，得出的结论是，不能被估价的东西根本就不是人类的产品；就像空气、光和热那样，土地，正如我们去年所说的那样，是生产所需要的和必不可少的工具，但它是免费提供给人类根据需要加以使用的，它之所以迄今成为独占财产，成为资本使劳动处于从属地位的主要因素之一，是因为**土地**被估价了，科学表明人没有用任何东西创造土地，换言之，人们可以交换丝毫没有劳动含量的东西，要不然，任何估价都是错误的、武断的。

因此，地产，尽管它引起对今天感到满意的人们的崇拜，因为不能对它估价，所以只能是集体财产，对土地的占用权属于所有人，但这种占用权必须由以**联合的形式**组织起来的全体居民确定；否则，地产由于像今天这样构成一种特权，由于不可能对它进行估价，因此可能形成新贵族阶级的基础。

我们的反对者提出的理由是，担心落入这样一个组织，它可能使集体原则及其引起的、我们都反对的所有专制后果得到迅速发展，请他们原谅我们，不过这种担心的根源只是完全不懂价值理论，没有对联合的形式进行认真研究。

因为价值的确定和作为必然后果的全面分散化处处发挥作用，所以根本不用担心重新出现贵族阶级或长期贫困。

总之，没有一个人可以说自己是他未曾用脑力和体力生产而获得或赢得的某种东西的所有者，因为人们只能获得有交换价值的产品，因为土地根本不是产品，而完全是人们永远不能改变其形式和用途的工具，所以我们强烈反对个人独自占有土地的权利。我们认为使这种权利永久化是对集体自由的侵犯。

我们要求把土地宣布为市镇财产，个人有以**联合的形式**组织起来的市镇给予的、可通过继承转让的占用权；但继续受集体利益的支配，可以对占用者在其占用的部分土地上付出的全部劳动给予实实在在的补偿，或者用农产品，或者用本市镇的产品补偿。

在我们看来，陈述的这些有关土地所有制的条件符合集体利益，未触动个人的独立自主。

鲁昂联合会就是坚信这一点，因此一致表决通过如下把土地所有制与继承问题结合在一起的决议，因为二者不能分开。

鲁昂联合会关于土地所有权的决议

"鉴于文明社会的所有成员如果被剥夺土地所有权，就不可能有其自由意志。

鉴于土地所有权要确实成为个人自主的保障，必须完全体现每个生产者积累的产品。

鉴于土地所有权只有在贵族的一切权势都消失才能名副其实，只有产品价值到了相对确定之日才能如此。

鉴于土地所有权就像今天法定的那样，明显偏离了社会科学法则，社会科学法则只承认通过没有任何投机和贴水的劳动而获得的所有权。

鉴于根据科学资料，人们没有用任何东西创造土地，土地仅仅是大自然免费提供给人类的工具，让人通过劳动使土地肥沃。由本行政区所有工人行业公会委员会组成的鲁昂行政区经济研究会（通过行业公会委员会的机关报）宣布，土地所有权只能从集体的角度考察，只能通过以联合组织为基础的市镇分配土地。

因此，本研究会谨告知同事们，我们只是在以1869年9月6日这一天出席巴塞尔大会的各国代表团为代表的国际内部的工人经济团体联合组织里对可以解决土地所有权的办法发表意见。

关于**继承权**，本研究会通过前述内容表示，继承权可以在各种程度上转让。在本研究会看来，这个决定是唯一与承认家庭的组成一致的决定，除了家庭，任何社会组织都维持不下去。"

日内瓦支部的报告

公民们：

你们任命的委员会只能就这个问题给你们提供一个简短的报告。

委员再次一致确认布鲁塞尔代表大会的决议并在这方面加以明确：

耕地、森林、下层土、公路、铁路、运河、电报机、工厂以及通常所说的所有大型劳动工具不应是特殊生产者集团的财产，而应完全是整个人类集体的财产。

至于未来集体财产的安排使用，委员会没有时间制定一个关于这一如此重大问题的方案。

此外，委员会一致认为，只有在社会清算取得重要经验之后才可有望最终解决。

9月10日的会议（续）[1]

议事日程要求讨论继承权问题。

大会在听取报告人布里斯梅讲话之前，决定有关下列所有问题，除了委员会的报告之外，任何报告都不在大会上宣读。

布里斯梅代表委员会提出如下决议：

---

[1] 原文为9月5日的会议（续），实际是9月10日的会议（续）。——编者注

鉴于继承权是个人所有制的一个基本组成部分,对有利于某些人而损害最大多数人的地产和社会财富的转让起着强有力的作用,因此是土地归集体所有的最大障碍。

另一方面,继承权,不管它在妨碍个人绝对有精神和物质的发展手段方面所起的作用多么有限,都构成一种特权,事实上,这一特权的重要性不管大小都消除不了权利上的极不公正,因此成为对社会权利的长期威胁。

此外,大会表示赞成集体所有制,这样一项声明如果不用随后这一项声明加以印证,就不符合常理。

大会认为必须完全彻底地废除继承权,这是劳动者解放必不可少的条件。

埃卡留斯代表总委员会说,在非常认真地讨论之后,他们最终得出与委员会的结论完全相反的结论。埃卡留斯说,在集体社会里,继承权只是家庭的事,因为不会存在滥用继承下来的东西,但是如想在当前的国家里最终缩小这一权利,他提出如下的过渡措施(见稍后的总委员会报告)。

舍马莱:正如布里斯梅公民所说的那样,关于前面问题的表决引起对继承的讨论。集体所有制一旦颁布,人们还能继承什么呢?除非含糊不清,除非集体所有制只适用于土地,在这种情况下,产业工人就受惠,而有损于农业生产者,因为前者将可能是工具的所有者,因此是自由生产者,而后者则因被固定为受雇佣者而不及前者。

巴枯宁公民今天上午对我们说,总是少数智者发号施令。对此我回应说,正是因为总是少数智者发号施令,我们才在这里表示反对,人们将像你们刚才反对你们前人的决定那样反对你们的决定。

而德巴普公民对我们说：我们认为关于继承的讨论还是有理由的，因为土地归集体所有还没有实现。难道你们表决取消继承更有实效？

第一个问题我已经投了反对票，虽然我认为我这一票不起作用。我建议别在第二个问题上耽误时间了。

德巴普利用给他的 10 分钟时间读了几段布鲁塞尔支部关于继承的报告。这个报告说，**作为永久的和最终的原则，没有必要取消继承权；作为社会清算的手段，不太可能。**

里沙尔回应埃卡留斯、德巴普说，他们两个人都把问题的如下两个方面混淆在一起了。他们混淆了劳动者拥有其劳动成果的权利与随意使某个尚未生产什么、没有比其他人多做什么的人得到特权的权力。他说，在个人之间平等分配精神与物质发展手段的应该是社会，而不是个人专断。如果赞成世代相传的特权者认为特权不太重要，这又是一个抛弃特权的理由。如果他们是平等的拥护者，就请他们尊重平等，尊重所有平等中的第一个平等，起点的平等。

瓦尔兰：如果我们最终可以使所有劳动工具以及土地归集体所有，显然继承问题就不再有重要性了。但是我们还没有达到这个地步，还有一大部分社会工具，我们甚至在理论上都没有废除对它的所有权。如果我们在这些条件下保持继承，我们就保持不平等，因为一些孩子通过继承得到他们必须的东西，而其他孩子必定被剥夺他们需要的东西。有人对我们说，的确，由于有无息信贷组织，那些被剥夺者就可能获得贷款：但是他们必须偿还，他们的境况将永远比其他公民的境况差得多。

我还想从两个角度研究继承权问题：孩子获得其父母财产的权利和父母拥有自己财产的权利。

我从来没听说过确认孩子权利的论据，我完全否认孩子的权利。至于父母拥有他们财产的权利，如果保持这个权利，为公正起见，就不能限制孩子的这个权利。所有者，如果还存在，就应该可以支配他的财产，不管有利于谁，那么，这就不是继承权，而是立遗嘱权。至于我们集体主义者，这两种权利我们都不承认。

缪拉：在关于所有权的表决之后，布里斯梅的结论是符合逻辑的；但是我拒绝它们作为关于所有权的决议。

瓦尔兰公民说，孩子不比任何人更有权得到父母的劳动产品；他们忘记了，尤其在农村，孩子三四岁就劳动，在他们继承之时，在他们继承的遗产当中有他们一大部分成果。

至于里沙尔公民，我不懂他的意思。因为正如他所说的那样，如果劳动者被承认是他产品的所有者，如果他没有把他生产的东西都消费掉，他总是可以在去世之前把这些东西送人或出售，这就使废除继承无效了，导致其中有舞弊现象，因此就有不道德行为。如我所希望的那样，所有人都是他们工具的所有者，所有这些难题就消失了，继承可以维持原状。

巴枯宁：在认为**没有必要**表决废除继承权的集体主义者和认为**必须**表决废除继承权的集体主义者之间有这样一个区别，前者把未来作为起点，就是已经实现了土地和劳动工具的集体所有制；而我们这些人则把现在作为起点，就是说个人的继承财产完全由他自己支配。

埃卡留斯说过，权利只是事实的后果，一旦废除个人所有制成为事实，继承权就自行消失。肯定的是，在历史上事实总是先于权利，因为总是前者使后者得到公认；也无可争辩的是，权利在作为后果之后，轮到它变成其他后果的原因。如果要取得其他后果，必须首先推翻它。继承权就是这样变成在有国家保证的情况下个人所有权的基础和主要条件。

有人说根本用不着宣布废除继承权，因为劳动者强大到足以废除继承权时，他们应该利用这个能力宣布和实现社会清算，而我是考虑到实际才特别建议大家废除继承权。人们曾谈到剥夺小所有者农民的土地可能有困难。不容置疑的是,如果剥夺农民的土地,就把他们抛向反革命。这是必须避免的。因此,他们起码在一段时间内可能依然是他们今天占有的小块土地的事实上的所有者。如果继承权维持着,他们不仅是占有者,而且是所有者,他们将以此理由把土地转让给他们的子女。

而如果废除继承权,笼统地说废除国家的任何法律和政治权利,这时他们就只剩下占有的事实,这个事实因为不再受国家保护,所以将很容易地被革命事件的力量所改变和推翻。

有人要求结束讨论。

几位代表认为对问题的解释不够充分。

李卜克内西:表示赞成结束讨论:可能在以后再开20次大会讨论,最终也总是得出同样的结论,今天我们还有3个问题,其中一个非常重要,即抵抗团体的问题,值得用几个小时讨论,我们不能把这几个小时用于继承问题。

吉约姆也支持结束讨论,他不理解朗格卢瓦会希望讨论更长时间,因为舍马莱说得非常好,所有那些非集体主义者的行为准则已经确定。委员会已经完全同意其提出的决议:集体主义者应该被说服,他们将说服不了互助论者。

托伦反对在会议过程中给**互助论者**扣上**个人主义**的帽子。

朗格卢瓦:你们表决通过了土地共产主义,而不是所有劳动工具的共产主义,其结果是在继承问题上,你们只是隐含地表决通过取消继承地产。如果你们表决通过取消继承任何财产,你们就隐含地表决通过了绝对共产主义,那么你们就不需要讨论信贷,因为共产主义是对信贷的否定。

塔尔塔雷支持朗格卢瓦。**弗拉奥**要求结束讨论,把抵抗团体问题放在第二天会议的日程中。

表决通过结束讨论。

表决委员会关于继承的建议时点名结果如下:

投票者68人；绝对多数：35人。

32票赞成；23票反对；13票弃权。

赞成者：

森蒂尼翁、法尔加-佩利塞尔、罗班、巴斯坦、布里斯梅、瓦尔兰、罗伯尔、安斯、亨格、布罗塞、弗洛凯、雅耶、施维茨格贝尔、布尔索、乌捷、巴枯宁、卡波鲁索、里沙尔、帕利克斯、莫尼埃、富罗、德雷尔、里廷豪森、詹姆斯·吉约姆、列斯纳、诺马耶、科兰、贝克尔、扬纳施、克里格、戈尔热、马蒂诺。

反对者：

奥布里、托兰、缪拉、潘迪、皮耶东、朗格卢瓦、舍马莱、坎什、阿普尔加思、埃卡留斯、斯特普尼、荣克、施塔克、赫斯、莱辛格、古特、格罗伊利希、李卜克内西、弗吕内奥、塔尔塔雷、布格尔、卡梅伦、弗雷。

弃权者：

德巴普、朗德兰、多斯堡、杜朗、鲁塞尔、弗拉奥、莫兰、弗朗坎、格罗斯兰、克勒索、戈克、布吕安、谢勒尔。

缺席者：

培列、鲁克拉夫特、施皮尔、霍莱特、毕尔克利。

生病者：奥伯温德。

然后对总委员会提出的建议进行投票表决。

投票者62人；绝对多数：32人。

19票赞成；37票反对；6票弃权。

建议被否决。

赞成者：

巴斯坦、戈克、里廷豪森、布吕安、坎什、阿普尔加思、埃卡留斯、斯特普尼、荣克、列斯纳、诺马耶、赫斯、莱辛格、古特、格罗伊利希、李卜克内西、克里格、卡梅伦、弗雷。

反对者：

法尔加-佩利塞尔、罗班、德巴普、布里斯梅、奥布里、瓦尔兰、罗伯尔、托伦、多斯堡、安斯、缪拉、潘迪、弗朗坎、亨格、布罗塞、弗洛凯、雅耶、施维茨格贝尔、布尔索、乌捷、皮耶东、巴枯宁、卡波鲁索、朗格卢瓦、里沙尔、帕利克斯、莫尼埃、富罗、德雷尔、舍马莱、吉约姆、施塔克、扬纳施、戈尔热、马蒂诺、弗吕内奥、塔尔塔雷。

弃权者：

森蒂尼翁、朗德兰、鲁塞尔、弗拉奥、莫兰、科兰。

缺席者：杜朗、培列、格罗斯兰、克勒索、鲁克拉夫特、施皮尔、贝克尔、博尼、霍莱特、谢勒尔、毕尔克利、布格尔。

生病者：奥伯温德。

7点散会。

关于继承权问题的报告

总委员会的报告和结论[①]

1. 继承权之所以具有社会意义，只是由于它给继承人以死者**生前**所拥有的权力，即借助自己的财产以**攫取他人劳动果实的权力**。例如，土地使还在世的所有者有权以地租形式无偿地攫取他人的劳动果实。资本使所有者有权以利润和利息的形式达到同样的目的。国家证券所有权

[①] 即"总委员会关于继承权的报告"，此处按《马克思恩格斯文集》第3卷第88—90页刊出。——编者注

使所有者有权不去劳动而靠他人的劳动过活等等。

继承并不产生这种把一个人的劳动果实转移到别人口袋里的权力——它只涉及行使这种权力的人的更换问题。同其他所有的民法一样，继承法不是**现存社会经济组织的原因**，而是这种经济组织的**结果**，是这种经济组织的**法律结果**，这种经济组织是以生产资料即土地、原料、机器等的私有制为基础的。正如继承奴隶的权利并不是奴隶制度的原因，恰恰相反，奴隶制度才是继承奴隶的原因。

2. 我们应当同原因而不是同结果作斗争，同经济基础而不是同它的法律的上层建筑作斗争。假定生产资料从私有转变为社会所有，那么继承权（就它有某种社会意义来说）就会自行消亡，因为一个人死后留下的只能是他生前所有的东西。因此我们的伟大目标应当是消灭那些使某些人生前具有攫取许多人的劳动果实的经济权力的制度。在社会处于相当高的发展水平而工人阶级又拥有足够力量来废除这种制度的地方，工人阶级就应当**直接**这么做。例如，废除国债，自然就能同时消灭国家证券的继承。另一方面，如果工人阶级没有力量来废除国债，试图废除对国家证券的继承权就是愚蠢的。

继承权的消亡将是废除生产资料私有制的社会改造的自然结果；但是废除继承权决不是这种社会改造的起点。

3. 大约40年前圣西门的信徒们所犯的重大错误之一，就在于他们不把继承权看做现今社会组织的法律结果，而把它看做这种组织的经济原因。① 这丝毫没有妨碍他们在自己的社会制度中把土地和其他生产资

---

① 指圣西门的一批信徒巴·安凡丹、圣·巴扎尔、奥·罗德里格、菲·毕舍等人在19世纪20年代末曾传播和发展他的学说。1830年，根据巴扎尔在巴黎的讲稿出版了《圣西门学说释义》一书，其中提出了废除继承权的要求。见《圣西门学说释义。第一学年。1829年》1830年巴黎版第143—169页。——编者注

料的私有制永久保存下来。他们认为，当然可以有挑选出来的终身所有者，就好像曾经有过挑选出来的国王一样。

宣称废除继承权是社会革命的起点，只会导致工人阶级偏离对现今社会的真正攻击点。这同既要废除买主和卖主之间的契约法，同时又要保存现今的商品交换制度一样荒谬。

这在理论上是错误的，在实践上是反动的。

4. 我们在考察继承法时，必须假定生产资料的私有制继续存在。如果私有财产在人们生前已经不存在，那么它就不会由他们并在他们死后从他们那里传给别人。因此，有关继承权的一切措施，只能适用于社会的过渡状态，在那种状态下，一方面，现今社会的经济基础尚未得到改造，另一方面，工人群众已经积蓄了足够的力量来推行旨在最终实现社会的彻底改造的过渡性措施。

从这点来看，继承法的修改只是可达到同一目的的其他许多过渡性措施中的一种。

在继承方面这样的过渡性措施只可能是：

（1）更广泛地征收在许多国家中业已存在的遗产税，把由此得来的资金用于社会解放的目的；

（2）限制遗嘱继承权，这种继承权不同于没有遗嘱的继承权或家属继承权，它甚至是私有制原则本身的恣意的和迷信的夸张。

日内瓦支部的报告

公民们：

这个将在巴塞尔代表大会上讨论的问题分两个部分：第一部分包括**原则**，第二部分包括**原则**的**实际实施**。

应该从**效用**和**公正**这两个角度进行研究原则本身的问题。

从解放劳动者的角度看，废除继承权有益处、有必要吗？

提出这个问题，我们认为就是解决这个问题。解放劳动者能意味着除了把劳动者从财产和资本的桎梏中解脱出来之外的其他东西吗？可是，如何防止财产和资本二者统治和剥削劳动者？只要它们同劳动分开，就被垄断在一个阶级的手里。这个阶级由于享有独占的财产和资本，不必劳动就能生活，将继续存在并且通过从劳动者那里收取地租和资本利息压榨劳动者；这个阶级因为有这种地位，还像今天到处所做的那样，攫取工业和商业企业的所有利润，仅仅留给由于在他们之间进行相互竞争而被迫受到压榨的劳动者们使之免于饥饿的最起码的必需品。

政治和司法方面的法律，不管多么严格，没有一条能制止这种统治和剥削，没有一条法律可以消除现实情况，没有一条法律可以阻止既有的局面产生其必然的结果，显然由此而产生的结果是，只要财产和资本为一方，劳动为一方，一些人是资产阶级，另一些人是无产阶级，工人就是奴隶，资产阶级就是主人。

那么是什么把财产和资本与劳动分开呢？是什么在经济上和政治上构成阶级的差别呢？是什么破坏了平等，使不平等——少数人有特权和多数人受奴役的情况——长久存在呢？这就是**继承权**。

有必要指出为什么**继承权**产生所有经济、政治和社会特权吗？显然，阶级的差别只能通过继承权保持不变。由于有继承权，能在个人之间存在的、应该随着个人本身的死亡而消失的自然差别以及财富或幸福的暂时差别无止境地延续下去，可以说最终固定下来，变成因袭的差别，产生与生俱来的特权，成为阶级的起源，成为几千幸运儿剥削千百万劳动者的长久源头。

只要继承权起作用，在世界上就不会有经济、社会和政治平等；只要存在不平等，就有压迫和剥削。

因此，从劳动和劳动者全面解放的角度看，原则上我们必须要求废除继承权。

当然，我们不想制止生理上的遗传或体能和智能的自然遗传，或为了更准确地表达我们的意思，不想制止父母的肌肉和神经的性能遗传给他们的孩子。这种遗传往往是一件不幸的事，因为它把过去几代人的肉体和精神疾病传给了现在的几代人。但是这种遗传的致命后果只能通过把科学应用于个人和集体的社会卫生，通过社会合理的和平等的组织来加以制止。

我们想要做的，我们所要废除的，就是法律原则为其提供理由的、构成**法律上的家庭**和**国家**基础本身的继承权。

当然，我们同样不要取消**感情继承权**。我们用这个名称的意思是，朋友或子女可以继承属于已故朋友或父母的价值微薄的物品。因他们长期使用这些东西之故，可以说在上面保留着个人的印记。重大的遗产，就是从集体劳动成果中收取的地租或资本利息，保证继承人完全地甚或仅仅部分地不劳动就能生活的遗产。我们要资本和土地，总之，所有劳动工具和所有原材料都不再根据继承权转让，永远成为所有生产合作社的集体财产。

因此还有平等，劳动和劳动者的解放仅仅以此为条件。

有少数工人没有认识到将来废除继承权是平等的最高条件。而有些工人担心，如果现在废除继承权，在没有社会组织保证不论在什么环境中出生的所有孩子都过安稳生活的情况下，在他们死后他们的子女将处于困境。

"怎么！"他们说，"我靠劳动，迫使自己忍受最令人痛苦的节俭积攒了200、300或400法郎，而我的子女将来得不到这些钱？"是的，他们得不到这些钱，但是他们在丝毫无损于父母的天赋权利的情况下将从社会得到你们没有能力用三四万法郎给予保证的生活费、教育和培训。因为，显然一旦废除继承权，社会就必须负担在社会内出生的所有男孩和女孩的身心和智力发育的所有费用。这样社会将成为他们最高的监护者。

谈到这一点，我们就不说了，因为它属于综合教育问题，另一个委员会应向你们提出关于这个问题的报告。

但是有另一点我们必须解释清楚。

有几个人认为，如果废除继承权，就会毁掉促使人们劳动的最重要的激励。这样认为的人继续把劳动看成是无法避免的讨厌的事，或者从思想上讲，看成是耶和华发怒时对不幸的人类发出诅咒的结果。

我们不深入对这个重要的思想讨论，我们依据对人性的简单研究，回答这些贬低劳动的人们，劳动绝不是一种令人讨厌的事或万般无奈的事，它对于任何具有劳动能力的人来说，是一种需要。为了确信这一点，每个人都可以拿自己做试验，让他迫使自己几天绝对无所事事，或做毫无效果的、非生产性的、愚蠢的劳动，他将意识到他最终是不是觉得自己是人们当中最不受欢迎的、最可鄙的人！人由于他的本性不得不劳动，犹如不得不吃饭、喝水、思维、说话。

当今劳动之所以是令人厌恶的，是因为劳动是过度的、累人的和强制的，是因为劳动消除了休闲，使人不可能享受人的生活；是因为每个人或几乎每个人都被迫把他的生产能力应用于最不适合他天赋才能的那种劳动。总而言之，是因为在这个以神学和国家法律原则为基础的社会里，把不劳动就能够生活看成荣誉和特权，把为生活而劳动的必要性看成堕落、惩罚和耻辱的特征。

在把体力劳动、脑力劳动和体脑并用的劳动看成是人们最大的光荣，看成是他们和人类活力的特征之日，社会就得救了；但只要不平等继续存在，只要不废除继承权，这一天就不会到来。

废除继承权**公正**吗？

废除继承权如果符合所有人的利益、符合人类的利益，怎么会不公正呢？

必须区分历史的、政治的、法律的公正与理性的或仅仅是人道的公正。前一种公正直至此刻在左右着世界，后一种公正将使我们获得解放。

现在让我们从人道的公正角度来考察继承权。

有人对我们说，一个人用他的劳动赚来几万、几十万、上百万法郎，而他却无权把这些钱作为遗产留个他的子女！这可能侵犯天赋权利，是极不公正的掠夺！

首先，事实已经千百次地证明，孤立的劳动者不可能生产大大超出他所消费的东西。我们看一个规规矩矩的工人，即不享受任何特权的工人未必能赚几万、几十万、上百万法郎！这对他来说简直是不可能的！因此，如果在当前的社会中有赚来如此巨大数额金钱的人，这绝不是通过他们的劳动，是凭借他们的特权，这就是说，由于有法律认可的不公正才赚来这么多钱。我们有权说，完全和不是通过自己劳动、必然是通过别人劳动得来的任何其他东西一样，所有这些收入都是有特权者得到国家同意、在国家保护下从集体劳动成果中盗窃的。

让我们继续下去。

受法律保护的窃贼死了。他通过遗嘱或未立遗嘱把他的土地或资本留给他的子女或亲属。有人说这是他个人自由和权利的必然结果；他的意愿应得到尊重。

但是一个死人是死的，除了他的子女、亲属或朋友对他恭敬的怀念（如果他值得怀念）产生的纯粹的感情存在之外，或者除了公众对他的感激（如果他对公众有些真正的帮助）存在之外，他完全不存在了，因此他不可能有自由，也没有权利，也没有个人意愿了。鬼魂不应该左右和压迫只属于活人的世界。

要使他死后继续有愿望和行动，必须有法律虚构或政治谎言，因为今后他自己不能行动，必须有一种权力，即国家，负责以他的名义替他行动，国家必须执行一个已不在人世、不可能有意愿的人的意愿。

国家的权力是什么，如果不是有损于所有人、有利于特权阶级的所有人组织起来的权力，它首先是劳动者的产品和集体力量。因此，一定是工人大众保证特权阶级的遗产转让，这是他们贫困和受奴役的主要根源吧？一定是他们亲手锻造捆住他们的镣铐吧？

我们得出结论。只需无产阶级宣布不想再拥护认可其奴隶地位的国家，就可以让唯一的政治和法律上的、因此与人权相悖的继承权自行消失。只需废除继承权就可以废除法律上的家庭和国家。

此外，所有的社会进步之前都相继废除了继承权。

人们首先废除神授继承权、特权或长期被看成是祝福或者是神的诅咒结果的传统处罚；

然后人们废除政治继承权，其后果是承认人民的最高权力，在法律面前公民都平等；

今天我们应该废除经济继承权，以便解放劳动者、解放人，以便在现在和过去的所有政治和神学的极不公正的废墟上开创公正的时代。

最后一个有待我们解决的问题，就是为废除继承权而采取的具体措施的问题。

废除继承权可以通过两个途径：或者通过**不断改革**的途径，或者通过**社会革命**。

废除继承权可以在幸运的、非常罕见的——且不说尚无前例的——国家通过**改革**进行，在这些国家，地主阶级和资本家、资产阶级分子从他们今天还没有的精神和智慧中受到启示，最终理解了社会革命的紧迫性，要当真地与劳动者阶级妥协。在这种情况下，只有在这种最新的情况下，和平改革的道路才是可行的。人们可以通过劳动者和资产阶级分子之间以和解的方式计划和确定的一系列接连不断的改革，在二三十年之内完全废除继承权，用集体劳动和集体所有制、综合教育取代当前的所有制、劳动和教育方式。

我们还不可能进一步确定这些改革的特点，因为这些特点必须适合各国的具体情况。但是在所有国家，目标总是同样的：在所有人都平等的情况下，确立集体劳动和集体所有制以及每个人的自由。

革命的方式当然比较短和比较简单。革命永远不是通过个人，也不是通过协会进行。革命是形势引起的。国际工人协会根本不是以进行革命为宗旨的，而一旦极不公正和特权阶级越来越明显的荒谬行为引起革命，它必须利用革命，根据其本身的见解组织革命。

在我们中间可能听说，在革命的第一天就干脆废除继承权，把继承权连同国家和司法权一起废除，以便在这所有邪恶事物的废墟上，超越所有政治和国家边界，建立起新的国际世界，即劳动、科学、自由和平等的世界，通过所有生产性协会的自由联合自下而上地组织起来。

委员会向大家提出下列决议：

鉴于继承权是世界上经济、社会和政治不平等的主要原因；

在平等之外，不可能有自由，也不可能有正义，对于无产阶级来说总是有压迫和剥削、奴役和贫困；对于人民劳动的剥削者来说，总是有财富和优势。

大会认识到完全彻底废除继承权的必要性。

废除继承权将根据实际情况，或通过改革途径，或通过革命实现。

布鲁塞尔支部的报告

社会主义者可以从两个角度考察废除继承权：第一，废除继承权本身作为消除贫困，一般来说作为纠正当前社会组织弊端的手段，或起码作为这个手段不可分割的一部分，就是说作为必须在新社会秩序中最终长久存在的事实；第二，作为在不引起特别突然的震动的情况下进行社会变革的简单手段，也就是说作为使今天一些人拥有的、应成为或工人协会的或大公司本身的集体财产，慢慢从一些个人手中转到社会手中的手段。

我们将从这两个角度依次考察这个问题。

一

当今人们相当普遍地承认，在上个世纪法国革命中出现了两大派别，其中之一是非常个人主义的，来自于百科全书派，主要以取消与生俱来的特权为目的；另一个基本上是共产主义的，来自于马布利和摩莱里，力求达到最完全的社会平等。后者未能实现其意图，前者却因其意图几乎全部实现而赢得荣誉，实现的结果是取消贵族称号、长子继承权、公职和君主政体本身的世袭权。君主政体一旦立宪化，与共和国的区别就只有王位的继承了。在这些与生俱来的特权中，唯一在席卷封建世界的革命风暴中依然站住脚的是，由于出身于这个父亲之家而不是出身于另一个父亲之家这个单一的事实，就能处于财富和安乐之中的特权，因为总而言之，按照博马舍的说法，**生来不易**。

因此，当本世纪初社会主义继续未尽的革命事业时，看到源自18世纪哲学、首先谋求解决血统特权的最后残余、反对财产继承转让的学派的出现，是符合思想逻辑的。

正在波拿巴主义倒行逆施之时，人们刚刚复辟中世纪君主制政权，粗鲁的前贵族为他们及其男性后代取得公爵或伯爵称号，这时就有一个武士的儿子、查理大帝的后裔又举起造反的旗帜，在旗帜上作为新一代集合的口号写着：向继承权开战。

这就是圣西门。人们知道，圣西门的学说尽管很不完整，但它是科学的、而不太大众化的社会主义的最初形式，在学者当中、而不是在群众当中吸收信徒，后来傅立叶主义成为其后继者，奥古斯特·孔德的社会主义是其最新、最近的形式。圣西门主义所追求的，不是条件的平等，相反地，基本上是分等级的，把人按能力分级，要使社会的不平等延续下去；圣西门主义之所以谋求解决继承问题，仅仅是因为希望财产由享有财产者积累，而不是由其祖先积累；在圣西门主义的社会里有阶级，就像在法伦斯泰尔①里有资本家一样，就像在奥古斯特·孔德的制度里有无产者和工业主一样。

但除了这些反对平均主义的社会主义之外，还流传着另一个大革命的流派。这个流派来自无产阶级内部，在法国以莫雷尔主义者、巴贝夫主义者、伊加利亚分子为代表，在英国以斯宾斯分子、欧文主义者为代表，其所要求的不是废除与生俱来的特权，而是废除所有特权，不管是哪种特权；其所追求的是真正的平等，如巴贝夫所说的**事实上的平等**。不言而喻的是，这种大众化的社会主义根本没有提出继承问题，或者更确切地说，对于它来说这个问题不存在。从财产集体所有制出发（在这个制度下，个人手中积累财产的做法不可能再存在了，或者甚至在巴贝夫的平等者共和国里，个人积累财富被禁止和受到法律严惩），显然，这个学派认为，根本谈不上一般意义上的与生俱来的特权，也谈不上特殊的继承权。

然而，今天在国际内部，科学社会主义和大众化的共产主义以翻新的形式，以**互助主义**和**集体主义**为名，抛掉它们原有的唯一和绝对的东西，倾向于相互拥抱，在新的社会观念、综合的观念中相互交融。这种综合观念是既寻求对个人的保障，又寻求对集体的保障，尽可能清楚地确定应该是个人的东西和应该是集体的东西之间的界线。因此，人们可

---

① 傅立叶设想建立的理想社会的基层组织。——编者注

以想想在这种新的观念中，这个令其他许多人担忧的著名的继承问题将会怎么样。人们可以想想，国际认为应如何解决这个问题。

我们倾向条件平等，因此出自伟大的共产主义派，但同时我们要求对个人的保障，我们认为可以把个人的那部分财产留给他，不会出问题，因此我们也出自圣西门派。对我们来说，这个继承权问题完全变得次要了，然而它并非不存在。在如同我们向往的社会那样的一个社会——在这个社会里，个人的土地所有权已经废除，因此个人土地所有权避免了继承转让；在这个社会里，机器和劳动工具变成使用机器的一些团体或工业联合体集体所有，不断地转入联合体的新成员手中，无论这些新成员是不是已故老成员的儿子；在这个社会里，通过废除资本利息和平等交换产品，每个人都以自己的劳动为生，决不依靠扣取他人劳动成果为生，个人不可能积攒大量财富；在这个社会里，作为可以通过继承转让的，个人手中只剩下日用的东西、个人消费或家庭用品，如食品、衣服、家具等，加上一些可能储蓄的零钱，这些钱不包括工业利息，不是在政治经济学里所谓的资本，总之，只能用来换取衣服、食品、家具等。在这个新经济关系的设想中，继承问题归结为：继承是公正还是不公正的，它是否有损社会利益或危害平等，这种个人财产可否在死后通过个人继承转让？

提出这个问题，就是解决这个问题。从公正的角度看，我们说，这笔财产的来源不是从他人劳动成果扣取的，而仅仅是个人因为消费少于其他人，如果是他心甘情愿，甚至放弃某些享受，可以从他自己的劳动产品中节省出来的，个人可以把这笔财产转让给他亲生的或收养的子女们，这就是公正的。从社会效用或利益的角度看，我们说，家父可以把他的财产转让给自己的子女，可以成为对劳动的激励，防止浪费。最后，从社会平等的角度看，我们说，这笔财产因为不能用来剥削他人，而仅仅是用来交换、开支、消费；另一方面，社会给每个人提供共同的综合教育，同时保证每个人的劳动工具，所以在这样的环境中，个人继承不会损害身心发育手段的平等。

这还不够。尽管已经给适用继承权的物品规定了范围，我们依然认为，还可以在使人能得到遗产的亲等关系方面进一步加以限制。在所有国家，法律都把这个权利限制在一定亲等的范围之内，在受拿破仑法典影响的国家限制在十二亲等范围之内。那么我们认为，没有理由宁愿把范围划到第十二亲等，也不限定在比较近得多的亲等之内。我们甚至认为，很可能把范围限定在第一亲等的旁系亲属。把积蓄留给从未见过也不了解的曾侄孙的想法不能成为促使人生产或保留其物品的动机，设想在临终时把额外福利留给妻子、子女、父亲、母亲、兄弟或姐妹的情况就不同了。（我们在这里插话，以便表示我们对立遗嘱的自由，即对立遗嘱者有权通过遗嘱把他的财产交给甚至与其根本没有亲属关系者持保留态度；我们持这种保留态度，是因为布鲁塞尔支部的成员对这个立遗嘱的自由问题的看法很不一致。）

个人遗产这样清除、去掉所有使其不公正的东西，受到本身及整个社会环境的限制，减少到它的最低限度，就仅仅是进步与美德的成分了。

因此，我们和我们父辈的共产主义者都认为，没有必要以这种方式组织所有制、劳动、流通、教育，以便由此导致平等。我们向巴塞尔代表大会提交的关于提到议事日程上的其他四个问题（关于土地所有制、关于工人协会、关于信贷、关于综合教育）的论文，其目的正好是研究这种平等组织的手段和条件。但并不是继承权造成不平等；至多是先有了不平等，人们可以把继承权看成是后果，这个后果当前正趋向使其所依赖的原因进一步加深。不平等起因于把人划分为有产者和无产者、资本家和工人；使这个划分停止，这才是问题的所在。然而，废除继承权靠它本身消灭不了不平等，圣西门主义对此很理解；而消灭阶级，社会平等，才使继承权的流弊消失。

二者必居其一：

要求废除继承权的社会主义者或者仅限于这种单一的改革；那么我们认为他们依然坚持区分资本家和工人，因此一些人过寄生生活，另一些人是赤贫。

或者他们另外还要求土地归集体所有，取消资本家的先行提留，使工人手中拥有劳动工具，并为所有人提供综合教育，那么我们就认为废除继承权起码是无意义的、多余的。

二

现在，废除继承权不再被看成是新社会秩序的原则，而被看做是把土地和劳动工具从地主和资本家手中慢慢转到劳动者手中的手段，我们有必要研究废除继承权的重要性如何。

如果能有希望看到资产阶级终于承认当前的社会组织从根本上就有缺陷，与无产阶级一致同意致力于解放无产阶级，那么，显然人们可以两厢情愿地与土地和劳动工具的拥有者商妥选择保证土地和劳动工具转到劳动者手中的方法，同时照顾到现在拥有者的利益。在这些方法中很自然地有这样一种相当简单的方法：

工人和资本家可能商定，资本家在他们一生中享有他们现在拥有的财富，这些财富归根结底仅仅是无产阶级劳动积累的结果，但当他们去世时这些财富要转给一致同意选出的代表组成的重新组织的国家，赋予这个国家的任务是把土地和劳动工具交给那些使其产生效果的人支配。

用这种方法，废除继承权就成了进行社会清算的手段了。

科兰学派认为，甚至不达到彻底废除继承权的地步，通过下列措施，即缩小直系子孙的继承权（但有立遗嘱权），任何没有直系继承人的无遗嘱遗产归集体所有，对遗嘱留下的遗产征收 25% 的税，等等，就足以在约四分之一世纪之后进行社会清算。

但是随着无产阶级组织起来，更公开地要求其权利，人们却看到特权阶级拒绝作出任何让步。几年前，人们曾说资产阶级对发生在其周围的风潮充耳不闻、视而不见；但是近来，工人运动通过罢工、协会、庞大的国际组织、集会和公开讨论、报纸、各种要求和抗议，以这些有重大影响的方式表现出来，使得资产阶级最终意识到工人阶级迈出了巨大的一步和一些到处都使无产者充满活力的革新思想。这种情况如果不是天天发生在眼皮底下，简直难以置信，资产阶级对这个伟大的群众运动、对勤劳庶民的强烈要求，只是以加倍的迫害和镇压进行回击……为什么我们说是迫害和镇压呢！这些战争机器已经满足不了我们工厂主的残忍需要了。他们模仿比利时政府残暴而古老的惯用伎俩，在各地把杀戮遭受迫害和压迫的工人提到日程上来。在瑟兰、弗拉默里、瓦尔赫伦岛、日内瓦、巴黎、圣艾蒂安、布吕恩，他们的警察大打出手，他们的军队枪杀**低贱的民众**。

有人或许说，资产阶级宁可自杀也不作出丝毫让步。资产阶级要进攻！那好，就让他们来吧。无产者已经对忍受贫困和凌辱感到厌倦了，他要求自己的那份福利和尊严；为了得到这一份，他要享有自己的全部劳动产品；他知道为此必须使地主和资本家失去对土地和资本的垄断；他想重新得到理应归他所有的，而特权阶级用大大损害工人利益和大大有利于他们自己的方法管理了如此之久的财产，他要求重新得到大自然赋予所有人的财产，如土地、矿产、森林、水，重新得到他自己的劳动所创造的财产，如工具、机器、车间。然而，资产阶级似乎不太准备进行和解，所以完全应该提起要求恢复原状的重大诉讼。

不要做看到完全或部分废除继承权的预言者，任何其他的和平办法也都是不可能的事。或许应该从中排除几个地方，美国和瑞士的几个州，那里因为劳动者有选举权，还有相当大的政治自由，有相当强大的工人组织，可以把废除继承权写入法律，或对其加以限制，以此作为过渡方法。但是除了这些例外，一切都使人认为，无产阶级相信其权利的力量、运用其力量的权利，将使用弗里德里希国王对付无忧无虑的磨坊主采用的重要手段：

"你知道我不付钱就能把它拿走。"

我们不说：这是我们想要的，而这是我们预见到的。因此，我们仅仅声明只是像天文学家预见日食、月食那样预见一切，我们看到的事实正如通过观察使我们所掌握的那样，应该是事物的必然结果，如果一些人认为这种声明是威胁，我们就说，如果无产阶级①坚决追求自己的解放，这不是我们的错误，不是我们国际工人协会开创了这个局面，而我们是这种局面的结果。

总之，为什么资产阶级可以有权哀叹；**这是你自找的，乔治·唐丹**②！而且，无产阶级这样做仅仅是模仿资产阶级本身的样子，当上个世纪资产阶级大革命与封建社会清算时，资产阶级仅限于没收贵族和僧侣的财产。无产阶级被逼到绝路，用以回应资产阶级抱怨的是他们民歌的副歌：

"该死的！你们抱怨什么。"

我们最后简短地说：作为永久的和最终的原则，废除继承权是无意义的；作为社会清算手段，也不太可能。

---

① 原文是"资产阶级"，似有误，在此按上下文译为"无产阶级"。——译者注。

② 莫里哀的三幕散文喜剧《乔治·唐丹》的台词。——译者注

9月11日上午的公开会议

在荣克的主持下，会议于9点30分开始。

布里斯梅宣布有一名新代表出席会议，他是利摩日鞋匠的代表布代公民。

议事日程要求讨论抵抗团体问题。

委员会报告人**潘迪**宣读报告。他首先要求允许宣读巴黎青铜器工人报告的结尾部分（见后面的报告），然后代表委员会宣读下面的报告：

在我们看来，这样提出的问题有两个不同的方面，即：

应以什么方式建立抵抗团体，以便为将来做准备和在尽可能的范围内使现在有保证；另一方面，我们对将来劳动组织的想法如何为我们现在建立抵抗团体起到很好的作用；问题的这两个方面互为补充、相互加强。

然而，我们设想两种工人当中的组合方式：首先，使同一地方的工人可以保持经常性联系的地方组合，然后是不同地点——矿区、区域，等等——之间的组合。这是第一种方式。

这种组合适应并将顺利地取代当前社会的政治关系：这种组合是迄今国际工人协会采用的方式。

对抵抗团体来说，这种情况促成用现金贷款互相帮助、组织会议讨论社会问题、共同采取有关集体利益措施的地方抵抗团体的联合。

但是随着工业的扩大，另一种组合方式与第一种方式同时成为必不可少的了。

在所有国家，工人们觉得他们的利益是相互关联的，而有人使他们相互倾轧。另一方面，未来要求有一个走出城市壁垒的、不再有国界的组织来确定全世界的广泛分工。从这两个角度看，一些抵抗团体应该在国际上组织起来：每个手工业行会必须在国内并且与其他国家保持通信往来和信息交流，必须尽力在没有抵抗团体的地方建立新的分支机构，必须与其工作的同行协商以便共同行动，必须在可能之时，甚至像英国人已经实行的那样，最终做到反抗基金之间团结一致。这种组合方式变成分散的因素，因为不是在每个国家都建立一个各种工业的共同中心，而是每种工业都是以它最发达的地方作为中心；例如在法国，煤矿工人以圣艾蒂安为中心联合起来，丝绸工人则以里昂为中心联合起来，就像在巴黎的奢侈品工业那样。

一旦进行了这两种组合，现在和将来工人们就组织起来，同时以在同一行业统一缩短劳动时间、公平地进行劳动分工、消灭劳动力之间的竞争等方法来取消雇佣劳动。这种方法，如同在各行各业限制作为自由合理的统计结果的学徒工人数那样，能把工人分配在所有行业里，防止在一个行业里人浮于事，而在另一个行业里人手奇缺，使劳动的权利落到实处。

按城市和国家的各个行业公会的建立的组合产生了另一个优越性：每个行业轮流罢工，由于得到其他行业的支持，坚持斗争一直到最终达到共同的水平，调整工资为同工同酬做准备。

此外，这种组合方式形成未来的公社，就像另一种组合方式形成未来的工人代表制一样。组合由联合在一起的手工业行会委员会和他们各自的代表组成的委员会代替，调节将取代政治性的劳动关系。

最后，既然按城市和国家建立的组合已经部分存在，我们提出如下决议：

大会主张所有工人都积极努力在各个行业团体中建立反抗基金。

随着这些反抗基金的形成，大会要求各支部、联合会和中央委员会向同一行业公会的各个协会提出这方面的意见，以便促使形成全国各种行业团体的联合会。

这些联合会负责汇总所有与其各自行业有关的情况，指导将共同采取的措施，使罢工正规化，积极努力使罢工获得成功，直到雇佣劳动被自由生产者的联合取代而代之。

大会要求总委员会在需要时担任各国抵抗团体联合的居间联系工作。

李卜克内西开头进行讨论。他指出，必须有一个双重组织。第一，一个国家的所有协会之间都应在国内组织起来；第二，各个国家的组织都应在国际上联合起来。德国资本家最近从瑞典进口货物了。如果瑞典的工会之间联合起来，与外国的工会联合起来，这类事就不会发生。应该在每个国家都有一个执行中心，一个负责保持各地之间关系的总委员会；这是国际总委员会的任务。在英国，抵抗团体已经存在一个多世纪了；在那里，组织差不多是完整的。在德国，人们开始按照英国和美国使用的方式组织起来，法国也不落后。

舍马莱说他只提出一点意见——资本集中了，那么劳动同样应该集中。他不想讨论抵抗团体的作用，只是支持委员会的决议；他不认为抵抗团体仅仅对帮助解决罢工和工资问题有益，而对其他事情无益；他认为这些组织在社会民主的国家中必将消失。

卡波鲁索说，这是在国际的代表大会上第一次让人听到意大利工人的声音，然而，没有一个地方像那不勒斯那样非常有必要组织抵抗团体，贸易自由对那不勒斯贫穷的工人阶级没有任何益处。相反，只能迫使他们过缺吃少穿的苦日子。整个意大利南部都专门从事农业，自由贸易致使大规模出口生活必需品和进口加工产品，而那不勒斯的工人大众饿得要死。可以说近几年生活必需品价格翻了一番，而工资依然未变：最熟练的工人每天只能挣两三法郎。那不勒斯的人口增加到60万人左右，分类如下：无业游民或贫民15万，业主和投机商10万，零售商和高利贷者15万，加上老实正派的工人20万。这些工人必须养活所有人，如果有某种必须做的活儿，每天要工作 15 小时。此外，房租非常贵，住房非常少，绝大多数人不得不住在周边的地方，以至于算上他们从家去上班和下班回家的时间，在他们悲惨生活的每天 24 小时中有十八九个小时得不到休息。大资本家们长期以来互相串通一气，而工人们只是最近才进行一些尝试，以便彼此商量捍卫他们的权利。在国家机关里，他们受到罪犯一样的待遇；工头和监工都是最粗暴对待他们的宪兵，他们不抱任何希望看到资产阶会关心扭转工人的不满。共和国即使明天就宣布告成立，也丝毫改变不了他们的悲惨处境，仅仅是更换压迫者而已。至于依靠罢工，可能根本谈不上。工人不可能进行任何储蓄，因此甚至一天都不能放下工作。如果国际协会有能力来帮助工人，任何地方都没有在那不勒斯的需要那么紧迫。

巴枯宁注意到描绘的这种情况是最凄惨的。他太了解作这种描述的人，以致不能怀疑他说的话。他认为欧洲工人应该做些事来帮助那不勒斯人，以便那不勒斯人获准减少劳动时间，提高他们的劳动报酬。

安斯：舍马莱公民没有理解提出这个问题的主导思想。是的，在取消雇佣劳动后，抵抗团体将继续存在，不仅有名，而且有实：到时候它们将成为劳动组织。到时候它们将在全世界进行广泛的分工，解决自由贸易。它们将取代旧的政治制度：人们将有一个取代混杂不一的代表制的工人代表制。

这同时是分散的因素，因为各个中心将随着工业而有所不同，可以说这些工业都各自单独形成一个"国家"，将永远阻止回到集权制国家的老形式：这对地方关系来说并不妨碍其他的政府形式。

正如人们所看到的那样，之所以有人指责我们对任何政府形式都不感兴趣，不是因为我们不在乎有一个什么样的政府，而是因为我们以同样的理由厌恶所有的政府，是因为我们认为，只有在这些政府的废墟上才能建立起符合公正原则的社会。

弗拉奥说他说话不多，因为在他看来大家都同意大会把要求恢复我们社会权利的具体方法教给我们。他要求人们立即着手组织抵抗团体，这些抵抗团体必然会形成保护工人的堡垒。

　　杜朗高兴地看到大家都同意立刻组织抵抗团体；他说，必须把抵抗团体组织起来，要使其永远获得成功。他谈到迄今已建成的合作社，他把这些合作社看成是无产阶级的官员队伍。他要求把这些合作社组织起来，把合作社看成抵抗团体的附属组织。从团结的角度看，合作社永远不应与抵抗团体分开。合作社必须得到同业公会的信任，经常一起发挥作用，但是二者的行政管理应该分开。

　　他希望同一行业的所有工人工会都有经常的国内和国际联系。如果这个组织长期以来一直存在，人们就看不到与被称为巴黎制品的巴黎工业所遭遇的那种不堪设想的后果。

　　他在介绍这种工业从自由贸易以来所承受的困难之后说，如果建立了世界工人联合会，这些困难就被克服了，因为其他国家的工人或许阻止了资本家借助他们来对抗他们巴黎兄弟的利益。他最后说，抵抗团体必然在要求收回政治权利方面起作用；世界各行业的联合会将提出这个问题的解决办法。

　　托伦就委员会的报告提出两点意见：第一，关于限制学徒工人数，他说不可能只用统计的办法规定学徒工人数，希望这句话不出现在报告里。在真正的贸易组织中，供求显示出工业需要的学徒工人数。

　　他补充说，安斯没有听明白舍马莱所说的话，或者是他本人没有领会安斯讲话的意思。因为，明显的是，当经济公正建立之时，"反抗"就不再有理由存在了。

　　他建议抵抗团体的组织避免任何集权化的迹象。我赞成联合，他说，但是在我看来应该停留在地方联合上。否则就有联合将变成绝对集权化的危险。当然，同业公会可以互相联合，但是必须考虑到各个地方的不同习惯和劳动方式。因此，遇到一些能在某一地方的条件下工作，而不能在比较偏远地区的条件下工作的锁匠或瓦工行业公会就不足为怪了。应该尽一切可能避免在同一行业内产生经济上的例外。

巴黎的木工代表**弗吕内奥**概述了抵抗团体的各种做法，简单讲述了他那个行业的发展史，叙述了木工在 1811 年图卢兹罢工中反抗的失败，在这次罢工中，当时的政府查封了罢工者的金库，此举使他们陷入最深重的苦难。然后转到木工当前的组织问题，他解释说，他们都组织起来了，以便借助各个地方之间建立的联系使他们的罢工获得成功，无论这些罢工的重要性如何。

他最后提议大会建议所有工人工会都建立各种同业公会的地方联合会，避免任何一种以集权领导公众力量为目的的联盟，因为他特别担心的是建立一个国家，他不再想要国家了，几年的经验使他知道了建立国家的后果如何。

赫斯要求结束讨论。

塔尔塔雷反对说，不是用几个小时就能弄清楚大会最重要的问题，他要求继续讨论。

布里斯梅也发言反对结束讨论，说他受委托建议大会专门研究这个问题。他说在讨论所有制问题时，他曾几次要求发言，但是始终没有得到发言机会，他确实认为同事们在这种情况下会给他说出自己想法的权利，否则，就和他在布鲁塞尔代表大会上完全一样。

舍马莱要求把有待讨论的问题推迟到下一次大会讨论，继续议事日程。

德雷尔认为最好是明天再开一次会，以便结束对总委员会建议的研究的讨论。

弗洛凯反对说，许多同事都因工作原因准备走了，非常紧迫的是今天结束代表大会的所有会议。

大会要求点名，结果是 10 人缺席，其中 1 人生病。
12 点散会。

9月11日下午的公开会议

会议于 2 点开始。

缪拉只介绍他看到的一种情况，就是关于发生在比利时煤矿的事。在那里，早晨让孩子和大人一起下矿井，把他们扣留在矿井里，一直到大人晚上再上来时为止。这是剥削孩子，他呼吁抵抗团体关注此事。

塔尔塔雷说在巴黎有人指责跟着英国工会跑，要把在英国某些工会内所采取的暴力引入法国。还有人指责他要复活中世纪的行业公会。他只要自由的、能自我保护的人们联合。

布里斯梅说，世界上所有的抵抗团体都不能把工人阶级从资本家的统治中解救出来，只有改变所有制，把劳动工具交到劳动者手中，才能达到所希望的结果。至于罢工，布鲁塞尔支部尽一切努力做到使罢工正规化。有一个由所属每个工会的 3 名代表组成的联合委员会，其任务是审核提出的罢工是否可行。

各抵抗团体将来的工作是，扩展工人们的工业基本知识，培养有能力的管理人员，使他们有一天能自己管理自己。

格罗伊利希认为，大会不必为将来制订一些理论，而应该关注当前的实际情况。人们不可能预见机械技术的发展和科学发现。他不相信抵抗团体必然会革新社会状态。妇女的劳动问题容易解决：现代工业使妇女走进车间，妨碍了她照管家务。最有必要做的事就是仿效美国的历次大会①，决定受雇于国家的车间里的妇女领取的报酬和男人一样。美国

---

① 指美国全国劳工同盟的几次代表大会，下同。——编者注

劳工代表大会确认了这个决议，意在使私营工业部门采纳这个决议。抵抗团体应负责这件事，而不应阻止妇女工作。他反对限制学徒工人数。至于巴黎抵抗团体的经费，在拿不准其经费是否安全的情况下，应该把它寄到国外，如寄到英国银行。一些国家采用了这个方法，既然这个方法好，抵抗团体就应效仿它。

格罗斯兰说没有经验的工会总是在认真组织和有基金支持之前就准备开始罢工。这种方法在瑞士已经过时，他希望已做过的试验将是有益的。各工会绝不能接受老板提供的救济金的捐助，因为接受这样的捐助工会就失去了独立性。在妇女参加工作方面，他同意前一个发言人的看法。

列斯纳认为，抵抗团体的问题已经由布鲁塞尔代表大会解决了。抵抗团体绝不是当前运动的目的，仅仅是达到目的的手段，因为目的是取消雇佣劳动。

阿普尔加思：为了具体地进行讨论，提出如下决议：

1. 在当今竞争的时代，工业家们不仅铤而走险地创办有风险的企业和进行失去理智的金融投机，以便能以比他们的竞争者小的数额去投标，而且在许多情况下鼓动一国的工人反对另一国的工人，使抵抗团体成为每个国家为了有效地保护工人绝对不可缺少的组织，使各国抵抗团体之间的联合成为一个生存的条件。

2. 因为全世界工人的利益都一致，所以代表几乎所有国家利益的大会建议尚未组成抵抗团体的协会在所有国家，在每个工业部门，不管它是由男人还是由女人经营的，立即建立抵抗团体。

3. 大会郑重地敦促各国的工会组成联合会，每月互相传送报告，其内容包括有关他们国家的工资、工作时间以及给工人提出的一般条件等信息。

4. 为了帮助建立抵抗团体，需要国际协会各个支部予以协助，总委员会将通过提供必要的有关资料和翻译需要传递的信息予以帮助。

5. 大会提请各抵抗团体注意通过仲裁解决劳动争端的重要性，情况一旦允许，就采用抵抗团体生产和经费使用的合作制。

6. 虽然目前的竞争制度必将被生产合作取代，但从过去的经验来看，显然，只要现在的竞争持续盛行，只要这种组织毋庸置疑是提倡知识、秩序和纪律精神的最好方式，即为确保生产合作成功必不可少的条件，抵抗团体就是工人为了受到保护曾经求助的和必将求助的首要的和最好的组织形式。

7. 大会建议各抵抗团体把要求国家实行世俗的义务教育制度列入它们未来的计划，这种教育制度应先于任何重大的社会的或政治的改革，它保证这些改革将是经常性的和有益的。

阿普尔加思认为没必要讨论抵抗团体的必要性，既然它们仅仅由于是必不可少的组织才存在。他有几年的经验，依他的看法，只要工人和资本家的关系停留在现在这样，在这期间内工会将是必不可少的。下一代人应该受教育，以便能在比较高级的社会组织中生活。如果我们想为了生产合作而对工人进行教育，对他来说，抵抗团体的必要性就使人感觉不到了。

发言人说，他的看法的基础是曾经在英国抵抗团体当中进行的积极活动。他不考察在起点上的，而是考察扩展到国际上的抵抗团体，考察它们如何从最初的形式达到最好的组织形式。他还说，应该利用它们的影响传播教育。

在这个发言之后，讨论结束，委员会的建议（见前面潘迪宣读的报告）获得一致通过。

应主席的要求，美国代表**卡梅伦**向大会成员发表如下讲话：

主席先生和第四次国际代表大会的成员先生们：

我向大家保证，我的确非常高兴能以我个人的名义并代表美国工人向大家表示，我们非常同情你们已经着手从事的崇高任务，即提高全球千万工人的地位，使工人们获得解放，迎接这样一个幸福的时代：

普天下的人，感到每个人都是兄弟；

毁剑铸犁；各种形式的暴政和压迫都将被根除和消灭，勤劳智慧的耕作者将从事由造物主指定给他的工作，这种工作使他可以得到他的劳动报酬。我今天跻身于各位代表朋友中间就是一个明显的证明，你们新大陆的朋友们认识到全世界的工人子弟之间有共同的利益，他们希望紧密团结在一起，在写着"真理、正义、平等"的旗帜下走向必定的胜利的时代即将来到。

我们协会的工人们避免参与任何迄今居于首位的政治问题，认为在我们那里和其他地方工人的利益都应由工人代表。在当前的社会情况下，只要我们的法律是由其利益与我们的利益对立的人们制定，他们这些利己主义者就力图使这种对立永存，希望得到那些已经造成我们所抱怨的痛苦的人们的补偿是无益的，比无益还糟糕，除非使用我们很早就知道的顺势疗法。我这是随口说。有的人想离开欧洲大陆人口非常稠密的地方，在大海彼岸寻找这样一个"家"：

在那里，人就是人，如果他想劳动；
在那里，最贫穷的人可以享用他的劳动成果。

对这些人，我可以发出热情的邀请，向他们保证，他们将是受欢迎的人。

对所有这些人我要说："你们将找到准备为你们引路的朋友和兄弟"。我们所要求的一切就是，你们作为朋友来，准备把你们的力量和我们的力量联合起来，支持我们要求的权利，拒绝充当以为你们的利益服务这个虚假的借口，其目的就是诽谤和凌辱你们最好的朋友美国抵抗团体会员的那些人手中的工具。建立一个受美国工人协会和国际工人协会双重监督的移民局，依照鄙见，将产生更加圆满的结果，因为转达的情况完全值得信任。我敢保证，你们方面提出的任何涉及这个问题的建议都将受到我们执行委员会由衷的欢迎。我觉得我要结束讲话不能不提及我们的领导者西尔维斯的过早谢世，他是一个赢得世界声誉的人，他的名字大家都熟悉，已经与当前有利于工人改革的运动分不开了。他具有不可遏制的精力，十分刚毅，有活动能力，是所有领导人当中最适于在新大陆组织和加强工人力量的领导人。在他的名望如日中天之时，正当他还有整个一生献给他已经着手执行的任务之时，当他开始收获他的努力成果之时，他的逝世可以说是不可弥补的损失。尽管如此，我们希望将接替他的其他人当之无愧，他的去世将促使他的接班人们在行动中更加团结、更加坚决。最后，朋友们，请允许我再次感谢你们对我诚挚和热情的接待，我一定把这个情况告诉我所代表的人们。先生们，让我的来访成为一个制度的开端，这个制度就是看到两个大陆的代表们聚集在我们一年一度的大会上，这是我们可以期待着取得最圆满成果的会议。这就是我希望你们仿效我们，派代表参加我们将于1870年8月召开的辛辛那提代表大会①的动机。在那里我们将能够和你们款待我们一样款待你们，真诚地欢迎你们的代表。再一次请接受我和委托我的那些人对你们的祝愿，祝你们继续取得成功和兴旺发达。

这个讲话被译成法文和德文，赢得了完全和欢迎卡梅伦进入大会会场时同样热烈的掌声。

主席在致答词时说了一些得体的话，表示希望欧洲的代表明年能去参加辛辛那提大会，对卡梅伦肯定地说，欧洲的工人们，特别是国际协会的会员们对西尔维斯的逝世深感悲痛，因为在这个半球所有可能严重影响工人阶级利益的事必然影响到另一个半球，因为在这个半球取得的

---

① 美国全国劳工同盟第五次代表大会。——编者注

进步必然在一定程度上激励另一个半球的人们去努力。

中断几分钟之后,主席要求大会注意,他说:

代表朋友们:

你们当中有几个人向我要求发言致闭幕词,但是因为大家不可能把这几个人的发言都听完,为了不引起猜忌,我决定我自己致闭幕词。

三年前,我们在日内瓦召开第一次代表大会时,有人把我们看成是失去理智的人。报刊一心想嘲笑我们,在我们陈述我们在伦敦表示赞同并被大会批准的原则之时,我们的朋友自己都感到怀疑。今天,尽管并非总是非常客气,人们毫不迟疑地讨论我们的这些原则了,但有一个事实依然明显,这就是我们成了一个强有力的组织。我确信,我们的成就出乎我们的意料。不管发生什么事,我们都非常坚强,不会饿昏,我们的生命可以对抗政府的迫害。我们已经克服了第一个障碍,站在坚实的基础上支持我们的协会。我们前面的道路已经开通,让我们手挽手走完这条路,我怀着肯定获得成功的信念宣布第四次国际工人代表大会的公开讨论结束。

代表们报以长时间的热烈鼓掌,其中夹杂着"民主社会共和国万岁"的口号。

互助信贷及互助会

论抵抗团体(工会)对工人解放的影响

巴黎青铜工人

工人的所谓抵抗团体,产生于工人反抗资本家压迫的斗争。这些抵抗团体之间建立的团结互助关系保证它们得到精神力量,它们的活动逐渐发展,因此已经使人预感到它们在解放事业中所起作用的重要性,因此在我们看来，当务之急是肯定它们存在的理由，清楚而明确地确定它们有待完成的，甚至在经济学家当中表现出最支持我们解放的那些人似乎还都不了解或看不清楚的任务。

首先请允许我们提醒，对抵抗团体当初使用的罢工方法提出的批评没有任何公正的基础。当有人责怪它们引起产品涨价，因而使涨工资成为虚假的时候，不难看到，投机强加给产品的连续涨价危及到我们的生活来源，罢工往往只是有助于恢复生活来源中的平衡，因此，罢工绝不是产品涨价的原因，而是其后果。

人们还必须承认，由于工会的影响，已经取得了重大成果，因为只有通过工会的发展才在工人当中——不分行业、国家——传播这种大大有助于我们赢得权利的团结精神。此外，通过减少派给生产者的任务来缩短工作时间，可以使他把更多的一些的时间用于学习或家庭生活，而工资马马虎虎达到与消费开支的平衡。

另一方面，工人由于有集体的支持，已经意识到他的尊严，他知道在许多场合不让雇主损害自己的尊严；过去人们把专断的规章制度强加给他，致使他不能以他的家庭需要为由为自己的行为进行辩护，自从公共资源使他能抵制这些专断的规章制度以来，他对自己做出的行为负有更大一部分责任。不履行社会义务的工人今后要考虑到因为他给合伙人造成损害而受到他们的指责。以家庭来说事甚至反过来损及他自己，因为他舍弃自己对维护其子女赖以生活的劳动价值的保证，影响他们的前途，留给他们的任务是恢复由于他不光明正大的行为而受到影响的名誉。

工人联合会已取得的和我们应该期待其取得的成果使我们有权肯定，工人的事业与工人协会的命运紧密相连，因此我们把每个人在力所能及的范围内为普及运动作出贡献看成是他的一项义务。各方面作出的努力已经使我们看出，共同谅解的思想在各个团体之间日益传播。

但是为了使这种谅解奏效，能有助于将来确定社会组织，必须本着最符合真正进步的精神寻求达到目的的条件，我们认为只有通过联合才能达到这一目的，只有通过联合的行动才最终免受那种控制我们的、把我们最宝贵的利益和我们最神圣的权利交给某些人的集权制的影响。

巴黎的一些工会本着这种精神，研究了我们提交大会评议的联合方案。

这个方案的内容如下：

工会联合会

鉴于各工会要达到的目的主要是通过改革产品分配方式，组织贸易和建立信贷来用公平取代专断；

鉴于这些改革只有在所有当事者的协助下才能实现；

鉴于在社会关系中平等原则迄今仍然是一纸空文；

鉴于面临资本所有者之间为抵消工人们的努力而达成的谅解，工人们必须组织起来；

鉴于工人们为使他们的联合会取得成果，必须努力消除所有仅仅有助于使其保持在绝对从属状态的集权形式，在他们中间建立以对等服务为基础的关系，同时根据公正的规则来保证每个会员都享有自由权利并对其行动负责。

根据这些理由，署名人建议工会采纳如下条款：

第一条　赞同本章程的各个工人协会（抵抗团体、工会，等等）之间签订联合公约。

第二条　本公约的宗旨是寻求和实施所有行业的工人都承认是使他们成为所有工具的所有者和有信用、能摆脱雇主的仲裁和资本家约束的正确方法；

为了确定各种工业产品的价值以便进行产品交换；

为了作为信息，使人了解根据各个专业平衡状况统计的每个专业可造就出的学徒或学生的人数；

总之，为了研究所有与工人有关的问题。

第三条　联合会还有一个目的是，在罢工的情况下，一些需要借贷的协会负责借款，以保证参加本会的每个协会都得到其他团体的道义和物质支持。

第四条　各个协会在其行政管理及经费管理方面保持完全独立。

第五条　签约的各个协会都在联合委员会有与其会员人数成比例的数名代表。

第六条　联合理事会将作出关于各协会向联合会提出贷款申请及贷款金额的规定；立即把委员会通过的决议以及在考虑提出的申请时各个团体按其实际会员数比例应分担的款额通知各会员协会的委员。

此外，联合委员会向所有组成协会的行业提供必要的信息。

第七条　签约的各协会在各协会派出的代表多数票同意后才承担义务，必须将多数同意的情况在理事会最近将召开的会议告知理事会。

在理事会宣布批准后，如果某些协会拒绝分担向其要求的部分或全部借款数额，应告知委员会其拒绝的理由。

第八条　在罢工结束时，理事会提出报告，内容包括罢工经过、每家协会借贷的情况，对每家协会要求的借贷数额情况以及每家协会提出的意见。这个报告将发给所有会员协会。

第九条　委员会通常每月在巴黎……大街的联合会所在地召开两次会议，特别会议由专门负责接受贷款申请和有关联合会信息的书记召开。

第十条　联合委员会只能在多数会员协会有代表出席会议的情况下才能进行磋商；否则立即发出新的召集通知，重新召集的下一次会议无论出席代表的人数多少都进行磋商。

第十一条　借款的协会每偿还一笔贷款，都要按提供的贷款数额比例分配给提供贷款的协会；亏空根据同样的比例由各协会分担。

第十二条　任何不再作为联合会会员的协会保留其借出款额的权利；这些款额将按前一条确定的条件偿还。

第十三条　委员会每个季度将一份关于第二条指出的社会问题的计划提交所有会员协会讨论，把各组提出的意见总结在一份报告里。

第十四条　联合会的日常费用在各协会之间按各协会会员人数比例分摊。

第十五条　本章程的任何变动、增删内容都将提到议事日程上，讨论这项议事日程的会议将由会员协会三分之二的代表组成，决定只能在上述会员的三分之二以上通过后才有效。

第十六条　联合委员会与塞纳省之外的表示赞同联合原则的任何协会或由协会组成的团体建立关系，把本委员会的决定和一份关于会员精神和物质状况的报告发给该团体，以这些团体的相互承诺为条件，协助其在罢工的情况下得到集体的支持。

当然，在各个联合会中心作出的决定绝不约束其他团体的决定。

1869年3月3日于巴黎。

机械工　　古斯塔夫·德鲁雄

细纹印刷工　索利沃

雕刻工　　阿尔伯·泰斯

尽管法国政府阻止讨论这个方案，我们深信，政府是徒劳的，联合不久将变成既成事实，因此，即使我们提出的方法不完善，我们也希望大会把这些方法当做在争取工人有生力量方面取得的工作成果认真加以讨论。

　　起草人在拟定本章程时曾经考虑到每个协会在公约范围内应得到支持的条件，同时尽量保证每个签约团体的独立自主；但是现在我们被迫互相帮助以便通过罢工来捍卫我们的利益和尊严，除此之外，他们曾想指出工人协会为自己规定的目标。

　　事实上，我们不能相信，我们每个人都承认当前的制度是今后唯一可实行的制度，只考虑有一些不力的措施以防止他所忍受的弊端，只考虑得到一贯不够充分的加薪。每天多赚点儿钱，不管将来和过去一样支配受雇劳动者的雇主如何，这样我们就承认人与人之间条件的不平等是公正的，因此这不可能是我们的理想。

　　我们这些社会生活贫苦的人应该寻找贫苦的原因，这才是联合会要做的事。联合会通过发起讨论，使我们可以利用过去留给我们的教训，给我们提供有关我们前人为不受雇主指挥而进行尝试的宝贵资料，联合会绝不强加任何预想的制度，而是让有关的人去判断各种制度，联合会指出目标，让每个人选择适合实现目标的手段。

　　尽管如此，大部分工人团体付出很大代价获得的经验使我们相信，从现在起，不管个人的努力多么值得鼓励，单独的储蓄只能满足原料和设备不太昂贵的行业，在很多情况下对保证劳动者的彻底解放无能为力。

　　然而，这样的事实不可能使我们停止提出要求；而且我们深信，只要把保证我们独立自主所必需的工具占为己有，我们就可以收回我们的那份财产。我们不能放弃我们看成是一种权利的东西，为了符合公正的法律，我们要求通过分享利润还清设备的价值。

　　我们并非不知道这个问题已经激起许多批评，但是，为了回应这些批评，我们只需证实人们由于把只作为摊还的方式提出来的东西看成是最终结果而误解成目标。而我们则确信个人储蓄的不足，我们要问我们的反对者，他们将采用什么办法偿还设备的价值，实行平等交换，这种平等交换只有在工人使自己成为其产品的所有者的情况下才可适用于他们。

另一方面，有人将可能用这样的话来反对我们：设备所有者冒了制造设备的风险，因为进行收购没有使他得到任何东西，只是侵蚀他的利益，所以他拒不同意这种手段。然而我们难道不是比其他所有人更与直至危及我们生活权利的商业危机休戚相关吗？谁敢把金钱所冒的那部分风险与我们矿工如此经常遭受的灾难相比呢？此外，我们把整个利益都放弃给了设备的所有者而损害了设备的使用者，我们早就付清了我们这份所谓的责任债务，为了争取使我们的权益得到承认，我们会在需要时拒绝工作，使只有靠我们的帮助才有价值的设备不能生产。

因此，有人决定让工人享受自己的劳动成果，那么他们愿意承认工人获得自己那份设备的权利吗？如果他们同意，我们就只好耐着性子，还要还清我们对过去欠下的债；如果他们拒绝我们，我们只有通过罢工为使我们的要求获得胜利而斗争了。

我们公开地说，今后任何不以自己分享利益和收购设备为目的的大规模斗争都将一无所获。当消费品日益昂贵使我们疲惫不堪，我们认为应该要求增加工资时，会发生什么情况呢？发生的情况是，就在胜利的第二天，他们就试图收回我们的既得利益，按照他们同意增加的工资比例提高利润，只要我们让人使我们的产品价值高于其成本价格，事情就将永远如此，这些盈余将仅仅是一些中介人的利润，他们获得的酬劳大大超出他们提供的服务。

我们需要的就是得到只给设备所有者保留的增值，就是保证每个人都有手段消费他所生产的东西的真实价值。

而为了准备这些改革，必须从现在起，工人协会就寻求各种手段，以避免任何有助于为一些人提供过多的福利，而其他人缺吃少穿的投机。有的工人协会把我们的资金提供给金融家用来剥削我们，工人协会必须脱离这些金融家，因此我们认为应该强调工人协会建立联合银行的紧迫性。

因此，在要求我们的权利时，抵抗团体已经确定在工人当中实行团结互助原则，各个协会应起的作用还有，通过回购设备取消雇主的地位和权利，通过组织信贷和交换来实现解放；通过以每个人、每个团体、每种工业的联合取代现状使我们看到的利益冲突来改变社会秩序。

反抗基金

库特拉里支部1870年8月29日召开全体大会通过的报告

国际工人联合会已经发展到这样的程度，它必须在研究将来社会的基础应该是什么样的同时，实际解决在前几次大会上已经探讨过的若干问题。

在当前情况下，鉴于罢工次数日益增加，问题当然是最适合于近期实际解决而又极其重要的问题。政治经济学家完全应该乐意写长篇大论的著作向工人表明他们对确定工资无能为力，是供需起决定作用；我们的责任是研究罢工的方法，对罢工的非难毫无用处，因为罢工已经成为越来越普遍的现象，以至于它总是以有利于工人而告终。只要有资本家和雇佣劳动者，就有劳资之间的斗争，因为拥有资本者渴望积累，力图尽可能地压榨工人，而工人则尽其所能利用一切机会迫使资本家接受其条件，但是因为垄断资本当前是权势极大的老爷，是它对整个市场发号施令，以至于成为商品的劳动只能出卖给出价最高的人。

这种情况是永久的吗？

我们认为不是，因为劳动是一切财富的本源，也应该是一切幸福的条件，必须有一次深刻的、唯独代表劳动者利益的阶级才能进行的革命。为了使无产阶级不至于陷入使他们不能进行社会革命的贫困和恶化的状态，一个大众的、世界性的工人组织不仅是完全彻底地要求工人的权利所绝对必需的，而且是在当前情况下成功地反抗资本家独有的统治所绝对必需的。

组织工人抵制资本家无理要求的必要性早已经被工业最发达的国家的工人感觉到了，建立行业协会基金会符合这种为进行反抗而集中和组合工人力量的需要，用工人—抵抗团体会员的强大力量对抗老板—资本家的图谋，也就是说集体反抗单一的统治，这大概是有利于工人抵消资本家力量的手段。抵抗团体不仅有唯一的手段使工人在确定劳动力价格方面可以有决定权，而且有其显示出的很大优势，这就是抵抗团体准备把无产阶级全都组织起来，使工人习惯于识别他们的利益，实行团结互助，为所有人的利益共同行动；总而言之，反抗团体是未来社会组织的基础，因为工人协会只需要领导工农业企业，而集体通过社会清算的手段成为设备、土地、矿山等的所有者，把这些都转让给工人协会。

不过我们还是脚踏现在的实地吧。

当工人强大的反抗力量组织起来之时，资本家凭借为其利益运转的经济机构，通过大企业与金融公司合伙，使自己控制着一大部分工业和所有越来越方便的流通手段，因此资本家和工人之间的斗争呈现了新的形势：孤立的协会再也不能有效地同大资本家进行斗争了，资方可以随时让外国工人来替代罢工的本国工人。因此，为了现在的斗争，而且这也是全体解放的唯一可能的条件，所有工人协会联合起来成为绝对的必要。

国际工人协会的建立完全是这种新需要的结果，现在应该借助有实效的机构使自己能够实现无产阶级的某些希望和增加行动的力量。在国际上组织反抗，这是我们国际协会的一项职责：与工人协会的国际联合相符的必然就是反抗基金会的国际联合。

由于在工人之间越来越实行的国际团结互助，我们已经可以在一定程度上弥补由于没有一个反抗基金总会而造成的不便，但是，我们深信一个正规的组织使我们可以更有效地支持罢工，否则甚至使罢工成为不可能。在爆发罢工的情况下，有关的协会在几乎耗尽其经费之时求助于进行募捐的协会；捐款来得慢，往往在斗争结束后才到位；几次募捐时间都很短，会员们泄气了，募捐的所得微乎其微，罢工由于没有得到支持而失败。如果我们不是这样，而是建立一个或几个中心基金会，可以支配来自所有加入中心基金会的协会交纳的会费的这笔资金，此外还有所有国际会员的额外的、半年的或一季度的会费（用这代替募捐可能有好处），这样我们可能有一大笔可以随时支配的资金，在进行斗争之时，罢工可以自始至终得到支持，各家工人协会可以获得它们现在还没有的反抗力量。雇主们因为知道有一个正规的中心组织支持罢工，从经验得知该组织使工人获得不可战胜的反抗力量，可能比较快地准备同意工人们的要求，这样我们就可能避免许多罢工，而并不因此牺牲反抗的权利。

我们的结论是：

在目前工人和资本家之间主要在国际上进行的斗争中，必须在国际上组织反抗。

可以借助反抗基金总会在国际上组织反抗。

用来维持这个基金的资金可以由参加总基金会的所有工人协会的会费，国际的所有会员的额外的、半年的或季度的会费组成。这些资金将用来支持需要国际支持的所有罢工。

基金会的管理交给或是由全体大会任命的，或是由全体大会委托的某个支部任命的，或由总委员会任命的罢工委员会。

罢工委员会在了解有关罢工的情况之后，确定应拨给各场罢工的金额；向每次全体代表大会提交关于基金状况的报告。

我们决不认为我们上面提出的建议最能满足形势的要求；相反，我们希望与这个问题更直接有关的支部提出更切合实际的解决办法，我们将非常高兴地赞成。我们首先希望的是，大会不只是在理论上重新确认，而是为组织国际反抗基金会做准备，如果可能，就拟订提请所有支部批准的章程草案。

我们不要求在目前不可能付诸实施的地方实行，但是关于这个问题，我们认为大会绝对应该作出可即时实施的决定。

鲁昂联合会的报告

工人协会对无产阶级解放的影响及其重要性

我们认为这个问题最值得希望摆脱资产阶级剥削的那些人关注。

从基层到高层，目前的社会是以满足89年①的忘恩负义的继承者利益的方式组织的。工业、银行、航行、贸易、交通运输、住宅和土地，一切都成为国家命令划拨给他们的独占的财产，以便把工人完全排斥在一切政府部门之外，因此也就是把工人排斥在一切权势之外。

还是在这方面，我们说，没有价值理论是无产阶级受到残酷无情的剥削的唯一原因。

侵犯大多数人的权利，总而言之，侵犯所有创造奇迹，而其利益被资产阶级独自霸占者的权利，要这样做只能从经济无政府状态中汲取力量。因此，所有认为能以这种不受约束的霸道行为在人类当中建立秩序的人都被认为是空想主义者。

---

① 即1789年，法国大革命在该年爆发。——译者注

然而，资产阶级开始感到害怕了。从**国际工人协会**诞生之日起，资产阶级觉得他们的权势岌岌可危，因此拼命挣扎，集中力量破坏我们的团结，在我们队伍里散步布不信任和漠不关心的情绪。资产阶级知道如果我们最终把我们的力量巧妙地联合起来，他们就扮演不了管理社会的角色了，而我们将到处取而代之，迫使他们转变。

之所以在所有民族发出的一片呻吟中尚未响起真正生产者的声音，是因为我们还不知道组织起来。

既然国际坚持要我们大家介绍为获得我们政治和经济自由而采用的手段，那就让每个人都来贡献自己的聪明才智，为本次大会提出他认为可以战胜当今权贵们顽抗的所有手段吧。

长期以来，亲爱的朋友们，我们在资产阶级垄断集团的竞争中助纣为虐：有时为使资产阶级垄断集团获得他们所要求的政治自由而大量抛撒我们的热血；有时在我们法国的直接普选中，我们自愿投赞成票，把原来落选的剥削者送到前一天被胜利者占据的位置上去，第二天，和先前的日子一样，我们依然为资本家当牛做马，资本家们在政治上完全同意穿上各类仆从的号衣，犹如变色龙一样保留或改变各种颜色，但条件是他们依然是被他们看成可以永久剥削的猎物——工人——的吸血鬼。

在实行直接选普选的国家，所有的工人将来必须把自己的力量组织起来，使自己受到尊重，否则，为了消灭特权，只有靠强制手段了。唯独我们应该选择使经济公正获胜的手段，我们无所畏惧地说，我们是名副其实的、绝无仅有的**不妥协的人**，我们将不断地在地球上组织工人力量，以改变拒绝我们有权以劳动为生的后娘社会。

近4年来，许多团体已经在欧洲大陆的大城市里建立了，把罢工这个集中各种利益的经济战的工具作为团结的工具加以使用，但是，只要它没有像我们的利益所要求的那样科学地构想和制作出来，根本提供不了我们寻求的真正解决问题的办法。

诺曼底支部认为，克服资产阶级阻力的唯一手段最好是首先在每个工业区组织由各个同业或行业公会组成的，设有同样由各个行业公会的代表组成的联合委员会的工人联合会，以避免在未经上述委员会事先讨论和安排之前爆发罢工（如同资本家的那些有组织的机构对付我们那样施加其影响，使供应市场价格上涨或下跌），以便使整个联合会协助获得斗争的成功。然后作出巨大努力，通过同业公会基金国际联合会建立一些同业公会的工厂。这些工厂作为正在罢工的同业公会的堡垒，有可能通过使资本家的工厂里的工资过度提高，而使同业公会的工厂里的工资标准保持不变，严重地困扰对手；在资本家工厂里的同业工会会员要求的工资和在同业公会约定的工资之间的差额必须始终用来为同业公会增加设备。

不难推断出这种组织的优势：罢工不是像今天这样具有反经济性质，因为暂时获得提高的工资并不完全有利于工人，资本家保留其提高产品价格的权利，而这些产品正是罢工者要买的，例如人们在马赛面包工人罢工期间就看到这种情况。

我们说，罢工因此是希望自己成为自由生产者，促使资本家立即低头的工人们必不可少的可靠助手，因为，鉴于懂得贫困的原因只是资本家先提取部分产品的国际和所有工人公开主张的原则，同业公会的工厂以成本价出售产品，而资本家则不断受到这个销售价格以及在其工厂里的工资逐渐提高的威胁，因此被迫提出和解协议或认输。

但是为了最终建立这些同业公会的工厂，必不可少的是工人们的基金会联合起来，正如我们最近向我们巴黎的朋友们建议的那样，像鲁昂联合会现在实行的那样联合起来，以便首先借贷给只需少量资本就能建同业公会工厂的工业，然后，这些已经建立和组织起来的工厂适逢其会，条件是交换票据显然已经被所有这些以最低廉的价格出售其产品的厂家所接受，而其所有买主在付款时递交这种赎买票据。对其他没有这种票据的买主，可能要征收意外收获税，以使他们决定与得到解放的工人同心协力；征收的税款只能用于推广事业，并且由联合会管理，以便于偿还贷款。

对于法国来说，联合组织可能给工人带来的另一个好处是，由工人领导国家。工人使工人阶级的直接代表从普选中涌现出来，进入所有行政部门，迫使政府重视工人的革命力量，迫使各个行政部门进行我们要求实现的改革，提倡我们要求的自由。

这样，工人阶级就不可能去为所有因为没有掌握国家领导权而不满的政党充当工具，这些政党企图利用国家领导权为自己谋利益，而不考虑我们的愿望。

我们这样组织起来了，相信我们这个阶级能领导一切。如果形势导致一场斗争，就要防止运动再次被人利用。

鲁昂支部就是根据这个思想认识起草了如下决议：

鲁昂支部关于工人协会对无产阶级解放的影响及其重要性的决议

鉴于孤立在各类工人之间造成令人遗憾的分裂，资产阶级悉心维持着这种分裂，目的在于无限地保留其特权；

鉴于工人阶级只有依靠同业公会、联合会的团结才能最终摆脱资本家的桎梏，也只有同业公会的联合组织在使科学地组织罢工和提供自由生产的信贷成为可能的情况下才能遏制过度剥削。

本支部荣幸地提请巴塞尔代表大会考虑其决议并鼓励欧洲的所有工人协会建立受资产阶级剥削者的大型联合会，以便在近期内建立交换银行，发行欧洲和美洲所有组织起来的同业公会都接受的票据，使每个协会的产品销路通畅，使其完全免受贴水投机之害。

因此，本支部要求所有的工业企业继续为同一行业的工人之间的谅解奠定基础，以便统一劳动力价格，目的是便于规定听凭集中起来的资本家们任意升降的平均工资，迫使资本家本身承担使数十万现代无产阶级筋疲力尽的混乱竞争造成的后果。

鲁昂支部深信，所有的社会问题都将通过这样的组织找到容易的解决办法。

巴塞尔代表大会表决通过的行政决议①

一、鉴于在工人协会内坚持君主专制式的原则，容许有几位主席，即使这些主席没有任何权力，纯粹的荣誉称号依然有损于民主原则，这不适合于工人协会；

大会建议加入国际的各个支部以及附属国际的工人团体，废除各该支部或团体中的主席职位。

二、如报刊上有攻击国际的言论时，各支部须立即将该报刊寄总委员会一份。

三、协会所有机关报均应每三个月公布一次国际所有委员会的地址以及总委员会的地址。

四、每一个想加入国际的新支部或团体，必须立即将其申请通知总委员会。

五、总委员会有权接受或不接受新的支部和小组，但它们保留有向应届代表大会提出申诉的权利。

但在设有联合会委员会的地方，总委员会在决定接受或不接受新的

---

① 决议内容均收入"国际工人协会的共同章程和组织条例"（见《马克思恩格斯全集》中文第1版第17卷第476—491页），但由于文本原因，个别措辞有所不同。——编者注

支部或团体之前，须听取属于联合会委员会权限范围以内的意见；但总委员会仍有临时决定问题的权利。

六、总委员会也有权将任何支部暂时开除出国际，听候应届代表大会裁决。

任何联合会均有权不接受或者开除个别团体或支部，尽管如此，不能剥夺其国际的会籍，但可以要求总委员会终止其国际的会籍。

七、总委员会有权解决属于一个全国性组织的团体或支部之间、或各全国性组织之间可能发生的纠纷，但是，它们保留有向应届代表大会进行申诉的权利，应届代表大会的决定才是最终决定。

八、今后只有加入国际并向总委员会缴清会费的团体、支部或小组的代表，才能参加代表大会，享有表决权。

同时，国际的经常性组织遭到法律禁止的那些国家的工会和工人合作团体的代表，可以参加代表大会有关原则问题的讨论，但不得参加有关行政问题的讨论以及这些问题的表决。

九、章程第四条规定的会费1869—1870年度确定为每名会员10生丁。

关于工人陈情表的决议

鉴于大会在讨论理论问题的同时，必须采取实际措施让使所有会员了解工人的处境和每个国家的工业状况。

根据章程的第三条；

大会要求工人协会在本年内把有关各个专业的工人人数、工资率、产品成本、售价的尽可能详细的统计表以及可以在每种工业中收集到的有关工人的苦情、原料和销路情况寄到总委员会。

巴塞尔代表大会通过的实用指南被一位记者借走，他忘了归还（以后为此发通告），为找到此件采取了很多措施，但都没有结果。委员会的报告人尽其可能准确地重新起草了指南。巴塞尔代表大会与会者如果认为在其中看到一些与原来通过的内容不一致的地方，请他们在下次大会上指出。

国际协会代表大会实用指南

1. 大会于9月1日（星期日）开始。

2. 从星期六上午开始，由大会召开地的支部任命的委员会接收代表的委托书。委员会将在一张表上填写：姓名、职业、家庭住址、任命该代表的团体的名称、委托书的性质。

3. 星期日上午9点，行政会议根据委员会的报告审核委托书。

任命大会主席团成员：主席、2名副主席、2至3名秘书，代表所操的各语种要有两三名秘书。

为提交大会讨论的每一个问题成立一个委员会。大会的每位成员选定自己想参加的委员会。

建立由几名说**国际**内有代表的国家的语言的大会成员组成的委员会，分拣信件、贺信或电报。

4. 星期日下午2点，宣读总委员会报告。

每个支部或支部联合会必须最迟在每年大会召开前一个月把关于其当年运行和发展的详细报告寄给总委员会。

总委员会将用这些材料写成唯一在大会上宣读的报告。

5. 本周其他6天，每天举行两次会议：第一次会议9点到12点，第二次会议下午2点到6点。第一次会议，大会讨论行政事务；第二次会议讨论和表决议事日程上的问题。

6. 每次会议开始和结束时，以及主席认为有必要时要点名。点名结果将记入正式报告的附表内。

7. 关于所有主要问题的决议都记名投票表决。

8. 每位发言人就同一问题只能发言两次；他用10分钟陈述思想观点，5分钟回答提问。

9. 秘书们负责记录点名、表决结果，做记录。

说各种语言的秘书必须听得懂对方的语言，以使他们的记录是严谨的转译。

10. 在公开会议上，大会首先讨论总委员会列入议事日程的问题，任何其他问题都放在后面讨论。

11. 晚上，各委员会的会议。在每个委员会会议上宣读各组提出的由该委员会讨论的问题的报告；该委员会拟定唯一在公开会议上宣读的报告，此外将决定哪些个人报告应附在正式报告上。

马克思、恩格斯等关于第一国际巴塞尔代表大会的通信

塞·德巴普致卡·马克思

（1869年5月31日）

1869年5月31日于布鲁塞尔

至于总委员会的宣言①，您大概已经看出来了，我们在翻译时稍微改动了两个地方。我们之所以这样做，是因为谈到皮尔美先生和弗兰德伯爵的地方，以及讲到大臣们把国家出卖给了法国政府的地方，会使我们遭到追查。希望您不要对这种改变作别的解释，因为这种改变是必要的；当然，我们应当事先写信告诉您，但这会延误宣言的出版时间。

我们以比利时各支部的名义建议（尽管已经很迟了）给巴塞尔代表大会的日程中增加两个问题；我们更早地提出建议是有困难的，因为只是在本月17—18日比利时各支部的代表大会上才决定提出这个建议。这两个问题如下：

一、将来组织人民直接立法。

二、建立互助储金会、储金会联合会和组织保险事业。

此外，比利时各支部代表大会决定支持英国各支部，如果它们真正

---

① 指马克思《比利时的屠杀》一文，见《马克思恩格斯全集》中文第1版第16卷第395—400页。——编者注

（人们这样转告我们）建议把以下问题列入巴塞尔代表大会的议程：通过合作社把工业劳动和农业劳动结合起来。

（原件存于马克思恩格斯列宁
研究院档案馆）

塞·德巴普致卡·马克思
（1869 年 6 月 9 日）

1869 年 6 月 9 日于布鲁塞尔

我们在布鲁塞尔支部开始讨论列入巴塞尔代表大会议程的问题，以便对其中每个问题都能提出一个报告。希望伦敦的中央委员会或英国的支部（或两者分别提出）也能在今年就议程的每一个问题提出报告。特别是关于土地所有制问题，我希望您或者以伦敦德国人支部的名义，或者以不列颠各支部的名义，对这个重要问题提出一个完善的、论据充分的报告。尽管您在不断努力写您的巨著《资本论》，正如您告诉我的，这个工作曾妨碍您为布鲁塞尔代表大会准备关于所有制问题的报告，我还是希望，您在今年能找出时间来做这件事。我知道，个体农业的拥护者、蒲鲁东的追随者也想向巴塞尔代表大会提出报告，一个报告出于巴黎人的手笔，另一个报告是由布鲁塞尔的蒲鲁东主义者起草的，在这些报告中将论证土地私有制的必要性（就像死后出版的蒲鲁东著作《所有权理论》中所论证的那样），从科学和哲学形式来看，这两个报告将给人以深刻的印象。个人主义者想对布鲁塞尔代表大会的决定进行报复，我很担心，如果这一次集体主义者将仅仅得到布鲁塞尔和鲁昂报告的支持，代表大会将遭到突然袭击，并放弃在布鲁塞尔批准的结论①。

(原件存于马克思恩格斯列宁
研究院档案馆)

海·荣克致卡·马克思

(1869年8月12日)

1869年8月12日于伦敦

亲爱的马克思!

  我昨天晚上看见了阿普尔加思,他希望我出席他们执行委员会在今天晚上召开的会议,以便向他们建议派代表到巴塞尔去。我答应尽力协助;我认为,如果不事先同总委员会或者哪怕同它的几个委员讨论一下这个问题,我无权代表我们的〔总〕委员会就这个问题发表意见;因为我将以他们的名义而不是以我个人的名义到那里去;您的意见如何?我要不要去?请把关于这个问题的意见在晚上以前写信告诉我,您能否同我一起去?

  在没有得到回答以前,我对这件事不采取任何步骤,但不要忘记,在这个月里,这是细木工和木匠联合会执行委员会的最后一次会议,如果他们今天晚上不选出代表,那就根本不选了。

  向马克思夫人和全家转致问候

始终是你的 海·荣克

(原件存于马克思恩格斯列宁
研究院档案馆)

---

① 见本卷第235—236页。——编者注

马克思致海·荣克

（1869年8月13日）

[1869年]8月13日[于伦敦]

亲爱的荣克：

刚才收到您的来信（下午两点）。

您一定要去。① 阿普尔加思被他自己的联合会选派出来一事，将向大陆上的国际会员表明，英国工人根本不像一些造谣中伤者所说的那样不关心国际。只可惜阿普尔加思根本没有参加我们目前的讨论，所以不能代表我们的观点。

如果我们不留意，丹麦街的蠢驴们就会闯出乱子来。也要给我们的波兰人②写封信。我没有他的地址。

您的 卡·马·

（《马克思恩格斯全集》中文第1版第32卷第619页）

弗·列斯纳致卡·马克思

（1869年9月6日）

1869年9月6日于巴塞尔国民咖啡馆

亲爱的马克思！

我现在才能坐下来给你写信。这里混乱不堪，拼命追逐名誉，简直不

---

① 马克思坚持推荐总委员会委员荣克出席木工和细木工统一工联会议，这次会议将要讨论出席巴塞尔代表大会的代表候选人。1869年8月17日荣克向总委员会报告说，这个工联将派代表参加代表大会。代表木工工联出席巴塞尔代表大会的是它的总书记、总委员会委员阿普尔加思。——编者注

② 扎比茨基。——编者注

知道从何谈起。巴枯宁和他的保镖们到处在搞阴谋。布鲁塞尔人也在搞阴谋，好像也在反对李卜克内西。维也纳的诺马耶看来在反对李卜克内西和奥伯温德。此外，还有两个西班牙代表也起哄反对李卜克内西，等等。

资产阶级的创世主戈克也在这里，他是《背囊报》派的一个瑞士工人协会的代表。但是，李卜克内西好像对他们非常满意。倍倍尔发电报来，说他不能出席。荣克是主席，贝克尔和布里斯梅是副主席，莫·赫斯、李卜克内西和施皮尔是德语书记，瓦尔兰、奥布里和罗伯尔是法语书记，埃卡留斯是英语书记。到现在为止还没有一个英国记者。这正好，因为阿普尔加思已经对法国人辩论的方式感到惊讶。法国人到现在为止似乎还占有优势，但这很快就会结束：因为有的德国人大概还没有来。

托伦和**弗里布尔**以记者的身份出席。吹牛家舍马莱也在这里，还有莫·赫斯和科隆的里廷豪森。朋友埃卡留斯完全忙于炫耀自己。他问每一个外国人是否听到过埃卡留斯。有一次他问道：你们那里听到过关于埃卡留斯的什么消息吗？

刚才得知，有一个英国记者出席，好像是《晨星报》派来的。当我向埃卡留斯询问此事时，他发火了，大声呵斥我，并声明他什么也不知道，也不想知道。

昨天奏着音乐打着旗帜举行了环城游行；这次游行看来留下了很好的印象；接着发表了各种各样的演说，我们大家都参加了，然后举行了音乐晚会，一般说来，大家的情绪很好。

我接到通知，说资产阶级非常痛恨我们，警察被叫来保护我们。

亲爱的马克思，至今还没有收到总结报告。现在是下午两点钟。下次再谈。

你的朋友**弗·列斯纳**

向你全家致衷心问候

（原件存于马克思恩格斯列宁研究院档案馆）

弗·列斯纳致卡·马克思

（1869 年 9 月 7 日）

1869 年 9 月 7 日于巴塞尔国民咖啡馆

亲爱的马克思！

这里昨天晚上 10 点左右收到了总委员会的总结报告。我及时从荣克那里拿到了德译文，并立即进行研究。但是，我今天早晨惊奇地发现，报告把埃卡留斯先生迷住了，他看到总结报告写得那样**好**，就不忍释手了。当我向他要总结报告时，他对我说，需要给主席团的一个成员读总结报告。他利用一切机会来摆架子。

昨天下午关于苏黎世问题展开了激烈争论，**巴枯宁**仍然表示厌恶一切政治行动。但是**李卜克内西**、**里廷豪森**及其他人很好地收拾了他，还在上午会议以后，他像一头野狮子一样咆哮起来。大多数法国人都反对他。巴枯宁显然什么也没有得到，而他的行为不是很讨人喜欢的。看来大多数布鲁塞尔人都同意巴枯宁的观点。这是些糟糕透顶的空谈家；今年他们似乎更坏了，巴黎人也是这样。舍马莱使出了自己的全部本领来证明自己的巨大意义；在他看来，信贷问题是最大的、最有意义的和最重要的问题；舍马莱昨天就这个问题大吵大嚷。希望过几天他就无话可说了。托伦想当代表，可是巴黎人反对；问题交给委托书审查委员会处理。此外，收到了日内瓦中央委员会反对**戈克**的信。

开会情况像布鲁塞尔代表大会一样：早晨从 9 点到 12 点，讨论组织问题。这些会议除代表外，任何人不能参加。

下午，从 2 点到 6 点，进行讨论。

阿普尔加思通知我，尽管记者不是由《晨星报》直接派来的，但是他把通讯报道既寄给了《晨星报》，也寄给了《派尔-麦尔新闻》。他不能始终留在这里，但是我听说，他就这个问题已同阿普尔加思谈妥了。名单准备好后，我就立即给你寄来。

李卜克内西好像支持戈克，而菲·贝克尔则支持巴枯宁，所以在这个问题上还会有很大的争论。

巴枯宁把自己人组成了一个委员会，李卜克内西也这样做，因此我们的处境很尴尬：李卜克内西要我们反对巴枯宁，而贝克尔则要我们反对戈克。请尽快将你自己对这个问题的意见告诉我。

你的缺席对我们是最大的损失；多数人还希望你来，虽然我从一开始就告诉他们，你身体很不好，而且还忙于总委员会的工作等等。否则的话，巴枯宁、戈克之流是不敢强一句嘴的。

今天早晨就各种问题以及代表大会关于各次会议的报告展开了争论。法国人想承担这个报告的出版任务，可能是为了抬高自己。多数人似乎同意让他们出版。我表示反对，并援引组织条例，建议他们筹集款项，让总委员会出版完备准确的正式报告。

刚才决定接受法国人出版报告的建议，但有一个条件：这个报告将不是正式的，并且必须事先把它交给有三个法语书记即瓦尔兰、罗伯尔和奥布里参加的委员会审查。

其次，决定将一切文件交给将要选出的总委会，接着决定取消主席这个职位。

今天下午可能要宣读总委员会的总结报告。

刚才得知，从巴黎收到了允许托伦出席的决定，因为据说，若不这样就会为把别的一些人也开除出去提供借口。

该停笔了，因为我简直没有一点安静的时候；一会儿英国人进来并提出各种问题，一会儿德国人来找，等等。

下次再谈

你的朋友**弗·列斯纳**

请把关于教育问题和关于继承问题的决议草案寄来!

（原件存于马克思恩格斯列宁
研究院档案馆）

威·李卜克内西致卡·马克思
（1869年9月7日）

[1869年9月7日星期二于巴塞尔]

亲爱的摩尔!

这里事情进行得很顺利。想扮演施韦泽那种角色的巴枯宁，我们是能对付的。**会员证问题**无疑将会按照我们的精神以解决。我不向日内瓦集团即巴枯宁屈服。

英国人、德国人和法国人以及日内瓦人和比利时人（后者是些不可救药的糊涂虫，我担心他们多少被收买了）将一起投票赞成伦敦为总委员会的驻在地。

你什么时候到德国来？你**应当**和我们这里做领导工作的人保持联系。

向你和家里人问好

你的图书馆

（原件存于马克思恩格斯列宁
研究院档案馆）

弗·列斯纳致卡·马克思

（1869年9月8日）

1869年9月8日于巴塞尔国民咖啡馆

亲爱的马克思！

　　昨天上午，拉绍德封的罗伯尔用法语宣读了总委员会的总结报告，李卜克内西用德语宣读。宣读经常被暴风雨般的掌声打断。法国人看来对总结报告很满意，而德国人也非常满意，并立即把报告送去付印，过几天就可以印好。

　　然后李卜克内西作了关于德国情况的报告，他用全力来反对施韦泽；他取得了很大成功。接着施皮尔就**施韦泽**和**霍夫施泰腾**问题作了一个很有趣的说明。**里昂**的报告人作了非常好的报告。接着，巴塞罗那的代表发言，他的发言经常被欢呼声打断。

　　戈克的发言充满空泛的辞藻，他的发言不时地被打断，最后不得不坐到自己的位子上去。

　　昨天晚上举行了关于巴枯宁和李卜克内西问题的仲裁会议。贝克尔拿出了巴〔枯宁〕和一个叫维尔海麦尔的人给他的信件，从这些信件可以看出，李卜克内西称巴枯宁为俄国的间谍，等等。但是李卜克内西否认这一切，并指出，这"不是他的看法，而仅仅是报纸上刊登的东西，因此他没有必要去否认"；他顺利地摆脱了窘境。

　　看来贝克尔完全被巴〔枯宁〕迷惑住了。

　　会没有开完我就离开了，今天得知，他们已言归于好。

　　伯尔尼的《联邦报》说，巴〔枯宁〕弄不到委托书，似乎由于这个原因他不得不去意大利；但是这种说法不正确；我得到的消息说，他有那不勒斯和里昂的委托书。**托伦**持的是马赛的委托书。

昨天晚上各种问题的委员会都在开会，像往常一样，这一次也是很多喧嚣、混乱，很少成效。

里廷豪森大吵大嚷，他仍然想充当调停人。

日内瓦人对戈克的指责被转交给德国代表处理，所以我们将单独开一次会；希望我们能抛开他。昨天晚上我同他发生非常激烈的争论，**李卜克内西**在场，看来他和他关系很好。

因此，事情将闹到很不愉快的地步。我不理解，为什么李卜克内西对这个戈克采取这种态度。当我向他提出这个问题时，他回答说，随着时间的推移人们是可以改变的，等等。

今天下午将讨论土地问题，同样会有许多争论。

朗［……］① 也是昨天下午来的，还有勒洛克勒的吉约姆及其他许多人，我至今还不知道他们的名字。

刚才**荣克**通知我，他收到你寄来的东西，他非常高兴，他说，现在我们全副武装起来了。他请我转告你，他和赫斯昨天晚上在继承权问题委员会会议上好好地收拾了巴枯宁，并迫使他闭口。

该搁笔了，马上又要开会了。下次再谈。

向大家致友好的问候。

弗里德里希·列斯纳

（原件存于马克思恩格斯列宁
研究院档案馆）

---

① 原稿不清楚。——编者注

弗·列斯纳致卡·马克思

(1869年9月9日［—10日］)

1869年9月9日［—10日］于巴塞尔国民咖啡馆

亲爱的马克思！

荣克让我转告你，事情进行得非常顺利，他坚信一切将能按我们的精神进行。到现在为止他非常满意。但是我暂时还不满意；一切都应当做得更好，我才会感到满意。一半时间已经过去了，而我们甚至还没有讨论到［议程上的］问题。

有两次会议完全用来听报告，除了少数例外，都是重复总委员总结报告中的东西，而总结报告中讲的要比它们好20倍。

但是，通过了一项今后代表大会的规则，按这个规则将大大避免浪费时间，这也是一种补偿吧；总算学会了一点东西。阿普尔加思作了一个很好的报告，尽管工联主义味道还很浓。

戈克引起了一场大吵嚷，因为，第一，他想用法语发言；第二，他讲了些片面的、瑞士民族主义的胡说八道。李卜克内西的报告写得很好，获得了很大成功。维也纳的**诺马耶**也讲得不错，看来他是国际的坚决拥护者，但他对李卜克内西不大满意。

其次，可以告诉你的是，收到了巴塞罗那、巴黎以及一些团体的许多贺信和贺电。

今天上午宣布，对戈克的指责"论据不足，因而不能剥夺他参加大会的权利"。我声明，我根本不同意这个决定，并请把这点写入记录，我的声明遭到激烈反对，而李卜克内西先生像发了疯似的。

因为很多时间已经过去了，而议程上的问题还没有讨论，所以开会的时间大大提前，晚上还增加一次会议，好让人们可以丧失更多的时间。

早晨5点。整个会议就土地问题进行了激烈争论；我们建议重申布鲁塞尔决议，并让反对者讲出自己的意见。但大多数人反对，因此，我们又开了一次会来听［报告］，开了另一次会来讨论。刚才舍马莱作了表演。当**荣克**提醒他十分钟发言时间已经用完了时，引起了一场喧哗。但是，这些先生们被迫退却，因为这条规定是他们自己帮着确定的。

我们的考埃尔·斯特普尼提出了一些很中肯的意见。

傻瓜戈克这会儿正在高谈阔论，而**荣克**允许他继续吹下去。他吹了那么久，然后他还要把他所吹的全译成法语，结果引起了一场喧嚷，他被迫闭嘴。

鲁克拉夫特也是片面地看问题，但是荣克总说不错。

阿普尔加思向你问好，并让转告你，荣克简直做出了奇迹，把一切事情都办得很好，并叫我告诉你，如果我们的事业需要的话，他准备昼夜不停地发言。

今天上午对土地问题进行表决，我想如果有人投票反对的话，那也只是几个人。

荣克又让我向你致意，并让转告你，他没有时间给你写信，让你别生气。的确，好好写信几乎不可能。会议刚一结束，又开始搞其他事情。

总的说来事情进行得比前几次代表大会要好。

看来，参加这次工人的代表大会是非常有益的，并将留下很好的印象。

到现在为止，出席的已有76个代表，但是还有新的代表不断地来。

我将把已印好的记录，即已准备好的那部分以及总委员会的总结报告立即给你寄来。

希望你收到这封信时身体已经康复；向库格曼医生致衷心问候，告诉他，他应该到这里来，而且你本来也不应当缺席。

　　致友好的问候

弗里德·列斯纳

星期五早晨九点

（原件存于马克思恩格斯列宁
研究院档案馆）

弗·列斯纳致卡·马克思
（1869年9月11）

1869年9月11日于巴塞尔国民咖啡馆

亲爱的马克思！

　　会议那样多，一个接着一个，几乎没有时间写任何东西。《芝加哥工人辩护士报》派来了一个编辑，此事你已知晓；昨天上午《泰晤士报》给埃卡留斯写信，请他把报告寄去，并辩解说，因为有埃卡留斯给他们写稿，所以没有派记者来。

　　关于土地问题的表决结果如下：

　　赞成——54票，反对——13票，弃权——4票，缺席——4人。

　　关于继承权问题，结果混乱。

　　今天上午讨论了罢工问题，在这个问题上也出现了很大混乱，许多人把这个问题看做是代表大会上的最重大的问题，因此很大一部分时间用来就这个问题进行各种说教。朋友李卜克内西也倾向于把这个问题看做最重要的问题。

　　那不勒斯的一个意大利代表就这个问题发言，他描述了劳动者非常困难的境遇,他的发言非常成功。

巴黎的塔尔塔雷用长篇大论的发言来消磨时间,布里斯梅也是这样。

在各种长篇大论的发言后,我和阿普尔加思发言结束了这种状况。我驳斥了关于合作社的教条,我们不是为此召开代表大会的。

阿普尔加思提的决议案被通过。决议案我当然无法给你寄来,因为我自己至今还没有拿到。

就上述问题进行投票表决后,一个美国代表发言。

他的发言除了几点以外,感伤主义味道很浓。没有上帝他简直寸步难行。但总的说来对他的发言反应还不坏,这也是很自然的。他邀请大家参加应届美国代表大会,这一点得热烈赞同。

刚刚提出了一个建议:把还没有讨论的问题转到下次代表大会讨论。

下次代表大会将于明年在巴黎举行;一致通过。

总委员会移到伦敦,或者更确切些说,留在伦敦。明天举行宴会。致友好的问候。

弗·列斯纳

(原件存于马克思恩格斯列宁
研究院档案馆)

保·拉法格致卡·马克思
(1869年9月中)

[1869年9月中于伦敦]

亲爱的马克思先生!

委员会于星期二[1869年9月14日]举行了会议;所有的代表都

出席了，并向我们作了关于自己行动的报告①。荣克第一个发言。无需赘言，他像平常一样，兴奋得不能自已，只讲他自己所遇到的人和事。总的印象是：所有代表对于他们受到的接待、对代表大会工作的进程和他们在瑞士、法国、英国的观感，都非常满意。可怜虫杜邦对于没有到巴塞尔去感到非常遗憾。但是最有趣的是，美国代表卡梅伦出席了这次会议。他出生于苏格兰，个子不高，面部表情坚毅，甚至有些呆板；但是在他的平静外貌后面隐藏着一团烈火，只要他开始讲话，火马上就燃烧起来。他很健谈，是个很好的演说家。他的理论水平不高，只看到他直接碰到的事情。因此，他在代表大会上似乎投票赞成小所有制，虽然口头上他好像是同意吞掉一切；但是财产卡住了他的喉咙，因为他的父亲是一个州的地主，而他想在某个时候在他父亲的一块土地上种大白菜呢。但这暂时还不重要，他很积极，而在目前没有把自己的利益同工人阶级的利益分开，他现在是工人阶级的领袖之一。

　　他被选为会议主席，这使他的自尊心得到了满足。在荣克的长篇报告和其余的报告人发言之后，大家请卡梅伦发言。他向我们朗读了西尔维斯的信，但把它压缩了，并稍微有些渲染；他的简短发言中有一处很好。他说："现在有两类掠夺者和被掠夺者"。他发言结束时提出了他曾在代表大会提出过的那个建议，即建立移民局；他认为这个局的职责是：每当它得到雇主邀请欧洲人的消息时，它就通知我们，让我们阻止他们离开，每当需要（这是经常发生的）熟练劳动时，它将告诉我们，我们就把移民送到指定地点。总之，卡梅伦想让我们调节移民，使其不致损害美国工人。有一件事我忘了告诉你，也许你已经知道，但这件事很典型，值得重复一下，美国的大工业家把他们工厂周围的土地据为己有，在这些土地上为工人建筑住宅，禁止别的工业或商业企业在附近营业，

---

① 见本书第6卷第174—178页。——编者注

好让他们自己为工人提供必需品——肉、衣服、糖等。他们还不满足于用这种方法把工人掌捏在自己手中，他们还发行了一种在他们商店里专门使用的特殊货币，并用这种货币给工人发工资。如果这些不幸的人想把这种货币换成金子或银行券，它们就不得不贬值百分之四十。在最近一次代表大会上揭露了这一事实，他们将为消灭这种骗人的制度而斗争。

在结束对这次会议的介绍之前，我想给你谈谈哈里斯的一段插曲。当时选出了一个委员会来作关于移民问题的报告。荣克总想讨好所有的人，他建议由哈里斯来作。哈里斯刚一听到自己的名字，就一跃而起，讲了一大套，他一开始就讲："我应当告诉我们的朋友卡梅伦，我不是工联主义者。"从大厅的四面八方响起了不满的叫声。卡梅伦不知如何是好；愤怒的黑尔斯说，"我们和您的意见毫不相干"，但是哈里斯还是继续发言。当他讲完了时，卡梅伦讲话并回答他："我知道，工联只是一种手段，而不是目的，虽然如此，我应当说，没有一个聪明人、没有一个行动的人不是工联主义者"。哈里斯想反驳他，幸而他遭到反对，没有讲成。

卡梅伦惋惜未能见到您。他今天离开。我想送他一张您的照片，但我家里一张也没有。昨天，我和荣克，埃卡留斯和列斯纳同卡梅伦在阿普尔加思那里渡过了一个晚上。代表大会给阿普尔加思留下了深刻的印象，我预料他将是委员会的一个非常积极的成员。是他把您的报告送给设菲尔德报纸几乎全文发表的，他还为这家报纸写了关于代表大会的报道。阿普尔加思甚至比原来设想的要激进一些。《泰晤士报》曾在社论中断言：英国代表投票反对没收土地。阿普尔加思在委员会里驳斥了《泰晤士报》的这种错误说法，并补充说，如果他知道农民的困苦生活而持另一种意见，他会感到"自己是可耻的"。阿普尔加思又提出了移民问题；他认为，只有这才是迫使英国人支持我们的真正手段。甚至预见到利用这个移民局来赚钱的可能性。我们可以把它变成通讯局，并规定较低的薪俸，我们就能做到使多人向我们提出申请。其次，卡梅伦答应给我们提供必要的情报,并说我们可以同土地转卖者签订合同,如果我们把移民送到他们那里去,他们会给我们一定的提成。无论如何,我们应立即按卡梅伦的意见来开始工作,即阻止欧洲人应雇主的要求到美国去。根据阿普尔加思的建议,我们决定,在关于代表大会的报道的小册子中应当宣布建立我们的移民局,工联在自己每月报告中一定要提到这点;这会帮助传播我们的影响和关于我们的消息。他向我们建议,如果可能的话,每月或每三个月印一份报道,并把它散发给所有的协会。

燕妮在她写的一封信中说,您将很难摆脱库格曼的盛情接待。我觉得,您有一个很好的借口,因为,您非常有必要在日内回到伦敦。

施纳普斯病得很重;我们的行期未定。向燕妮致友好的问候。握手。

保·拉法格

(原件存于马克思恩格斯列宁
研究院档案馆)

卡·马克思致劳·拉法格

(1869年9月25日)

1869年9月25日于汉诺威

……我很高兴,巴塞尔代表大会闭幕了,而且会开得还比较好。

每当党带着"自己的全部溃疡"出现在公众面前的时候,我总是感到不安。在登场人物当中谁也没有站在原则高度上,但同上等阶级的愚昧无知比较,工人阶级的过失是微不足道的。在我们沿途经过的德国城镇中,没有一个城镇的地方报纸不对"这个可怕的代表大会"的活动充满了恐惧。……

(《马克思恩格斯全集》中文第1版第32卷第620—621页)

卡·马克思致弗·恩格斯

(1869年10月30日)

1869年10月30日于伦敦

亲爱的弗雷德：

  附上的邦霍尔斯特的信和戈克的作品①，阅后请退还给我。

---

  ① 巴塞尔代表大会以后，德国人民党的代表们和由戈克担任主编的瑞士的德意志工人协会机关报《邮袋报》展开了反对代表大会关于废除土地私有制这一共产主义性质的决议的运动。戈克力图使人民党和《邮袋报》的小资产阶级追随者顺应巴塞尔代表大会的决议，他在1869年10月9日《人民国家报》上发表了详细的声明阐述自己的政治观点。他企图贬低巴塞尔决议的革命意义，他说只有在下一次代表大会上才会讨论执行这些决议的实际措施，并且说这些决议根本不具有共产主义性质。显然马克思把戈克的这篇文章寄给了恩格斯并称它为戈克的作品。

  与此同时，李卜克内西和《人民国家报》害怕同南德意志各邦的小资产阶级民主主义者分裂，也没有广泛宣传关于将土地变为公共所有的巴塞尔决议；《人民国家报》不止一次地断言，这些决议实际上只适用于存在大土地所有制的英国，而不适用于以小农所有制为主的德国和法国。

  爱森纳赫派的中央委员会采取了比较正确的立场。邦霍尔斯特、白拉克和施皮尔1869年10月3日在汉诺威同马克思会见时专门讨论了关于巴塞尔代表大会决议实际应用于德国的可能性和社会民主党对待农民的策略的问题。1869年10月25日邦霍尔斯特专门就此给马克思写了信，要求通俗地阐述这一问题，以便能把这一材料用作"在德国农民中进行鼓动的指南"。马克思也把邦霍尔斯特的这封信寄给了恩格斯。——编者注……要想完全了解戈克和邦霍尔斯特的信,你就必须知道,瑞士、奥地利和德国的一些地方的庸人(或更正确些说,是他们的代表),由于巴塞尔代表大会关于**土地所有制**的决议而在大喊大叫。

威廉一伙人在回答士瓦本的迈尔及其在人民党①中的其他不怀好意的拥护者的叫嚣时所表现出来的愚蠢和软弱②(已被较为聪明的施韦泽所利用)真是令人毛骨悚然。直到现在,这些蠢驴中还没有一个想到要去问问那些自由派的叫嚣者:难道在德国除了小农所有制以外就不存在构成过时的封建经济的基础的大土地所有制吗?哪怕只是为了消灭当前的国家经济,难道不应当在革命中摧毁这种大土地所有制吗?难道能够用1789年的过时的方式③来实现这一点吗?不能!这些蠢驴相信士瓦本的迈尔,认为土地问题只是对英国才有直接的实际的利害关系!

应当把**土地和劳动同盟**的成立看作是巴塞尔代表大会的结果之一

---

① 德国人民党成立于1865年,由主要是德国南部各邦的小资产阶级民主派以及一部分资产阶级民主派组成。与民族自由党相反,德国人民党反对确立普鲁士对德国的领导权,坚持既包括普鲁士又包括奥地利在内的所谓"大德意志"计划。这个党执行反普鲁士政策,提出一般民主口号,同时也是德意志某些邦的分立主义倾向的代表者。它宣传建立联邦制的德国的思想,反对以集中统一的民主共和国的形式统一德国。——编者注

② 马克思在这里特别是指发表在1869年10月16日《人民国家报》第5号上的格罗伊利希的文章《迈尔分子反对巴塞尔代表大会的叫嚣》。——编者注

③ "1789年的过时的方式"——马克思指十八世纪末法国资产阶级革命时期把从封建主没收的土地交给农民所有(地产析分)。马克思和恩格斯认为这种解决土地问题的途径对无产阶级政党是不适合的,因为它将造成一个农民小资产阶级并使农民经受长期的逐渐贫困化和破产的过程(见《马克思恩格斯全集》中文第1版第7卷第297页)。——编者注

(同时，这也是直接由总委员会建立的)①，这将使工人政党完全脱离资产阶级，而出发点是土地国有化。……

(《马克思恩格斯全集》中文第 1 版第 32 卷第 360 页)

弗·恩格斯致卡·马克思

(1869 年 11 月 1 日)

1869 年 11 月 1 日于曼彻斯特

亲爱的摩尔：

关于土地所有制的决议创造了真正的奇迹。自拉萨尔开始他的鼓动以来，它第一次迫使德国的那些家伙们思考问题，而在此以前这一直被认为是完全多余的。从邦霍尔斯特的信里可以清楚地看到这一点。我感到这封信还不坏，尽管它逢迎谄媚和知识浅薄，但是其中却有某种健康的民间幽默，而且在抵押借款问题上讲得正中要害。② 不过，人们忘记

---

① 土地和劳动同盟是 1869 年 10 月在总委员会的参加下在伦敦成立的。参加同盟执行委员会的有十多个总委员会委员。在埃卡留斯根据马克思的指示起草的纲领中（见《马克思恩格斯全集》中文第 1 版版第 16 卷第 657—663 页），除了若干一般民主主义的要求（改革财政税收制度和国民教育等）以外，还列入了土地国有化、缩短工作日等要求，以及宪章运动的普选权和建立农业移民区的要求。

马克思认为同盟能够在英国工人阶级革命化中起作用，把它看作是在英国成立独立的无产阶级政党的途径之一。但是，到 1870 年秋天，资产阶级分子的影响已在同盟中加强了，同盟逐渐地同国际失去了联系。——编者注

② 邦霍尔斯特在 1869 年 10 月 25 日给马克思的信中写道："您一定也比别的人知道得更清楚，德国农民最大的病痛在什么地方。如果我们答应给他们那个地方动手术，他们就会尽力拥护我们。因此，我认为……抵押一定能成为最成功的手段。提高土地生产率也完全一样。以互助为基础的保险。同大地产竞争的能力。学校。一切都应当建立在国家的原则上。"——编者注

了，除了大土地所有制这个主要问题外，还存在着各种类型的农民：(1) 佃农，对于他们来说，土地属于国家还是属于大地主都是一样的；(2) 土地所有者：第一是大农，应当唤起短工和长工反对他们的反动本质，第二是中农，他们也会是反动的，他们的人数不很多。第三是负债的小农，他们由于抵押借款可能被吸引。此外，可以说，无产阶级在目前对于提出小土地所有制的问题不感兴趣。……

(《马克思恩格斯全集》中文第 1 版第 32 卷第 362 页)

附 录

一、国际同和平和自由同盟决裂

1. 巴枯宁致古斯塔夫·福格特①

亲爱的朋友：

我赶快答复你。我从未想过把我们的同盟淹没在国际工人协会里。承认并宣布把国际工人协会所接受的重大的经济和社会原则作为我们的出发点和我们政治原则的基础，并不意味着我们追随该协会并受其摆布。社会原则不归任何人所有。更入情入理的是，这些原则由工人，而不是由在资产阶级当中成长起来的知识分子体现出来，因为生活需要促使工人确定这些原则，而我们相反，是我们思想的必然结果最终促使我们确定这些原则。既然我们对这些原则的接受由于我们的知识和正义感，达到这样的程度，对于我们来说，这些原则已经成为生死攸关的条件，在上面或**在下面**的任何人都无权禁止我们说话，禁止我们联合，禁止我们根据这些原则行动，从另一个角度看，这些原则对我们和工人来说是如此一致的。

我在日内瓦与之交谈的国际里的某些个人，以及组成日内瓦国际的所有群众，对我们联盟的看法与在布鲁塞尔所表示的看法截然不同。特

---

① 布鲁塞尔代表大会谢绝了该同盟的邀请（见第14次会议的正式报告），福格特（在一封遗失的信里）要求主动发出邀请的巴枯宁解释。我们在下面转载吉约姆（《国际。文献和回忆》——编者注）引用的巴枯宁复信的段落。

别是，佩龙对我说，既然我们两个同盟联合而不混合，一个如果不是专门地，起码是主要探讨经济问题，另一个探讨政治、宗教和哲学问题，二者都把自由、正义和经济、社会平等这同一个原则作为基础，我们就可能有实力，将来的任何革命都在我们的掌握之中。菲力浦·贝克尔和我的谈话也是同样的意思。我不知道这两位公民在布鲁塞尔代表大会上的所作所为。可能他们没有发言，也可能比他们的影响更有力的影响把他们吓倒，迫使他们沉默。无论如何，我们绝不把在布鲁塞尔代表大会上作出的决定看成是表达了有代表出席会议的工人大众的意见，而把它看成是不信任的表现，或者甚至是——任你怎么说——表达了某个小集团的恶意，你可能和我一样完全猜到了这个小集团的核心。

　　在布鲁塞尔代表大会上作出的，更确切地说，人们迫使作出的有关我们的决定是无礼的行为。在正大光明地维护我们存在的权利、我们存在的理由的同时，我们决不允许这种以令人恼火的方式对我们同盟的性质本身施加影响、缩小这种性质的范围的无礼行为、这种明显不公正的决定……不管工人协会对我们的表现多么令人不快、多么心胸狭窄，我们仍然不能也不应该低估布鲁塞尔代表大会的巨大而有效的意义。这是目前重要的、最重要的事件；如果我们自己是真诚的民主主义者，我们就应该不仅希望国际工人协会最终接纳所有欧洲和美洲的工人协会，而且我们应该全力以赴地在这方面进行合作，因为今天唯独它是必将改变世界面貌的真正的革命力量……我们能，我们应该对社会民主事业和国际工人协会本身提供巨大的帮助，提出、准备问题，通过为最终彻底解决社会问题本身必须遵循的同样的政治途径阐明问题。但是，为了我们能真正地达到这一目的，我们绝对应该非常坦率地、自始至终地接受这个基本原则，这个原则也是国际工人协会的原则：世界上所有阶级和所有个人的经济平等，因此取消财产继承权，由世界工人协会联合会占有土地和所有劳动工具，在这个联合会里，所有目前的国家和所有建立在资本和土地个人所有制和财产继承权基础上的政治制度都必须真正消失。

2. 巴枯宁的动议①

"鉴于我们面临的最迫切的问题是阶级和个人的经济和社会平等问题，代表大会确认，如果没有这种平等，即没有正义，自由和和平就不可能实现。因此代表大会把研究解决这个问题的切实可行的办法列入议事日程。"

如果我们把这项原则作为我们所有工作、所有行动的基础，我们就确实很起作用了，我们将迫使**国际**的工人们承认我们同盟确实起作用。

如果相反，我们抛弃这个原则，即使在我们不明确抛弃这个原则的情况下，我们仅仅是继续无视这个原则，我们就不仅是一个不起作用的同盟，而且是有害的、反动的同盟。因此，工人非常有理由不仅摒弃我们，而且同我们战斗，消灭我们。因为，请不要忘记，亲爱的朋友，是他们有力量，而不是我们。因此让我们向他们证明我们存在的理由，我们的存在对他们，而不是对我们更有好处。

3. 巴枯宁在和平和自由同盟代表大会上的讲话

因为我要求阶级和个人的经济和社会平等，因为我和布鲁塞尔工人代表大会一样，表示赞成集体所有制，所以人们指责我是**共产主义者**，

---

① 我们同样根据吉约姆的著作（《国际。文献和回忆》——编者注）转载了下面巴枯宁提出的决议草案以及在1868年于伯尔尼召开的同盟代表大会上讲话的片段。

人们对我说,你如何区别共产主义和集体?我确实很惊讶,肖代先生,他是蒲鲁东遗嘱的执行人,竟然不理解这个区别。我憎恶共产主义,因为它否定自由,因为没有自由我就想象不出任何人道的东西。我并不是共产主义者,因为共产主义把社会的各种权力集中和吸收在国家之中,因为它必然导致财产集中在国家手里,而我要消灭国家——彻底根除这个国家的权威和管理原则,这个国家打着使人们有道德和有教养的幌子,迄今都在奴役、压迫、剥削人们并使人们堕落。我希望通过自由联合,自下而上,而不是通过不管什么样的权威自上而下地组织一个社会,建立集体或社会所有制。因为我要消灭国家,所以我要取消个人财产继承权,它仅仅是国家的制度,甚至是国家原则的后果本身。这就是在何种意义上我是**集体主义者**,而绝不是共产主义者。

4. 被羁押在圣佩拉日的国际协会会员的祝词①

致伯尔尼代表大会成员

公民们:

面对布鲁塞尔代表大会作出的关于和平和自由同盟的决议,签字于下的国际协会会员们认为:

1. 从作为国际协会基础的各项原则的角度看,被派到代表大会根据既定的议事日程进行讨论的代表们,没有受委托在不征求他们集体的意见的情况下作出这样重要的决议;

---

① 还是根据吉约姆的著作(《国际。文献和回忆》——编者注),我们插入在被起诉之后关押在圣佩拉日的国际协会巴黎第二届理事会理事寄给同盟代表大会的信。

2. 从我们继续争取的自由的角度看，自认为是唯一体现一个时代愿望的权利不属于任何孤立的协会。

因此：

我们乐于承认在**国际工人协会**之外，和平和自由同盟可以起作用，并且认为组成二者的各自成员的多样性妨碍二者的合并。

因此，我们对布鲁塞尔代表大会成员对同盟提出解散的要求感到遗憾；这个决定只能约束其作者。

我们借此机会向你们致以问候。

阿·孔博，加·莫兰，L. 格朗容

贝·马隆，E. 克吕泽列，欧·瓦尔兰

于贝尔，埃·朗德兰

1868年9月17日于圣佩拉日监狱

二、国际与社会主义民主同盟①

1. 巴枯宁致马克思②

1868年12月22日于日内瓦

我的老朋友塞尔诺③把你那封信里涉及我的这一部分告诉了我。你问他我是否继续是你的朋友。是，我比过去任何时候都更要做你的朋友，亲爱的马克思，因为我能比过去任何时候更好地理解你是多么有道理，因为你走上并且让我们所有人都走上经济革命的大道，谴责（？）我们中间那些或者在从事民族事业，或者在专一于政治事业的小路上将要迷途的人。我现在在做你20年前已经开始做的事。自从我向伯尔尼代表大会的资产阶级分子庄严而公开地告别以来，我不同其他社团、其他阶层来往，只同工人大众来往。现在我的祖国就是**国际**，你是其创建者之一。因此你看到，亲爱的朋友，我是你的信徒，我为是你的信徒感到自豪。这就是为给你解释我的个人关系和看法所必需的东西。

〔巴枯宁然后就**阶级和个人平等**的说法进行解释：他通知已寄出他在伯尔尼的讲话，并且说到他从1863年开始与赫尔岑疏远的事④，然后

---

① 根据吉约姆的著作（《国际。文献和回忆》——编者注）。
② 此信仅仅在1900年10月6日这一期柏林《新时代》里发表之后我才知道。（吉约姆注）
③ 即阿·塞尔诺-索洛维耶维契，流亡在日内瓦的俄国人士。——编者注
④ 巴枯宁曾经积极参加1863年的波兰起义，这导致他在政治上疏远赫尔岑。（吉约姆注）

他继续这样说:]

　　我还给你寄去我们同贝克尔和许多意大利、波兰、法国朋友建立的联盟的电报。关于此事,我们之间将有很多要说的话。我不久将给你寄去我就此事给朋友塞萨尔·德巴普的长信的抄件……

　　代我问候恩格斯,如果他没有再死一次的话——你知道,人们曾经埋葬过他一次。请你把我的几次讲话给他以及埃卡留斯和荣克两位先生各一份。

你忠实的
米·巴枯宁

2. 马克思致荣克①

1868年12月28日〔于伦敦〕

亲爱的荣克:

　　您刚走我就收到巴枯宁的一封信,他在信里向我保证他对我的特殊友谊。

　　我从他的信里看出,他又给德·巴普写了一封详细的信去引诱他参加**国际同盟**。因此,为了避免以后可能发生纠纷或者因未及时通报情况而产生怨言,您必须尽快地把我们关于同盟的决议②的副本**寄**给德·巴普。当然,您也要告诉他,考虑到瑞士的目前状况和为了避免造成任何分裂的借口,我们不打算公布这个决议,只限于把它的内容秘密地通知各国的中央委员会。

---

　　① 人们不知道马克思是否曾经答复巴枯宁,但是可以通过马克思给荣克的这封信了解到他个人的反应。
　　② 卡·马克思《国际工人协会和社会主义民主同盟》。——编者注

请您不要忘记及时邀请阿普尔加思参加星期六的会议①。最好也邀请奥哲尔。

您的 卡·马·②

3. 国际工人协会总委员会接纳同盟③

1869年7月28日于伦敦西中央区海－霍尔本大街256号

致日内瓦社会主义民主同盟支部

公民们：

我荣幸地通知你们,已经收到你们的信或宣言以及纲领和章程,总委员会一致同意接纳你们作为支部。

以总委员会的名义：
总书记　格·埃卡留斯

---

① 指1869年国际总委员会会议,在这次会议上讨论了卢昂棉纺织工业工厂主所宣布的同盟歇业和巴塞尔的同盟歇业问题。——编者注

② 见《马克思恩格斯全集》中文第1版第32卷第574页。——编者注

③ 当同盟的领导人得知总委员会的决议时,他们决定解散作为国际组织的同盟。沙·佩龙以同盟领导机构的名义同伦敦总委员会联系,这次要求总委员会接纳同盟的各地方组织为国际的正式支部,对同盟这次新的入会申请,鉴于该同盟作为国际组织已经解散,总委员会根据1869年3月9日作出的赞成的决议做了答复,但对同盟的纲领有某些保留。受到这些批评之后,同盟的日内瓦支部修改了其章程里受到批评的字句,用"消灭"阶级代替了"阶级……平等",降低了继承权的重要性,也修改了章程,并寄给总委员会,沙·佩龙奉6月12日会议之命,要求总委员会承认同盟日内瓦支部。我们在下面转载总委员会对此作出的答复。

图书在版编目（CIP）数据

第一国际第三次（布鲁塞尔）、第四次（巴塞尔）代表大会文献／童建挺主编. —北京：中央编译出版社，2015.12
（国际共产主义运动历史文献／王学东主编；10）
ISBN 978-7-5117-2873-9

Ⅰ. ①第…
Ⅱ. ①童…
Ⅲ. ①第一国际-会议文献-汇编
Ⅳ. ①D125

中国版本图书馆 CIP 数据核字（2015）第 283479 号

第一国际第三次（布鲁塞尔）、第四次（巴塞尔）代表大会文献

出 版 人：	刘明清
责任编辑：	盛菊艳
责任印制：	尹　珺
出版发行：	中央编译出版社
地　　址：	北京西城区车公庄大街乙 5 号鸿儒大厦 B 座（100044）
电　　话：	（010）52612345（总编室）　（010）52612335（编辑室）
	（010）52612316（发行部）　（010）52612317（网络销售）
	（010）52612346（馆配部）　（010）55626985（读者服务部）
传　　真：	（010）66515838
经　　销：	全国新华书店
印　　刷：	北京印刷一厂
开　　本：	787 毫米×1092 毫米　1/16
字　　数：	419 千字
印　　张：	32.5
版　　次：	2015 年 12 月第 1 版第 1 次印刷
定　　价：	195.00 元
网　　址：	www.cctphome.com　　邮　箱：cctp@cctphome.com
新浪微博：	@中央编译出版社　　　　微　信：中央编译出版社（ID: cctphome）
淘宝店铺：	中央编译出版社直销店（http://shop108367160.taobao.com）　（010）52612349

本社常年法律顾问：北京嘉润律师事务所律师　李敬伟　问小牛
凡有印装质量问题，本社负责调换，电话：（010）55626985